WALTHER v. WARTBURG

EINFÜHRUNG IN PROBLEMATIK UND METHODIK DER SPRACHWISSENSCHAFT

Ex libris
H. Jungraithmayr

Einführung in Problematik und Methodik der Sprachwissenschaft

von

Walther von Wartburg

3., durchgesehene Auflage

Max Niemeyer Verlag Tübingen

1970

Die Durchsicht der 3. Auflage besorgte Gustav Ineichen

1. Auflage 1943

2., unter Mitwirkung von Stephan Ullmann
verbesserte und erweiterte Auflage 1962

ISBN 3 484 60033 0

© Max Niemeyer Verlag Tübingen 1970
Alle Rechte vorbehalten. Printed in Germany

Satz: H. Laupp jr Tübingen
Druck: Karl Grammlich Pliezhausen
Einband von Heinr. Koch Tübingen

Vorwort zur 1. Auflage

Das vorliegende Buch möchte Studenten und Laien den Zugang zu den Problemen öffnen, die heute die sprachwissenschaftliche Forschung beherrschen. In Verbindung damit wird an einigen Beispielen gezeigt, welcher Methoden man sich bedient, um diese Fragen zu lösen. Auf dem beschränkten in Aussicht genommenen Raum konnte nur eine Auswahl getroffen werden. Manche wichtige Aspekte des sprachlichen Lebens, viele ausgedehnte Gebiete der Forschung konnten daher keine Berücksichtigung finden. Wir haben es für fruchtbarer gehalten, einige Hauptfragen etwas eingehender zu erörtern, andere ganz beiseite zu lassen. Manche dieser Fragen beschäftigen die Forscher seit langer Zeit, andere sind erst in den letzten Jahrzehnten von ihnen erfaßt, ja geradezu entdeckt worden. Hier werden sie jedoch erörtert ohne Rücksicht auf ihr Alter und auf ihre Genealogie, so wie sie sich in ihrem organischen Zusammenhang darbieten. Ihre „Aktualität" spielt hier keine Rolle, kann keine Rolle spielen, da wir mit einem Leser rechnen, der der Sprachwissenschaft eben erst näher tritt. Aber allerdings arbeitet das Buch konsequent auf ein Ziel hin, das von der Forschung eben erst als Aufgabe erkannt worden ist, das aber, bis zu Ende gedacht, zutiefst ins Wesen des Sprachlichen hineinführt und die weittragendsten Ergebnisse verspricht: die Strukturgeschichte der Sprachen. Nicht als ob sich alles dieser Zielsetzung unterordnen würde, wie ja ein Blick auf das Inhaltsverzeichnis gleich ergibt. Aber der Aufbau des Buches ist doch von ihr bestimmt. Daher erscheinen z. B. die Fragen, die in der Einleitung eine vorläufige Behandlung erfahren, gewissermaßen ihre Formulierung erhalten, so besonders das Verhältnis von Sprache und Rede, Synchronie und Diachronie, in den Kapiteln III und IV, also in umgekehrter Reihenfolge, wieder und werden hier so beantwortet, wie es die inzwischen gesammelten Erfahrungen gestatten.

Die Sprache kann nur begriffen werden als Teil eines großen Ganzen, der gesamten menschlichen Existenz. Nach allen Seiten ist sie mit dieser und mit all ihren andern Manifestationen verwoben. Gewissermaßen als ein Beispiel für das daraus sich ergebende Hinüber- und Herüberwirken der Kräfte und der Geschehnisse steht das Schlußkapitel des Buches über „Sprache und Volk".

Vorwort zur 2. Auflage

Das Buch, das heute in zweiter Auflage erscheint, ist sowohl in der deutschen, wie in der französischen und in der spanischen Ausgabe seit vielen Jahren vergriffen. Von vielen Seiten ist der Wunsch nach einer zweiten Auflage an mich herangetragen worden. Doch hat mich die Notwendigkeit, alle Zeit und Kraft der Förderung des Französischen Etymologischen Wörterbuchs zu widmen, davon abgehalten, die Erweiterung des Buches vorzunehmen, welche die Entwicklung unserer Wissenschaft in den letzten zwanzig Jahren verlangte. So blieb das Verhaben lange Zeit liegen. Es wäre wohl überhaupt nie zur Ausführung gelangt, wenn sich nicht auf meine Bitte hin Stephan Ullmann bereiterklärt hätte, zwei Kapitel hinzuzufügen. Es sind dies Phonetik und Phonologie (II 2 d) sowie Sprache und Stil (V).

Darüber hinaus hat mein Kollege und Freund manchen Gedanken oder neue Formulierungen beigesteuert, die eine wertvolle Bereicherung des Buches darstellen. Von ihm stammt auch die stark erweiterte Bibliographie, die den Leser auf einige der wichtigsten Erscheinungen innerhalb der so stark angeschwollenen sprachwissenschaftlichen Literatur hinweisen soll.

Vorbemerkung des Bearbeiters zur 3. Auflage

Die dritte Auflage ist im wesentlichen ein Nachdruck der zweiten. Dies gilt zunächst für den Text, wo für geringfügige Eingriffe auch die Rezensionen von D. Beyerle, Rom. Jbuch 15 (1964) 199–201, R. Ris, Kratylos 8 (1963) 202f., K. H. Schmid, Idg. Forsch. 68 (1963) 192, und H. Weinrich, Zs. rom. Phil. 81 (1965) 157–59, herangezogen wurden. Diskrete Retouchen wurden in den Anmerkungen vorgenommen, wo auch die relevanten Titel aus den Literaturverzeichnissen der vorherigen Auflagen eingefügt sind. Die geringe Zahl der (in eckigen Klammern) neu hinzugefügten Titel ist zum Teil durch Platzmangel bedingt, trägt aber auch der einheitlichen Konzeption und der geschlossenen Erfahrung des Buches Rechnung. Die Vereinheitlichung der Zitierweise möchte die Konsultation erleichtern; die Angabe zumal der Jahreszahlen dient der wissenschaftsgeschichtlichen Ortung.[1] Neu konzipiert ist die Bibliographie zur Allgemeinen Sprachwissenschaft im Anhang.

G. I.

---

[1] Die Zeitschriftenangaben sind nicht oder nach dem System der direkten Auflösbarkeit abgekürzt. Selbstverständlich verwendet sind die Siglen der Atlanten ALF, AIS und des FEW, ebenso Z statt Zs. rom. Phil. Monographien erscheinen beim ersten Zitat mit vollem Impressum (aber nur in Ausnahmefällen mit Reihenangabe), in weiteren Zitaten mit Kurztitel bzw. mit dem Vermerk „cit“. Die Bibliographie ist über das Autorenregister rekonstruierbar.

Inhalt

Transkription

Die zitierten Wörter erscheinen zum Teil in traditioneller Orthographie, zum Teil in phonetischer Umschrift. Diese letzteren sind dadurch kenntlich gemacht, daß sie gesperrt gedruckt sind. Folgende Tabelle gibt über den jeweiligen Wert der phonetischen Buchstaben Auskunft:

a = *a* in franz. *ami*	*χ* = *ch* in d. *bach*	*p* = fr. *p*
ã = *an* in franz. *an*	*i* = *i* in fr. *si*	*r* = fr. *r*
å = ein Vokal zwischen *a* und *ǫ*	*k* = fr. *k*	*s* = *s* in fr. *sou*
	l = fr. *l*	*š* = *ch* in fr. *chou*
b = fr. *b*	*ł* = mouilliertes *l* (*gli* in it. *figlia*)	*t* = fr. *t*
β = *b* in sp. *lobo*		*ϑ* = *z* in sp. *zarza* (stimmlos)
d = fr. *d*	*m* = fr. *m*	
δ = *z* in sp. *bizna* (stimmhaft)	*n* = *n* in fr. *nid*	*ü* = *u* in fr. *mur*
	η = *ng* in d. *eng*	*u* = *ou* in fr. *mou*
ę = fr. *è*	*ǫ* = *o* in fr. *or*	*v* = fr. *v*
ẹ = fr. *é*	*ọ* = *eau* in fr. *couteau*	*w* = *ou* in fr. *oui*
ə = *e* in fr. *le*	*õ* = fr. *on*	*ẅ* = *u* in fr. *huit*
ẽ = *in* in fr. *fin*	*œ̨* = *eu* in fr. *peur*	*y* = *i* in fr. *bien, tiens*
g = *g* in fr. *gare*	*œ̣* = *eu* in fr. *peu*	*z* = *s* in fr. *roseau*
h = *h* in d. *hut*	*œ̃* = fr. *un*	*ž* = *j* in fr. *jour*

Diese Transkription entspricht der Liste in FEW 3, S. VI.

I. Einleitung

1. Der Gegenstand der Sprachwissenschaft

Der Gegenstand der Sprachwissenschaft, die Sprache, ist zweifellos eines der kompliziertesten Gebilde, mit denen es eine Forschung zu tun haben kann. Was wir zuerst an ihr wahrnehmen, das sind Laute, also Erscheinungen, die eigentlich in das Gebiet der Physik fallen. Diese Laute werden hervorgebracht durch das Zusammenwirken verschiedener Organe des menschlichen Körpers (Lunge, Kehlkopf, Halszäpfchen, Zunge usw.). Sie haben also einen physiologischen Ursprung und verlangen für ihre Aufklärung eine Betrachtung der Zusammenhänge zwischen den menschlichen Organen. Die ausgesprochenen und von andern gehörten Laute sind aufs engste verknüpft mit einer Reihe psychischer Vorgänge. Einer Gruppe von Lauten entspricht ein bestimmter Bewußtseinszustand; sie bezieht sich auf eine psychische Gegebenheit. Die Lautfolge *Baum* ist innerhalb des Geltungsbereiches der deutschen Sprache assoziativ verknüpft mit der Vorstellung „Baum". Diese Assoziation kann vom Wort zur Vorstellung oder aber von der Vorstellung zum Wort gehen; d. h. wenn ich das Wort höre, stellt sich sofort auch die Vorstellung ein, aber auch wenn die Vorstellung in mein Bewußtsein tritt, weckt sie das Wort, auch wenn es gar nicht mit den Sprachorganen artikuliert wird. Die Verbindung zwischen Vorstellung und Wort ist so unlösbar, daß der Weg gleichermaßen in beiden Richtungen befahren werden kann. Auf jeden Fall stehen wir hier im Gebiet des Psychischen. Und endlich ist mit den einzelnen Lautgruppen für den Sprechenden wie für den Angesprochenen ein sprachlicher Begriff verbunden, das Bewußtwerden eines gewissen Ausschnittes aus unserer Erfahrungswelt, der mit der Lautfolge zusammen erst das bildet, was wir gewöhnlich Wort nennen. So geht die Sprache durch alle vier Wesensglieder des Menschen hindurch: das Physische, das Organische, das Seelische und das Geistige[1].

---

[1] Vgl. zum Verhältnis dieser vier Seinsschichten besonders N. Hartmann, Das Problem des geistigen Seins, Berlin–Leipzig 1933.

Sie gehört allen zugleich an und durch ihr Funktionieren bringt sie alle vier zu einem tätigen Zusammenwirken. Dieser komplexe Charakter der sprachlichen Erscheinungen erschwert die genaue Bestimmung der Tatsachen, mit denen es die Sprachwissenschaft zu tun hat.

Dazu kommt ein zweites: die Sprache lebt im einzelnen Menschen als Fähigkeit, und zwar als doppelte Fähigkeit: 1. sich verständlich auszudrücken und 2. Gehörtes zu verstehen, d. h. mit einem geistigen und psychischen Inhalt zu verbinden. In die Erscheinung tritt die Sprache aber immer nur partiell; wirkliche, physisch-konkrete Existenz gewinnt die Sprache nur durch das Sprechen. In jeder Rede, in jedem Satz, in jeder geschriebenen Seite wird aber nur ein kleiner Bruchteil dessen, was virtuell in der Sprachfähigkeit des Individuums liegt, gewissermaßen mobilisiert, zu sinnlich faßbarer Realität gehoben. Aus diesem Sachverhalt ergibt sich der alte Gegensatz zwischen denen, die in der Sprache ein Werk, ein geschaffenes, abgeschlossenes, fertig daliegendes, ein *érgon* sehen, und jenen andern, die ihr den Charakter einer schaffenden Kraft, einer Tätigkeit, einer *enérgeia* zumessen. Wie und in welchem Sinne dieser Widerstreit zu lösen ist, werden wir fernerhin noch sehen.

2. Perioden der Sprachwissenschaft

Dieser komplexe Charakter der sprachlichen Erscheinungen erklärt zum Teil auch den großen Wandel, der sich im Laufe der Zeiten in den Bemühungen um das Verständnis der Sprache vollzogen hat. Ein kurzer Überblick über die Entwicklung der grammatischen Studien soll diesen Wandel darstellen:

Die Schöpfer der Grammatik, wenn man von den abseits stehenden Indern absieht, sind die Griechen gewesen. Bei ihnen herrschte das Bemühen vor, Regeln zu finden und zu geben, kraft deren man Korrektes und Unkorrektes in der Sprache unterscheiden konnte. Diese Lehre hatte also vor allem normativen Sinn und Wert. Nicht die reine, vorurteilslose Beobachtung beherrscht diese Art der Sprachbetrachtung, sondern der Wunsch, die sprachlichen Verhältnisse möglichst mit der Logik in Einklang zu bringen und in erlernbare Formen zu gießen. Diese logizistisch-lehrhafte Grammatik ist in der neuern Zeit besonders von den Franzosen im 16. und 17. Jahrh. übernommen und gepflegt worden.

Erst gegen Ende des 18. Jahrh. trat neben diese Form der Sprachwissenschaft die Philologie. Friedrich August Wolff schuf von 1777 an die kritisch-vergleichende Beschäftigung mit den alten Texten. Die Rekonstruktion der Originaltexte und ihre Interpretation waren von Anfang an das Hauptziel dieser Bewegung. Damit ist schon gesagt, daß sie Sprachstudien nicht um der Sprache willen trieb, sondern um der Texte willen. Die Sprache eines Autors wurde studiert um hinter seine literarischen Geheimnisse zu kommen, um die Entstehungsgeschichte seiner Werke besser zu begreifen. Selbstverständlich hielt sich auch diese Wissenschaft an die geschriebene Sprache; die gesprochene Sprache beachtete sie kaum. Von der vorangehenden Stufe unterschied sie sich dadurch, daß sie nicht, wie jene, korrekte Ausdrucksweise zu lehren sich bemühte, sondern den wirklichen Zustand der Sprache, so wie sie zur Zeit der untersuchten Autoren gewesen war, zu erfassen suchte. Ihre Fragestellung war nicht mehr: *was ist richtig?*, sondern *was ist?*

Aus der kritischen Textvergleichung erwuchs schließlich die Sprachvergleichung. Gegen Ende des 18. Jahrh. wurde das Sanskrit bekannt. Hatte man bisher in der Hauptsache die beiden klassischen Sprachen als zusammengehörig erkannt, ohne allerdings im einzelnen die Beziehungen zu verstehen, so wurde nun manches auf einmal klar. Das Verhältnis zwischen Griechisch und Latein wurde erhellt durch die neu in den Gesichtskreis tretende Sprache. Z. B. das Nebeneinander der Formen

lt. *genus*	gr. *génos*
generis	*géneos*
genera usw.	*génea*

hatte bisher keine weiteren Schlüsse erlaubt. Die entsprechende Liste des Sanskrit aber zeigte mit einem Schlag die Beziehungen der drei Sprachen: skr. *janas, janasas, janassu.* Es zeigte sich, daß das urspr. *s* im Sanskrit weiterlebt, im Lateinischen und Griechischen aber nur im Auslaut erhalten ist: zwischen Vokalen wird es im Lt. zu *r*, im Gr. fällt es. So erweisen sich die drei Sprachen als zu éiner Familie gehörig; sie beruhen auf einem gemeinsamen Urzustand, der von der einen treuer, von der andern nur mit starken Modifikationen festgehalten wird. So ist die Idee aufgetaucht, diese verschiedenen Sprachen um ihrer selbst willen miteinander zu vergleichen und aus den Beziehungen zwischen verwandten Sprachen den Gegenstand einer besonderen Wissenschaft zu machen. Die Laute und Formen der einen Sprache erklären durch die einer andern Sprache, das lernte man erst zu dieser Zeit. Der Schöpfer dieser vergleichenden Sprachwissenschaft ist bekanntlich Franz Bopp, der 1816 sein Buch *Über das Conjugationssystem der Sanskritsprache*[1] erscheinen ließ. Ihre Vollendung fand diese Betrachtungsweise in Schleichers *Compendium der vergleichenden Grammatik der indo-*

---

[1] Über die Vorgänger von Bopp (Sir William Jones, Friedrich von Schlegel, Rasmus Rask) siehe O. Jespersen, Language, its Nature, Development and Origin, London–New York 1934, S. 32ff.

germanischen Sprachen (1861), das alle Ergebnisse der Sprachvergleicher bis zu seiner Zeit übersichtlich zusammenfaßt.

Der nächste Schritt führte sodann von der Sprachvergleichung zur Sprachgeschichte. Die Sprachvergleicher begnügten sich im allgemeinen damit, die verwandtschaftlichen Beziehungen zwischen den verschiedenen Sprachen aufzudecken. Man dachte vorläufig noch nicht daran, diese Erkenntnisse in die historischen Zusammenhänge zu stellen. Man machte sich daher auch keine richtigen Vorstellungen über das Sprachleben an sich.

Dieser Schritt von der Vergleichung zur Historie wurde in zwei Gebieten gemacht, die eben über eine lange schriftliche Tradition verfügen und daher zur Darstellung der geschichtlichen Beziehungen direkt herausforderten: die germanischen und die romanischen Sprachen. Ganz besonders die *Grammatik der romanischen Sprachen* von Friedrich Diez (Bonn 1836–44) hat mächtig dazu beigetragen, den Begriff der Entwicklungsgeschichte der Sprachen zu schaffen. Hier bestand die Möglichkeit, eine zwei Jahrtausende alte Entwicklung zu durchschreiten und zu beobachten. Diese Anregungen wurden besonders seit etwa 1870 durch die Schule der Junggrammatiker auf die gesamten Ergebnisse der Sprachvergleichung ausgedehnt. Die Junggrammatiker waren es, welche die Tatsachen in ihre natürliche Aufeinanderfolge stellten (Brugmann, Osthoff, Braune, Sievers, Paul).

Inwieweit heute unsere Problemstellung und unsere Anschauungen sich von denen der Junggrammatiker entfernen, das wird sich aus den folgenden Ausführungen ergeben.

3. Sprache und Rede

Und nun kehren wir zurück zu der vorhin aufgeworfenen Frage: ist die Sprache ein *érgon* oder eine *enérgeia*, d. h. eine Tätigkeit. Um eine Antwort darauf zu finden, müssen wir uns den Vorgang des Sprechens vergegenwärtigen[1]. Zum Sprechen gehören, wenn wir vorläufig vom Monolog absehen, mindestens zwei Personen. Der Ausgangspunkt befindet sich in gewissen Bewußtseinszuständen, gewissen psychischen Gegebenheiten der

[1] Wir folgen dabei im wesentlichen der von F. de Saussure, Cours de linguistique générale, 5. Aufl., Paris 1955, gegebenen Darstellung. Über den oft erörterten Unterschied zwischen „Sprache" und „Rede" siehe jetzt E. Coseriu, Sistema, norma y habla, Montevideo 1952 (bzw. in: Teoría del lenguaje y lingüística general, Madrid ²1967, S. 11–113), und N. C. W. Spence, A Hardy Perennial: the Problem of „La langue" and „La parole", Arch. Ling. 9 (1957), 1–27. Den Versuch, zwischen die Begriffe „Sprache" und „Rede" einen vermittelnden Terminus, nämlich „Individualsprache" oder „Idiolekt" einzuschieben, behandelt zuletzt C. F. Hockett, A Course in Modern Linguistics, New York 1958, S. 321 ff.

einen Person, die das Gespräch beginnt. Diese Bewußtseinszustände können die Klarheit eines Begriffes haben, aber oft sind sie nicht über den Zustand etwas unbestimmter Vorstellungen hinausgelangt. Mit ihnen verbunden sind gewisse sprachliche Zeichen der akustischen Bilder. Z. B. die Vorstellung oder der Begriff Apfel, sobald er im Bewußtsein auftaucht, weckt bei einem Deutschsprechenden die sprachliche Assoziation des Lautbildes, der Lautfolge *Apfel*. Beginnt nun das Gespräch, so wird das im Bewußtsein erweckte Lautbild durch die Sprechorgane in physische Wirklichkeit umgesetzt: auf den psychischen folgt der physiologische Vorgang. Auf diesen wiederum der physikalische: durch die Sprechorgane werden die Schallwellen erzeugt, die vom Munde des Sprechers zum Ohr des Hörers gelangen. Bei diesem erfolgt der Vorgang in umgekehrter Reihenfolge: die physikalische Wirkung der Schallwellen wird auf physiologischem Wege vom Ohr ins Gehirn vermittelt. Dort weckt das übermittelte Lautbild die damit gewohnheitsmäßig verbundene Vorstellung resp. den Begriff[1].

Der Kernpunkt der ganzen Vorgänge liegt im psychisch-geistigen Teil und zwar im Hin und Her zwischen Lautbild und Begriff. Beim Sprechenden führt der Weg vom Begriff zum Lautbild, von innen nach außen, beim Hörer geht er umgekehrt: vom Lautbild zum Begriff, von außen nach innen. Im ersten Falle ist der Mensch aktiv, er gibt aus; im zweiten ist er passiv, er empfängt. Beides ist nur möglich durch die Fähigkeit der Assoziation und durch die Kraft der Beiordnung, der Koordination, die bei Gesamtaussagen (Sätzen usw.) die größte Rolle spielt. Wodurch wird nun eine derartige Verständigung zwischen Individuen überhaupt möglich? Diese Kräfte können nur in Aktion treten dank dem überindividuellen Wesen der Sprache, dadurch daß die Sprache ein soziales Faktum ist. Zwischen den Individuen, die einer Sprachgemeinschaft angehören, besteht oder entsteht eine Art Durchschnittswert für jedes sprachliche Zeichen. Die gleichen Zeichen werden, wenigstens annähernd, mit den gleichen Begriffen verbunden, von allen Individuen gleich wiedergegeben. Die Eindrücke, welche diese Verbindung ermöglichen, verdanken ihre Entstehung der Fähigkeit, auf-

---

[1] Der amerikanische Linguist L. Bloomfield (Language, New York 1933, S. 22 ff.) hat, inspiriert von der Behaviourpsychologie, den Sprachvorgang als eine Folge von Reizen und Reaktionen dargestellt. Ein nichtlinguistischer Stimulus (S) führt eine linguistische Reaktion (r) der sprechenden Person herbei und zwar in Form eines Wortes oder Satzes. Diese gesprochene Botschaft nun überwindet mittels Schallwellen den Raum und gelangt als linguistischer Stimulus (s) zum Angeredeten, wo sie, sofort oder nach einer gewissen Zeit, eine nichtliguistische Reaktion (R), z. B. die Ausführung eines gegebenen Auftrags, auslöst. Der Vorgang kann folgendermaßen schematisch dargestellt werden: S ——→ r . . . . . s ——→ R. Eine etwas andere Analyse des Sprechvorgangs gibt K. Bühler, Sprachtheorie, Die Darstellungsfunktion der Sprache, Jena 1934, S. 28.

zunehmen und das Aufgenommene zueinander zu ordnen. Die Sprache, insoweit sie in der Tat erscheint, aktiv wird, ist an das Individuum gebunden. Dieser tätige Teil der Sprache ist dem Individuum anheimgegeben; aber er ist eben nur möglich, weil er auf dem alle Individuen verbindenden gemeinsamen Sprachbewußtsein erwächst. Die Sprache in diesem überindividuellen Sinn ist eigentlich die Summe aller Wortbilder und Assoziationen, die bei sämtlichen Individuen zusammen aufgespeichert sind. Sie bildet ein gesamtes und in sich geschlossenes Ausdruckssystem, das virtuell in der Gesamtheit der Individuen lebt.

Wir trennen also mit Saussure scharf zwischen Sprache (langue) und Sprechen (oder Rede, parole). Die Sprache ist ein soziales Faktum; die Rede ein individuelles. Die Sprache umfaßt alles wesentliche, sie ist ein großes Ganzes; die Rede evoziert immer nur einen kleinen Teil dieses gesamten Systems, bedient sich dessen zur Wiedergabe eines einmaligen, individuellen Bewußtseinsinhaltes.

Zwischen Sprache in diesem Sinne und Rede besteht ein eigentümliches Verhältnis, eine Art Kreislauf. Wenn wir zusehen, wie sich beim einzelnen Menschen die Sprache allmählich herausbildet, so ist es unleugbar die Rede, welche die Sprache erzeugt, nämlich die Rede der andern. Die Wörter und Sätze, welche das heranwachsende Individuum hört, führen dieses allmählich herein in die sprachliche Gemeinschaft des Volkes. Diese Wörter und Sätze sind *Rede*, welche aus der *Sprache* der andern heraus geformt worden sind; und diese Rede, die sich, unzählige Male wiederholt, schließlich dem Bewußtsein einprägt, wird hier, als eingeprägte, niedergelegte Form, wieder allmählich zur Sprache. Selbstverständlich hört die Umwandlung von Rede (gehörter oder gelesener) in Sprache nicht auf beim erwachsenen Menschen. Auch er vernimmt von Zeit zu Zeit wieder neue Ausdrucksmöglichkeiten und verleibt sie seinem Sprachbewußtsein ein, so daß er sich später ihrer bedienen kann. Nur sind diese Modifikationen seiner Sprache relativ so geringfügig, daß man kaum mehr, wie beim Kind, den Eindruck eines starken Wachstums hat.

Diese Scheidung löst zugleich die oben berührte Streitfrage, ob die Sprache ein *érgon* oder eine *enérgeia*, eine Tätigkeit, sei. Die Sprache in dem soeben umrissenen engern Sinne ist ein *érgon*, ein Werk, ein allumfassendes geistiges Gut, in dem und von dem alle Angehörigen einer Sprachgemeinschaft geistig leben; sie ist das gewaltige Erbe, das ein Volk dem einzelnen anvertraut, im einzelnen Individuum niederlegt. In der Sprache sind die Erfahrungen all der Jahrhunderte eingegraben; der einzelne empfängt dieses Gut, wobei er sich rezeptiv, passiv verhält. Dieses Erbgut schafft eine Sphäre der Gemeinsamkeit zwischen ihm und den übrigen Sprachgenossen. Von sich aus und aus eigener Kraft kann das Individuum die Sprache nicht ändern. Sprache in diesem Sinne ist ein rein seelischgeistiger Gegenstand, unabhängig von der physiologisch-physischen Tätigkeit der Sprechwerkzeuge. Sie ist ein System von akustischen Zeichen, in dem das einzig Wesentliche die Verknüpfung von Bedeutung und Lautbild ist.

Die Rede aber ist die jeweilige, einmalige Verwendung, die das Individuum von der Sprache macht; durch die Rede wird ein jeweils beschränkter Teil der Sprache aus dem latenten Zustand übergeführt in Handlung. Die Rede ist ein individueller Willensakt. Darin können wir zwei Teile unterscheiden: 1. die Art, wie der Sprechende das System der Sprache benützt, um seinen persönlichen Gedanken zum Ausdruck zu bringen, der Gebrauch, den er vom gemeinsamen Gut macht (nur geistig-psychisch); 2. die psychisch-physiologisch-physische Tätigkeit, die ihm die Kundgebung nach außen ermöglicht.

Diese Unterscheidung zwischen Sprache und Rede (oder Sprechen) ist von grundlegender Wichtigkeit. Mancher Irrtum läßt sich vermeiden, wenn man sich stets daran erinnert, daß Sprache das Soziale, Gemeinsame, Systemhafte umfaßt, Rede aber die individuelle Auswertung und Anwendung dieses Systems. Am Schluß dieses Buches werden, nachdem die dazwischenliegenden Kapitel genügend konkrete Tatsachen gebracht haben, dem Verhältnis und der wechselseitigen Abhängigkeit von Sprache und Rede nochmals einige Betrachtungen gewidmet[1].

4. Synchronie und Diachronie

Wir kehren zurück zu dem kurzen Überblick über die Entwicklung der Sprachwissenschaft. Wir hatten sie verfolgt bis zu dem Punkte, da sie zur historischen Sprachbetrachtung fortgeschritten war. Die Resultate, welche sie erbrachte, überraschten durch ihre Tragweite, und man staunte, daß Jahrhunderte achtlos an diesen Tatsachen vorübergegangen waren. Als Wissenschaft, die in ihrem Bereich eine Art Gesetzmäßigkeit entdeckt hatte (Lautgesetze), fühlte sich die historische Sprachwissenschaft weit erhaben über die bloß konstatierende beschreibende Grammatik. Um die Jahre 1880

---

[1] Man könnte jede Sprache auch mit einem Code vergleichen, dessen sich der Sprechende zur Chiffrierung seiner Aussage, der Angeredete zur Dechiffrierung derselben, bedienen. Dank diesem Begriff Code konnten fruchtbare Beziehungen zwischen der Linguistik und der Informationstheorie geschaffen werden. Zu diesen Fragen nimmt Stellung P. Guiraud, Langage, connaissance et information, Journ. de Psychologie 55 (1958), 302–318, und ders. in Problèmes et méthodes de la statistique linguistique, Paris 1959. Siehe auch C. Cherry, On Human Communication, New York–London 1957.

bis 1900 herum verstand man unter Sprachwissenschaft kurzweg nur deren historisch-vergleichenden Teil. Demgegenüber hat Saussure mit aller Schärfe und Deutlichkeit seine Auffassung entwickelt, daß sowohl die beschreibende als auch die historische Sprachbetrachtung wissenschaftlichen Methoden zugänglich seien. Mit größtem Nachdruck stellt er deskriptive und historische Sprachwissenschaft einander gegenüber. Er definiert und veranschaulicht die beiden Betrachtungsweisen durch ein Achsensystem

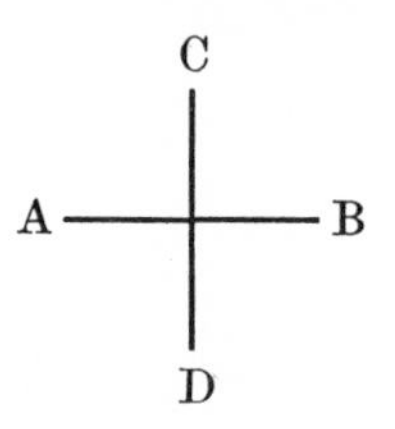

Die Achse *A–B* versinnbildlicht die Gleichzeitigkeit, *C–D* die Aufeinanderfolge. Die historische oder evolutive Linguistik studiert verschiedene, zeitlich oder räumlich auseinanderliegende Sprachzustände, indem sie dieselben miteinander vergleicht. Sie stellt z. B. einander gegenüber

lt. *maturu* – afr. *meür*
cantata – *chantee* usw.

Daraus zieht sie den Schluß: in der Zeit zwischen dem klassischen Latein und dem Altfranzösischen (also zwischen dem 1. und dem 12. Jahrh.) ist *-t-* zwischen zwei Vokalen gefallen, verschwunden. Durch allerlei Indizien sucht sie dann noch vielleicht zu bestimmen, zu welcher Zeit dieser Vorgang sich ereignet hat. Sie kann den Vergleich statt historisch auch geographisch vornehmen und findet dann, daß das Provenzalische das *-t-* noch als *-d-* erhalten hat, und sie wird vielleicht auch die geographische Grenze zwischen dem völligen Schwund und der Sonorisierung zu *-d-* feststellen. Es handelt sich also stets um ein Geschehen in der Zeit oder um einen ins Geographische projizierten zeitlichen Vorgang.

Nun kann man aber von dem Faktor Zeit auch völlig absehen und statt des Längsschnittes *C–D* den Querschnitt *A–B* untersuchen. Saussure stellt das Postulat auf, deskriptive Sprachbetrachtung könne ebensowohl wissenschaftlich geführt werden wie historische. Er leugnet das von den Junggrammatikern gemeinhin angenommene Primat des Schnittes *C–D* gegenüber *A–B*. Eine Sprache erscheint ihm als ein in sich geschlossenes System von Ausdrucksmitteln, vergleichbar etwa einem großen, wohl komponierten Gemälde, in dem jeder Farbfleck seine besonderen Beziehungen hat zu den anderen Bildteilen und in dem nichts verschoben oder weggenommen werden kann, ohne daß damit die innere Harmonie des Kunstwerkes zerstört wird. Um ein bekanntes Beispiel dieser nicht in der Zeit, sondern immanent waltenden Gesetzmäßigkeit zu geben: im Französischen steht die morphologische Identität von Nominativ und Akkusativ des Substantivs im engsten Zusammenhang mit dem stereotypen, starren Charakter der Wortstellung: Subjekt–Verb–Objekt. Ein Satz wie *le père punit le fils* ist in der Wortstellung fest gebunden, weil diese das einzige Mittel ist, den Handelnden und den Leidenden zu unterscheiden[1]. Demnach besteht hier eine kausale Beziehung auch außerhalb des Geschehens in der Zeit, eine kausale Beziehung, die sich innerhalb der Sprache als Ausdruckssystem auswirkt.

So zerlegt Saussure die Sprachwissenschaft in zwei Teile: einen dynamischen oder historischen oder diachronischen und einen statischen oder deskriptiven oder synchronischen. Auf die Anschauungen der letzten Vertreter der junggrammatischen Richtung ist Saussures Wirken ohne Einfluß geblieben. In seinen *Prinzipien der Sprachgeschichte* (5. Aufl., Halle a. S. 1920) stellt Hermann Paul noch ausdrücklich in Abrede, daß es eine andere wissenschaftliche Betrachtung der Sprache geben könne als die geschichtliche. Er sagt S. 20: „Es ist eingewendet, daß es noch eine andere wissenschaftliche Betrachtung der Sprache gäbe, als die geschichtliche. Ich muß das in Abrede stellen. Was man für eine nichtgeschichtliche und doch wissenschaftliche Betrachtung der Sprache erklärt, ist im Grunde genommen nichts als eine unvollkommen geschichtliche, unvollkommen teils durch Schuld des Betrachters, teils durch Schuld des Beobachtungsmaterials. Sobald man über das bloße Konstatieren von Einzelheiten hinausgeht, sobald man versucht, den Zusammenhang zu erfassen, die Erscheinungen zu begreifen, so betritt man auch den geschichtlichen Boden, wenn auch vielleicht ohne sich darüber klar zu sein."

Bereits zwanzig Jahre vor Saussure (1884) hatte übrigens Anton Marty nachdrücklich auf die Notwendigkeit dieser Scheidung hingewiesen[2]. Doch verhallten zu jener Zeit seine Mahnungen, da Marty als Philosoph an die Probleme herantrat und jene Generation einer philosophischen Betrachtungsweise ungünstig gesinnt war und von ihr wenig Förderung erwartete. Es ist kaum anzunehmen, daß Saussure Marty gekannt habe; aber es mag nicht ohne Bedeutung sein, daß der eine ausschließlich von der Sprache ausgehend, der andere von der Philosophie herkommend zu ähnlichen Ergebnissen aufgestiegen sind.

Die hier waltende Antinomie ist bereits 1836 von Wilhelm von Hum-

---

[1] Wir werden in einem späteren Abschnitt auf dieses Beispiel zurückkommen und zeigen, daß auch noch andere Kräfte mitgewirkt haben. Siehe S. 187.

[2] Siehe den Stellennachweis bei O. Funke, Innere Sprachform, eine Einführung in A. Marty's Sprachphilosophie, Reichenberg i. B. 1924, S. 20, 25.

boldt klar erkannt und zum Ausdruck gebracht worden. In der Einleitung zu seinem Werk *Über die Verschiedenheit des menschlichen Sprachbaus und ihren Einfluß auf die geistige Entwicklung des Menschengeschlechts*[1] sagt er: „Die Sprache auf der andren Seite ist das Organ des inneren Seins, dies Sein selbst, wie es nach und nach zur inneren Erkenntnis und zur Äusserung gelangt. ... so lassen sich gerade die Fragen, welche die Bildung der Sprachen in ihrem innersten Leben betreffen, und woraus zugleich ihre wichtigsten Verschiedenheiten entspringen, gar nicht gründlich beantworten, wenn man nicht bis zu diesem Standpunkt aufsteigt. Man kann allerdings dort nicht Stoff für das, seiner Natur nach, nur historisch zu behandelnde vergleichende Sprachstudium suchen, man kann aber nur da die Einsicht in den ursprünglichen Zusammenhang der Thatsachen und die Durchschauung der Sprache, als eines innerlich zusammenhängenden Organismus, gewinnen, was alsdann wieder die richtige Würdigung des Einzelnen befördert." Doch die weitere Entwicklung der Sprachwissenschaft im 19. Jahrh. knüpfte nicht hier an.

Um die prinzipiell so wichtige Scheidung zu unterstreichen, möge noch ein kurz zu fassendes Beispiel aus Saussures eigener Demonstration folgen. Als schlagenden Beleg für die Beziehungslosigkeit zwischen der horizontalen und der vertikalen Achse führt er die umlautende Pluralbildung im Deutschen und Englischen an. Im Englischen lautete ursprünglich die Mehrzahl zu *fot* „Fuß" *foti*. Nun trat Umlaut ein. Diese rein lautliche Angelegenheit hat mit Pluralbildung an und für sich nichts zu tun. Sie verändert eine deutsche Verbalform wie *tragit* zu *trägt*, wie sie das *a* des Plurals *gasti* zu *ä* (*gäste*) werden läßt. So wird auch im Englischen *o* in *foti* zu *e* umgelautet, daher neuengl. *feet*. Dieser Lautwandel hat nun an diesem einen Punkte éin System der Pluralbildung durch ein ganz anderes ersetzt. Der Vorgang ist kein morphologischer; man hat dabei keine morphologische Änderung vorgenommen. Saussure versinnbildlicht dies durch folgendes Schema:

fot	*foti*	
		Zeitpunkt A
fot	*feet*	
		Zeitpunkt B

Die synchronistische Sprachwissenschaft stellte also fest, daß im Zeitpunkt A die Pluralbildung *fot* : *foti* bestanden hat, im Zeitpunkt B das System *foot* : *feet* (Umlaut). Die diachronistische Betrachtungsweise aber stellt fest, daß *ó* vor *i* zu *e* (später *ee*) umgelautet worden ist.

[1] Berlin 1836 (Königl. Akad. d. W.), S. XVIII. [Faksimile-Druck, Bonn 1960.]

Auf den ersten Moment wirkt die Ansicht Saussures überzeugend. Denn in der Tat ist im Zustand A nichts vorhanden was den nun vor sich gehenden Umlaut der Tonvokale vor *i* fordert oder vorausbestimmt. Es scheint also tatsächlich keine unmittelbare Beziehung zu bestehen zwischen unserer Horizontalen und der Vertikalen. Saussure sagt:

Les altérations ne se faisant jamais sur le bloc du système, mais sur l'un ou l'autre de ses éléments, ne peuvent être étudiées qu'en dehors de celui-ci. Sans doute chaque altération a son contre-coup sur le système; mais le fait initial a porté sur un point seulement; il n'a aucune relation interne avec les conséquences qui peuvent en découler pour l'ensemble. Cette différence de nature entre termes successifs et termes coexistants, entre faits partiels et faits touchant le système, interdit de faire des uns et des autres la matière d'une seule science.

Und anderswo sagt Saussure: „Il nous est interdit absolument d'étudier simultanément les rapports dans le temps et les rapports dans le système."

Diese intransigente Auffassung[1] hat allerdings ihre Grenzen. Die Verschiedenheit liegt nämlich nicht so sehr im Gegenstand selber, als im Standpunkt des Betrachters. Und, ins Extrem getrieben, würde die Saussuresche Auffassung wiederum einen wesentlichen Teil der Beziehungen verhüllen. Siehe darüber S. 137 ff.

Noch einen anderen Aspekt der Saussureschen Lehre müssen wir hier hervorheben, einen Aspekt, der einen entscheidenden Einfluß auf das linguistische Denken unserer Zeit ausgeübt hat: die Auffassung, daß die Sprache, so wie sie in einem gegebenen Augenblick vorliegt, ein „système où tout se tient" ist, ein Gefüge, dessen Elemente gegenseitig voneinander abhängen und sich gegenseitig erklären. Zur Illustration dieser Auffassung verglich Saussure das linguistische System mit einem Schachspiel: „Un état du jeu correspond bien à un état de langue. La valeur respective des pièces dépend de leur position sur l'échiquier, de même que dans la langue chaque terme a sa valeur par son opposition avec tous les autres termes" (S. 125 f.). Daraus ergibt sich die berühmte Formel „La langue est une forme et non une substance" (S. 157 und 169). Mit dieser Auffassung setzte Saussure den Grundstein für die *strukturelle* Linguistik. Heute gibt es mehrere strukturalistische Schulen, die, wenn auch nach ziemlich verschiedenen Richtungen orientiert, sich doch im Grundprinzip einig sind: die Genfer Schule, welche die Saussuresche Tradition direkt fortsetzt, die

---

[1] Auf diesem Standpunkt scheint auch Bally zu stehen, der die historische Sprachwissenschaft nur als isolierende Methode kennt. Vgl. Ch. Bally, Linguistique générale et linguistique française, Bern [4]1965, § 14.

Schule von Prag, die von London, die „Glossematik“ der Kopenhagener Schule und andere. In Amerika haben die Forschungen Bloomfields und seiner Anhänger zu analogen Ergebnissen geführt. Wie in der Folge gesehen werden kann, ist auch das vorliegende Werk auf denselben Prinzipien aufgebaut und dehnt diese sogar auf die diachronische Sicht aus. Die Übertreibungen eines doktrinären und starren Strukturalismus aber werden tunlichst vermieden[1].

5. Landschaftliche Differenzierung der Sprache

Eine der sprachlichen Tatsachen, die auch dem Laien sich ohne weiteres offenbaren, ist die Differenzierbarkeit der Sprache. Diese Differenziertheit nimmt ganz verschiedene Ausmaße an. Leichte Ansätze zu besonderer Ausdrucksweise finden sich oft schon in der Familie. In Gegenden, wo die Verkehrsverhältnisse schwierig sind, finden sich von Dorf zu Dorf ganz merkbare Unterschiede; auf dem Markt von Ilanz erkennen die Bauern mit Leichtigkeit an der Mundart, aus welcher Gemeinde jeder einzelne Marktbesucher stammt. Gegenüber dem Tessiner aber von jenseits des Alpenkamms empfinden sie sich wiederum als zusammengehörig. So schließen sich trotz gewisser Unterschiede kleine und größere Gebiete zusammen zu Gruppen, Stammesmundarten und schließlich Sprachgebieten, d. h. Gebieten, die sich sprachlich nahe genug stehen, um sich auf eine gemeinsame Schriftsprache einigen zu können. In welcher Wechselbeziehung Mundart und Schriftsprache zueinander stehen können, davon soll später die Rede sein. Diese stark differenzierten Sprachverhältnisse sind meist aus einfacheren, gleichförmigeren hervorgegangen durch allmähliche Differenzierung. Was wir heute als geographische Verschiedenheit konstatieren, ist deutlich als Niederschlag eines Vorgangs in der Zeit zu erkennen. Die Grenze z. B., welche das Alemannische von den übrigen deutschen Mundarten trennt (*hus* / *haus*, *min* / *mein*, *lieb* / *līb*, *blueme* / *blume*) ist erst in historischer Zeit entstanden. Das Alemannische hat hier einen ältern lautlichen Zustand bewahrt und hat die Sprachbewegung der andern deutschen Stämme nicht mehr mitgemacht. So gehört sowohl das Auseinandergleiten eines Sprachgebietes in verschiedene Mundarten, wie umgekehrt der Zusammenschluß verschiedener Mundarten zu einer gemeinsamen Schriftsprache der Historie an.

Wo nun die Differenzierung lange ungehemmt weitergegangen ist, da

---

[1] Eine allgemeine Orientierung bringt A. Martinet, Structural Linguistics, in: A. L. Kroeber (ed.), Anthropology Today, Chicago 1953, S. 574–586. [Vgl. auch A. Martinet (ed.), Le Langage, Paris 1968.]

hat sie schließlich soweit fortschreiten können, daß die Möglichkeit der Verständigung, d. h. des Gebrauchs eines und desselben Idioms verlorengegangen ist. So sind die ursprünglich ziemlich einheitlichen Stämme des Slawischen, des Germanischen auseinandergebrochen in verschiedene Sprachen. Und eine der Großtaten der Sprachforschung im 19. Jahrh. war die Erkenntnis, daß slavisch, germanisch, griechisch, armenisch usw. einem einheitlichen Stamm, dem Indogermanischen, angehören.

Das Beispiel der romanischen Sprachen mag uns kurz zeigen, worauf es bei solcher sprachlichen Gruppenbildung vor allem ankommt.

Die erste Frage ist: Was bedeutet der Ausdruck: romanische Sprachen? Wir verstehen darunter diejenigen Sprachen, welche aus dem Latein hervorgegangen sind, hervorgegangen in allmählicher, kontinuierlicher Entwicklung. Seit Ciceros Zeiten ist die lateinische Sprache von einer Generation an die andere weitergegeben worden. Jede Generation hat, wie das in allen Sprachen geschieht, einige größere oder kleinere Modifikationen vorgenommen. Die Summe dieser Veränderungen hat im Ablaufe von sechzig Generationen des menschlichen Geschlechtes den Abgrund geschaffen, der das heutige Französisch vom klassischen Latein trennt. Der früher oft verwendete Ausdruck „Tochtersprachen“ ist falsch, weil das Bild die Vorstellung von zwei getrennten Organismen enthält, während hier ein und derselbe Organismus in verschiedenen Phasen seiner Entwicklung vorliegt. Die Kluft zwischen Latein und Italienisch also erklärt sich durch die zeitliche Distanz. Der nicht minder große Abstand aber, der Italienisch von Französisch trennt, usw., erklärt sich durch die räumliche Trennung der Länder, durch die geographischen und ethnischen Verschiedenheiten.

Die Zählung der romanischen Sprachen hat ziemlich geschwankt. Es hält schwer, dafür einen einheitlichen Gesichtspunkt aufzustellen. Das hängt mit folgendem Sachverhalt zusammen: Latein blieb in der ersten Hälfte des Mittelalters als Schriftsprache im ganzen Abendland bestehen. Bis ins 11. Jahrh. ist die Dichtung der Romanen fast ausschließlich in lateinischer Sprache abgefaßt, und Juristen, Gelehrte, Philosophen blieben dieser Sprache noch viel länger treu. Als man nun allmählich in der Schrift zum Gebrauch des Volksidioms überging, da war das natürliche, daß jede Region zuerst zu ihrem eigenen Dialekt griff. Erst nach und nach bildete sich – übrigens aus sehr verschieden gearteten Gründen – eine Überlegenheit einzelner Städte oder Landschaften heraus, die sich in einigen Ländern erst nach längeren Kämpfen durchsetzte. Im allgemeinen kann als Prinzip gelten, daß man als besondere Sprache ein Idiom ansieht, in dem eine geschlossene Gruppe von Menschen ihre sämtlichen geistigen Werte ausdrücken kann, alle ihre Bedürfnisse zu befriedigen vermag. Dialekte oder Mundarten sind alle übrigen, im selben Land oder in der gleichen Gruppe noch gebräuchlichen, meist nur zu mündlichem Verkehr verwendeten Idiome.

So standen etwa noch zu Anfang des 13. Jahrh. die Mundarten von Mailand, von Rom, Neapel und Florenz gleichwertig und mit gleichem Ansehen als Dialekte nebeneinander; die Schriftsprache war ja Latein. Gegen Ende des 13. Jahrh. errang aber die Mundart von Florenz ein besonderes Ansehen; sie wurde zur Schriftsprache. Damit waren die Idiome von Mailand usw. gewissermaßen aus der Entwicklung ausgeschaltet. Nach einem kurzen Versuch, ihre eigene Mundart zur Schriftsprache zu erheben, anerkannten die Mailänder willig die Überlegenheit des Idioms von Florenz. Seit dem 14. Jahrh. bedient sich der Mailänder des Florentinischen, wenn er schreiben will; aber im Gespräch mit Landsleuten sprach noch Alessandro Manzoni Mundart. Ähnliches kennen wir ja aus einem großen Teil des deutschen Sprachgebietes. Ein Sprachgebiet erstreckt sich also eigentlich so weit, als eine Schriftsprache anerkannt und gebraucht wird. Aber dieses Kriterium ist allerdings nicht rein durchzuführen: es kommt häufig vor, daß eine Mundart ihrem ganzen Habitus nach zu der einen Sprache gehört, daß aber ihre Angehörigen durch die politischen Verhältnisse dazu geführt worden sind, eine andere Sprache zu benutzen, wenn sie sich schriftlich auszudrücken haben. Korsika z. B. spricht eine italienische Mundart, die Schriftsprache aber ist französisch.

Wenn wir das vom Volk gesprochene Idiom zugrunde legen und die verschiedenen romanischen Sprachen dementsprechend nomenklatorisch unterscheiden, so müssen wir zehn romanische Sprachen aussondern: rumänisch, dalmatisch (1893 ausgestorben), italienisch, sardisch, rätoromanisch, französisch, provenzalisch, katalanisch, spanisch, portugiesisch. Fassen wir aber Sprache nicht im Sinne wissenschaftlicher Kriterien, sondern auf Grund der Zugehörigkeit zu einer schriftsprachlichen Gemeinschaft, so müssen wir nicht nur dalmatisch, sondern auch sardisch, provenzalisch und katalanisch[1] aus der vorstehenden Liste entfernen, und das Rätoromanische, dessen Mundarten in den weit auseinanderliegenden Gebieten des Friaul, der Dolomiten und Graubündens gesprochen werden, müssen wir durch das Westrätische ersetzen, das allein es zu einem vollgültigen Schrifttum gebracht hat. Statt zehn Sprachen anerkennen wir von diesem Standpunkt aus deren sechs.

---

[1] Bei diesem konnte man bis zum spanischen Bürgerkrieg schwanken, da Katalonien, ähnlich wie politisch, auch sprachlich eine gewisse Autonomie besaß. Die aus dem Ausgang des Krieges sich ergebende größere Zentralisierung des Landes hat diese Sonderstellung des Katalanischen sehr problematisch gemacht. Gleichfalls problematisch ist die Stellung des Provenzalischen angesichts der Versuche des Felibrige und besonders Mistrals, diesem Idiom wieder zu seinem alten Rang einer Literarsprache zu verhelfen. Vgl. dazu A. Gourdin, Langue et littérature d'oc, Paris 1949.

II. Die Sprache und ihre Entwicklung

1. Problemstellung

Im folgenden sollen, von möglichst einfachen Beispielen aus, die Veränderungen durchleuchtet werden, die in der Sprache sich vollziehen mögen. Ein ganz kurzer Satz, in lateinischer und neufranzösischer Form gegeben, soll vorerst zeigen, in welchem Maße die Summe dieser Verschiebungen das Gesamtbild ändert:

mater ancillae cultrum dedit
la mère donna un couteau à la servante.

An diesem Sätzchen haben also die zwanzig Jahrhunderte folgende Veränderungen vorgenommen:

1. *mater* ist zu *mère* geworden,
2. *ancillae* ist durch *à la servante* ersetzt,
3. *dedit* ist durch *donna, cultrum* durch *couteau* ersetzt,
4. vor *couteau* steht der unbestimmte Artikel *un,* vor *mère* der bestimmte Artikel *la,*
5. die Satzstellung ist insofern geändert, als das Verbum vor die Objekte, der Akkusativ vor den Dativ gerückt ist.

Diese Vorgänge sind von recht verschiedener Art: bei 1. ist die Veränderung nur lautlicher Natur, bei 2. ist eine Deklinationsform zu einer syntaktischen Verbindung umgearbeitet worden, außerdem haben wir es hier, wie auch bei 3., mit einem lexikalischen Vorgang zu tun, bei 4. macht sich ein Bedürfnis geltend, das dem Lateinischen noch fremd war, 5. ist rein syntaktischer Natur.

Wir versuchen das Wesen dieser Vorgänge zu ergründen. Das zuverlässigste Mittel, das wir hierfür haben, ist das der Vergleichung der verschiedenen Laute, Formen, Wörter.

2. Lautliche Vorgänge

a) Beispiel eines Lautwandels

Die auffälligste Erscheinung in der Entwicklung von lt. *mater* zu fr. *mère* ist die Umwandlung des Tonvokals *a* zu *e*. Ein Vergleich von *mère* mit den Vertretern von lt. *mater* in den andern rom. Sprachen (it. sp. pg. *madre*, prov. *maire*) zeigt, daß der Wandel von *a* > *e* eine spezifisch französische Erscheinung ist. Zwei weitere Vergleiche, innerhalb des Französischen allein, belehren uns darüber, daß dieser Wandel nicht immer eintritt.

Vgl. 1.	mit 2. a.	2. b.
má/trem – mère	*fa/rína – farine*	*vác/cam – vache*
ná/sum – nez	*sa/pére – savoir*	*pár/tem – part*
prá/tum – pré		*vál/lem – val*
cantá/re – chanter		*pás/ta – pâte*

Der Strich in der Mitte des Wortes zeigt jeweils die Silbentrennung an, und wir erkennen unschwer, daß der Wandel *a* > *e* vom Charakter der Silbe abhängig ist: Den Beispielen unter 1 stehen gegenüber diejenigen unter 2 a und 2 b. Aus der Gegenüberstellung mit 2 a geht hervor, daß der Wandel nur ein *a* in betonter Silbe trifft, aus 2 b, daß auch von den Tonsilben nur diejenigen mitgehen, die auf Vokal ausgehen, also die sogenannten offenen Silben (man sagt auch, der Vokal sei hier in freier, bei *partem* in gedeckter Stellung).

Eine Gegenüberstellung von *mère* und *pré* zeigt uns weiterhin, daß das neufranzösische Resultat nicht immer das gleiche ist: das eine Mal haben wir *è*, das andere Mal *é*. Ist diese Differenzierung eine ursprüngliche oder ist sie später dazugekommen? Für das Alter der Scheidung von *é* und *è* geben uns die Assonanzen der altfranzösischen Epen einen willkommenen Anhaltspunkt. Es sind z. B. in der Chanson de Roland in der gleichen Laisse miteinander verbunden:

1. *espee* : *frere* : *emperere* (Laisse 107)
2. *cerf* : *enfer* : *bel* (Laisse 108)
3. *verte* : *metre* : *proecces* (Laisse 121)

Daraus geht hervor, daß der Tonvokal von *épée* damals gleich gesprochen wurde wie derjenige von *frère*. Die Vokale von 1 gehen alle auf *a* in offener Silbe zurück, diejenigen von 2 auf lt. *ĕ* (vulgärlateinisch *ę*) in geschlossener Silbe, diejenigen von 3 auf *ē* oder *ĭ* (vulgärlateinisch *ẹ*) in geschlossener Silbe. Die drei Vokale bleiben also im Altfranzösischen säuberlich getrennt; obschon sie gleich geschrieben sind, wurden sie verschieden gesprochen, und zwar 1 als *ẹ̄*, 2 als *ę̆*, 3 als *ẹ̆*. Die Verschiedenheit der Quantität hat es verhindert, daß *a* auf seinem Wege zu *ẹ* etwa mit einem der beiden andern *e* zusammengefallen wäre. Seit dem 14. Jahrh. aber treten andere Reime und Assonanzen auf: *hostel* und *tel*, im Altfranzösischen mit ẹ gesprochen (das aus lt. *a* stammt), reimen mit *pel* (= *peau*) und *nouvel*, deren Vokal aus lt. ę stammt und im Französischen immer ę ausgesprochen wurde. In diesen Wörtern ist also nun ẹ̄ > ę̄ geworden; dieser Wandel tritt nur dort ein, wo das *e* sich jetzt in gedeckter Stellung findet.

Das Alter des ersten Wandels (*a* > *e*) festzustellen, ist schwieriger, aus dem einfachen Grund, weil in der in Frage kommenden Zeit das romanische Volksidiom noch nicht geschrieben wurde. Aber Elise Richter hat in ihrem Buch *Chronologische Phonetik des Französischen bis zum Ende des 8. Jahrhunderts* (Halle 1934) doch Belege für *e* statt *a* bis ins 6. Jahrh. hinauf verfolgen können (*avere* statt *avarum*, *preda* für *prata* usw.). Aus all diesen Quellen zusammen ergibt sich etwa folgendes Bild für die Entwicklung des fr. *e* aus lt. *a*:

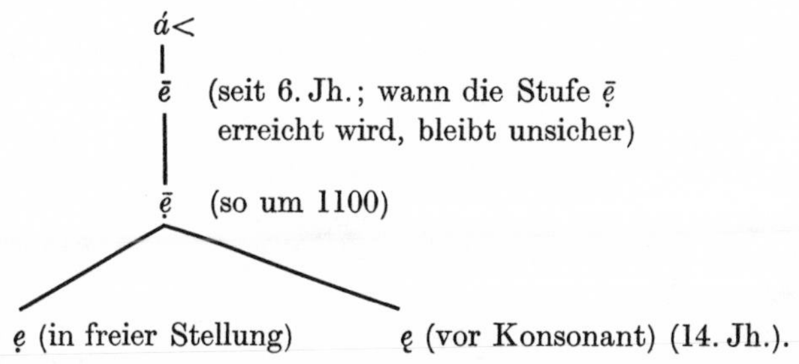

Wenn man allerdings etwa ein Wort wie *hôpital* (< *hospitale*) daneben stellt, könnte man sich fragen, ob *a* > *e* wirklich einen allgemeingültigen Lautwandel darstellt. Doch zeigt uns die Gegenüberstellung von *hôtel* (ebenfalls aus *hospitale*) und *hôpital* bald, daß das letztere eben später neu aus dem mittelalterlichen Latein übernommen worden ist. Es ist aufgenommen worden zu einer Zeit, da der Wandel *a* > *e* längstens abgeschlossen war; aber ein Vergleich der altfranzösischen Formen *hospital* und *hostel* zeigen uns, daß die Aufnahme stattgefunden hat, bevor *s* vor Konsonanten schwand. Noch etwas später ist *estimer* (aus *aestimare*) ins Französische übernommen worden, da hier das *s* nicht verschwunden ist; die ersten Belege des Verbums stammen denn auch aus dem Ende des 13. Jahrh. Allerdings, ein Wort wie *esprit* (< *spiritus*) ist schon viel früher belegt, und doch hat es sein *s* behalten. Hier hat das Latein der Kirche, wo das Wort so oft verwendet wird, das Bewußtsein des *s* lebendig erhalten und seinen Schwund verhindert. Manchmal sind es also die ganz besonderen Umstände, unter denen ein Wort lebt, die seine lautliche Form beeinflussen, es z. B. verhindern, einen Lautwandel mit zu erleiden, den der betreffende Laut in allen andern Wörtern, in denen er vorkommt, durchmacht.

b) Das „Lautgesetz“

Die ältere, vergleichende Sprachwissenschaft hatte meist von Lautregeln oder Entsprechungen geredet. Ausnahmen hatte man meist leichten Herzens übergangen; man fühlte sich nicht verpflichtet, über jede Ausnahme Rechenschaft abzulegen. Erst die Forschungen der sechziger und siebziger Jahre des 19. Jahrh. hatten zu einer immer schärferen Erfassung der lautlichen Veränderungen der indogermanischen Sprachen geführt. So konnte als erster A. Leskien in seiner Schrift *Die Deklination im Slavisch-Litauischen und im Germanischen* den Satz aufstellen, daß die Lautgesetze keine Ausnahmen erleiden, oder, wie er später gefaßt wurde, „der Lautwandel geht nach ausnahmslosen Gesetzen vor sich“. Die theoretische Formulierung, mit Absteckung der Grenzen nach allen Seiten, hat Wundt[1] gegeben:

„Die Beobachtung dieser Regelmäßigkeit ist es, die zu dem in der neuern Sprachwissenschaft energisch betonten Postulat der Ausnahmslosigkeit der Lautgesetze geführt hat. Ein solches Postulat konnte natürlich niemals in dem Sinne verstanden werden, daß man Gesetze annahm, die in jedem einzelnen Fall zur Wirkung gelangten, sondern nur in dem andern, daß die Lautgesetze, gerade so wie die Naturgesetze, ausnahmslos dann wirken, wenn sie nicht durch andere Gesetze oder durch singuläre Ursachen, die ihnen entgegenwirken, aufgehoben werden. Nicht um die ausnahmslose Geltung irgendeines einzelnen Gesetzes handelt es sich also dabei, sondern um eine ausnahmslose Gesetzmäßigkeit, d. h. um den Grundsatz, daß für jede geschichtliche Lautveränderung irgendeine Ursache, sei es nun ein in weitem Umfang gültiges Lautgesetz, sei es eine beschränktere, nur für eine Reihe von Fällen oder vielleicht sogar nur für einen einzelnen Fall geltende Bedingung anzunehmen ist. Die in diesem Sinne verstandene Ausnahmslosigkeit der Lautgesetze kehrt vor allem ihre Spitze gegen die Ausnahmen der alten Grammatik, die auf der Voraussetzung beruhten, daß irgendeine Abweichung von einer sonst gültigen Regel als ein Spiel des Zufalls oder einer willkürlichen Laune anzusehen sei. Sieht man von dieser polemischen Spitze ab, so würde aber der Ausdruck offenbar zweckmäßiger durch den andern einer ‚allgemeingültigen Gesetzmäßigkeit des Lautwandels‘ ersetzt werden.“

Dieser von den Junggrammatikern aufgestellte und vertretene Satz von der Ausnahmslosigkeit der Lautgesetze hat außerordentlich heilsam gewirkt; er hat die Augen geschärft. Jetzt erst konnte man eindeutig zwischen Lehn- und Erbwörtern unterscheiden. Er hat aber anderseits dazu

---

[1] W. Wundt, Völkerpsychologie, 3. Aufl., Leipzig 1911, Bd. 1, Die Sprache, 1. Teil, S. 373.

geführt, daß man die Lautgesetze den Naturgesetzen gleich erachtete. Die Suggestion des Terminus „Gesetz“ bewirkte, daß man sich der Einmaligkeit der Lautwandlungen weniger mehr bewußt war. Es handelt sich ja bei den Veränderungen der Laute stets um historisch und geographisch abgegrenzte Vorgänge. Der Satz „*c* + ^{a} wird im Französischen zwischen dem 5. und 8. Jahrh. zu *ch*“ ist der Ausdruck eines geschichtlichen einmaligen Geschehens, ähnlich etwa wie der Satz „die Bourbonen regierten in Frankreich von 1589–1791“. Der Terminus „Gesetz“ ist hereingetragen worden, weil diese Resultate auf ähnlich induktive Weise gefunden worden waren, wie die Naturgesetze. Man hat beobachtet, daß in einer langen Reihe von Wörtern dem lat. *c* vor *a* ein fr. *ch* entspricht, daß sich also die Resultate der an verschiedenen Wörtern gemachten Beobachtungen decken, ähnlich wie man bei einem physikalischen Experiment, das man in gleicher Weise oft wiederholt, das gleiche Ergebnis erhalten hat. Aber das ist eine rein äußerliche Ähnlichkeit. In Wirklichkeit sind die Naturgesetze von der Zeit unabhängig, wenigstens innerhalb der uns zugänglichen Spanne des Daseins der Erde, während die lautlichen Veränderungen zeitgebunden, historisch sind. Es wäre daher weit besser, man würde den Ausdruck „Lautgesetz“[1] aus der sprachwissenschaftlichen Terminologie streichen und sich mit dem unmißverständlichen Wort „Lautwandel“ begnügen.

Nun ist aber in den letzten Jahrzehnten auch die Vorstellung der Regelmäßigkeit, aus der ja der Name „Lautgesetz“ entstanden ist, ins Wanken geraten. Dazu ist der Anstoß vor allem von den Arbeiten gekommen, die Gilliéron auf Grund seines ALF geschrieben hat. So hat er z. B. beobachtet, daß in gewissen Mundarten Frankreichs einem frz. *fléau* eine Form *kla*, *klo*, *kyo* entspricht, eine Form, deren Anlaut übereinstimmt mit demjenigen von *clef*: *kle*, *kle*, *kye*. Diese Beobachtung hat ihn dazu geführt, überhaupt den Anlaut *kl-*, *fl-* in diesen Orten zu untersuchen. Dabei hat sich ergeben, daß die meisten der einbezogenen Dörfer keine Einheitlichkeit zeigen[2]. Es findet sich z. B. im gleichen Dorf *kyu* „clou“ neben *klute* „clouer“. Auch bei *fl* treten meist 2–3 verschiedene Resultate nebeneinander auf. Nun gibt es eine Etappe, die beiden Anlautgruppen gemeinsam ist: *χl*; diese Etappe wird von *kl* wie von *fl* aus auf die Weise erreicht, daß die Erweichung von der Liquida auf den vorangehenden Konsonanten übergreift:

[1] A. Debrunner, Idg. Forsch. 51 (1933), 269, will „Gesetz“ im juristischen Sinne verstehen. Sicherlich hat bei der Prägung des Wortes „Lautgesetz“ nicht diese Bedeutung von „Gesetz“ vorgeschwebt, und überdies dürfte auch hier die Parallelsetzung nur metaphorisch aufgefaßt sein.

[2] J. Gilliéron et M. Roques, Mirages phonétiques, in: Etudes de géographie linguistique, Paris 1912, S. 49–80.

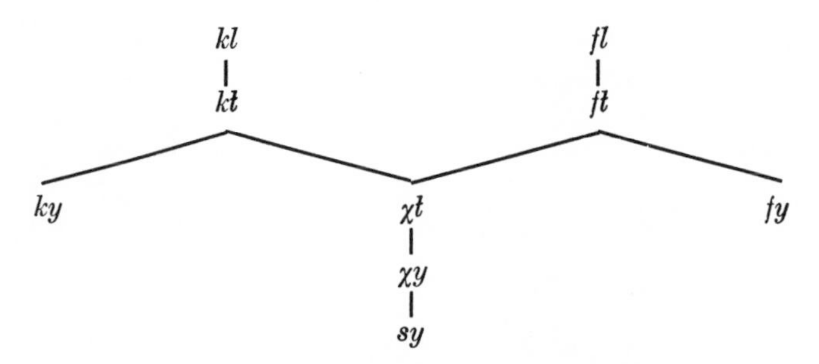

Ein Wort wie *fléau* gelangt über *fło* zu *χło*, und zugleich sind auch *cloche* zu *χłôš*, *clé* zu *χłe* geworden. In diesem Augenblick tritt, unter dem Einfluß der Schriftsprache oder angrenzender Mundarten, Reaktion ein. Man korrigiert *χł* zu *kł* oder gar zu *kl*, und in der Serie von *cloche*, *clé* usw. wird nun auch *χło* „fléau" mitgerissen und zu *klo* usw. umgebildet.

Aus dieser Erfahrung ergeben sich drei wichtige Schlüsse:

1. Die Mundarten sind oft in sich uneinheitlich, weil Einflüsse von verschiedenen Seiten kommen und daraus eine Hin- und Herbewegung entsteht;
2. eine bereits durchlaufene Bewegung kann rückgebildet werden (Begriff der Regression), und diese Regression kann auch andere Wege einschlagen, als vorher die Vorwärtsbewegung sie durchlaufen hatte (falsche Regression)[1];
3. die Entwicklung eines Wortes ist auch davon abhängig, ob es einen im Volke sehr geläufigen Begriff wiedergibt, einen viel benutzten Gegenstand bezeichnet, oder aber einem eher abstrakten Begriff entspricht, einen von außen, z. B. aus der Hauptstadt, importierten Gegenstand bezeichnet[2].

Solche rückläufige Bewegungen und Schwankungen können überall dort beobachtet werden, wo ein Idiom, eine Mundart mehr Prestige hat als eine andere und diese allmählich alte Formen unter dem Druck des Nachbars aufgibt. So drängt von Süden her das Lombardische die Züge zurück, welche die Mundart der nach Süden sich öffnenden Alpentäler kennzeichnen: Die Täler oberhalb des Comersees zeigen eine große Uneinheit-

---

[1] Vgl. L. Gauchat, Régression linguistique, Festschrift zum 14. Neuphilologentage in Zürich, Zürich 1910.

[2] Diese Kernpunkte der Ergebnisse Gilliérons bleiben bestehen, auch nach der im einzelnen oft berechtigten Kritik, die G. Millardet, Linguistique et dialectologie romanes, Montpellier 1922, an den Mirages phonétiques geübt hat.

lichkeit in der Behandlung des *c* vor *a*. *c* wird im rein rätischen Engadin in dieser Stellung palatalisiert. In den hier ungefähr der Lage im Tale der Mera nach angeordneten Dörfern haben von den sechs Wörtern *carus*, *casa*, *capra*, *canis*, *camera*, *carrus* in Curcio zwei den Anlaut *tś*, in Gordona alle sechs, in Dasile vier, in Bondo keines, in Stampa drei. Diese Wortgruppe, die im Engadin durchgehends mit *tś*, am Comersee durchgehends mit *k* anlautet, ist also in den dazwischenliegenden Mundarten völlig auseinandergerissen. Wer nur die Vertreter von Bondo für sich betrachtet, könnte auf den Gedanken kommen, hier sei das lt. *c* als *k* erhalten. Das wäre ein Trugschluß: die Entwicklung ist hier von *k* zu *tś* und dann wieder zurück zu *k* gegangen. Im gleichen schweizerischen Bergell sind die Verbindungen von Konsonant mit *l* im Anlaut intakt erhalten, während sie im Lombardischen palatalisiert sind. Dem lt. *clavem* entspricht *klef*, dem lt. *planum* *plan*, entgegen it. *chiave* (lomb. *tśaf*), *piano*. Aber das Bergell sagt *tśǫt* „Nagel" (< lt. *clavus*), *pyat* „Teller"; wenn diese Wörter hier nicht in einer einheimischen, sondern in der lombardischen Form leben, so erklärt sich dies daraus, daß Nägel wie Teller in den Verkaufsläden der nahen lombardischen Stadt Chiavenna gekauft werden. Diese Beispiele bestätigen vollauf die Lehren, die Gilliéron aus seinem Atlas gezogen hat.

Wie sehr jedes Wort seine eigene Entwicklung haben kann, zeigt sich besonders dort, wo eine Mundart einem besonders starken Druck von seiten der Schriftsprache ausgesetzt ist. So erhalten wir ein völlig uneinheitliches Bild, wenn wir die Ergebnisse von *c* vor *a* im Normannischen auf einer Karte zu vereinigen suchen. Hier ist das *c* in dieser Stellung *k* geblieben und nicht *š*; geworden; für fr. *chat* sagt man also *ka*. Nach dem ALF ergibt sich folgendes Bild[1]: die Karte

chat zeigt auf dem ganzen Gebiet *ka*;

champ hat die einheimische Form noch meist erhalten, aber im Süden und Osten fällt ein weitgezogener Streifen weg;

chandeleur kennen nur noch zwei isolierte Punkte im Osten in der einheimischen Form; desgleichen

chandelle, aber die zwei Punkte mit der einheimischen Form sind hier im Westen; für

chanson ist die einheimische Form *canchon* in zwei größeren Gebieten, im Osten und im Westen bewahrt, während *chanter* überall mit *ch-* anlautet; wiederum eine andere Verteilung zeigt die Karte

chaîne, auf der außer einigen Punkten im Süden und Osten auch die ganze Halbinsel Cotentin und die Normannischen Inseln den französischen Anlaut aufweisen.

[1] Der Einfachheit halber wird hier nur die Normandie, nicht die Pikardie berücksichtigt.

So drängt hier der französische Laut in ganz verschiedenem Maße das einheimische *k-* zurück. Bei dem agrikolen Wort *champ* ist es nur das allmähliche Infiltrieren der ganzen Grenze entlang (ganz ähnlich auch bei *chanvre*); bei *Chandeleur* ist zweifellos die Kirche schuld an der fast vollständigen Tilgung des *k*; die Kerze ist ein Artikel, den sich der Bauer in der Stadt besorgt, wo er eben die französische Form des Namens lernt; der Unterschied zwischen dem Bild der beiden Karten *chanson* und *chanter* muß darauf beruhen, daß das Verbum stärker dem Einfluß der Schule und vor allem der Kirche ausgesetzt ist als das Substantiv (in der Kirche wird zwar gesungen, aber keine *chansons!*). Für die Benennung der Katze war die Möglichkeit eines starken Druckes des Französischen in keiner Weise gegeben, daher das bei *chat* völlig intakte Kartenbild. Umgekehrt liegen die Dinge bei einem Ausdruck des Hausbaus, wie *chambre*, wo die französische Form allein herrscht. Die Karte von *c* vor *a* im Normannischen sieht also nicht einheitlich aus, sondern sie gleicht einer Fläche mit zerfetztem Rand und vielen Löchern. Das ist die Auswirkung davon, daß jedes Wort wieder etwas anders in der Sprache drinnen steht.

Eine solche sich propagierende Lauterscheinung ergreift in ihrem Vorwärtsschreiten nicht alle Wörter oder vielmehr nicht alle gleichzeitig. Jedes Sprachgebiet liefert Beispiele die Fülle für diese Erscheinung. Vgl. etwa aus dem Deutschen die Mundart von Köln, in der sich die hochdeutschen

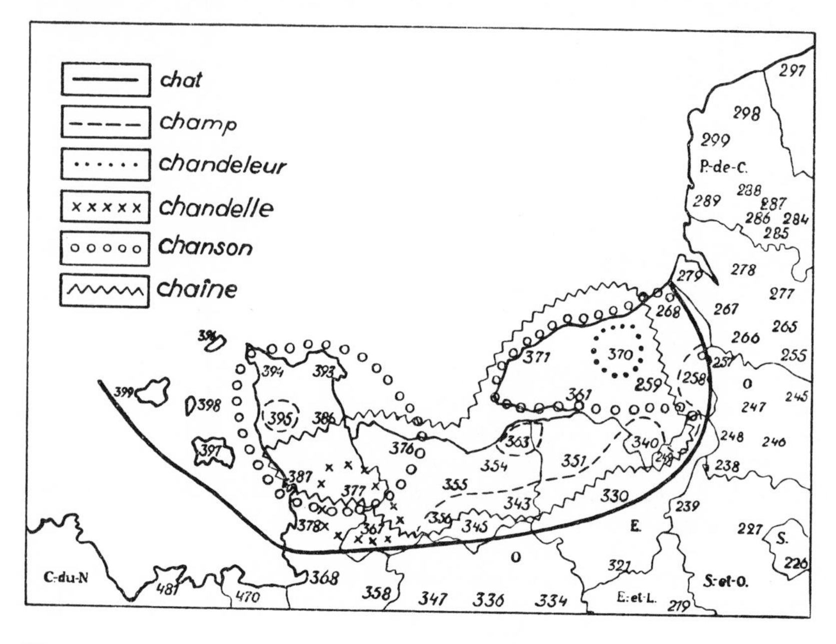

Formen *Wasser* und *groß* durchgesetzt haben, während *dat* und *wat* noch in der niederdeutschen Form geblieben sind[1].

In all diesen Beispielen geht die Propagierung einer lautlichen Veränderung im geographischen Raume vor sich; der Lautwandel, die neue Wortform werden von Ort zu Ort, von Gegend zu Gegend weitergegeben. Jedenfalls handelt es sich um eine Auseinandersetzung zwischen räumlich auseinanderliegenden Wortformen. Diese Kämpfe können sich aber auch innerhalb eines gleichen Ortes abspielen, zwischen Angehörigen verschiedener sozialer Schichten oder Individuen mit verschiedener Einstellung zur Sprache.

Wenn wir die Karte *mère* des ALF studieren, so sehen wir, daß in einem kleinen Gebiet nördlich Lyon und in Jersey eine Form *mez*, mit *z* statt *r*, im Gebrauch ist. Dieser Wandel des intervokalischen *r* zu *z* wird schon im 13. Jahrh. im Languedoc und weiterhin in vielen andern Gegenden des Südens, seit dem 15. Jahrh. auch in Nordfrankreich belegt, vgl. alang. *azena* für *arena* usw. (Zaun, *Die Mundart von Aniane,* Z Beih. 61, S. 88 ff.). Es ist also ein Wandel, der sich allmählich ausbreitet[2]. Sébastien Rouillard bezeugt sie im 16. Jahrh. ausdrücklich für die Brie, und Geoffroy Tory sogar für Bourges und Paris: *mon mazi est à la porte de Pazi* sagen die Schönen von Paris. Die Aussprache wird uns als charakteristisch für Frauen und für das gesamte untere Volk bezeugt. Dann aber reagieren die sprachbewußten Kreise dagegen; sie halten bewußt an dem *-r-* fest. Infolgedessen wird *-r-* meist wiederhergestellt. Zwei Wörter widerstehen dieser Reaktion und haben sich daher mit *-z-* im Französischen gehalten: *bésicles* (für afr. *bericles* < *beryllus*) und *chaise* (< *cathedra*). Bei diesem letztern lebt daneben auch die Form mit *-r-* weiter: *chaire* bezeichnet einen Stuhl, der nie von Laien, sondern immer nur von gelehrten Männern besetzt wird. Daß die Auseinandersetzung und Scheidung dieser beiden Wortformen längere Zeit gedauert hat, bezeugt Molière, der die Köchin Martine in den Femmes Savantes sagen läßt: *les savants ne sont bons qu'à nous prêcher en chaise.* Die Form des Volkes wird so zur Bezeichnung des von allen benutzten Möbelstückes, die Form der Gebildeten zu der eines Lehr-

---

[1] Siehe die zahlreichen mit Karten illustrierten Beispiele bei H. Aubin–Th. Frings–J. Müller, Kulturströmungen und Kulturprovinzen in den Rheinlanden. Geschichte, Sprache, Volkskunde, Bonn 1926.

[2] O. Bloch, L'assibilation d'r dans les parlers galloromans, Rev. ling. rom. 3 (1927), 92 ff., meint, die verschiedenen Gegenden hätten den Wandel unabhängig voneinander durchgeführt. Einen Beweis für diese Auffassung kann er nicht erbringen. Sie ist, wenn man die alte und die heutige Verbreitung betrachtet, sehr unwahrscheinlich. Für die oben besprochene Erscheinung der Reaktion allerdings ist diese Frage von geringer Wichtigkeit.

stuhls oder einer Kanzel. Eine soziale Scheidung, die ursprünglich nur sprachlichen Charakter hat, wird sachlicher Natur[1]. Die Wiederherstellung des zwischenvokalischen *-r-* beruht also auf der Reaktion der auf sprachliche Reinheit und Tradition haltenden Kreise gegen das Sichgehenlassen der andern, nicht über die Sprache nachdenkenden Angehörigen der sprachlichen Gemeinschaft. Dabei hält sich aber das schon zu jener Zeit etwas komisch empfundene *bésicles* und der Name des von allen gebrauchten Sitzmöbels. Wie aber ist es zu erklären, daß nun in einem großen Teile West- und Zentralfrankreichs (Anjou, Poitou, Saintonge, Berry, Bourbonnais) das Verhältnis gerade umgekehrt ist, daß dort *chaire* den Stuhl, *chaise* die Kanzel bedeutet? Ist in dem Wortpaar *chaise* / *chaire* in Paris die Wirkung der Auseinandersetzung zwischen verschiedenen Bevölkerungsschichten zu sehen, so haben wir dort die Auswirkung der Vorgänge im geographischen Raum. In der Saintonge z. B. war der Wandel *r* > *z* nicht aufgetreten; dort war also *chaire* „Stuhl" geblieben. Nun aber sprachen weite Kreise der Landeshauptstadt *chaise* und in der Provinz hatte dieses *chaise* Autorität, trotzdem es in Paris den untern Schichten angehörte. Dieses sprachliche Ansehen von Paris verhalf ihm zum Durchbruch, aber eben nur bei dem Gegenstand, der als etwas Vornehmeres empfunden wurde, während als Benennung des alltäglichen Sitzmöbels die einheimische Form blieb. Man könnte sagen, daß sich die Auseinandersetzung in Paris in der Vertikalen vollzieht (obere gegen untere Volksschichten), diejenige in der Provinz aber in der Horizontalen, wobei man allerdings nicht vergessen soll, daß in dieser Gegenüberstellung Vertikal bildlich, Horizontal aber wörtlich zu verstehen ist.

Der Lautwandel *-r-* > *-z-* hat also schon früh begonnen und ist in einer Zeit sprachlicher Verwahrlosung (hundertjähriger Krieg) propagiert worden. Zu jener Zeit war Sprachreinheit ein fast unbekannter Begriff. Bis der Wandel aber Paris erreichte, hatte sich die Haltung gegenüber der Sprache geändert. Das 16. Jahrh. ist es ja, das den Begriff der Sprachreinigung schafft, das die Sprache auch nach ästhetischen Gesichtspunkten zu beurteilen beginnt. Es bildet sich eine Gruppe von Gebildeten, die mit persönlichem Geschmacksurteil an die Sprache herantreten. Und da eben zur selben Zeit *z* statt *r*, aus der Provinz kommend, sich im Volke breit machte, reagierten diese Menschen dagegen und hielten bewußt an der alten Aussprache fest. Wäre dieser Lautwandel fünfzig Jahre früher nach Paris gelangt, so hätte er sich vielleicht ungehindert durchgesetzt.

Wo also der Beginn einer Art Sprachpolizei, das Erwachen des sprach-

---

[1] Diese Entwicklung ist wohl auch der Grund, warum man nun den Zusatz *de vérité*, den man im 15. und 16. Jahrh. meist zu *chaire* „Kanzel" setzt, fallen läßt.

lichen Gewissens zusammentrifft mit einer im Fluß befindlichen Sprachbewegung, da hebt sie diese auf oder sie verhindert wenigstens, daß sie weitere Fortschritte macht. Manchmal entstehen aus einem solchen Eingreifen Diskrepanzen innerhalb der Sprache. Dann scheint es die Sprache an Konsequenz fehlen zu lassen. So hatte das Altlateinische eine größere Zahl teils aus dem Indogermanischen ererbter, teils neuer Diphthonge. Die romanischen Sprachen haben diese Diphthonge monophthongiert, aber *au* macht dabei eine Ausnahme: heute noch sagt das Port. *ouro*, das Rumän. *aur*. Was ist der Grund dieser Ausnahme? Von allen Diphthongen hatte *au* die größte Spannweite zwischen seinen beiden Elementen; um sich davon zu überzeugen, genügt es, deren Platz im Vokaldreieck zu bedenken:

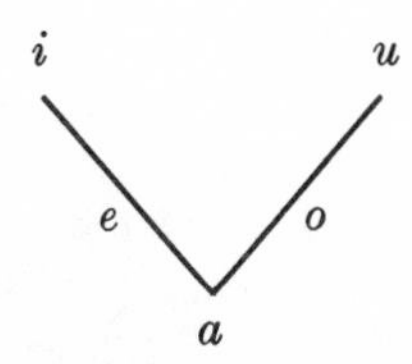

Daher hat sich die Tendenz zur Monophthongierung bei diesen Diphthongen langsamer durchgesetzt als bei andern. Als bereits *ei* zu *ī*, *oi* zu *ū*, *ou* zu *ū* geworden waren, war der Wandel *au* zu *o* noch nicht abgeschlossen. So kommt es, daß die literarische Tradition, die sich eben damals bildete, zwar *dīcere* (gr. *δείκνυμι*, deutsch *zeigen*, lat. noch 186 v. Chr. *deicerent*), *commūnis* (got. *gamains*, deutsch *gemein*, noch 186 v. Chr. *comoinem*), *lūcus* (litauisch *laukas* „Feld", ahd. *lōh* „Lichtung", in alten lateinischen Inschriften *loucos*) übernahm, also gewissermaßen den Wandel *ei* > *i*, *oi* > *u*, *ou* > *u* ratifizierte, aber an *au* festhielt. Nun schieden sich in diesem Punkt die Sprachbeflissenen und die sprachlich Gleichgültigen, die Gebildeten und das Volk. Das Bewußtsein von dem Gegensatz muß sehr lebendig gewesen sein. So konnte der Patrizier *Appius Claudius Pulcer*, als er zur Partei der Plebejer übertrat, hoffen, seinen neuen Parteigenossen zu schmeicheln, indem er sich jetzt *Clodius* nannte. Wie lange sich der Kampf zwischen dem puristischen *au* und dem plebejischen *o* im Lateinischen fortsetzte, zeigt eine bekannte Begebenheit, die Sueton berichtet: Der Kaiser Vespasian wurde von dem Konsular Mestrius Florus unterrichtet, man müsse *plaustra*, nicht *plostra* sprechen. Der zweite Teil der Anekdote illustriert gut die Reaktion der weniger traditionsbewußten Sprecher: am nächsten Tag empfing der zurechtgewiesene Kaiser den Konsular mit der Anrede *ave Flaure*. Die Form *au* setzte sich schließlich durch, und diejenigen romanischen Sprachen, die heute doch *o* haben (fr. *or*, it. *oro*), haben nachweislich die Monophthongierung erst später und jede für sich durchgeführt[1]. Man könnte diese Geschichte der lateinischen Diphthonge vergleichen mit einer Schar Gefangener, von denen die einen durch die Türöffnung entwischen können, während vor dem letzten, etwas langsameren die Falltür herunterschlägt, so daß er als einziger in Gefangenschaft verbleibt.

Alle diese Beispiele haben uns die Wichtigkeit der regionalen und der sozialen Scheidung und Differenzierung für die lautliche Entwicklung gezeigt; sie bewirken ein Durcheinanderfließen und eine Auseinandersetzung der verschiedenen Entwicklungstendenzen. Das Beispiel von *chaise* hat uns gezeigt, daß soziale Gegensätze sich auch in regionale transformieren können. Dies soll im folgenden noch an einem viel weittragenderen Beispiel gezeigt werden.

Das vorklassische Latein hatte das auslautende *-s* vor einem mit Konsonant beginnenden Wort fallen lassen, vor Vokal aber behalten. Es sprach also *omnibu princeps*, aber *optimus omnium*. In der klassischen Zeit wurde aber in der Sprache der Gebildeten das *-s* überall wiederhergestellt; man machte die Wortform unabhängig von der Stellung des Wortes. Die Ungebildeten aber behielten die alte Aussprache bei; ja, sie verallgemeinerten schließlich die *-s*-lose Form. Die Behandlung des *-s* spiegelte also eine soziale Schichtung wider. In den eroberten Ländern wurde die lateinische Sprache nicht überall durch die gleichen Kreise eingeführt. In Iberien, Gallien, Sardinien, Oberitalien ist die Latinisierung mehr von den Städten und von den höheren Schichten ausgegangen. Schule, Verwaltung, Kultus hatten hieran einen großen Anteil. In Dazien hingegen, das durch den langwierigen Krieg entvölkert war, wurden zahlreiche Siedler, also Leute aus den unteren Volksschichten, herbeigeführt. Die Folge davon war, daß Iberien, Gallien, Sardinien, Oberitalien die lateinischen Wörter und Wortformen mit dem von den Gebildeten gesprochenen *-s* übernahmen, während in Dazien (heute Rumänien) die *-s*-losen Formen sich verbreiteten[2]. Diese siegten natürlich auch in Mittel- und Unteritalien, wo die Sprache der Landbevölkerung eben endgültig über die immer dünner werdende Schicht der Gebildeten siegte. Der soziale Gegensatz zwischen gepflegter und vulgärer Aussprache hat sich in einen geographischen Gegensatz verwandelt[3].

Nah verwandt mit diesen Vorgängen sind die Konsequenzen, die sich oft bei der Übernahme von Lautgewohnheiten Anderssprechender ergeben.

---

[1] Vgl. dazu besonders J. Brüch, *au* zu *ō* und *ō* zu *au* im Latein, Glotta 26 (1938), 145–178.

[2] Zur Frage, ob die Verhältnisse in Sardinien wirklich so beurteilt werden können, siehe noch M. L. Wagner, Rom. Forsch. 64 (1952), 416–20, in der Auseinandersetzung mit W. von Wartburg, Z 70 (1954), 59–72.

[3] Vgl. W. von Wartburg, Die Ausgliederung der romanischen Sprachräume, Bern 1950, S. 20ff.

Wenn eine Gruppe von sprachlich zusammengehörigen Menschen in eine fremde Umgebung versetzt wird, so muß sie sich mit den neuen Verhältnissen auseinandersetzen. Als oberitalienische Kolonisten zur Neubesiedlung und Romanisierung des den Arabern abgenommenen Sizilien herangezogen wurden, da sahen sie sich zum Teil ganz andern Lauten gegenüber, als sie sie selber mitgebracht hatten. In Sizilien wie in ganz Unteritalien sprach man statt *-ll-* einen apikalen Laut *-ḍḍ-*. Mit der Zeit wurde dieser Laut in das phonetische System der oberitalienischen Charakter tragenden Mundarten von Sperlinga, Aidone usw. aufgenommen. Aber es wurde nun hier jedes *l*, auch das einfache, durch dieses *ḍḍ* ersetzt. Die Kolonisten hatten in ihrer oberitalienischen Heimat *stella* und *luna* mit dem gleichen *l* ausgesprochen. Da sie nun, in Nachahmung von siz. *stiḍḍa* (< *stella*), hier *steḍḍa* (Sperlinga), *štiḍḍa* (Aidone) aussprachen, führten sie diesen neuen Laut auch in *luna* ein, wo die Sizilianer *l* aussprachen. Sie übertrugen in ihre sizilianisierte Artikulation die Identität des *l*, wie sie in ihrer alten Mundart bestand. Sperlinga sagt daher heute auch *ḍḍuna*, *ḍḍagrima*, Aidone sagt *ḍḍọna*, *ḍḍarma*, gegenüber siz. *luna*, *lagrima*. Diese Leute übertrieben also gewissermaßen die von den sizilianischen Nachbarn übernommene Lautung. Ihr *ḍḍagrima* ist ein Hypersizilianismus; sie haben sich ihrer eigenen Lautgewohnheit in einem Ausmaße entäußert, das über das Ziel hinausgeht. Th. Gartner hat denn auch für diese Erscheinung den Ausdruck „Überentäußerung" geprägt[1]. Fälle von Überentäußerung kann man in allen Sprachgebieten feststellen: Die Mundart der Dörfer um Solothurn lassen *-nd-* zu *-ng-* werden; man spricht dort *haŋ* „Hand", *χiŋ* „Kind", *hiŋərə* „hintere". Wie oft bin ich von meinen aus der Stadt stammenden Kameraden im Gymnasium wegen dieser phonetischen Eigenheit gehänselt worden. Im „löblichen" Bestreben, sich dieser als fehlerhaft und bäurisch empfundenen Eigenheit zu entledigen, sprechen dann aber viele Leute auf dem Lande *ländwilig* statt *längwilig* „langweilig". Eine früher in der Schweiz und zum Teil auch in Schwaben allgemeine Erscheinung war die Vokalisierung von *n* vor gewissen Konsonanten, besonders vor *s*, *š* (*sch*), *χ* (*ch*). Man spricht in meiner Heimat *fịištər* „finster", *fẹištər* „Fenster", *χụušt* „in die Stube hereinragender Teil des Kachelofens" (= Kunst). Heute wird immer mehr *n* wiederhergestellt, je nach der Gegend in sehr verschiedenem Maße. Dabei entstehen gelegentlich Formen wie *leinse* „leise" (so in Schwaben). In gewissen Teilen des ostmitteldeutschen Gebietes, wo anlautendes *g-* zu *j-* wird (*jut* für *gut*), hat man gegen diese als vulgär geltende Aussprache reagiert, dabei aber auch

[1] Rätoromanische Grammatik, Heilbronn 1883, S. 34. Das dort gegebene Beispiel ist allerdings anders zu beurteilen, als Gartner es getan hat. Siehe das folgende.

gleich die etymologischen *j-* mitgenommen: der Satz *der junge jeht auf die jagd* wird zu *der gunge geht auf die gagd* (s. Wrede, Zeitschrift für deutsche Mundarten 14, 12). Solche Übertreibungen der puristischen Tendenz sind fast regelmäßige Begleiterscheinungen der Reaktion gegen irgendeine Umwandlung. Auch bei der Wiederherstellung des zu *z* gewordenen *r* im Französischen ist es im 16. Jahrh. nicht ohne derartige Exzesse abgegangen. Einige Spottgedichte haben uns das Andenken daran bewahrt; so steht in einem Gedicht, das den vielversprechenden Titel trägt „L'amant despourueu de son esperit escripuant a sa mye, voulant parler le courtisan“:

Madame, je vous rayme tan,
May ne le dite pa pourtan ,
Les musailles ont de-rozeille,

wo zweimal *s* für *r*, aber auch zweimal *r* für *s* steht, also *s* und *r* konsequent vertauscht sind.

Einen andern Weg hat die Entwicklung im folgenden Fall genommen: in der Mundart von Chiavenna, wie fast überall in der Lombardei, entspricht heute einem lat. *á* ein *a*, gleichgültig ob die Silbe offen oder geschlossen ist, im Engadin und im obern Teil des Bergell (Sopraporta, SpP.) bleibt *a* in geschlossener Silbe, wird aber in offener zu *e*. Im untern Bergell (Sottoporta, StP.) hingegen entspricht dem *a* in jeder Stellung ein *e*. Wir haben also

nasu	lomb. *nas*	StP. *nęs*	SpP. *nęs*	Ob. Eng. *nẹs*
parte	*part*	*pęrt*	*part*	*part*

Wie sind diese eigentümlichen Verhältnisse in der StP. zustande gekommen? Der Ausgangspunkt liegt in der unmittelbaren Nachbarschaft der Lombarden. Man wußte, daß in vielen Fällen dem lombardischen *a* in der eigenen Mundart *ę* entsprach. Durch den vielen Verkehr mit den immer *a* sprechenden Leuten war man etwas unsicher geworden, wo man selber *a*, wo *ę* spreche. So sprach man denn, im instinktiven Drang, an der eigenen Mundart unbedingt festzuhalten, einfach überall *ę* statt des lombardischen *a*. Man unterstrich so die Trennung von den durch Mundart, Konfession und politische Zugehörigkeit verschiedenen Lombarden. In Anlehnung an den von Gartner geschaffenen Terminus habe ich diese Art der Reaktion gegen das Fremde „Überselbstbehauptung“ genannt[1]. Beide Erscheinungen sind Auswirkung eines starken Wunsches, richtig zu sprechen; sie sind dann auch mit Recht von Fritz Heußler unter einen gemeinsamen Oberbegriff, den der „Hyperkorrektheit“[2], subsumiert worden. Sie unterscheiden sich

[1] Siehe dazu Deutsche Literaturzeitung 1934, 2226.

[2] Vgl. F. Heußler, Hyperkorrekte Sprachformen in den Mundarten der

aber durch die wertende Einstellung zum fremden Idiom: im ersten Fall empfindet man dieses als überlegen und paßt sich ihm an, im zweiten Fall beharrt man auf der eigenen Mundart.

In Müstair (im Münstertal) stößt die rätoromanische Sprechweise mit der Artikulation der benachbarten deutschsprechenden Vintschgauer zusammen; es haben dort viele Frauen aus dem Vintschgau eingeheiratet. Im Tirolerdialekt kennt man nur einen palatalen Quetschlaut, ein *tš*, in Müstair hingegen zwei (vgl. *tšayra* < *cera*, *tśaza* < *casa*). Da die im Tirol aufgewachsenen Dorfbewohner nicht *tś* aussprechen lernen, sondern bei ihrem einzigen *tš* verharren, reagieren die Eingeborenen von Müstair in der Weise, daß sie nun überall den den Eingewanderten fehlenden Laut *tś* sprechen (also jetzt auch *tśayra*). Während andere Eigentümlichkeiten des Lautsystems der Eingewanderten sich auf die Mundart von Müstair übertragen haben (z. B. der Einschub eines Stützvokals zwischen *r* und *l*: *męrəl*, *štęrəl*), wohl weil der lautliche Gegensatz hier mehr oder weniger unbemerkt blieb, ist dort bewußt gegen die fremde Form reagiert worden, und daraus ist jene hyperkorrekte Aussprache entstanden[1].

Nun gibt es auch noch andere Faktoren, die einem Lautwandel störend, hemmend entgegentreten. Es kommt z. B. vor, daß gewisse Wortformen durch die Auswirkung eines Lautwandels gleichlautend (homonym) werden, und daß der Wunsch, sie zu unterscheiden, den Lautwandel in seiner konsequenten Ausbreitung beschränkt. So sind z. B. im Istrorumänischen auslautendes *-i* und *-u* gefallen. Dadurch wären beim Verbum die 2. Pers. Sing. und die 3. Pers. Plur. homonym geworden (*moris* > **mor*, *moriunt* > **mor*). Statt der zu erwartenden Formen finden wir aber *mori*, *moru*. Der Vorgang ist leicht verständlich: die Verschleifung der auslautenden Vokale ist durch eine gewisse Nachlässigkeit im Sprechen verursacht; sie vollzieht sich ganz allmählich im Lauf mehrerer Generationen. Da jene beiden Personen einander ähnlicher wurden, gab man sich bei der Artikulation derselben etwas mehr Mühe als bei andern Wörtern, man korrigierte die eigene Nachlässigkeit, und je mehr in den andern Wörtern der Auslautvokal sich reduzierte, um so mehr wuchs der Abstand zwischen den dem Lautwandel verfallenen und den ihm widerstehenden Wortformen. Natürlich gibt es auch andere Mittel, lautlich zusammenfallende Formen auseinanderzuhalten. Im Abschnitt über Morphologie werden wir solche kennenlernen.

All die vorangehenden Beispiele zeigen zur Genüge, daß Entstehung und Propagierung eines Lautwandels zwei Dinge sind. *c* vor *a* ist im Fran-

französischen Schweiz und in anderen Sprachgebieten, Zürich 1939. – Siehe auch Z 60 (1940), 296.

[1] Vgl. A. Schorta, Lautlehre der Mundart von Müstair, Zürich 1938, S. 135; sowie Z 59 (1939), 253ff.

zösischen zwischen dem 5. und dem 8. Jahrh. zu *tš* geworden. Das war ein eigentlicher Lautwandel. Die Normandie machte damals nicht mit. Heute aber dringen die verschiedenen schriftsprachlichen Wörter, in denen dieses *ch* vorkommt, einzeln in die Normandie vor: *chandeleur* verdrängt *candeleur*, *chambre* setzt sich an die Stelle von *cambre*. Ähnlich wird in den Mundarten nördlich des Comersees das *tś* vor *a* durch *k* ersetzt, in jedem Wort, in verschiedenem Tempo. Das sind im Grunde genommen lexikalische Vorgänge. Aber schließlich wird die Normandie lauter oder fast lauter Wörter mit *š*- haben, so daß das Normannische in diesem Punkt zum Französischen eingeschwenkt sein wird. Noch ist es nicht so weit; vielleicht wird es nie dazu kommen, weil die normannische Mundart einem etwas regional gefärbten Französisch den Platz geräumt haben wird und es also ein eigentliches Normannisch gar nicht mehr geben wird. Aber anderswo verraten deutlich einzelne Überreste, ,,Leitfossilien", daß die regionale Mundart ihren Lautstand unter Druck von außen verändert hat. So hat das Poitevinische ursprünglich intervokalisches *p*, wie das Occitanische, nur zu *b* sonorisiert, aber unter dem Druck des Französischen hat es dieses *b* dann weiter zu *v* werden lassen. Geblieben sind mit *-b-* unter anderm *cheubre* ,,chèvre", mit einigen Ableitungen, *cèbe* ,,oignon de l'année précédente replanté au printemps", *sebré* ,,déchirer" (< *separare*). Warum gerade diese Wörter dem Druck des Französischen nicht erlegen sind, erklärt sich durch besondere Umstände, bei jedem aber auf andere Weise. Die Ziege ist ein gerade beim ärmeren Volk verbreitetes Haustier, so daß ihr Name leicht die alteinheimische Form bewahren konnte. Die Entsprechung von *cèbe* im Französischen ist *cive*, was auch im Vokal sich vom poit. Wort unterscheidet und in der Bedeutung abliegt. Fr. *sevrer* endlich hat eine völlig andere Bedeutung als *sebré*, so daß unmöglich von ihm ein Einfluß ausgehen konnte. Diese Beispiele bestätigen den oben gezogenen Schluß, daß bei der Propagierung der neuen Form jedes Wort des beeinflussenden Idioms dem entsprechenden Wort des beeinflußten gegenübersteht, nicht ein Laut in der Gesamtheit seines Vorkommens einem andern Laut. Wörter, die besonders kräftig verankert sind (*chèbre*), und solche, denen überhaupt kein Gegner gegenübersteht, bleiben in der alten Form erhalten. In Spanien war der Wandel von anlautendem *f*- zu *h*- ursprünglich auf ein ganz kleines Gebiet im kantabrischen Gebirge beschränkt; aber dieses Gebiet breitete infolge der politischen Vormachtstellung, die es errang, allmählich seine Sprachform über die angrenzenden Regionen. Die Vertretung von *f*- durch *h*- ist in dem sekundär eroberten Gebiet in sehr ungleichem Maße durchgeführt, in einer von Ort zu Ort verschiedenen Zahl von Wörtern *f*- bewahrt [1].

---

[1] Siehe dazu vor allem R. Menéndez Pidal, Orígenes del español, Madrid 1929, S. 219ff. – Für Aragón A. Kuhn, Rev. ling. rom. 11 (1935), 28–32.

c) Ursachen des Lautwandels

Die Ursache des Lautwandels hat man in sehr Verschiedenartigem sehen wollen. Einige der bisher vorgebrachten Erklärungen sollen im folgenden kurz geprüft werden.

Es ist eine Erfahrungstatsache, die jedem bekannt ist, daß wir die erlernten Bewegungen nicht immer absolut gleich ausführen. Mag jemand eine auch noch so ausgeprägte Handschrift haben, so wird er doch nicht jedesmal die gleichen Buchstaben und Buchstabengruppen in völlig gleicher Weise produzieren. Die Abweichungen mögen sich in verhältnismäßig ganz engen Grenzen bewegen, und doch sind sie unleugbar. Graphisch dargestellt: unsere Bewegungen dürften nicht durch einen Punkt versinnbildlicht werden, sondern durch einen Kreis, dessen Mittelpunkt einen Mittelwert aus sämtlichen einzelnen Bewegungen darstellt. Nicht . , sondern ⊙. Was für die Schreibbewegungen der Hand gilt, trifft nicht weniger zu für die Sprechbewegungen der Sprechorgane. Meist bewegen sich die einzelnen Realisierungen eines Lautes gleichmäßig nach allen Seiten um den Punkt herum. Es kann nun auch vorkommen, daß sie sich mehr und mehr nach éiner Seite hin lagern. Auf diese Weise können die einzelnen Realisierungen auch eine allmähliche Verschiebung ihres normalen Mittelpunktes nach sich ziehen. So beruht etwa die Assibilierung von *c* vor *e*, *i* im Französischen auf einer sehr langsamen, aber ständig nach der gleichen Richtung tendierenden Entwicklung: *c* > *ty* > *ts*. Diese Entwicklung nahm mehrere Jahrhunderte in Anspruch, und es kann als sicher gelten, daß die Verschiedenheit zwischen den einzelnen Etappen der Umwandlung den Generationen nicht bewußt geworden sind. Siehe darüber E. Richter, *Beiträge zur Geschichte der Romanismen,* Teil I: *Chronologische Phonetik* cit.

Alle diese Darlegungen und Überlegungen sind bestimmt richtig. Aber es ist ohne weiteres klar, daß damit nur das Wie des Lautwandels, der physiologische Vorgang erklärt ist, nicht aber seine Ursache. Es ist nämlich nicht von vornherein einzusehen, warum die Verschiebung der Bewegung und des Bewegungsgefühls nach der einen Seite hin stärker ist als nach der andern. Normalerweise halten sich die Abweichungen und Ungenauigkeiten nach allen Seiten die Waage, sowie es das Bild ⊙ zum Ausdruck bringt. Sie heben sich gegenseitig auf, so daß aus den einzelnen Realisierungen des Lautes keine Bewegung entsteht. Warum treten nun von einer bestimmten Zeit an diese Ungenauigkeiten häufiger nach der einen Richtung auf als nach der andern? Warum verlagert sich der Zentralpunkt des *k* vor *e*, *i* immer mehr nach vorne? Darauf kann diese Theorie keine Antwort geben.

Man hat sodann überlegt, daß solche Artikulationsverschiebungen bei einem einzelnen Individuum notwendigerweise eng umgrenzt sind. Ihre

Auswirkung ist daher bei einem und demselben Menschen sehr beschränkt. Nur in einer längern Folge von Generationen kann die Summe von Verschiebungen eine eingreifende Wirkung haben. Daher hat man sich die Frage gestellt, ob nicht dort, wo ein neues Individuum in die Sprachgemeinschaft hineinwächst, wo eine ganze neue Generation, Jahr um Jahr, die Sprache übernimmt, der Angelpunkt sei. Bei der Übertragung der Sprache von den Eltern auf die Kinder, von der älteren Generation auf die jüngere, ist die Möglichkeit gegeben, daß die Artikulation und die damit verbundenen Bewegungsgefühle sich nicht mit absoluter Genauigkeit übertragen. In der Tat hat Eugen Herzog[1] den Generationswechsel für den Lautwandel verantwortlich gemacht. Und gleichzeitig mit ihm und unabhängig von ihm hat Louis Gauchat[2] die Illustration dazu geliefert. Nach Gauchats Untersuchung geht der Wandel nicht von einer Generation zur anderen vor sich. Vielmehr beginnt eine Generation, in einigen Fällen zu schwanken, die zweite Generation läßt die neue Lautung immer häufiger werden, die dritte endlich führt sie ganz oder fast ganz durch. So zeigte die Mundart von Charmey (Kt. Freiburg), an der Gauchat 1903 seine Untersuchungen angestellt hat, eine Neigung zur Diphthongierung: *ę* tendierte nach *ęy* zu, *å* nach *ao*. Die Generation zwischen 60 und 90 sprach fast durchgehends *ę*, *å* (*lęvro* „livre", *på* „paire"); bei den Leuten zwischen 30 und 60 schwankte die Aussprache zwischen *lęvro* und *lęyvro*, zwischen *på* und *pao*; die jüngern Leute endlich sprachen meist *lęyvro* und *pao*. Man hat also die Illustration zu der Auffassung von der allmählichen Umgestaltung von Generation zu Generation vor sich. Ein Vierteljahrhundert später hat E. Hermann den interessanten Versuch unternommen[3], festzustellen, wieweit nun diese Umbildungen in Charmey zum Abschluß gekommen seien. Dabei hat sich ergeben, daß einzelne Individuen, die 1903 zu den fortgeschrittenen gehörten, 1929 zur ältern Form zurückgekehrt waren, und umgekehrt. Es ist also nicht so, daß der Lautbestand älterer Personen unverrückbar fest ist; auch diese können noch Lautwandlungen mitmachen, im Gegensatz zur Auffassung Gauchats und auch Rousselots[4]. Die Übertragung von Generation auf Generation ist daher sicher nicht der einzige Weg, auf dem Lautveränderungen zustande

[1] Streitfragen der romanischen Philologie, Halle 1904.

[2] L'unité phonétique dans le patois d'une commune, in: Aus romanischen Sprachen und Literaturen, Festgabe für Heinrich Morf, Halle a. d. S. 1905, S. 174ff.

[3] Lautveränderungen in den Individualsprachen einer Mundart, Nachrichten von der Gesellschaft der Wissenschaften zu Göttingen, Phil.-Hist. Klasse, 1929, S. 195–214.

[4] Les modifications phonétiques du langage étudiées dans le patois d'une famille de Cellefrouin (Charente), Revue des patois galloromans 4 (1892), 65ff.; 5 (1893), 209ff.

kommen, und eine Ursache zum Lautwandel ist sie erst recht nicht, denn auch hier wäre ja damit bloß eine Beschreibung des Vorgangs geboten. Wie bei der Theorie von der Verschiebung müßte man auch hier erklären können, warum die Bewegung gerade nach der einen und nicht nach einer andern Richtung geht.

Als eine der Ursachen der lautlichen Wandlungen wird auch die Mode genannt. Die Mode wird von einer bestimmten Person oder einer Gruppe angegeben. Im Frankreich des 17. und 18. Jahrh. hat der Hof den Ton bestimmt; nach der Revolution wurde die Aussprache der Bürger von Paris zur Norm. Es handelt sich also um eine Wirkung, die von einer bestimmten sozialen Gruppe oder Schicht ausgeht, die sich auszeichnet und dann nachgeahmt wird. Von Mode kann man eigentlich nur sprechen, wenn die Nachahmung willentlich geschieht. Und außerdem erklärt sie eher die Propagierung eines Lautwandels, als seinen Ursprung.

Eine große Rolle spielt sicher bei manchen Lautwandlungen die menschliche Bequemlichkeit, die Neigung, mit der möglichst geringen Anstrengung auszukommen. Diese Tendenz hat in der Entwicklung fast aller Sprachen mächtig mitgewirkt. So ist es eine der Lautveränderungen des Neufranzösischen, das sonst lautlich fast vier Jahrhunderte hindurch von einer bemerkenswerten Stabilität geblieben ist, das ältere *ł* zu einem *y* zu vereinfachen. Das heißt, daß die kombinierte Artikulation eines Liquiden mit Mouillierung um das liquide Element erleichtert wird. Es ist bezeichnend, daß dieser Lautwandel im 17. Jahrh. vom Pariser Kleinbürgertum ausgeht, daß sich die höheren Klassen dagegenstemmen und noch im 18. Jahrh. die Aussprache *fiy* mit Verachtung strafen; nach der Revolution aber dringt diese Aussprache durch, und *fił* ist heute nur noch provinziell zu hören. Der gleiche Wandel kommt auch in italienischen, portugiesischen, rumänischen Dialekten vor, im Magyarischen usw. Ein ähnliches Nachlassen der Sprechenergie zeigt sich in der Behandlung des Auslautes: während das Italienische das *-e* von *cantare* usw. bis heute bewahrt hat, haben es das Spanische und das Altfranzösische fallen lassen: sp. *cantar*, afr. *chanter* (*tšãtẹr*). Später ist das Französische ja noch weiter gegangen und hat auch das *-r* fallen lassen, daher *šãtẹ*. Dabei ist bemerkenswert, daß hier eine teilweise Reaktion eingetreten ist. Während ursprünglich, gleich wie *šãtẹr* zu *šãtẹ* auch *finir* zu *fini* wurde, ist bei diesen Verben auf *-ir* das *-r* redressiert worden. Ähnliche Verkürzungen der Wortform durch Fallenlassen des Auslautes zeigen sich in vielen andern Sprachgebieten. So ist im Schweizerdeutschen und in einem Teil der Mundarten Süddeutschlands das *-n* des Infinitivs abgefallen: *singen* zu *singe* (sprich *siŋə*) geworden. Der Hang zur Verminderung der Anstrengung erklärt auch alle die zahllosen und ebenfalls kaum in einer Sprache fehlenden Assimilationserscheinungen. Bei der Assimilation wird irgendeine der artikulatorischen Bewegungen über die Grenze des Lautes hinaus fortgesetzt, resp. vorausgenommen, weil die Bewegungsintensität der Sprechorgane sich auf diesen Laut konzentriert hat. Wenn z. B. lat. *factu* zu ital. *fatto* und *rŭptu* zu *rotto* wird, so hat die Sprache die Artikulationsweise von *t* für *c* und *p* schon vorausgenommen. Voraussetzung war allerdings, daß die zwei zusammenstoßenden Konsonanten bereits wesensverwandt waren: in *vento* und *costa* hat *t* keine Assimilationskraft entwickelt. Nur weil sie auch Verschlußlaute waren, wie *t*, konnten *p* und *c* sich angleichen. Aber allerdings kommen wir mit dieser Erklärung der Assimilation auch nicht viel weiter. Sie stellt uns gleich vor die Frage, warum denn in éiner Sprache assimiliert wird, in den andern nicht. Im ganzen Westen der Romania z. B. werden stimmlose Verschlußlaute zwischen Vokalen stimmhaft (*p* > *b*, *t* > *d*, *c* > *g*). Das stellt zweifellos eine partielle Assimilation dar: während beim *t* von *-ata* die Stimmbänder ihre Schwingungen einstellen, schwingen sie bei der Lautfolge *-ada* ohne Unterbruch. Aber warum gerade der Westen diese Assimilation durchführt, während das Italienische sein *-t-* intakt behält, ist damit nicht erklärt. Ganz abgesehen davon, daß manchmal auch das Gegenteil eintritt. Altspan. *hijo* (gesprochen *hižo*) wird heute *iχo* gesprochen, d. h. aus dem stimmhaften *ž* zwischen zwei Vokalen ist ein stimmloses *χ* geworden. Ähnliche einander entgegengesetzte Lautwandlungen an verschiedenen Orten kann man in großer Zahl feststellen. Im Italienischen wird *nl* zu *ll* assimiliert (*cunula* > *cun'la* > *culla*), im Limousinischen wird in *eichinlo* (aus germ. *skilla*) *ll* durch *nl* vertreten. Auch die Assimilation ist daher eine nur partielle Erklärung des Lautwandels. Ihre volle Berechtigung behält aber die Bequemlichkeit als Erklärungsprinzip bei der Verschleifung der Endungen, bei der die Verschiedenheit des Grades und des Weges nachweislich mit dem expiratorischen Wortakzent zusammenhängt, sowie dort, wo häufig gebrauchte Wörter stärker reduziert werden, als die allgemeingültigen Lautwandel einer Sprache es erwarten lassen. Wenn im Französischen statt *monseigneur monsieur* (*məsyœ*) gesprochen wird, so liegt das daran, daß dieses Wort sehr häufig ist und als Titel immer an den gleichen Stellen auftritt, so daß man darauf rechnen kann, daß es auch bei nachlässiger Artikulation verstanden wird. Jede Sprache kennt Kurzformen, die so entstanden sind.

Der Sprechende hat eine gewisse Summe von Energie zur Verfügung. Die Kraft, mit der er die einzelnen Silben artikuliert, steht daher in Korrelation mit der Kraftausgabe, die für ihn die benachbarten Silben bedeutet haben. Es gibt Sprachen, in denen die Akzentsilben mächtig herausstechen; in ihnen werden dann die andern Silben vernachlässigt, sie verkümmern oder schwinden vollends. In andern Sprachen reihen sich die Silben ziemlich gleichförmig aneinander und der Akzent bleibt diskret. Wenn wir die Vertretungen lateinischer Wörter im Italienischen und im Altfranzösischen miteinander vergleichen, ersehen wir unschwer die großen Unterschiede in der Behandlung. Vgl.

lat.	it.	fr.
pariete	*parete*	*paroi*
mare	*mare*	*mer*
mensura	*misura*	*mesure*
me	*me*	*moi*
manicu	*manico*	*manche*

Es zeigt sich, 1. daß unter dem Akzent die französische Silbe ihren Vokal wesentlich anders entwickelt, als wenn sie unbetont ist, während im Italienischen der betonte Vokal sich viel weniger oder gar nicht vom unbetonten differenziert; 2. daß die unbetonten Vokale im Französischen zum großen Teil schwinden, während das Italienische sie erhält. Beides steht in engstem Zusammenhang.

Diese Auswirkung der Verteilung des Akzentes ist überall und jederzeit zu beobachten. Sie ist nicht an eine bestimmte Sprache gebunden. In ihr ist zweifellos eine der Ursachen des Lautwandels zu sehen. Die Frage, warum die Akzente so verschieden geartet sind, bleibt natürlich offen, aber das ist auch wirklich wieder eine andere Frage. Wenn man die Akzentuierungsweise der einzelnen Sprachen als gegeben annimmt, so wirkt sich die Betonung überall nach dem Grundsatz aus, daß, je stärker sie sich auf gewisse Silben konzentriert, um so mehr die schwach oder gar nicht betonten Silben schrumpfen oder schwinden. Es liegt hier etwas vor, das wirklich mit einem Naturgesetz verglichen werden kann. Aber allerdings ist die Auswirkung dieses Gesetzes im einzelnen sehr differenziert. So hat das Französische mit den frankoprovenzalischen Mundarten gemeinsam die Erscheinung, daß der Auslautvokal zwar in Paroxytonis fällt (*muru* > *mur*), daß er aber in Proparoxytonis erhalten bleibt, weil er hier einen Nebenton trägt: *púlicè* > fr. *puce* (im Altfr. gesprochen *pütsə*), Waadt *püdzə*. Aber während das Französische alle diese Auslautvokale und auch das in allen Stellungen erhaltene *a* im gleichen Resultat zusammenfallen läßt, hält das Frankoprovenzalische *-e*, *-u*, *-a* auseinander: *pórticù* > fr. *porche*, Freiburg *pwęrtsu*; *femina* > fr. *femme*, Waadt *fena*. So ist das Grundgesetz das gleiche, aber die Verhältnisse wechseln, und daher sind auch seine Ergebnisse verschieden.

Wie sehr die einzelnen Sprachen diesem allgemeinen Gesetz unterschiedliche Auswirkung gestatten, zeigt bekanntlich das Urgermanische. Hier haben sogar die Konsonanten die Wirkung des Akzents verspürt. Während lat. *pater*, gr. πατήϱ, sanskr. *pitā́* ebenso ein *-t-* haben wie lat. *frater*, gr. φϱάτηϱ ,,Mitglied einer Brüderschaft", sanskr. *bhrā́tā* ,,Bruder", erscheinen ihre jeweiligen Entsprechungen im Germanischen mit verschiedenen Konsonanten: got. *fađar* (mit stimmhaftem *đ*) gegen got. *brôþar* (mit stimmlosem *þ*), und auch im Deutschen erscheint im Gegensatz *vater* : *bruder* die Auswirkung der gleichen Differenzierung, wenn auch die spätere Entwicklung den stimmhaften Laut hat stimmlos werden lassen. Diese unterschiedliche Behandlung der zwischenvokalischen Reibelaute im Germanischen hat Verner in einem berühmten Aufsatz auf die Verschiedenheit der Stellung zum Akzent des Indogermanischen zurückgeführt: nach dem Akzent behält der Konsonant noch etwas von der Energie der Tonsilbe und widersteht daher der Sonorisierung, der er erliegt, wenn der Akzent folgt. Anderswo beschränkt sich die Wirkung des Akzents auf die Vokale; die Konsonanten bleiben unberührt. Der Versuch, der unternommen worden ist, den Unterschied zwischen it. *prato* (< *pratum*) und *padella* (< *patella*) auf gleiche Art zu erklären, ist gescheitert.

Der Vergleich von *pré* (< *pratum*) und *paste* (< *pasta*) hat uns gezeigt, daß im Französischen die Vokale stark verändert werden, wenn sie in offener Silbe stehen, während sie in geschlossener Silbe unverändert erhalten sind. Diese Differenzierung betrifft nicht weniger als fünf von den sieben Vokalen des Latein (nur die Extremvokale *i* und *u* bleiben davon ausgenommen). Sie kehrt wieder im Toskanischen und in den Mundarten Oberitaliens (hier in etwas verschiedenem Maße), aber nicht in Südfrankreich, auf der Pyrenäenhalbinsel, in Unteritalien, noch Rumänien. Von dieser Differenzierung wurden also betroffen die Gebiete, die eine besonders starke germanische Besiedlung erfahren haben, durch Franken, Langobarden und Burgunder. Durch ausdrückliche Grammatikerzeugnisse wissen wir, daß im Latein des 5. Jahrh. die Vokale in freier Silbe bereits etwas länger ausgesprochen wurden, als in geschlossener. Als nun die zahlreichen germanischen Krieger und Siedler ins Land kamen und sich allmählich das Latein aneigneten, sprachen sie dasselbe nach ihren eigenen Lautgewohnheiten aus. In ihrer germanischen Sprache machten sie einen sehr starken Unterschied zwischen langen und kurzen Vokalen und so sprachen sie die lateinischen kurzen Vokale kürzer, die langen länger als die Romanen. Diese starke quantitative Differenzierung übertrug sich dann allmählich auch auf die romanischen Bewohner des Landes, und auf dieser Grundlage beruht dann jene so verschiedene Entwicklung der freien und der gedeckten Vokale[1]. Wenn also das Französische einen vom Provenzalischen stark verschiedenen lautlichen Habitus bekommen hat, so ist daran die starke germanische Infiltration schuld. In Südfrankreich, auf der Pyrenäenhalbinsel und in Unteritalien war das Germanentum numerisch um ein Vielfaches schwächer als nördlich der Loire. Hier sind wir auf einen wirklich greifbaren Grund zur lautlichen Veränderung gestoßen, einen Lautwandel größten Ausmaßes, dessen Folgen ganz gewaltige waren: er hat

[1] Siehe W. von Wartburg, Ausgliederung, S. 74 ff. [Vgl. H. Weinrich, Phonologische Studien zur romanischen Sprachgeschichte, Münster 1958.]

aus dem Französischen eine romanische Sprache besondern Gepräges gemacht; er hat die französische Sprache als Sonderform des Romanischen recht eigentlich erst geschaffen. Das Verarbeiten und Durchdringen dieser neuen Kräfte dauert wohl an die drei Jahrhunderte. Der Grund zu dieser Umwälzung liegt also in der durch die germanische Invasion herbeigeführten Völkermischung. Aus dem Zusammenprall verschiedener Sprachdynamik auf demselben Boden ergibt sich ein ungeheurer Umwandlungsprozeß. Die Zeit nach der fränkischen Invasion stellt dem Lande die Aufgabe, die Galloromanen und die Germanen in eine politisch-kulturelle Einheit zu verschmelzen. Daher die Gärung und das wilde Durcheinander dreier Jahrhunderte, bis endlich ein neues Kulturbewußtsein sich verdichtet hat und sich konsolidiert. Ganz ähnlich ist es mit der Sprache. Der germanische Unterschied zwischen Länge und Kürze und der so starke germanische expiratorische Akzent zerschlagen in ihrem Zusammenwirken die alten lateinischen Vokale (den 7 Vokalen und 1 Diphthongen des Latein stehen an die 30 Vokale, Diphthonge und Triphthonge im Altfranzösischen gegenüber). Diese Umwälzung blieb übrigens, wie Frings nachgewiesen hat[1], nicht ohne Rückwirkung auf das Germanische selber. Während mehrerer Jahrhunderte wurden ja die beiden Sprachen nebeneinander gesprochen. Wenn das Germanische mit seinen Längen ins Romanische eingriff, so wirkte dieses mit seinen Diphthongen ins Germanische zurück. Die althochdeutsche Diphthongierung hat hier ihren Ausgangspunkt. Die Doppelsprachigkeit des neuen Frankenraumes hat diese Hin- und Herwirkungen ergeben. Diese gewaltigen Lautwandelprozesse haben also ihren Grund im Zusammenprall zweier Artikulationssysteme.

In Nordgallien ist die Sprache der Eroberer schließlich untergegangen; die Franken sind, nachdem sie das Romanische tief umgeformt haben, im Romanentum aufgegangen. Man pflegt ein so im schon ansässigen Volk eingeschmolzenes Volk mit ursprünglich anderer Sprache Superstrat zu nennen[2]. Doch kann das Verhältnis sich auch im umgekehrten Sinn entwickeln: das unterworfene Volk gibt dann, obschon numerisch stärker, seine Sprache allmählich auf. Man spricht dann von einem Substrat. Dieser Vorgang hat sich in der Geschichte ebenfalls recht häufig vollzogen. Der im Gebrauch des Latein verbundene Teil des Römischen Reiches verdankt ihm seine sprachliche Einheit. Die aus Rom und aus Italien überhaupt kommenden Lateiner bildeten in der Provinz meist nur eine dünne Oberschicht; aber dank ihrem politischen und kulturellen Prestige teilten sie

[1] Beiträge zur Geschichte der deutschen Sprache und Literatur 63 (1939), 1ff., sowie ders., Französisch und Fränkisch, Z 59 (1939), 257–83.

[2] Siehe zur genauen Bestimmung und Abgrenzung dieses Begriffes meine Bemerkungen in Vme Congrès International des Linguistes 28 août – 2 septembre 1939; Réponses au Questionnaire; Bruges; S. 56–58.

ihre Sprache den unterworfenen Völkern mit. Diese bilden die große Mehrheit, wechseln aber ihre Sprache. Bei diesem Wechsel übertragen sie ihre bisherigen Artikulationsgewohnheiten in die neu erlernte Sprache. So weist die Entwicklung der keltischen Sprachen darauf hin, daß sehr wahrscheinlich die Gallier bei der Aussprache der Vokale vor Nasalkonsonant das Gaumensegel bereits senkten, daß ihr *u* etwas palatal klang (vielleicht zwischen *u* und *ü* die Mitte haltend); und daß die Lautgruppe *-ct-* mit frikativem, nicht mit okklusivem Guttural gesprochen (χt, also wie deutsch *nacht*, gegenüber lat. *noctem*). Diese Gewohnheiten trugen sie offenbar ins Latein hinein, das sie sich im Laufe einiger Generationen aneigneten[1]. Darauf beruht die Nasalierung im Galloromanischen und Portugiesischen, das *ü* des Französischen (*mur* gegenüber lat. *murus*), die Entwicklung der Gruppe *-ct-* zu *-it-* (*lait, nuit* usw.). Im Französischen ist also ein großer Teil der lautlichen Veränderungen, die ihm seine besondere Gestalt gegeben haben, durch den Zusammenprall verschiedener Sprachtypen, durch die Wirkung von Substrat und Superstrat verursacht.

Alle Völker, die heute Europa bewohnen, haben fremde Elemente in sich aufgenommen; alle Sprachen des Kontinents sind so zum Idiom auch von Menschen geworden, die ursprünglich einer anderen Sprachgemeinschaft angehörten. Der Übergang führt notwendigerweise immer über eine Periode der Zweisprachigkeit[2]. In dieser Periode vollziehen sich jeweils die lautlichen Umwälzungen, die mit dem Wechsel der Sprache zusammenhängen. Bei Volksgruppen, die sich eben in der Periode der Zweisprachigkeit befinden, kann man diese Beeinflussung am unmittelbarsten beobachten. So kann man feststellen, daß die Deutschen im Baltikum die Konsonanten ungleich aussprechen. Bei den in Estland wohnenden sind sie, verglichen mit denen in Lettland, sehr lang. Da nun auch die estnische Sprache die Konsonanten dehnt, kann kaum ein Zweifel bestehen, daß sich diese estnische Gewohnheit ins dortige Deutsche eingenistet hat. Lehrreich ist auch das Beispiel von Müstair im bündnerischen Münstertal, dessen Mundart stark verändert ist, sich lautlich stark abhebt von der des nächsten Dorfes, Sta. Maria. Die Ursache liegt, wie uns Schorta gezeigt hat[3], darin, daß die Männer von Müstair, die katholisch sind, ihre

[1] Dazu ausführlicher W. von Wartburg, Ausgliederung, S. 34ff. [Vgl. H. Lausberg, Rom. Forsch. 64 (1952), 163–66.]

[2] Diese Periode kann mehr oder weniger lang sein; es gibt, unter ganz besonderen Umständen, Bevölkerungen, die sehr lange Zeit in dieser Zweisprachigkeit verharren. So sprechen seit Jahrhunderten sehr viele Rätoromanen Graubündens auch Schweizerdeutsch; dieser Bilinguismus ist dort vielfach zur Norm geworden, und das Rätoromanische scheint dadurch, heute wenigstens, nicht bedroht. Siehe dazu zuletzt U. Weinreich, Languages in contact, New York 1953.

[3] Lautlehre der Mundart von Müstair cit. Siehe auch W. von Wartburg, Z 59 (1939), 251–55.

Frauen oft lieber in dem angrenzenden katholischen Vintschgau holen, als in dem reformierten Sta. Maria. Diese eingeheirateten Frauen sind deutscher Sprache und haben eine ganze Reihe artikulatorischer Gewohnheiten ins Romanische von Müstair hineingetragen. Auch anderwärts in Bünden zeigt sich eine ähnliche Auswirkung der Symbiose von Deutschen und Romanen. Das Romanische in Mittelbünden hat einen ausgesprochenen Hang zur Diphthongierung; s. Grisch, *Die Mundart von Surmeir,* Zürich 1939, S. 60ff. Dieses Romanisch ist auf verschiedene Weise mit dem Deutschen in intimste Berührung gekommen. Im Schanfigg sind die ansässigen Romanen seit etwa 1500 allmählich zum Deutsch übergegangen. Ihre gewohnte diphthongische Aussprache der Vokale haben sie aber beibehalten, so daß ihr Alemannisch ebenfalls stark diphthongisch klingt. Das gleiche gilt für die Mundart des von Deutschwallisern gegründeten und immer deutschen Dorfes Mutten, in das die gleiche Artikulationsgewohnheit durch eingeheiratete romanische Frauen hereingetragen worden ist. Siehe dazu R. Hotzenköcherle, *Die Mundart von Mutten,* Frauenfeld 1934, § 10.

Ein Beispiel, das in ganz große Zusammenhänge hineinführt, ist die althochdeutsche Lautverschiebung, jener für Oberdeutschland charakteristische Wandel der Tenuis zum Reibelaut, des *p* zu *f*, des *k* zu *ch*, des *t* zu *ss*. Diese Entwicklung, durch die das Hochdeutsche sich vom Niederdeutschen geschieden hat, ist nachweisbar von den südlichsten Gebieten ausgegangen (Alemannen, Bayern). Daher haben viele Germanisten schon seit langer Zeit die Auffassung entwickelt, daß der Grund dieser fundamentalen Verschiebung in der intensiven Mischung und in dem jahrhundertelangen Zusammenleben dieser südlichen Stämme mit der romanisierten Bevölkerung, die sie in den eroberten Gebieten antrafen, liege. Vgl. Carl Karstien, *Historische deutsche Grammatik,* Heidelberg 1939, Bd. 1, S. 128, sowie den Aufsatz von Th. Steche, *Zeit und Ursachen der hochdeutschen Lautverschiebung,* Zs. f. deutsche Philologie 62 (1937), 1–56 (auch 64, 125).

Von großer prinzipieller Bedeutung und besonderem Interesse ist der Wandel von *ll* zu *ḍḍ* (einem kakuminalen Laut, bei dem die Zungenspitze sich zurückbiegt und den obersten Teil des Gaumens berührt, manchmal sogar mit der untern Seite der Zunge) in Sardinien, Sizilien, Apulien, Kalabrien[1]. Merlo[2] will diese sonderbare Artikulationsweise auf das mediterrane Volk zurückführen, das vor der Romanisierung des Landes hier gelebt

---

[1] Siehe die Beschreibung bei Millardet, Homenaje Menéndez Pidal, Madrid 1925, Bd. 1, S. 713ff. Millardet macht darauf aufmerksam, daß auch *t r s* und noch andere Konsonanten von dieser Artikulationsweise affiziert sind. Siehe auch, in ähnlichem Sinne, V. Longo, Italia Dialettale 9 (1933), 25.

[2] ibid. S. 24.

hat. Obschon auch in andern Sprachen kakuminale Laute vorkommen, ist hier die Verschiebung der Artikulation auf so breiter Basis vor sich gegangen und in einem über das Meer zusammenhängenden, so ausgesprochen archaischen Raum, daß Merlos Auffassung wohl das Richtige trifft. Rohlfs[1] wendet zwar ein, daß sich kakuminale Laute auch anderswo finden. Aber teils sind es Fälle, die Merlos Auffassung eher bestätigen. So haben schon vor langer Zeit Pott und Benfey darauf hingewiesen, daß die kakuminale Artikulation aus der Sprache der dravidischen Unterschicht in die arischen Sprachen der in den Dekan zugewanderten Arier eingedrungen ist. Oder die mehr kakuminale Tendenz der Aussprache des *t* in der Franche-Comté, die Rohlfs als Parallele und damit als Argument gegen Merlos Auffassung anruft, hat einen ganz besondern Grund: sie findet sich nur nach *r* und steht im Zusammenhang mit dem Zurückgleiten dieses Konsonanten; das *r* reißt *t* mit und in andern Stellungen kann dieses an der alten Artikulationsstelle bleiben. Aus diesem Nachweis eines mediterranen Substrats in Sizilien und Unteritalien will nun Merlo ein Argument ziehen gegen Rohlfs' Annahme eines griechischen Substrats in Apulien und Kalabrien. Er schreibt: „Il sostrato etnico degli odierni dialetti neolatini delle Puglie e delle Calabrie non è greco, ma mediterraneo". Merlo nimmt also an, es könne sich in einer bestimmten Gegend jeweils nur éin Substratvolk, nur éine Substratsprache geltend machen. Das ist ein offenkundiger Irrtum. Gerade in Sizilien lassen sich deutlich mehrere sprachliche Substrate, mehrere aufeinanderfolgende Sprach- und Völkerschichten feststellen: mediterrane Rasse, Sikuler, Griechen, Römer, Araber. Wenn eine solche Grundschicht, numerisch stark, die neue Sprache erlernt, behält sie die Aussprachegewohnheit bei, und wenn sie nach Jahrhunderten wiederum die Sprache wechselt, nimmt sie auch diese artikulatorischen Gewohnheiten wieder in die neue Sprache mit. Die Einwohner des östlichen Sizilien werden das Griechische mit kakuminalem Einschlag gesprochen haben und ebenso nachher auch das Latein. Eine solche Gewohnheit schlägt gewissermaßen durch mehrere Sprachschichten durch, gleichwie ein Fettfleck sich mehreren aufeinandergelegten Blättern mitteilt und dabei noch seine ungefähren Umrisse behält.

Zweifellos ist also die Sprachmischung, das Nebeneinanderleben und die Auseinandersetzung mehrerer Sprachen auf dem gleichen Boden, der Wechsel der Sprache durch einen großen Teil der Bevölkerung eine der wichtigsten Ursachen der Lautwandlungen. Wir dürfen nur nicht darin die einzige Ursache sehen und dürfen uns nicht verhehlen, daß wir in sehr vielen Fällen über die Ursache nichts auszusagen vermögen. Aber ganz allgemein kann man sagen, daß Zeiten mit unstabilen Lebensbedingungen den Sprachwandel und speziell den Lautwandel beschleunigen. Damit hängt

[1] Donum Jaberg, Zürich–Leipzig 1937 (Romanica Helvetica, 4), S. 40.

es wohl auch zusammen, daß das Französische seit dem Ende des Mittelalters eine große lautliche Stabilität erlangt hat, im Gegensatz zu den Umwälzungen, die es in den Jahrhunderten vorher durchzumachen hatte.

Wir müssen uns aber dann hüten, über die sprachlich weniger sich bewegenden Zeiten falsche Urteile zu bilden. Saussure sagt[1]: „Quand l'équilibre politique ralentit l'évolution de la langue, il s'agit d'une cause positive quoique extérieure, tandis que l'instabilité, dont l'effet est inverse, ne peut agir que négativement. L'immobilité, la fixation relative d'un idiome peut provenir de faits extérieurs à la langue (influence d'une cour, de l'école, d'une académie, de l'écriture, etc.), qui à leur tour se trouvent favorisés positivement par l'équilibre social et politique. Au contraire, si quelque bouleversement extérieur survenu dans l'état de la nation précipite l'évolution linguistique, c'est que la langue revient simplement à l'état de liberté où elle suit son cours régulier.“ Und ähnliches meint Paul, wenn er sagt[2]: „Alle natürliche Sprachentwicklung führt zu einem stetigen, unbegrenzten Anwachsen der mundartlichen Verhältnisse.“ Beide Gelehrte, und mit ihnen noch viele andere Linguisten, gehen von der Voraussetzung aus, daß eine Kultur, die dem sprachlichen Ausdruck eine gewisse Aufmerksamkeit schenke, bereits zur Unnatur zu rechnen sei. In Wirklichkeit aber beruht jede sprachliche Bewegung auf Wirkung und Gegenwirkung und sie ist stets kausal eng verbunden mit dem gesamten Leben der betreffenden Sprachgemeinschaft. Eine Zeit, in der alte Zustände und Einrichtungen in der Nation umgestürzt werden, in der die wirtschaftlichen und sozialen Zustände sich rasch ändern, ist im allgemeinen auch weniger traditionsbewußt, und davon wird, wie alle andern Kulturgüter, auch die Sprache betroffen. Reaktion gegen Vulgarismen und ein in weiten Kreisen verbreiteter Sinn für Pflege der Sprache ist nicht weniger „sprachnatürlich“ als das wildeste Sichgehenlassen barbarischer Zeiten. Solche Urteile fassen Kultur als außerhalb der eigentlich menschlichen Natur liegend auf und sind nichts anderes als eine entfernte Auswirkung des weit über die Romantik hinaus die Wissenschaft beeinflussenden Rousseauismus, wobei zu sagen ist, daß die so denkenden Gelehrten über diese Filiation ihrer Gedanken durchaus nicht im klaren waren.

Einen andern Aspekt lautlicher Veränderung haben wir vor uns, wenn ein Wort aus einer Schriftsprache im Munde von Menschen erscheint, deren normale Sprachform die Mundart ist. Dann werden die der Mundart fremden Lautgebilde durch einheimische ersetzt. Fr. *convulsion* wird in die Mundart von Marseille dadurch eingepaßt, daß der Nasalvokal *õ* durch einheimisches *ũ* ersetzt wird, das Suffix *-ion* durch mundartliches *-ien*; so

[1] Cours, S. 206f.

[2] Prinzipien, S. 48.

entsteht die Wortform *counvulsien*. Als das apr. *caminada* durch fr. *cheminée* ersetzt wurde, da entstand die Kompromißform *chamineio*. *ch-* wurde beibehalten, weil der Laut im Provenzalischen bereits existierte, wenn auch aus anderer Quelle entstanden (*fach* < *factu*); doch gesprochen wurde es nicht *š-*, sondern auf provenzalische Weise *tš-*. Der Stammvokal *-a-* des prov. *caminada* wurde beibehalten. Das Suffix *-ée* wurde zu *-éio* umgeformt, weil die Feminina im Provenzalischen auf *-o* ausgehen; da nun aber ein Wortausgang *-éo* nicht existiert, wohl aber *-eio*, wenn auch aus anderer Quelle (vgl. *vermeio* „vermeille"), wurde das Suffix lautlich diesem entsprechend eingepaßt. Ähnlich wird etwa ein so gelehrtes Fachwort wie *Diphthongierung* nie in dieser Form und in der deutschen Aussprache erscheinen, wenn zwei Linguisten aus der deutschen Schweiz miteinander ein fachliches Gespräch führen: *-ie-* wird als *-ie-* gesprochen (wie schweizdt. *fiər* für dt. *vier*) und das Suffix *-ung*, das im Schweizerdeutschen nicht existiert, wird durch *-ig* ersetzt, das dem mhd. *-ing* entspricht, also *diftongiərig*. Der gesamte gelehrte Wortschatz des Deutschen wird im Gespräch zwischen schweizerischen Gelehrten in entsprechender Weise umgeschmolzen.

Die territoriale Ausbreitung eines Lautwandels ist ein Phänomen, das nur in gewissen Fällen mit Sicherheit verfolgt werden kann und dessen Gründe oft kaum zu fassen sind. Die Ausdehnung der starken Veränderung der Tonvokale in freier Silbe im Französischen z. B. läßt sich sowohl chronologisch als auch geographisch und sprachlich in Beziehung setzen zur Landnahme der Franken im 5. und 6. Jahrh.[1]. Die weitere Entwicklung einzelner der so entstandenen Vokale vollzieht sich allmählich, von einer bestimmten Gegend aus, und dehnt sich von da mit restloser Konsequenz auf andere Gebiete aus. So war im ganzen Nordgalloromanischen *ẹ* > *ei* geworden: *tẹla* > *teile*. Auf weitem Gebiet ist dieses *ei* zu *oi* fortgeschritten. An Hand der Orts- und Personennamen in den mittellateinischen Urkunden und sodann der französisch geschriebenen Texte läßt sich feststellen, daß *oi* zuerst, und zwar schon im 10. Jahrh., in der Wallonie und in Flandern auftritt (968 *Perroit*). Nirgends sonst findet sich ein Zeugnis vor dem Jahre 1100. Zwischen 1100 und 1150 greift die Neuerung in die Gegend von Boulogne und ins Artois auf der einen Seite über, nach Lothringen und in die östliche Champagne auf der andern Seite. Der Nordwesten der Champagne wird erreicht zwischen 1140 und 1175, der Rest der Champagne und die südliche Pikardie zwischen 1175 und 1200. Seit 1195 läßt sich auch Paris durch den neuen Diphthongen gewinnen und dann macht die Bewegung halt. Ganz Westfrankreich bleibt davon

---

[1] Vgl. dazu W. v. Wartburg, Ausgliederung, S. 74–87.

verschont und bleibt bei *teile* (später meist *tẹl*). Der Grund dieser allmählichen Ausbreitung des neuen Diphthongen im Lauf von mehr als zwei Jahrhunderten bleibt dunkel. Sie ist aber von grundsätzlich anderer Art als das Eindringen von fr. *cha-* in die Normandie, das oben S. 21 besprochen wurde. Bei diesem war die Stellung maßgebend, die das einzelne Wort im Gesamten des Wortschatzes einnimmt; es gehört eigentlich der Wortgeschichte an; bei dem Wandel *ei* > *oi* aber handelt es sich um eine Entwicklung, die den Laut als solchen erfaßt und die vom Wesen des einzelnen unabhängig ist. Siehe dazu die beigegebene Karte.

Die allmähliche Ausdehnung des Wandels
ei zu *oi* im Nordgalloromanischen

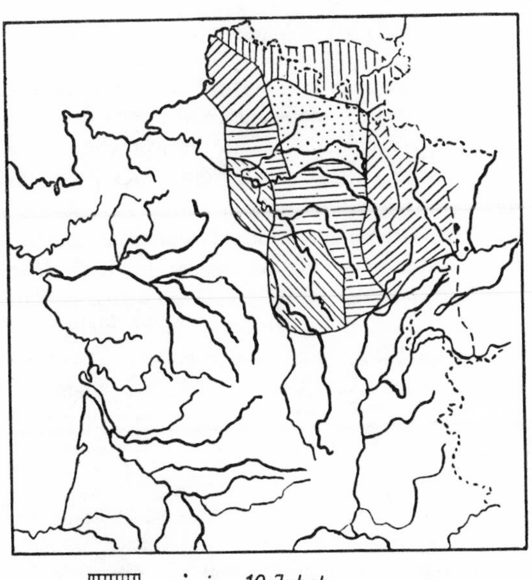

- *oi* im 10. Jahrh.
- *oi* zwischen 1100 und 1150
- *oi* zwischen 1140 und 1175
- *oi* zwischen 1175 und 1200
- *oi* nach 1195

Ganz Ähnliches hat sich mit gewissen Vokalen auf dem Gebiet des Hochdeutschen vollzogen. Hier haben sich die langen Vokale *î*, *û* und *iu* zu Diphthongen entwickelt: *ei*, *au*, *eu* (*lîb* > *leib*, *hûs* > *haus*, *niun* > *neun*).

Diese Bewegung ist vom äußersten Südosten ausgegangen und hat sich von dort ganz ähnlich ausgebreitet wie *ei* > *oi* im Französischen, nur, nach dem Zeugnis der Urkunden, langsamer. Im 12. Jahrh. treten die ersten Belege in Kärnten auf, im 13. Jahrh. in Bayern. Im 14. werden das ostfränkische Gebiet, Böhmen und Schlesien erreicht, im 15. folgen Thüringen, Sachsen und Schwaben. Während die Veränderung sich bis dahin nach Norden und dann fächerförmig nach Nordwesten, Norden und Nordosten ausgebreitet hat, macht sie im 16. Jahrh. kehrt und ergreift auch noch, von Norden nach Süden vorstoßend, die westlichen Gebiete des Mitteldeutschen. Dann aber erlahmt ihre Expansionskraft und das eigentliche Alemannische (hauptsächlich die Schweiz und das Elsaß) bleiben bei dem alten Monophthongen[1].

d) Phonetik und Phonologie

Seit Ende der zwanziger Jahre wurde die Sprachwissenschaft um den sehr wichtigen Begriff des Phonems bereichert. Dieser Begriff hat unsere Vorstellungen von der lautlichen Struktur der Sprache erheblich verändert. Andererseits übte er auch einen starken Einfluß auf die historische Sprachwissenschaft aus[2].

An Hand einiger Beispiele soll die Veränderung des Blickwinkels, die diese neue Art, die Phänomene zu betrachten, mit sich brachte, erläutert werden. Nehmen wir etwa das Wortpaar *qui* und *cou*. Für den Phonetiker sind die beiden anlautenden Konsonanten nicht völlig identisch: in *qui* sprechen wir ein palatales *k*, in *cou* ein velares *k*. Der Linguist hingegen mißt diesem lautphysiologischen Unterschied, auch wenn er ihm durchaus bewußt ist, keine allzu große Bedeutung bei, weil nämlich dieser Unterschied zwischen den beiden *k* keine Rolle im Funktionieren der Sprache

[1] Vgl. H. Paul, Mittelhochdeutsche Grammatik, 15. Aufl., § 21; 20. Aufl. (von H. Moser), Tübingen 1969, § 20. [Dazu jedoch H. Lüdtke, Zs. f. Mundartforschung 35 (1968), 97–108.]

[2] Für die Phonologie im allgemeinen bleibt das Werk von N. S. Trubetzkoy, Grundzüge der Phonologie, Prag 1939 (Übersetzung ins Französische von J. Cantineau, Paris 1949) nach wie vor unentbehrlich. Man findet eine kurze Zusammenfassung bei A. Martinet, Eléments de linguistique générale, Paris 1960, Kap. 3. Zur französischen Phonologie id., Les traits généraux de la phonologie du français, in: Phonology as functional Phonetics, London 1949 (Publ. Philol. Soc., 15). [Ferner: id., Notes sur la phonologie du français vers 1700, Bull. Soc. Ling. Paris, 43 (1946), 13–27; id., La linguistique synchronique, Etudes et Recherches, Paris 1965]. S. Ullmann, Précis de sémantique française, 2. Aufl., Bern 1959, Kap. 2; vgl. noch R. Jakobson – J. Lotz, Notes on the French Phonemic Pattern, Word 5 (1949), 151–158, und K. Togeby, Structure immanente le da langue française, Copenhague 1951, S. 73–87.

spielt. Die Artikulationsstelle des *k* hängt allein von der Qualität des folgenden Vokals ab: ist dieser von velarer Natur wie in *cou*, so ist es das *k* ebenfalls; ist er von palataler Natur, so verlagert sich die Artikulationsstelle des Konsonanten entsprechend. Mit anderen Worten: ein *qui* mit velarem *k* ist im Französischen ebenso unmöglich wie ein *cou* mit palatalem *k*. Die verschiedenartige Qualität der beiden *k* hat also keinen unterscheidenden Charakter. Es gibt folglich im Französischen keine Wortpaare, die sich allein durch diesen Gegensatz unterscheiden und ohne ihn zu Homonyma würden.

Nehmen wir ein anderes Wortpaar: *cou* und *goût*. Auch hier liegt ein rein physiologischer Unterschied vor, nämlich zwischen stimmlosem und stimmhaftem Konsonanten. Aber diesmal ist der Unterschied nicht von untergeordneter Wichtigkeit, vielmehr spielt er eine wesentliche Rolle beim Funktionieren der Sprache. Durch ihn werden Wortpaare differenziert, die sonst zu Homonyma würden: *cou* und *goût*, *quand* und *gant*, *quart* und *gare*, *cri* und *gris*, *qui* und *gui* und viele andere mehr. Es handelt sich hier also um eine phonologisch gültige Opposition, deren Bestandteile distinktive Sprachlaute, eben *Phoneme* sind. Daraus ergibt sich, daß *k* und *g* im Französischen verschiedene Phoneme sind, während das palatale *k* in *qui* und das velare *k* in *cou* nur „kombinatorische (allophone) Varianten" eines und desselben Phonems *k* darstellen.

Aus diesen Beispielen geht hervor, daß sich der Gesichtspunkt des Phonetikers merklich von dem des Linguisten unterscheidet. Es gibt demnach auch zwei Wissenschaften, die sich mit der Untersuchung der Laute befassen: die Phonetik, die ihre physischen und physiologischen Aspekte untersucht, und die *Phonologie* (oder Phonemik), die ihre Funktionen in der Struktur einer Sprache analysiert. Es braucht wohl nicht weiter betont zu werden, daß diese Arbeitsteilung nicht im geringsten die Bedeutung der Phonetik herabgemindert hat, die weiterhin ein unerläßlicher Bestandteil des Rüstzeugs eines jeden Linguisten bleibt.

Ohne auf Einzelheiten der Phonologie einzugehen, in der gewisse Aspekte noch immer stark umstritten sind, wollen wir hier kurz auf einige für die Synchronie interessante Gesichtspunkte aufmerksam machen, um dann auf die Anwendung in der Diachronie überzugehen.

a) Die Phoneme und phonologisch gültigen Oppositionen einer Sprache bilden ein System, das seine eigenen Ordnungsprinzipien hat. Um ein Beispiel dafür zu geben: die Opposition stimmloser Konsonant – stimmhafter Konsonant, die wir im Zusammenhang mit *k* und *g* festgestellt haben, findet sich auch sonst noch bei den Verschlußlauten (*p* – *b*: *poids* – *bois*; *t* – *d*: *toit* – *doigt*) und auch bei den Reibelauten (*f* – *v*: *foi* – *voix*; *s* – *z*: *Saône* – *zone*; *ch* – *j*: *chou* – *joue*). Außerdem beschränkt sich diese Opposition nicht auf den Wortanlaut; sie kommt auch in intervokalischer Stellung (*coussin* –

cousin, jucher – juger) und im Wortauslaut (*bouche – bouge, tentent – tendent*) vor. Eine systematische Opposition dieser Art stellt eine „Korrelation" dar und der Zug, der die beiden sich in Korrelation befindlichen Reihen unterscheidet – im vorliegenden Falle die Sonorität –, wird das „Merkmal" genannt. Die Phonologen sprechen dann davon, daß die Reihe der stimmhaften Konsonanten „merkmaltragend" und die der stimmlosen Konsonanten „merkmallos" ist.

b) Es gibt Oppositionen, die sich nur in gewissen Satzzusammenhängen ergeben und außerhalb von diesen nicht denkbar sind. So unterscheidet das Französische zwischen offenem *o* und geschlossenem *o* in Wortpaaren wie *sotte* und *saute*, *molle* und *mole*. In anderen Verbindungen aber wird diese Opposition „neutralisiert"; vor *z* z. B. ist das *o* immer geschlossen, vor *r* dagegen immer offen (*chose – or*). In vielen Sprachen, etwa im Deutschen und Russischen, ist die Opposition stimmhafter Konsonant – stimmloser Konsonant im Wortauslaut neutralisiert; allein die stimmlosen Konsonanten sind hier möglich. Ähnlich war die Lage im Altfranzösischen, wo die stimmhaften Konsonanten im Auslaut regelmäßig stimmlos wurden. Die neufranzösische Aussprache eines *d* als *t* in der Bindung (*un grand homme, un pied-à-terre*) ist ein Überbleibsel dieser ehemaligen Regel. Nach den Worten von Martinet haben wir in solchen Fällen „une seule unité distinctive qui, pour ainsi dire, coiffe les deux unités correspondantes"[1]. Solche Einheiten heißen „Archiphoneme".

c) In den bisher besprochenen Fällen waren die phonologisch gültigen Einheiten immer einzelne Laute. Es gibt jedoch noch andere distinktive Elemente, die nicht von einem einzelnen Laut gebildet werden; diese heißen „prosodische" Phoneme oder „Prosodeme"[2]. Typische Beispiele für Prosodeme sind der Akzent und die Tonhöhe. Was den Akzent anbelangt, so kann dieser in Sprachen wie dem Französischen, Finnischen, Ungarischen, Polnischen und selbst dem Lateinischen, in denen die Akzentstelle für alle Wörter durch allgemeine Regeln bestimmt ist, nicht die Rolle einer phonologisch gültigen Einheit spielen. Es gibt im Französischen keine Wortpaare, deren Homonymie durch die unterschiedliche Lage des Akzents vermieden wird. In Sprachen mit freier Akzentuierung ist der Akzent dagegen eine phonologisch gültige Einheit, gleich wie die Phoneme. Allein der Akzent unterscheidet z. B. die russischen Wörter *múka* „Qual" und *muká* „Mehl", *zámok* „Burg, Schloß" und *zamók* „Schloß (in der Tür)"[3].

Die Unterschiede in der Tonhöhe, die sehr wichtig in der Syntax sind,

---

[1] A. Martinet, Eléments, S. 70ff.

[2] Die amerikanischen Sprachwissenschafter verwenden statt dessen auch die Bezeichnung „suprasegmentale Phoneme".

[3] Fügen wir jedoch noch hinzu, daß in den Sprachen mit festem Akzent die-

spielen im französischen Wortschatz keine Rolle. In anderen Sprachen dagegen, so etwa in den skandinavischen oder im Chinesischen, kommt ihnen eine erhebliche Bedeutung zu. Martinet schreibt hierzu: „Dans une langue à tous un mot n'est parfaitement identifié que si l'on a dégagé ses tons aussi bien que ses phonèmes. Il serait à peu près aussi inexact de dire qu'en chinois la poire et la châtaigne se disent également *li* que d'affirmer qu'en français *le pré* et *le prêt* sont de parfaits homonymes; en fait le mot chinois qui désigne la poire se prononce avec un ton montant, celui qui désigne la châtaigne avec un ton descendant, et la différence entre ces deux tons est aussi efficace que celle, de timbre vocalique, qui permet de distinguer *pré* et *prêt*"[1].

d) Die phonologischen bzw. prosodischen Oppositionen, die dazu dienen, die Wörter zu differenzieren, können auch in der Morphologie verwendet werden. Im Lateinischen hatte die Vokalquantität vor allem eine distinktive Funktion im Wortschatz. Sie konnte aber auch zwischen verschiedenen Formen eines Nomens, eines Pronomens, eines Adjektivs oder eines Verbums unterscheiden: *terră – terrā, īdem – ĭdem, vĕnit – vēnit* usw. Im Italienischen, einer Sprache mit freier Akzentuierung, hat die Akzentstelle eine wichtige morphologische Funktion. Durch sie allein unterscheidet sich *pórto* „ich trage" von *portò* „er trug", *invíto* „ich lade ein; Einladung" von *invitò* „er lud ein". Wir müssen jedoch hinzufügen, daß einigen Oppositionen, die im Wortschatz kaum ausgenutzt werden, in der Morphologie eine recht große Bedeutung zukommen können. So spielt die Konsonantenquantität nur eine sehr geringe Rolle in der lexikalischen Struktur des Französischen, dagegen erfüllt sie eine wesentliche Funktion in der Konjugation, was aus folgenden Formenpaaren hervorgeht: *je courais – je courrais, nous courons – nous courrons, vous courez – vous courrez, nous travaillons – nous travaillions, vous travaillez – vous travailliez* und andere mehr[2].

e) Wie wir bereits weiter oben feststellen konnten, scheidet die Phonologie sorgfältig distinktive Elemente von nicht distinktiven Elementen. Es gibt jedoch Fälle, die bei der Einordnung in die eine oder andere Kategorie Schwierigkeiten bereiten, so etwa das Adjektiv *épouvantable*. Unter dem Einfluß einer starken Erregung wird man dieses Wort mit einem expiratorischen und musikalischen Akzent auf der zweiten Silbe aussprechen,

---

ser die Rolle eines Markierungszeichens spielt, das den Wortanfang oder das Wortende kennzeichnet.

[1] A. Martinet, Eléments, S. 79ff.

[2] Hierher gehören auch Fälle von Konsonantengemination, die durch das Verstummen des unbetonten *e* veranlaßt wurden: *je désirais – je désirerais, intimant – intimement.*

man wird das *p* gedehnt sprechen und dem Anlautvokal einen Glottisschlag (Knacklaut) vorausschicken. Diese Besonderheiten der Aussprache haben jedoch keinen eigentlichen distinktiven Wert; es handelt sich also hierbei nicht um Phoneme oder Prosodeme. Man würde aber Unrecht haben, sie wie die beiden *k* in *qui* und *cou* als bloße Varianten anzusehen, da sie zur Bedeutung des Wortes doch noch etwas hinzufügen. Solche Elemente haben die Aufgabe, dem Wort oder dem ganzen Satz eine affektive oder evozierende Nuance zu verleihen. Es handelt sich hierbei um „stilistische Varianten", die in der Mitte zwischen den Phonemen und Prosodemen einerseits und den bloßen Varianten andererseits liegen[1].

f) Die Prinzipien, die wir soeben kurz zusammengefaßt haben, haben in einigen Fällen ihre praktische Anwendung gefunden. Die Möglichkeit, die unbegrenzte Anzahl der Laute auf eine kleine Anzahl von phonologisch gültigen Einheiten zu reduzieren, ist von größter Bedeutung für die drahtlose Telephonie und andere Formen des Fernmeldeverkehrs. Aber auch andere Probleme, so die phonetische Umschrift einer Sprache bzw. eines Dialektes oder die Reform der Rechtschreibung, könnten mit Hilfe phonologischer Methoden angefaßt werden. Für den Sprachunterricht ist die Phonologie insofern wichtig, als sie dem Lernenden eindeutige Kriterien liefert, die dazu beitragen, den relativen Wert der fremden Laute zu bestimmen. Für einen Engländer beispielsweise gibt es im Lautsystem des Französischen mehrere Laute, die er nur mit Mühe aussprechen kann: die Nasalvokale, das *ü*, das uvulare *r* usw. Unter Zuhilfenahme von phonologischen Kriterien wird der Lehrer jedoch leicht die distinktiven Elemente von den nicht distinktiven Elementen trennen können. Mit Nachdruck wird er auf die Notwendigkeit, zwischen *a* und *o*, *u* und *ü* zu unterscheiden, hinweisen; ohne dem würde der Lernende *banc* mit *bon*, *en* mit *on*, *pour* mit *pur*, *nous* mit *nu* usw. verwechseln. Was die Aussprache des *r* anbelangt, so wird der Lehrer hier nachsichtiger sein, schon weil dieser Laut in Frankreich selbst mehrere regionale und individuelle Varianten kennt und seine falsche Aussprache, wenn auch unschön, niemals zu störenden Homonymien Anlaß geben wird.

Der Begriff des Phonems und alle damit zusammenhängenden Begriffe sind im wesentlichen synchronischer, funktioneller und struktureller Natur. Jedes Phonem wird durch die Gegenüberstellung zu anderen Phonemen der Sprache definiert. Es ist ein diakritisches Zeichen, eine differenzierende Einheit, die ihre distinktive Funktion erfüllt, indem sie anderen Einheiten gegenübersteht. Saussure charakterisiert die Phoneme in seinem *Cours de linguistique générale* wie folgt: „chaque idiome compose ses mots sur la

---

[1] Siehe dazu W. von Wartburg, Evolution et Structure de la langue française, 5. Aufl., Bern 1958, S. 251ff.

base d'un système d'éléments sonores dont chacun forme une unité nettement délimitée et dont le nombre est parfaitement déterminé. Or ce qui les caractérise, ce n'est pas, comme on pourrait le croire, leur qualité propre et positive, mais simplement le fait qu'ils ne se confondent pas entre eux. Les phonèmes sont avant tout des entités oppositives, relatives et négatives."[1] Die Frage stellt sich nun, ob und in welchem Maße diese im wesentlichen synchronischen Prinzipien geeignet sind, auch auf historische Vorgänge Anwendung zu finden.

Die diachronische Phonologie[2] steckt noch in den Kinderschuhen. Einige doktrinäre Auffassungen und übertriebene Ansprüche haben den Widerspruch vieler Linguisten hervorgerufen. Eine Anzahl Phonologen sind sogar soweit gegangen, teleologische Tendenzen zur Erklärung lautlicher Vorgänge anzunehmen. Sie haben eine eigene Terminologie aufgestellt, in der von struktureller „Attraktion", von „leeren Fächern", von Harmonie und Gleichgewicht des Systems die Rede ist, ohne sich allzu sehr um die sprachlichen Realitäten zu kümmern, die sich hinter diesen bildhaften Ausdrücken verbergen. Hören wir, was einer der nüchternsten und umsichtigsten Vertreter der neuen Richtung hierzu zu sagen hat: „On a sévèrement et à juste titre critiqué la phonétique ‚sur le papier'. Il serait également dangereux et répréhensible de jongler avec les symboles des tableaux phonologiques. Les phonèmes isolés ne se précipitent pas dans les lacunes structurales à moins qu'ils n en soient suffisamment près pour y être attirés, et, qu'ils soient attirés ou non, dépend de divers facteurs qui méritent toujours d'être soigneusement étudiés."[3]

Sehen wir von diesen Übertreibungen ab, so ist einleuchtend, und auch die Phonologen geben es zu, daß ein großer Teil der lautlichen Veränderungen nicht auf phonologischem Wege zu erklären ist. Sie sind vielmehr durch physiologische, geographische, gesellschaftliche, ethnische und andere Faktoren bedingt, von denen einige bereits weiter oben besprochen worden sind[4]. Es ist nichtsdestoweniger wahr, daß eine verständige, maß-

---

[1] Cours, S. 164.

[2] Zur diachronischen Phonologie siehe vor allem das grundlegende Werk von A. Martinet, Economie des changement phonétiques, Berne 1955; vgl. auch id., Eléments, S. 208–217. Für das Französische speziell ist heranzuziehen G. Gougenheim, Réflexions sur la phonologie historique du français, Travaux du Cercle Linguistique de Prague 8 (1939), 262–269 und A. G. Haudricourt–A. G. Juilland, Essai pour une histoire structurale du phonétisme français, Paris 1949.

[3] A. Martinet, Economie, S. 80ff.; W. von Wartburg, Ausgliederung, S. 18ff.

[4] Diese umfassen wohlgemerkt nicht nur die kombinatorischen Varianten, sondern auch die sogenannten fakultativen Varianten, z. B. die verschiedenen Abarten des *r*: das gerollte *r*, das Zäpfchen-*r* usw.

volle Anwendung phonologischer Kriterien dem Sprachhistoriker wertvolle Dienste leisten kann. Sie erlaubt ihm nämlich, 1. die lautlichen Veränderungen vom funktionellen bzw. strukturellen Gesichtspunkt aus zu ordnen, 2. gewisse Vorgänge auf neue Art und Weise zu erklären und ihre Bedeutung für die Entwicklung des phonologischen Systems einzuschätzen und schließlich 3. die Ursachen oder doch wenigstens die Bedingungen gewisser Veränderungen oder Gruppen von Veränderungen zu ermitteln[1].

1. Zur Illustrierung werden Beispiele aus dem Französischen herangezogen. Zunächst soll zwischen „phonologischen" und „extraphonologischen" Veränderungen unterschieden werden. Die letzteren beeinflussen weder den Bestand der Phoneme noch die distinktiven Oppositionen, die unter ihnen bestehen. Ein Beispiel für eine solche Veränderung ist das französische *r*, das, ursprünglich apikal, seit dem Ende des 17. Jahrhunderts velar geworden ist (mit einer ganzen Anzahl von Varianten). Die fühlbare Artikulationsverschiebung, die das *r* erfahren hat, hat keine Veränderung seines phonologischen Wertes zur Folge gehabt. Es gab und gibt nur ein einziges Phonem *r* im Französischen.

Die phonologischen Umwandlungsprozesse, jene also, die den Kreis der Phoneme und Prosodeme sowie das Funktionieren der distinktiven Oppositionen berühren, lassen sich in drei Gruppen einteilen:

a) Entphonologisierung (Verlust von distinktiven Oppositionen). Hier muß zunächst zwischen zwei Möglichkeiten unterschieden werden: völliger Verlust eines Phonems oder sein Herabsinken auf die Stufe einer bloßen Variante. Der erste Vorgang läßt sich durch die Opposition *ẽ – œ̃* (*brin – brun, empreinte – emprunte*) belegen, die im Begriff ist, aus der Aussprache von Paris zu verschwinden. Aus einer Befragung, die Martinet unter kriegsgefangenen Offizieren anstellte, geht hervor, daß zwei Drittel der befragten Pariser die Unterscheidung der beiden Phoneme verloren haben[2].

Es kommt vor, daß ursprünglich phonologisch gültige Einheiten zu bloßen Varianten herabsinken. Im Lateinischen war die Vokalquantität, wie wir bereits sahen, ein phonologisch gültiger Faktor, der *pŏpulus* von *pōpulus*, *ŏs* von *ōs*, *ĕdo* von *ēdo* unterschied und auch in der Morphologie eine wichtige Rolle spielte (s. oben S. 47). Im Vulgärlatein wurden die phonologisch gültigen Vokalquantitäten durch Vokalqualitäten ersetzt: die langen Vokale wurden geschlossen, die kurzen wurden geöffnet. Auch im Neufranzösischen gibt es lange und kurze Vokale; ihre Quantität ist jedoch

---

[1] Vgl. R. Jakobson, Principes de phonologie historique, in: N. S. Troubetzkoy, Principes, S. 315–336.

[2] [Vgl. A. Martinet, La prononciation du français contemporain, Paris 1945, und in der Fortsetzung G. Deyhime, Enquête sur la phonologie du français contemporain, La linguistique (1967), 97–108.]

nicht phonologisch gültig. Sie sind lediglich kombinatorische Varianten, deren Vorkommen vom lautlichen Zusammenhang abhängt, wobei im übrigen viele Schwankungen und individuelle Variationen möglich sind. So neigt jeder betonte Vokal dazu, vor den Auslautkonsonanten *r*, *z*, *ž*, *v* sowie vor der auslautenden Konsonantengruppe *vr* lang gesprochen zu werden (*guerre*, *rose*, *juge*, *fève*, *vivre*), dagegen kurz im Auslaut (*chat*, *feu*, *fou*); die Nasalvokale sind lang vor Konsonanten (*mince*, *humble*, *tante*, *onde*) usw. In anderen Fällen hängt die Länge eines Vokals von seiner Klangfarbe ab; in den Wortpaaren *sotte* – *saute*, *jeune* – *jeûne* ist der Vokal des ersten Wortes offen und kurz, der des zweiten geschlossen und lang. Das Neufranzösische kennt eine einzige Stellung, in der die Vokalquantität noch phonologisch gültig ist, und zwar in Wortpaaren wie *belle* und *bêle*, *tette* und *tête*, *faite* und *fête*. In dieser Verbindung ist die Opposition offenes ę – geschlossenes ẹ neutralisiert; allein offenes ę ist hier möglich. Der einzige Unterschied zwischen diesen Wörtern besteht also in der Quantitätsopposition, oder besser gesagt: in der Möglichkeit, das ę in *bêle*, *tête*, *fête* zum Zweck der Kontrastwirkung oder des Nachdrucks zu längen. Das allein ist im Französischen von der phonologisch gültigen Vokalquantität übriggeblieben, die einer der wichtigsten Bestandteile des phonologischen Systems der lateinischen Sprache war[1].

b) Phonologisierung (Entstehung phonologisch gültiger Oppositionen). Auch hier gibt es wieder zwei Möglichkeiten: Einführung neuer Phoneme oder Erhebung von kombinatorischen Varianten auf die Stufe von Phonemen. Als Beispiel für die erste Möglichkeit kann der Umstand dienen, daß das Französische im Laufe seiner Entwicklung um drei palatal-gerundete Vokale bereichert wurde, die das Lateinische noch nicht kannte: *ü*, *œ̣* und *œ̨*. Das Auftreten dieser drei Vokale hat eine ganze Reihe neuer phonologisch gültiger Oppositionen entstehen lassen. So gestattet uns das *ü* in *su*, dieses Wort nicht allein von *ceux*, sondern auch von *si*, *sou*, *ces*, *sait*, *sot* und *sa* zu unterscheiden, ganz zu schweigen vom tonlosen *e* in *ce* und den Nasalvokalen in *son*, *sang* und *saint*. Die Erweiterung des phonologischen Systems der französischen Sprache um eine Gruppe palatal-gerundeter Vokale ist eine der wesentlichen Quellen für deren auffallenden Reichtum an vokalischen Phonemen[2].

Nun ein Beispiel für die zweite Art der Phonologisierung. Bekanntlich bekamen im Französischen die Vokale, denen ein Nasalkonsonant folgte,

---

[1] Siehe B. Malmberg, Bemerkungen zum quantitativen Vokalsystem im modernen Französisch, Acta Linguistica 3 (1942/43), 44–56.

[2] Für die Funktion, welche dieser Reichtum des Französischen verglichen mit der geringen Zahl von Vokalen im Italienischen und Spanischen hat, sowie für die geschichtliche Entwicklung, deren Ergebnis dieser Zustand ist, vgl. W. von Wartburg, Evolution et Structure, S. 249.

schon sehr früh eine nasale Färbung. Die ältesten Nasalierungen gehen mindestens auf den Beginn der altfranzösischen Periode zurück[1]. In der Folge wurde die Nasalierung auf alle Vokale in dieser Stellung ausgedehnt. Es muß jedoch nachdrücklich darauf hingewiesen werden, daß die Nasalkonsonanten weiterhin nach den nasalierten Vokalen ausgesprochen wurden. In diesem Entwicklungsstadium waren die Nasalvokale also nur kombinatorische Varianten der entsprechenden Oralvokale. Sobald einem Vokal ein Nasalkonsonant folgte, wurde jener zwangsläufig nasaliert, auch gab es keine französischen Wörter, deren Homonymie durch die Opposition Nasalvokal – Oralvokal beseitigt wurde. Diese Situation änderte sich beim Übergang vom Mittel- zum Neufranzösischen; die Nasalkonsonanten verstummten im Auslaut und vor einem anderen Konsonanten, während der Nasalvokal vor intervokalischem Nasalkonsonanten entnasaliert wurde. Von diesem Augenblick an wandelte sich der Charakter der Nasalvokale: aus kombinatorischen Varianten wurden phonologisch gültige Qualitäten, eben Phoneme. Nunmehr war es möglich, Wortpaare allein durch Oral- und Nasalvokale zu unterscheiden, da nun beide sowohl im Auslaut als auch vor Konsonanten stehen konnten: *paix – pain*, *peau – pont*, *pas – pan*, *eux – un*; *graisse – grince*, *rosse – ronce*, *passe – pense* usw.

c) Rephonologisierung (Umwandlung phonologisch gültiger Oppositionen). Es kann vorkommen, daß eine phonologisch gültige Opposition ihren Charakter ändert, ohne dabei ihre differenzierende Funktion einzubüßen. Die Existenz der beiden *a* im Französischen ist ein gutes Beispiel dafür. Trotz mancher Schwankungen vermeiden viele Pariser die Homonymie von *patte* und *pâte*, von *tache* und *tâche*, von *Pathé* und *pâté*, indem sie ein palatal affiziertes *a* im jeweils ersten Wort und ein mehr velares *a* im zweiten sprechen. Dieser Unterschied in der Klangfarbe ist von einem Unterschied in der Quantität begleitet: das palatale *a* ist kürzer, das velare *a* ist länger. Diese verschiedenartige Länge ist nun in gewissen Gegenden, die nur ein Phonem *a*, und zwar das palatale, kennen, zur Unterscheidung verwendet worden. In der Sprechweise dieser Gegenden ist die Opposition zwischen den beiden *a* „rephonologisiert" worden: aus der phonologisch gültigen Qualität ist eine phonologisch gültige Quantität geworden. Am Rande sei jedoch erwähnt, daß viele Franzosen hinsichtlich der Quantität und Qualität der beiden *a* keinen Unterschied machen, so daß dieser Gegensatz in Gefahr ist, sich zu verlieren. „La distinction de deux timbres d',avant' et d',arrière' étant allé des faubourgs, manque de prestige et tend à disparaître. Quant aux différences de longueur, elles s'éliminent comme inutiles et sans parallèle dans la langue d'aujourd'hui[2].

[1] Vgl. P. Fouché, Phonétique historique du Français, Bd. II, Paris 1958, S. 357 ff.

[2] A. Martinet, Eléments, S. 212.

2. Die diachronische Phonologie bemüht sich auch, die funktionelle und strukturelle Bedeutung der Lautwandel zu prüfen. Auch hier kann der Gesichtspunkt des Phonetikers ein ganz anderer sein als der des Phonologen: ein bestimmter Lautwandel, der die Artikulation eines Lautes grundlegend ändert, kann ohne jede strukturelle Bedeutung sein; ein anderer dagegen, der nur geringfügige Veränderungen mit sich bringt, kann das ganze phonologische System der Sprache umstoßen. Als gegen Ende des 17. Jahrh. das apikale *r* in der Aussprache am Hofe durch ein velares *r* ersetzt wurde, war dadurch die Aussprache des Konsonanten völlig verändert worden, und der sprachliche Snobismus ging unverzüglich daran, dies auszunutzen. Schon 1689 empfahl Andry de Boisregard, das *r* wie am Hofe auszusprechen „d'une manière douce et qui n'ait rien de grossier ni de badaud"[1]. Obwohl dieser Lautwandel in lautlicher wie gesellschaftlicher Hinsicht fühlbare Auswirkungen hatte, beeinflußte er doch nicht die phonologische Struktur des Französischen. Im Gegensatz dazu war das Verstummen der Nasalkonsonanten nach nasaliertem Vokal vom lautlichen Standpunkt aus betrachtet keine tiefgreifende Veränderung, und trotzdem hat es nachhaltige Folgen für die phonologische Struktur des Französischen gehabt. Wir sahen bereits weiter oben, daß dadurch die Sprache um vier neue Phoneme und eine ganze Reihe phonologisch gültiger Oppositionen bereichert wurde.

3. Man hat auch phonologische Kriterien zu Hilfe genommen, um gewisse Lautwandlungen zu erklären oder um die Ursachen, die sie auslösen, bzw. die Bedingungen, unter denen sie sich vollziehen, zu bestimmen. Martinet hat diesen schwierigen Fragen ein ganzes Buch gewidmet; wir entnehmen ihm im folgenden einige besonders lehrreiche Beispiele.

a) Die Lebensfähigkeit einer phonologisch gültigen Opposition hängt u. a. von ihrer funktionalen Belastung ab, d. h. also von der Häufigkeit ihres Vorkommens und von der Rolle, die sie im Gesamthaushalt der Sprache spielt. Wie wir bereits weiter oben sahen (S. 50), ist die Opposition *ẽ – œ̃* im Begriff, im modernen Französischen zu verschwinden, während die anderen Nasalvokale sich weiterhin klar voneinander scheiden. Diese verschiedenartige Behandlung erklärt sich zweifellos aus der Tatsache, daß es nur eine kleine Anzahl Wörter gibt, die durch den Gegensatz *ẽ – œ̃* unterschieden werden (*hein – un*, *brin – brun*, *empreinte – emprunte*). Da diese Wörter im übrigen semantisch keinerlei Berührungspunkte haben, wird ihre Homonymie nicht als störend empfunden. Die Oppositionen, die von den anderen Nasalvokalen zum Ausdruck gebracht werden, kommen dagegen weitaus häufiger vor. Wollte man *bain*, *banc* und *bon* oder *frein*, *franc*

[1] Zit. nach F. Brunot – Ch. Bruneau, Précis de grammaire historique de la langue française, 3e éd., Paris 1949, S. 52.

und *front* oder *feinte, fente* und *fonte* gleich aussprechen, so würde dadurch das Funktionieren der Sprache in Frage gestellt[1].

b) Die Lebensfähigkeit einer phonologisch gültigen Opposition hängt aber nicht allein von ihrem funktionellen Ertrag, sondern auch von ihrer Stellung innerhalb des phonologischen Systems ab. Martinet erinnert in diesem Zusammenhang an den Gegensatz zwischen stimmlosem und stimmhaftem *th* im Englischen. Der Ertrag dieser Opposition ist äußerst gering; wenn sie trotzdem aufrecht erhalten wird, so deshalb, weil sie sich in die Korrelation stimmloser Konsonant – stimmhafter Konsonant einfügt, welche im Englischen wie im Französischen einer der Pfeiler ist, auf denen das konsonantische System ruht[2]. Mit Erstaunen muß man jedoch feststellen, daß der analoge Gegensatz zwischen stimmlosem *wh* und stimmhaftem *w* von unzähligen Personen vernachlässigt wird, die *whet* „wetzen, schärfen" mit *wet* „anfeuchten, benetzen" verwechseln, *Whig* „Bezeichnung der englischen Liberalen" mit *wig* „Perücke" usw. Die Bewahrung der beiden *th* ist wahrscheinlich noch einem anderen strukturellen Faktor zu verdanken, dem Umstande nämlich, daß die verbindenden Wörter wie etwa der Artikel *the*, die Adverbien *there* und *then*, die Konjunktionen *than* und *though*, die Pronomen *this, that, they, their* usw. ein stimmhaftes *th* im Anlaut haben, während derselbe Konsonant in vollwertigen Wörtern wie *thatch* „Dachstroh, Strohdach", *thaw* „tauen", *thin* „dünn", *think* „denken" usw. stimmlos ist[3].

c) Das unter b) formulierte Prinzip macht einen Zusatz erforderlich. Wenn nämlich eine Opposition innerhalb eines phonologischen Systems isoliert dasteht und nicht durch andere analoge Oppositionen gestützt wird, so neigt sie zum Verschwinden. Ein Beispiel dafür ist, wie wir bereits sahen, die Opposition in der Länge zwischen ę̆ und ę̄ in *faite* und *fête, tette* und *tête* usw., die im Begriff ist zu verschwinden[4]. Auch die in einigen Gegenden Frankreichs vorkommende Unterscheidung von langem und kurzem *a* in Wörtern wie *tache – tâche, patte – pâte* steht ohne Parallele da und neigt deshalb dazu, verlorenzugehen.

d) Dem Begriff des „leeren Faches" ist, wie wir weiter oben sahen, mit Vorsicht zu begegnen. Es ist zweifellos eine ungeschickte Bezeichnung, die eine allzu mechanische Vorstellung von der Entwicklung der Sprache

---

[1] A. Martinet, Economie, S. 54ff.; id., Eléments, S. 210ff.

[2] Id., Economie, S. 78; id., Eléments, S. 215.

[3] Siehe S. Ullmann, Semantics, An Introduction to the Science of Meaning, Oxford 1961, S. 45. Es gibt eine Ausnahme von dieser Regel, und zwar die Praeposition *through*, deren *th*, zweifellos wegen des folgenden *r*, stimmlos gesprochen wird.

[4] Vgl. A. Martinet, Economie, S. 102ff.; id., Eléments, S. 215.

vermittelt, so, als wenn es in dieser eine Art „horror vacui" gäbe, der sie zwänge, entscheidende Lücken auszufüllen. Trotzdem kann dieser Begriff, wenn auch in gemilderter Form und in undogmatischer Verwendung, dazu beitragen, gewisse Lautwandlungen zu erklären, in denen ein nicht integriertes Phonem seine Artikulation der eines benachbarten Phonems anpaßt. Im Judendeutsch wurde die Aussprache des uvularen *r* leicht verschoben, so daß es zur stimmhaften Entsprechung der stimmlosen velaren Spirans *ch* wurde und somit seinen Platz in der Korrelation stimmlose Konsonanten – stimmhafte Konsonanten fand [1].

e) Ein weiteres Prinzip, das durch die historische Phonologie herausgestellt wurde, ist das der gleichen Abstände zwischen den Phonemen [2]. Der Aussprache eines jeden Lautes steht ein gewisser Spielraum zur Verfügung. Andererseits ist es aber wichtig, daß jedes Phonem unterschieden bleibt und sich nicht mit seinen Nachbarn vermischt: „les variations seront freinées et stoppées si elles se rapprochent dangereusement de ce qui est la norme d'un autre phonème; elles seront tolérées si elles n'exposent jamais l'usager à ne pas être compris." Nun kann es aber vorkommen, daß mehrere Phoneme sich in derselben Richtung verschieben, so daß jedes seine Artikulation ändert, zugleich aber die Abstände voneinander konstant bleiben. Das bekannteste Beispiel hierfür ist die Konsonantenverschiebung, die die germanischen Sprachen von den übrigen Sprachen des indogermanischen Sprachstammes unterscheidet. Bekanntlich sind im Germanischen die indo-germanischen Spiranten zu stimmhaften Verschlußlauten geworden, die stimmhaften Verschlußlaute zu stimmlosen und die stimmlosen Verschlußlaute zu Spiranten, also *th* > *d*, *d* > *t*, *t* > *th*, so daß also diese im Zusammenhang stehenden Verschiebungen einen geschlossenen Kreis bilden. Ähnlich hat im Italienischen lat. *kuī* ein *kwi* ergeben, so in *eccu(m)-hīc* > *qui*, während lat. *kwi* zu *ki* (*qui* > *chi*) und lat. *ki* zu *tši* (*civitatem* > *città*) geworden ist, also schematisch dargestellt: *kui* → *kwi* → *ki* → *tši* [3].

Man sieht also, daß einige Begriffe der historischen Phonologie der Sprachwissenschaft schon seit langem geläufig sind; das Prinzip vom gleichbleibenden Abstand der Phoneme, das schon zu Beginn des 19. Jahrh. von Rasmus Rask geahnt worden war [4], lag bereits dem Grimmschen Gesetz zugrunde. Nichtsdestoweniger erscheinen diese allbekannten Tatsachen auf Grund einer streng phonologischen Interpretation in einem neuen Licht.

f) Eine strukturalistische Betrachtungsweise läßt schließlich erkennen,

---

[1] A. Martinet, Eléments, S. 215.

[2] Ibid. S. 209ff.

[3] A. Martinet, Economie, S. 60ff.

[4] Siehe O. Jespersen, Language cit., S. 43ff.; ibid. S. 284 spricht Jespersen von „changements équidistants".

daß gewisse Veränderungen im phonologischen System einen Charakter haben, den man ökonomisch nennen könnte, d. h. daß sie eine rationellere Ausnutzung der einer Sprache zu Gebote stehenden Hilfsmittel ermöglichen. Eine solche „*Rationalisierung*" hat sich im Französischen seit der klassischen Periode bei der Aussprache des *i* im Hiatus vollzogen[1]. Im 17. Jahrhundert wurden *miel* und *entier* mit konsonantischem *i* gesprochen; das *ie* in diesen Wörtern war aus der Diphthongierung eines lat. kurzen *e* hervorgegangen. Zur gleichen Zeit hatte aber das *i* in *confier*, das auf lat. langes *i* zurückging, den Wert eines vokalischen *i*. Es gab also keine rein synchronische Regel für die Aussprache des *i*, diese hing vielmehr von historischen Faktoren ab. Wörter wie *meurtrier*, *sanglier* wurden sogar noch bis ans Ende des 16. Jahrh. mit konsonantischem *i* gesprochen. In dem bekannten Vers im *Cid*: „Il est juste, grand roi, qu'un *meurtrier* périsse" wagte Corneille, *meurtrier* wie ein dreisilbiges Wort zu behandeln. Der Gebrauch blieb jedoch noch lange Zeit hindurch schwankend[2]. Diese willkürlich anmutende Unterscheidung wurde schließlich in der modernen Sprache rationalisiert: das *i* im Hiatus wird jetzt durchweg als konsonantisches *i* gesprochen, außer wenn ihm eine Konsonantengruppe mit Verschlußlaut oder die Verbindungen *fr*, *fl*, *vr*, *vl* vorangehen; in den letzteren Fällen hat sich der leichteren Aussprache wegen ein vokalisches *i* durchgesetzt. Vom phonologischen Standpunkt aus betrachtet, handelt es sich also hier um zwei kombinatorische Varianten desselben Phonems, deren Vorkommen durch eine rein synchronische Regel bestimmt wird.

Wir beschließen dieses Kapitel mit einem Zitat aus der „Economie des changements phonétiques" von A. Martinet, in dem auf Grund eines anschaulichen Vergleichs das Zusammenwirken von physiologischen, phonologischen und äußeren Einflüssen bei der Entstehung eines Lautwandels verdeutlicht wird; „Pour que se produise une avalanche, il faut que se réalise un certain concours de circonstances: une certaine déclivité, une certaine masse de neige, un certain degré de réchauffement de cette masse, tous phénomènes absolument normaux à haute altitude à certaines périodes de l'année. Il arrive qu'un skieur imprudent, filant à flanc de montagne, rompe la cohésion des masses de neige et détermine une avalanche qui, sans lui, n'aurait pas eu lieu. Mais la plupart des avalanches n'attendent pas un skieur pour se mettre en mouvement; sur une pente donnée la neige commencera à glisser lorsqu'elle aura atteint une certaine masse et une certaine consistance, sans qu'intervienne aucun skieur imprudent.

---

[1] Wir entnehmen dieses Beispiel dem Artikel von G. Gougenheim, Structure et économie en linguistique, Sciences 12 (mars – avril 1961), 31–39.

[2] Vgl. K. Nyrop, Grammaire historique de la langue française, 3. Aufl. Kopenhagen 1935, Bd. 1, S. 308ff.

La déclivité toujours présente, les chutes de neige chaque hiver, et le réchauffement de l'atmosphère chaque printemps rappellent le conditionnement constant des changements phonétiques: moindre effort, besoin de s'exprimer et de communiquer. La masse et la consistance de la neige représentent l'état instable du système qui va changer. Le skieur, le cri du montagnard représentent les causes fortuites, les chocs, qui existent certes et avec quoi il faut compter, mais qui ne sont pas indispensables pour que se produise le phénomène."[1]

3. Morphologie

a) Beispiele von morphologischen Wandlungen

In unserm Satz ist an die Stelle von lt. *dedit* fr. *donna* getreten. *donna* entspricht einem lt. *donavit* (zu *donare*). Die Ersetzung von *dare* durch *donare* werden wir in dem Abschnitt über den Wortschatz beleuchten. Hier betrachten wir nur das Verhältnis von *donavit* zu fr. *donna* (afr. *dona*).

Die Endung *-ávit* hätte, ähnlich wie *ávica* > *auca* > *oe* (oder *oie*), *-o(t)* ergeben sollen. In der Tat finden wir *donaut*, *triumphaut* schon auf lateinischen Inschriften, *exmuccaut* sogar schon in Pompeii (CIL 4, 1391); und dieser Endung entsprechen denn auch it. *cantò*, sp. *cantó*. Wie erklärt sich demgegenüber die französische Endung *-a*? Die einleuchtendste Erklärung hat Meyer-Lübke gegeben[2]: Da im Futurum, wie im zusammengesetzten Perfekt die drei Personen der Einzahl sich durch die Elemente *ai*, *as*, *a* voneinander unterscheiden (*j'ai-*, *tu as-*, *il a chanté*; *je chanterai*, *tu -as*, *il -a*), und die ersten zwei Personen des passé défini ebenfalls auf *-ai*, *-as* auslauten, ist auch die 3. Person dieser Zeit derjenigen der beiden andern Zeiten gleichgestellt worden.

Die Kraft, die in der Formenwelt einer Sprache Ausgleich schafft, und die so Veränderungen herbeiführt, welche andern Wesens sind als die lautlichen Wandlungen, nennt man Analogie. Die Analogie kann sich nach verschiedenen Richtungen auswirken, z. B.:

a) Innerhalb eines und desselben Verbums: afr. (*il*) *preuve*, (*nous*) *prouvons* > nfr. *je prouve*, *nous prouvons*.
b) Innerhalb einer und derselben Zeit verschiedener Verben: nach *mis*, *mist* wird *fis*, **feit* zu *fis*, *fist* umgebildet.

---

[1] A. Martinet, Economie, S. 36.

[2] Historische Grammatik der französischen Sprache, I. Teil: Laut- und Flexionslehre, 3. Aufl., Heidelberg 1913, S. 244f. Siehe auch F. Sommer, Handbuch der lateinischen Laut- und Formenlehre, 2. Aufl., Heidelberg 1914, S. 564 u. 577.

c) Innerhalb einer ganzen Konjugationsklasse: im Altfranzösischen war die 1. Konjugation für die 1. Person Sing. aus lauthistorischen Gründen in zwei Klassen zerfallen, von denen die eine das *-o* des Lateinischen hatte fallen lassen, die andere diesen Vokal als *-e* behalten hatte: 1. *chant*, 2. *doute, entre*. Die beiden Klassen beeinflussen sich gegenseitig, besonders die erste die zweite; z. B. statt *doute* finden wir auch *dout*. Seit dem 14. Jahrh. aber wird *-e* immer häufiger; bis zum 17. Jahrh. wird es alleinherrschend.

Da im Falle *c* Klasse 1 an sich viel zahlreicher war als 2, stellt sich die Frage, warum denn hier 2 gesiegt habe. Der Grund mag wohl im wesentlichen darin liegen, daß vom 14. Jahrh. an die Auslautvokale und -konsonanten zu schwinden beginnen (*chant* > *šã*, *chante* > *šãt*). Die 1. Sing. wäre also ganz aus dem Verbum herausgefallen und hätte als einzige Form nicht einmal mehr den vollen Stamm repräsentiert. Das gab der Klasse 2 eine große Überlegenheit[1].

Wir sehen daraus, daß die induzierende Kraft eines Formzeichens von mehr als einem Faktor abhängig ist: wohl ist es um so stärker, je häufiger es gebraucht wird; seine Kraft kann aber auch dadurch gesteigert werden, daß es charakteristischer, deutlicher ist als sein Konkurrent.

Manchmal ereignen sich allerdings morphologische Verschiebungen, welche dieser Regel des Ausgleichs nach dem Stärkeverhältnis der verschiedenen Formzeichen zu widersprechen scheinen. So etwa die Endung der 1. Pers. Plur. Präs. im Französischen, die für alle Verben *-ons* ist. Ein Vergleich mit den andern Sprachen beleuchtet diese Verschiebung so recht:

Span. *-amos* (Verben auf *-ar*), *-emos* (*-er*), *-imos* (*-ir*), *somos*, also vier verschiedene Endungen
Altital. *-amo*, *-emo*, *-imo* (3)
Franz. *-ons* (allein).

Die lat. Form *sŭmus* ist also im Spanischen noch heute so isoliert wie sie im Lateinischen war, im Italienischen ist sie ganz untergegangen, im Französischen hingegen hat sie die gesamte Konjugation erobert. Wie erklärt sich dieser maximale Gegensatz? Unsere bisherigen Betrachtungen über die Analogie lassen es uns verstehen, daß *sumus* im Italienischen verschwunden ist; woher kommt denn im Französischen diese seine Übermacht, wo doch *être* allein, wenn auch wichtig, doch gegen alle andern Verben zusammen steht?

[1] Vgl. W. Meyer-Lübke, Historische Grammatik, S. 215. Wenn das Frpr. den Auslautvokal *-o* von *ĕtro* verallgemeinerte und auf *tsăto* übertrug, so geschah das eben, weil es kein *-ə* in dieser Funktion hatte und es daher auch nicht für eine solche Funktion heranziehen konnte. [Zu diesen Fragen auch M. K. Pope, From Latin to Modern French with especial consideration of Anglo-Norman, Manchester 1934, S. 338 ff.]

Dieser seltsame Tatbestand hängt damit zusammen, daß die Analogiewirkung nicht die gesamte Konjugation auf einmal beschlägt. Sie wirkt zuerst nur in einem beschränkten Teil derselben und dehnt sich erst allmählich auch auf weitere Formen aus. Im vorliterarischen Französisch stand neben einer 1. P. Pl. *sons*, 3. Pl. *sont* ein *vont* (< *vadunt*), eine Form, die nur im Französischen möglich war, wo eben die zwischenvokalischen *d* fallen. Nach *sont*: *sons* entstand zu *vont* ein **vons*. Die begriffliche Nähe rief nach *sons sont* zu *ester* (< *stare*) *estons estont* hervor; die Ähnlichkeit des Baues zu *dare* ein **dons *dont*[1]; vgl. auch im Italienischen die morphologische Identität von *stanno danno*. Von den vier Verben, die nun die Endung *-ons* aufwiesen, wurden zwei durch Verben auf *-er* ersetzt, *dare* durch *donare* (frz. *donner*), *vadere* durch *aller*. Auf diese neuen Verben wurden die alten Endungen übertragen, d. h. nach **vons* ein *allons*, nach **dons* ein *donnons* geschaffen. Das Hilfsverbum *sons* rief *avons* hervor, *allons* zog eine Form *venons* nach sich. So hakt die Analogie immer nur an einer bestimmten Stelle ein und frißt ganz allmählich um sich. Wenn man sich bewußt bleibt, daß solche Analogiekämpfe im Unbewußten vor sich gehen und daß die Formen nur sprachliche Erinnerungsbilder sind, könnte man sie dem Vorgehen eines klugen Staatsmanns vergleichen, der nicht allen seinen Gegnern zugleich den Krieg erklärt, sondern sie einen um den andern zerbricht[2].

---

[1] Wir werden später sehen, daß das Verbum *dare* im Gallorom. wirklich länger gelebt hat.

[2] Vgl. noch die für die prinzipiellen Fragen wichtige Studie von K. Jaberg, Über die assoziativen Erscheinungen in der Verbalflexion einer südostfranzösischen Dialektgruppe, Aarau 1906.

Es muß wohl unterschieden werden zwischen der starken lautlichen Verschleifung, der häufig gebrauchte Formen oft ausgesetzt sind, und ihrer starken Einwirkung auf benachbarte Formen. Das hat z.B. K. Voßler, Gesammelte Aufsätze zur Sprachphilosophie, München 1923, S. 250f., nicht getan, wo er davon spricht, daß das Franz. den Ablaut, den es im Mittelalter in seiner Konjugation sehr weit entwickelt hatte, zum größten Teil wieder getilgt hat (*amons* wird nach *aime* zu *aimons*), daß aber einige Verben von diesem Ausgleich ausgenommen worden seien (*veux: voulons*). „Man sagt mir, davor habe der häufige Gebrauch, der die Formen von *vouloir* im Gedächtnis der Sprechenden frisch erhielt, dieses Verbum bewahrt. Warum hat aber trotzdem das altfr. *vueil* sich zu *veux* verändern lassen? Und wird nicht anderseits der häufige Gebrauch von den Grammatikern ebensogut zur Erklärung von Abschleifungen, Angleichungen, Einschmelzungen von Wortformen herangezogen? Bald wird diesem häufigen Gebrauch eine erhaltende, bald eine zerstörende Wirkung zugeschrieben.“ Die Grammatiker werden hier als Menschen hingestellt, die je nach Bedürfnis bald schwarz, bald weiß sagen. Aber der Widerspruch, den Voßler hier entdeckt hat, ist selbstverständlich nur scheinbar. Das eine ist eine lautliche, das andere eine morphologische

Von den Einblicken, die wir bisher gewonnen haben, halten wir vor allem fest, daß die Kraft der Analogie sich nicht blindlings auswirkt. Die junggrammatische Schule und auch noch Saussure hatten den Fehler begangen, daß sie in der Analogie nur eine Proportionsbildung sahen. Paul (S. 116) lehrt einfach, es müssen drei Glieder der Gleichung vorhanden sein, damit die neue Form zustande kommt. Als Beispiel nennt er *animus* : *animi* = *senatus* : x; x = *senati* (statt klass. *senatus*). Diese Auffassung wird nur einer beschränkten Zahl der Analogiewirkungen gerecht. In den meisten Fällen gehen diese nicht einfach von der formalen Ähnlichkeit aus, sondern die beiden durch die Wirkung verbundenen Wörter sind auch durch ihre Bedeutungssphäre näher miteinander verbunden. Es ist zu mechanistisch, einfach zwei beliebige Substantive der zweiten Deklination nebeneinanderzustellen, ohne vorher untersucht zu haben, ob die Induktion von einem bestimmten Substantiv ausgegangen sei. In dem vorliegenden Beispiel wird die neue Form *senati* vor allem herbeigeführt worden sein in der Verbindung *senatus populusque Romanus*, also nach *populus*, *-i*. Ähnlich wird *quercus*, *-ūs* nach *fagus*, *-i* zu *quercus*, *-i* umgebildet, usw.[1]. Aber der Beispiele sind sehr viele, daß die bloße lautliche Verwandtschaft der Ausgangspunkt der Beeinflussung gewesen ist. Vgl. etwa ital. *venuto* nach *tenuto*, ein lautliches Paar, das im Französischen auch den Inf. *tenere* zu *tenir* werden läßt.

b) Vom Wesen der Flexion

Die Funktion der verschiedenen flexivischen Elemente im Haushalt der Sprache ist klar. In einer Form wie d. *wir sangen* sind drei Elemente

---

Erscheinung. Der häufige Gebrauch schleift die Formen ab, so daß sie übermäßig gekürzt werden (vgl. lt. *habeo* > spätlt. *aio* > fr. *ai*). Bei dem Wandel von *vueil* zu *veux* gar handelt es sich um eine ganz allmähliche Umwandlung, die sich im Ganzen der Sprache ausgewirkt hat und die in keiner ihrer einzelnen Phasen dem Sprechenden bewußt war. Ein momentaner, morphologischer Vorgang aber ist es, wenn häufig gebrauchte Formen auf andere Wörter übertragen werden, wenn also z.B. das lt. Part. Perf. *morsus* im Franz. durch eine Neubildung auf *-u (mordu)* ersetzt wird, oder die Endung *-ez* von *chantez* auf *mettez* übertragen wird. Häufig gebrauchte Formen erhalten sich leichter und setzen sich leichter durch als seltenere Formen; ihnen eignet eine gewisse Ausstrahlungskraft. Das hindert nicht, daß sie lautlich mehr zusammenschrumpfen als die andern. Lautliche Abschleifung einerseits, morphologisches Beharrungsvermögen und Expansionskraft anderseits liegen auf verschiedenen Ebenen; zwischen ihnen besteht kein Widerspruch.

[1] E. Hermann, Lautgesetz und Analogie, Abh. d. Ges. d. W. zu Göttingen, Phil.-Hist. Kl., N.F. Bd. 23,3, 1931, stellt diese differenzierte Erforschung als neue Forderung auf; die Romanistik darf für sich in Anspruch nehmen, schon lange auf solche Vorgänge geachtet haben.

zu einer Einheit zusammengeschlossen: der Stamm (*s*(*a*)*ng*) drückt die Tätigkeit aus, der Ablaut (*a* statt *i* oder *u*) die Zeit, in der diese Tätigkeit erfolgt ist, die Endung (*-en* + das Pron. *wir*) die Person, von der die Tätigkeit ausgeht. Ähnlich steht es beim Nomen, wenn auch hier meist nur zwei Elemente vereinigt sind: *patris* = *patr-* als Ausdruck für die Person, *-is* als Kennzeichen der Beziehung, in der diese Person zu einer andern Person oder zu einem Gegenstand steht; aber *donatoris* = *don-* (Stamm als Bedeutungsträger), *-ator-* (Suffix als Ausdruck für die handelnde Person), *-is* (Kennzeichen der Beziehung); oder *fortissimi* = *fort-* + *-issim-* + *-i*.

Diese drei (oder zwei) Elemente sind nicht immer gleich dargestellt. Es kann z. B. eines von ihnen dadurch zum Ausdruck kommen, daß es überhaupt fehlt (vgl. die Imperative *singt : sing*).

Vergleichen wir nun zwei verschiedene Sprachstufen, so stellen wir fest, daß die Elemente beweglich sind, ihren Standort wechseln können.

Vgl. lt.	*cant*	—	*av*	—	*imus*	gegen fr.	*nous*	*avons*	*chanté*
	Handlung		Zeit		Person		Person	Zeit	Handlung
lt.	*hon*	—	*or*	—	*is*	gegen fr.	*de l'honneur*		

Diese Umstellung braucht allerdings keinen prinzipiellen morphologischen Unterschied zu bedeuten. Ob das Zeichen der Person vorne oder hinten steht, ob der Artikel dem Substantiv vorangeht oder nachfolgt (wie im Rumänischen und Dänischen), ist in sich gleichgültig.

Wichtig ist aber zu wissen, woraus sich die neue Form ergeben hat. Daß *j'ai chanté* eine Wortgruppe darstellt, geht heute noch schon aus der Schreibung hervor. Aber auch *nous chanterons* ist aus einer dreigliedrigen Gruppe entstanden, und doch liegt hier heute weder für das französische Sprachgefühl noch für die Orthographie eine zusammengesetzte Zeit vor. Ungefähr zu gleicher Zeit entstanden, stehen die beiden Zeiten heute auf ganz verschiedenen Entwicklungsstufen. Im Futurum ist das zweite Kompositionsglied zu einem bloßen Formans herabgesunken. Im passé indéfini hat es noch eine gewisse Selbständigkeit bewahrt. Diese äußert sich in folgenden Punkten: 1. Die Wörter sind noch getrennt (*avons chanté*, *chanterons*); 2. die Wortformen sind noch voll (*avons* = *avons*, *chanté* = *chanté*; *šãtr-* ~ *šãte*, *õ-* ~ *avõ*); 3. enthält der Satz mehrere Verben, so wird das Hilfszeitwort der Vergangenheit nicht wiederholt (*nous avons lu, écrit et chanté*); 4. das Partizip verrät durch seine Veränderlichkeit noch etwas von seinem ursprünglichen Charakter (*nous les avons chantées*, *nous les avons dites*); 5. das Adverbiale kann noch zwischen Hilfszeitwort und Partizip treten (*je l'ai toujours dit*).

Alle diese Eigenheiten fehlen dem Futurum; es ist eine wirklich einheitlich empfundene Zeit. Wenn wir aber in der Geschichte der romanischen

Sprachen zurückgehen, so finden wir alle diese Eigenschaften auch für das Futurum. Vgl. etwa ait. *ò dire, à morir*; apr. *dar-vos-em* „wir werden euch geben" (*-em* < *habemus*); asp. *hacerlo é*; sp. *hablar y escribiré* „ich werde sprechen und schreiben" (so noch Cervantes). Das Portugiesische sagt heute noch neben *servirá* „il servira" *servir-se-á* „il se servira". Dem Futurum sind also diese Eigenschaften ganz allmählich abhanden gekommen. Es hat sie über eine ununterbrochene Reihe von unmerklichen Zwischenstufen verloren und ist so mit der Zeit aus einer Wortgruppe zu einer einheitlichen Form, zu einem wirklichen, flektierten Zeittypus geworden[1].

Diese Erfahrungen veranlassen uns, auch weiter zurückliegende Sprachstufen nach der Herkunft ihrer Flexionsform zu befragen. Für den Römer der klassischen Zeit hatte das Latein, abgesehen von den perfektischen Zeiten des Passivs, nur einfache Zeiten. Eine Analyse aber ergibt folgendes[2]:

Das lateinische Imperfekt (*debebam*) ist eine nur dem Lateinischen eigene Bildung. Das Element *-bam* läßt sich durch Vergleich mit den andern indogermanischen Sprachen nachweisen als alter Aorist zum Verbum „sein": **bhu̯ām*[3] (vgl. noch lit. *bùvo* „er war"). *Debebam* ist also eigentlich eine Kompositionsform, die etwa „ich war sollend" bedeutete, ähnlich it. *stavo aspettando*, mfr. *j'étais attendant.*

Das lateinische Futurum (*monebo*) ist wahrscheinlich folgendermaßen entstanden: Vom Verbum *esse* bestand neben dem Imperfekt *eram* ein Futurum *ero*, das seinerseits auf **eso* beruht, einem alten Konjunktiv Präsens. Nach Analogie von *eram : ero* wäre dann zu *monebam* auch ein Futurum *monebo* entstanden.

Für das lateinische Perfekt liegt der Ausgangspunkt bei derselben Verbalwurzel **bhū-* wie für das Imperfekt. An diese, im Anlaut zu **fu-* gewordene Silbe traten die Endungen des alten Aorist und aus dem so gebildeten **fuai* wurde durch Hiatustilgung **fuu̯ai*. Aus dieser Form wurde nun fälschlich eine Endung *-u̯ai* (später zu *u̯i-*) abstrahiert, und diese Endung wurde auf die anderen Verben ausgedehnt, daher *amau̯i* nach (vokalisch auslautendem Stamm), *domu̯i* (nach konsonantisch auslautendem Stamm). Diese Übertragung von der einen Verbalform *fui* aus auf die andern Verben erinnert an den Ursprung der französischen Endung *-ons*.

Ein Vergleich dieser Beispiele ist sehr lehrreich: das Imperfekt zeigt den Übergang von der Wortgruppe zur Flexionsform; das Futurum erweist sich als eine Analogieschöpfung aus der Proportion heraus, die in éinem

[1] Zur Entstehung der Verbindung von lat. *habere* mit Infinitiv, die mit Cicero beginnt, siehe M. Leumann, Museum Helveticum 19 (1962), 65–71.

[2] Nach Stolz-Schmalz, Lateinische Grammatik, 5. Aufl., völlig neu bearb. von Manu Leumann und Joh. Bapt. Hofmann, München 1928 (bzw. Nachdruck 1963).

[3] Zwischenvokalisch wird *-bh-* zu *-b-*, im Anlaut wird es *f-*.

Verbum schon besteht; das Perfekt ist entstanden durch falsche Abtrennung einer Endung und deren Übertragung auf andere Verben, ohne daß ein ähnliches Proportionsverhältnis bestanden hätte.

Wir sehen, daß die Vorgänge in früheren Zeiten dem wesensgleich gewesen sind, was sich in den modernen Sprachen ereignet hat. Mit andern Worten: die Flexionsformen, welche vor allem die indogermanischen Sprachen auszeichnen, sind nicht von Anfang an dagewesen, sondern allmählich geworden. Die flexivischen Sprachen haben es verstanden, aus Wortgruppen heraus Elemente zu schaffen, die sich mit dem die Hauptbedeutung tragenden Wort verbinden; sie haben so die Schwerfälligkeit der bloßen Nebeneinanderstellung überwunden, um ein leichtes, gelenkiges Werkzeug des menschlichen Geistes zu schaffen. Das Mittel dazu ist die semantische Verschleifung einzelner Elemente, die Fähigkeit zur Über- und Unterordnung, zur geistigen Auswahl.

Wenn wir so durch Vergleichung früherer Zustände dem ältesten Formenstand des Indogermanischen nachspüren, so können wir viele Formelemente auf derartige alte Komposition zurückführen. Daher rechnet die indogermanische Sprachwissenschaft mit einer Zeit, da die Sprache aus bloßen Wurzeln bestanden hätte; sie spricht demgemäß von einer Wurzelperiode der indogermanischen Sprachen. Doch bleibt stets eine große Zahl von ältesten Formelementen, die nicht mehr analysiert werden können. Wir wissen daher nicht, ob die Annahme einer Wurzelperiode mehr zu bedeuten vermag als eine bloße Arbeitshypothese, d. h. ob ihr Wirklichkeitswert zukommt. Wir vermögen nicht, auf empirischem Wege die Frage zu lösen, ob für unsern Sprachstamm eine Periode vorauszusetzen ist, in der den Wörtern noch keine suffixalen und präfixalen Formelemente anhafteten, eine Periode also, in der das Indogermanische nicht flektierend gewesen wäre. An sich denkbar ist ja ebensogut, daß ursprünglich alles flexionell gewesen sei, daß dann aus bestimmten Gründen einzelnes verlorengegangen und ersetzt worden sei durch Zurechtbiegung kompositioneller Gebilde[1] in den Sprachen, die genügend Bildsamkeit und Bildekraft bewahrt haben. In den andern Sprachen wäre dann die Flexion allmählich größtenteils ausgestorben, weil sie zu starr waren, um Ersatz zu schaffen. Auch Meinhof, der in seinem Buche „Die Entstehung flektierender Sprachen"[2] (Berlin 1936) in den afrikanischen Sprachen zahlreiche flexionelle und flexionsähnliche Bildungen beobachtet, geht von der unbewiesenen Hypothese aus, daß sich alles aus einfachsten Zuständen herausentwickelt habe (S. 20). Diese Fragen hängen aufs engste zusammen mit dem Problem

---

[1] Siehe oben die Entstehung des heute rein flexionellen Charakter tragenden Futurums.

[2] Siehe noch die Kritik von J. Lohmann, Gnomon 17 (1941), 385–398.

der Entstehung des Menschengeschlechtes im Ganzen der Schöpfung. Wenn einmal die Frage der Polygenese der menschlichen Rassen entschieden werden sollte, würde sich damit auch das Problem der ursprünglichen Form der Sprache neu stellen.

c) Der Kampf für die Erhaltung der Flexion im Französischen

Zu was für Mitteln die Sprache oft greift, um ihren flexivischen Charakter zu erhalten, möge die Geschichte der französischen Pronomen zeigen. Die französische Konjugation scheidet sich scharf von der provenzalischen, italienischen, spanischen, portugiesischen usw. Der Laie, der die Ausdrucksweise der Grammatiker der vorangehenden Generation übernommen hat, glaubt feststellen zu können, daß die Pronomen im Französischen obligatorisch sind, und nur im Französischen; der heutige Grammatiker drückt sich etwas anders aus: für ihn konjugiert das Italienische mit Suffixen: *-o*, *-i*, *-a* usw., das Französische mit Präfixen: *je*, *tu*, *il* usw. Denn nichts anderes als Konjugationspräfixe sind diese Elemente[1]. Wo die andern romanischen Sprachen das Pronomen zum Verbum setzen, geschieht es meist, um das Subjekt besonders zu betonen; diese Betonung wird im Französischen heute anders ausgedrückt, sei es durch ein anderes Pronomen oder aber durch die Umschreibung mit *c'est qui* (it. *vieni tu con me?*; *tu mi piaci* / fr. *est-ce toi qui viens avec moi?*; *toi, tu me plais*). Wie sehr das Französische für sich steht[2], mag man aus jeder Karte des ALF ersehen, in der eine Verbalform dargestellt wird. Das Setzen von *je*, *tu*, *il* wird fast überall genau an der Grenze zwischen der langue d'oc und der langue d'oïl obligatorisch.

Wenn man sich fragt, warum die Subjektspronomen im Französischen obligatorisch geworden (und dann schließlich zu bloßen Formantien herabgesunken) sind, so fällt die Antwort nicht schwer. Man braucht nur den Versuch zu machen, ohne sie auszukommen, um zu sehen, wie die Sprache ohne sie unklar, unzulänglich wird: die ganze Einzahl und die dritte Person Mehrzahl werden ja gleich ausgesprochen. Vom deskriptiven Standpunkt aus besteht im modernen Französisch sicher eine Notwendigkeit, *je* usw. zu setzen, und zwar besteht dieser Zwang nicht nur in der Macht des sprachlichen Herkommens, in der Tatsache, daß die Form eben dank der Gewohnheit allgemein als richtig empfunden wird, sondern in der Notwendigkeit der Unterscheidung. Jede sprachliche Form zieht ihre

[1] Über den Doppelcharakter von *nous* und *vous* siehe weiter unten.

[2] Ich lasse hier die oberitalienischen Mundarten außer Betracht, in denen die Verhältnisse uneinheitlich sind, im ganzen aber sich denen des Französischen etwas nähern. Siehe entsprechende Karten des AIS. In der italienischen Schriftsprache tritt das Pronomen nur bei Hervorhebung der Person auf.

Berechtigung in erster Linie aus der Tradition, und hierin sind Deutsch und Französisch in bezug auf das Setzen der Pronomen gleichzusetzen. Im Gegensatz zum Deutschen besteht aber im Französischen außerdem noch ein struktureller, immanenter Grund: ohne *je, tu, il* wären die entsprechenden Verbalformen lautlich identisch.

Wenn man nun die Geschichte befragt, so stellt man fest, daß das Altfranzösische die Personen durch Endungen zum Ausdruck bringt, gleich wie das Lateinische und die andern romanischen Sprachen. Erst in einer spätern Epoche werden die Pronomen wirklich obligatorisch. L. Foulet hat in einem schönen Aufsatz[1] diese Entwicklung in Zusammenhang gebracht mit dem Schwund der auslautenden Vokale und Konsonanten, durch den die Personen gleichlautend geworden wären. Foulet glaubt also, daß der gleiche Zwang, der im heutigen System des Französischen das Weglassen der Pronomen verunmögliche, auch schon beim Aufkommen der Pronomen gewirkt habe, daß also der diachronische und der synchronische Grund identisch seien. Foulet projiziert gewissermaßen den Zustand des Neufranzösischen mit seinen strukturellen Notwendigkeiten zurück ins Mittelalter, und er glaubt, aus den altfranzösischen Texten den Nachweis tatsächlich leisten zu können. Damit hängt für ihn aufs engste zusammen eine zweite Etappe dieser Entwicklung, daß nämlich *je tu il* als Pronomen unbrauchbar werden, nachdem sie der einzige Ausdruck der Person beim Verbum geworden sind, daß sie als Pronomen durch *moi toi lui* ersetzt werden. Diesen zweiten Vorgang glaubt Foulet dem ersten chronologisch nachordnen und daher auch kausal mit ihm verknüpfen zu können. Gegen Foulets Auffassung hat sich dann der schwedische Romanist Franzén[2], ausgesprochen, nachdem er die Fragen mit einem sehr reichen Material überprüft hat.

Das Gesamtproblem läßt sich in drei Hauptfragen zerlegen: 1. wann und aus welchen Gründen setzt bereits das Altfranzösische das Subjektspronomen; 2. in welchem Zusammenhang stehen der lautliche Zerfall der Endungen und das Obligatorium der Pronomen; 3. warum treten *moi toi lui* an die Stelle von *je tu il.*

Um die erste Frage zu beantworten, muß man sich erinnern, daß der altfranzösische Satz ganz bestimmten rhythmischen Regeln unterliegt. Thurneysen hat seinerzeit die Stellung des Verbums im altfranzösischen Prosasatz genau untersucht und klargelegt[3]: Das Verbum besetzt die zweite

---

[1] L'extension de la forme oblique du pronom personnel en français; Romania 61 (1935), 257–315, 401–463; 62 (1936), 27–91.

[2] T.Franzén, Etude sur la syntaxe des pronoms personnels sujets en ancien français, Uppsala 1939.

[3] Zur Stellung des Verbums im Altfranzösischen, Z 16 (1892), 289–307.

Stelle im Satz. Es muß also dem Verbum im Satz ein anderes Satzglied vorangehen. Als vollgewichtiges Glied, genügend für diese Funktion, gelten aber nicht kleine, bedeutungsschwache Wörter wie *que, car* usw. Beginnt der Satz mit einem dieser kleinen Wörter, so muß ein anderes Wort dem Verbum noch vorangehen. Es heißt also z. B. *une caitive que j'amenai d'estrange tere*; *je* ist hier notwendig, weil *que* als erstes Satzglied zu schwach ist. Deswegen stehen in den von Thurneysen analysierten Sätzen aus Aucassin et Nicolete die Pronomen 1. wenn überhaupt kein anderes Satzglied vor dem Verbum steht, 2. nach einer beiordnenden Konjunktion, die nicht mehr die Kraft eines Adverbs hat (*et, mais, se* „wenn, ob"), ausgenommen wenn das Subjekt das gleiche ist, 3. wenn der Satz durch ein Relativpronomen eingeleitet ist oder durch eine relativische Partikel[1]. Ein ähnliches rhythmisches Gesetz gilt übrigens auch für die eingeschobenen Sätze und überhaupt für die Sätze, deren Verbum *dire* ist. Dann steht entweder das Subjekt oder das Dativobjekt, aber sozusagen nie beides, außer wenn das Verbum in einer zusammengesetzten Zeit steht. Es heißt also z. B. im Roland: *dist a Rollant, e dist al rei, dist Blancandrins, si li ad dit*. Der Sinn der Setzung des Pronomens ist also in den meisten Fällen nicht Hervorhebung der Person, sondern der Rhythmus des Satzes[2].

Die zweite Frage ist, ob wirklich der phonetische Zerfall der Endungen das Setzen der Pronomen obligatorisch gemacht habe. Zuerst fielen die 1. und die 3. Pers. Sing. zusammen, da ja *-t* schon sehr früh schwindet. Franzén weist mit Recht darauf hin, daß die beiden Personen im Satz eine ganz verschiedene Stellung haben, so daß eine Verwechslung kaum möglich ist: die 3. Pers. muß immer irgendwie im Zusammenhang schon evoziert worden sein; sie bezieht sich auf irgendein vorangegangenes Substantiv. Darum hat auch der Fall des *-t* noch keine merklichen Folgen gehabt. Das mußte sich ändern beim Fall des *-s*. Foulet hat auch den Schwund dieses *-s* sehr früh angesetzt; aber Franzén macht wahrscheinlich, daß Foulet sich geirrt hat und daß dieses *-s* der Konjugation sich viel länger gehalten hat als das der Deklination. Das hat übrigens seine Parallele in Oberitalien, wo Reste des *-s* sich in der Konjugation bis heute gehalten haben. Zur Stütze seiner Ansicht hatte Foulet eine längere Stelle von Villehardouin grammatikalisch interpretiert; er glaubt dabei nachweisen

[1] Im Vers werden diese Regeln natürlich sehr oft mißachtet. Es ist aber interessant, wie gewisse Dichter, so z. B. Marie de France, sie fast immer befolgen.

[2] Siehe zu dem ganzen Problem noch H. Kuen, Die Gewohnheit der mehrfachen Bezeichnung des Subjekts in der Romania und die Gründe ihres Aufkommens, in: Syntactica und Stilistica, Festschrift Gamillscheg, Tübingen 1957, S. 293–326. Kuen macht wahrscheinlich, daß der Ursprung der Verbindung von Verbum und Pronomen, wie sie sich im Nordgalloromanischen und in Oberitalien findet, auf dem starken Einfluß des Fränkischen und des Langobardischen beruht.

zu können, daß die Setzung des Pronomens bei Villehardouin schon fast genau dem modernen Stand entspreche. Das erste hätte sein sollen, daß man diese Stelle an den rhythmischen Regeln gemessen hätte, die Thurneysen herausgearbeitet hat. Das tun weder Foulet noch Franzén. Sie schauen also Villehardouin vom Neufranzösischen her an, statt ihn aus seiner eigenen Zeit, dem Altfranzösischen, heraus zu verstehen. Wenn man dies nachholt, so stellt man fest, daß jene Regeln die meisten Fälle erklären, in denen das Pronomen steht. Immerhin bleiben drei Stellen übrig, die über jene Regeln hinaus das Pronomen aufweisen und also Foulet recht zu geben scheinen. Diese drei Stellen lauten: *Et saches tu*; *Et bien vos mandent il*; *ne en lor terre n'est il mie acostumé*. Nun waren aber Foulet und Franzén auf die recht mittelmäßige Ausgabe angewiesen, welche Wailly besorgt hatte. 1939 aber ist die ausgezeichnete Neuausgabe von Faral erschienen. Mit ihrer Hilfe ist es möglich, die Lesarten der verschiedenen Manuskripte zu unterscheiden. Darnach ergibt sich folgendes: *Et saches tu* steht nur im Mskr. A, das aus der zweiten Hälfte des 14. Jahrhs. stammt, während die Mskr. B C D, die noch aus dem 13. Jahrh. stammen, kein Pronomen haben (*Et saches*). Das gleiche ist der Fall bei der nächsten Stelle: bei B C D steht *il* nicht. Bei der dritten Stelle liegt die Sache noch seltsamer: hier steht das Pronomen überhaupt in keiner Handschrift, scheint also von Wailly selber hinzugefügt worden zu sein. Die drei Stellen, die hätten beweisen sollen, daß Villehardouin schon stark zur neufranzösischen Ordnung neigt, zeigen also gerade das Gegenteil: Villehardouin steht noch fest in der altfranzösischen Art, die Pronomen zu verwenden. Das Gegenteil würde allerdings stark verwundern, denn der Autor von Aucassin et Nicolete und Villehardouin gehören ja der gleichen Generation an. Hingegen haben sich Kopisten des ausgehenden 14. Jahrhs. dabei nicht mehr wohl befunden und haben daher an vielen Stellen das Pronomen eingeschoben.

Um die Umwandlung der Konjugation zu beobachten, muß man also bedeutend herunterrücken. Und es ist notwendig, nicht nur, wie das Foulet und Franzén getan haben, aus recht vielen Texten Beispiele zu sammeln, die aus den innern Zusammenhängen herausgerissen sind, sondern einige besonders markante Autoren der kritischen Zeit zu analysieren.

Als erstes illustratives Beispiel steht hier Froissart. Aus seinem historischen Werke sind im folgenden, nach der Ausgabe von Siméon Luce, eine Anzahl von Stellen wiedergegeben, die zusammen ein ziemlich vollständiges Bild der Behandlung der Subjektspronomina geben[1].

[1] Jede Stelle, bei der eine Verbalform ohne substantivisches Subjekt steht, bei der also die Frage des Setzens des Pronomens erhoben werden konnte, ist mit einer Nummer bezeichnet. In dem folgenden Kommentar werden diese Stellen mit Hilfe dieser Nummern zitiert.

Bd. 6, S. 3: *Si ne fu mies cilz trettiés si tost acomplis, quoiqu'il (1) fust entamés, mès (2) fu moult longement demenés.*

S. 4, 18–27: *Monsigneur, ceste guerre que vous tenés (3) au royaume de France, est moult merveilleuse et trop fretable pour vous. Vos gens y gaagnent, et vous (4) y perdés et alewés le temps. Tout considéret, se vous (5) guerriiés selonch vostre oppinion, vous (6) y userés vostre vie, et c'est fort que vous (7) en venés ja à vostre entente. Si vous conseille (8) que, entrues que vous (9) en poés issir à vostre honneur, vous (10) en issiés et prendés les offres que on vous presente; car, monsigneur, nous (11) poons plus perdre sus un jour que nous (12) n'avons conquis dedens vingt ans.*

S. 22, 14–28: *Sitost que li rois d'Engletrerre fu retournés arrière en son pays, qui y vint auques des premiers, il (13) se traist à Londres. Et fist (14) mettre hors de prison le roy de France et le fist (15) venir secretement au palais à Westmoustier; et se trouvèrent (16) en le chapelle dou dit palais. Là remoustra li rois d'Engleterre au roy de France tous le trettiés de le pais, et comment ses filz li dus de Normendie, ou nom de lui, avoit juret et seelé à savoir quel cose il (17) en disoit. Li rois de France, qui ne desiroit aultre cose fors sa delivrance, à quel meschief que ce fust, et issir hors de prison, ne l'euist jamais contredit ne mis empeecement à ces ordenances; mes respondi (18) que Diex en fust loés quant pais estoit entre yaus. Quant messires Jakemes de Bourbon seut ces nouvelles, si en fu (19) durement resjoys.*

S. 61, 13–20: *Et quant il (20) eurent assés pilliét, il (21) passèrent oultre, mès il (22) vendirent ançois le chastiel de Genville à chiaus dou pays et en eurent (23) vingt mil frans. – Et puis entrèrent (24) en Bourgongne et là s'en vinrent (25) esbatre et reposer et rafreschir, en attendant l'un l'autre; et y fisent (26) moult de mauls et de villains fais, car il avoient (27) de leur acord aucuns chevaliers et escuiers ... Quant il (28) se trouvèrent si grant nombre, il (29) ordonnèrent et establirent entre yaus pluiseurs chapitainnes à qui il (30) obeirent.*

S. 65, 12–15: *Et prisent un chastiel, et le signeur et la dame dedens, qui s'appelle Brinay, à trois liewes de Lyons sus le Rosne. La se logièrent il (31) et arrestèrent, car il (32) entendirent que li François estoient tout trait sus les camps.*

S. 70, 17–21: *Or vous parlerons (33) de ces Compagnes comment il (34) persevèrent ensi que gens tout resjoy et reconforté de leurs besongnes, pour le belle journée qu'il (35) avoient eu, dont il (36) eurent grant pourfit tant ou grant gaaing qu'il eurent (37) sus le place ...*

S. 80, 16–17: *Nous soufferons (38) un petit à parler dou prince et parlerons encores d'aucunes ordenances ...*

S. 161, 9–25: *D'autre part, messires Jehans Chandos se retraist devers le conte de Montfort qui li demanda: „Comment va la besongne? que dist notre adversaire?“ – „Qu'il (39) dist? respondi messires Jehans Chandos. Il (40) vous mande par le signeur de Biaumanoir, qui tantost se part de ci, qu'il* (*41*) *se voet combatre, comment qu'il soit, et demorra* (*42*) *dus de Bretagne, ou il* (*43*) *mourra en le painne.*" *Et tèle response fist adonc messires Jehans Chandos pour encoragier, plus encores qu'il* (*44*) *ne fust, son dit signeur le conte de Montfort. Et fu la fins de la parolle monsigneur Jehan Chandos qu'il* (*45*) *dist:* „*Or regardés que vous* (*46*) *en volés faire, se vous* (*47*) *vos volés combatre ou non.*" – „*Par monsigneur saint Jorge, dist messires Jehans de Montfort, oïl; et Diex voeille aidier le droit: faites avant passer nos banières et nos arciers.*" *Et il* (48) *si fisent.*

Eine Durchsicht dieser Textstellen ergibt folgendes:

I. Das Subjektspronomen steht;

1. Wenn es betont ist: 4, 31 (bei 31 ist keine Gegenüberstellung beabsichtigt, wie bei 4; das Pronomen nimmt die durch die Nennung des seigneur und seiner Frau unterbrochene Reihe der von den *Compagnes* (wilde Söldnerscharen, von denen im ganzen Abschnitt die Rede ist) begangenen Handlungen wieder auf.
2. Wenn kein anderes Satzglied im Satz vor dem Verbum steht und daher das Verbum sonst an die erste Stelle rücken würde: 6, 13, 21, 29, 38, 40.
3. Wenn der Satz mit einer beiordnenden Konjunktion oder mit einer Form des Relativums beginnt; so nach *et*, wenn das Subjekt ein anderes ist, als im vorhergehenden Satz: 48[1] (s. auch II, 1).
4. Wenn der Satz mit *car* beginnt: 11, 27, 32.
5. Wenn der Satz mit *mais* „aber" beginnt: 22 (s. noch II, 1).
6. In indirekten oder direkten Fragesätzen, die mit *que*, mit *comment* oder mit adjektivischem Fragepronomen + Subst. eingeleitet sind: 39, 46; 34; 17.
7. In Relativsätzen, nach *que, dont, à qui*: 3, 35, 37, 45; 36; 30.
8. Nach der Konjunktion *que* „daß": 7, 10, 41.
9. Nach Konjunktionen, die mit *que* zusammengesetzt sind: 1, 9.
10. Nach Komparativen, von denen ein ganzer, mit *que* „als" eingeleiteter Satz abhängig ist: 12, 44.
11. Wenn der Satz mit *quant* (< *quando*) beginnt: 20, 28.
12. Wenn der Satz mit *se* „wenn; ob" beginnt: 5; 47.

II. Das Subjektspronomen steht nicht:

1. Nach *et, mais* „sondern", wenn das Subjekt das gleiche ist wie im vorhergehenden Satz: 14, 15, 16 (dies ist ein etwas besonderer Fall,

[1] Ein Manuskript hat *si fisent,* läßt also das Pronomen weg, was wohl deswegen möglich ist, weil das Subjekt am Schluß des vorangehenden Satzes bereits als Objekt aufgetreten ist.

weil von den beiden Personen nur die eine im vorangehenden Satz Subjekt, die andere aber Objekt ist), 23, 24, 25,'26, 42; 2, 18 (s. noch I 3, 5).

2. Wenn der Satz mit einem adverbialen Glied beginnt: 33 (man könnte auch 24 und 25 hierher stellen).
3. Wenn der Satz mit *si* (< *sic*) beginnt: 19.

Wenn wir nun diese Behandlung des Pronomens mit derjenigen von ca. 1200 vergleichen, also mit Aucassin et Nicolete, so machen wir die überraschende Feststellung, daß sie noch genau die gleiche ist, und daß sie mit jener in den subtilsten Feinheiten übereinstimmt. Diese Übereinstimmung ist um so erstaunlicher, als ja Thurneysen seine Aufstellung um einer anderen Frage willen, nämlich wegen der Stellung des Verbums im Satz gemacht hatte und die Einteilung daher nicht entsprechen kann: I 1 versteht sich von selbst; zu 2 vgl. Thurneysen I 1[1] (*je ne quit mie*); zu 3 Th II 1 a; zu 4 Th II 1 b; zu 5 Th II 1 d (*mais je vos aim plus*); zu 6 Th II 2 a (*je vos dirai que je fac ci*), II 2 l (*tant con vos dites*), II 2 g (*se porpensa par quel engin ele porroit Aucassin querre*); zu 7 Th II 2 a (*une caitive que j'amenai d'estrange tere*), II 2 h (*dont je me peüsçe ferir*); zu 8 Th II 2 b (*Quant Aucassins oï dire Nicolete qu'ele s'en voloit aler*); zu 9 Th II 2 d (*por cou qu'il cuida*); zu 10 Th II 2 c (*je vos aim plus que vos ne faćiés*); zu 11 Th II 2 k (zahlreiche Belege); zu 12 Th II 2 m (*se il le pooient prendre*); zu II 1 Th II 1a Ausnahme; zu 2 Th I 4 (*or dient*); zu 3 Th II 1 Ausnahmen *a*. Von allen Fällen des Froissarttextes ist hier nur 43 nicht eingereiht worden. Es ist ein Sonderfall, der sich im ältern Text nicht findet. Das Pronomen ist hier wohl gesetzt, um die Alternative Sieg und Herrschaft, oder aber Tod, kräftig zu unterstreichen. Die Parallelstellen aus Aucassin et Nicolete zu I 3 und I 4 bieten kein pronominales, sondern ein substantivisches Subjekt, in den meisten andern Abteilungen hat es beiderlei Beispiele. Ich habe auch mehrere hundert Seiten aus Froissart auf die hier zur Diskussion stehenden Fragen durchgelesen und nicht éine Stelle gefunden, die den hier aufgestellten Normen widersprechen würde. Es ist natürlich ausgeschlossen, daß ein so fein differenziertes Ausdruckssystem sich mehr als anderthalb Jahrhunderte in allen seinen Nüancen in der Literatursprache gehalten hätte, wenn es nicht auch wirklich genau ebenso in der gesprochenen, lebendigen Sprache bestanden hätte. Das Prinzip aber, auf dem diese Regelung beruht, ist rhythmischer Natur. Es handelt sich darum, daß das Verbum im gesprochenen Französisch stets nach der zweiten Stelle im Satz strebt, und daß gewisse einleitende Wörter wie *car*, *quant*, *que* zu wenig Eigengewicht haben, um als vollwertiges Satzglied die erste Stelle einzunehmen. Von diesem Prinzip aus gesehen ist es gleichgültig, ob

[1] Diese Zahlen beziehen sich auf die Einteilung in Thurneysens Aufsatz.

das Subjekt durch ein Substantiv oder durch ein Pronomen ausgedrückt wird: es sind also die Sätze 20 und 28 rhythmisch gleich behandelt wie der mit *quant* beginnende letzte Satz der aus S. 22 zitierten Stelle. In beiden Fällen steht das Subjekt vor dem Verbum, nur muß eben in Satz 20 und 28, weil dort kein Substantiv und kein Name zur Verfügung steht, das Pronomen zu Hilfe gerufen werden.

Ein ganz anderes Bild erhalten wir nun von einem Text des ausgehenden 15. Jahrh., etwa Commynes. Noch ist das Pronomen oft weggelassen, und wenn man einzelne Sätze herausgreift, könnte man meinen, die alte Regel gelte noch. Vgl. etwa *car ilz ne croioient point; et si n'avoient nulle paour; du duc de Calabre disoient; de la dite guerre ay dit quelque mot* (2, 127); *dont je parle* (2, 128); *que j'ay nommé* (2, 130). Aber daneben stehen Sätze, die in schärfstem Gegensatz dazu stehen: auf der gleichen Seite 2, 130, wie der letztzitierte Nebensatz steht zweimal auch *que ay nommez.* Nach *mais* wird das Pronomen manchmal gesetzt, manchmal nicht: *Je ne loue point aux merchans de ainsi le faire, mais je loue bien à ung prince de tenir* ... (2, 141), obschon das Subjekt hier das gleiche ist. Es wird also das Subjektspronomen gesetzt, wo es früher weggelassen worden wäre, aber auch umgekehrt. Und ganz gleiches stellt man bei Chastellain fest, vgl. einerseits *vous sçavez et avez oy dire; sy laverent et s'assirent à table; sur autant que vous m'aimez; est raison que vous soyez le premier marié.* Aber anderseits: *je veux qu'avisez et enquérez; je vous prie que me veuilliez dire qui est celle dame ... et aussi que me dites ...; je vous en sçay bon gré et avez bien fait; afin que sachiez de quel amour j'entends que devez être amoureux.*

Während bei Froissart die altfranzösische Verwendungsweise noch völlig intakt war, ist diese bei Commynes und Chastellain in voller Auflösung begriffen. Die Tendenz, das Pronomen häufiger zu setzen, ist deutlich; aber geblieben ist noch die Gewohnheit, es manchmal wegzulassen. Man hat das Gefühl für die alten Strukturgewohnheiten verloren und vergeht sich infolgedessen manchmal auch nach der der Entwicklungsrichtung entgegengesetzten Seite. Eine Generation später wird man so weit sein, daß das Weglassen des Pronomens zu einem wichtigen Kennzeichen des style marotique wird. Ronsard und die Grammatiker um ihn und nach ihm empfinden das subjektlose Verbum bereits als der natürlichen Sprache fremd.

Im engsten Zusammenhang mit der Verwendung der Pronomina als Subjekt steht der Ersatz der betonten Nominative *jou, tu, il* durch *moi, toi, lui, eux.* Es ist daher wesentlich, festzustellen, wann dieser Prozeß beginnt. An Hand von Foulets Aufsatz (bes. Romania 61, 410 und 453ff.) ist es möglich festzustellen, daß der erste Beleg von *moi* als Nominativ um 1280 auftaucht, in Adam de le Hales Robin et Marion. Er findet sich in einer wahrscheinlich gesungenen Strophe eines volkstümlichen Liedes, so daß es wohl zu dieser Zeit noch der familiären Sprache angehört. Doch im Verlaufe des 14. Jahrh. werden die Beispiele immer häufiger. Froissart, der in der Setzung der Subjektpronomina so genau den altfranzösischen Stand bewahrt, räumt beiden Serien ungefähr den gleichen Raum ein: *il et ses gens* (6,2) sagt er, aber auch *luy et sa route* (s. Z 5, (1881), 324 f.). Eustache Deschamps gebraucht nebeneinander *tu qui* und *toi qui*. Dieser Zustand dauert das ganze 15. Jahrh. Im 16. Jahrh. wird auch hier die Entwicklung zum Abschluß gebracht, für *je* etwas später als für die andern Pronomina[1].

Aus alledem geht hervor, daß in der Tat die oft vertretene Auffassung nicht haltbar ist, nach welcher der lautliche Zerfall der Endungen die Ursache und der Ausgangspunkt des ganzen Umbaus gewesen sei. Vielmehr herrschen bereits im 12. Jahrh. in der gesprochenen Sprache rhythmische Regeln, die zur Folge haben, daß das Subjektspronomen sehr oft, ja sogar in der großen Mehrzahl der Fälle gesetzt wird. Diese Regeln haben gar nichts zu tun mit irgendwelcher Undeutlichkeit der Endungen. Sie sind einfach die Auswirkung jener besondern Mittelstellung, die das Verbum im normalen, nicht affektiv beeinflußten Satz des gesprochenen Französisch (also der Prosa) innehat. Die Zahl der Fälle, in denen das Subjektspronomen zum Zweck der Hervorhebung gesetzt wird, ist demgegenüber gering. Diese Art der Verwendung von *je* usw. hat nun aber zur Folge, daß diese Pronomina allmählich an Intensität, an Starktonigkeit verlieren. Deshalb werden sie seit dem Ende des 13. Jahrh. in steigendem Maße durch die Akkusative ersetzt. Die Verwendung der Subjektspronomina beim Verbum wird dadurch vorerst nicht berührt, weil sie durch die Forderungen des Satzrhythmus bestimmt wird. Erst im 15. Jahrh. zerfällt dieser, und nun ist der Weg frei für eine Verallgemeinerung der Subjektspronomina. Damit wird die Konjugation wieder einheitlich durchgestaltet. Es ergibt sich also, daß der Ausgangspunkt der heutigen französischen Konjugation, die mit Präfixen (*je*, *tu*, *il* usw.) arbeitet, sowie der neuen Pronominalserie *moi*, *toi*, *lui*, *eux*, nicht im Zusammenfall der Endungen liegt, sondern in jenem rhythmischen System des Altfranzösischen. Allerdings hat der lautliche Zusammenfall die Entwicklung dann wohl gefördert und beschleunigt, so daß wir auch hier wiederum vor einem Zusammenwirken mehrerer Ursachen stehen. Hätte das Altfranzösische jene satzrhythmischen Regeln nicht besessen, so hätte die semantische Abschwächung der alten Subjektspronomina und ihr Ersatz durch die Formen des Akkusativ wahrscheinlich etwa im 14.–15. Jahrh. infolge des lautlichen Zusammenfalls der verschiedenen Personen doch stattgefunden[1]. Dann hätte vor allem der Er-

[1] Vgl. F. Brunot, Histoire de la langue française, Bd. II, Paris 1906, S. 414 f.

[2] Daß der lautliche Zusammenfall allein schon genügen kann, um die Setzung des Pronomens obligatorisch und dieses damit zu einem bloßen Flexionszeichen werden zu lassen, zeigen gewisse unteritalienische Mundarten. Hier sind,

satz von *je* usw. durch *moi* usw. erst viel später eingesetzt. Was in Wirklichkeit nur die Entwicklung zum Abschluß gebracht hat, wäre dann Ausgangspunkt und Hauptursache des ganzen Geschehens gewesen. Doch es ist müßig, zu fragen, was hätte sein und geschehen können. Die Sprachgeschichte, wie jede andere Geschichte, ist dazu da, festzustellen, was gewesen ist, nicht was unter gewissen, historisch nicht eingetretenen Voraussetzungen hätte sein können.

Die nachfolgende Tabelle gibt eine schematische Übersicht über die Reihenfolge der Verschiebungen im Gefüge der französischen Konjugation.

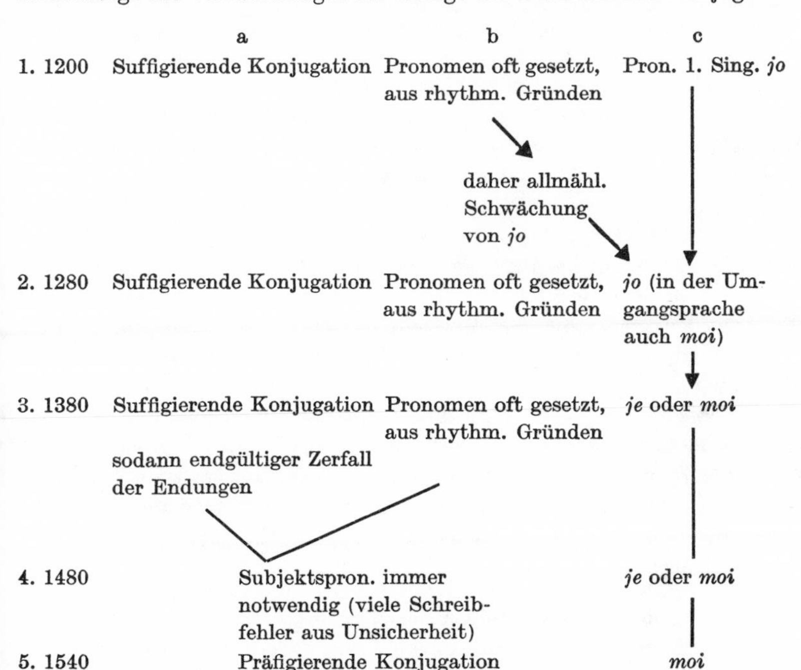

---

in verhältnismäßig junger Zeit, alle Auslautvokale zu *ə* abgeschwächt worden. Das Präsens würde daher in der Einzahl lauten **kandə* „canto" *kandə kandə*. Bei den Verben, die vlt. *ę ẹ ǫ ọ* als Stammvokal haben, wird infolge des von *-i* verursachten Umlautes der Vokal verändert und dadurch die 2. Pers. von den beiden andern differenziert, also eine Art „innere" Konjugation geschaffen: **vẹnnə* „vendo" *vinnə vẹnnə*, **sändə* „sento" *sində sändə*. Diese Flexion ließ in den vom Umlaut betroffenen Verben die 1. und 3. Person lautlich ununterschieden. Diesen Mangel hat nun die Mundart von Matera getilgt, indem sie der Form der 1. Person das Pron. angehängt hat. Diese lautet nicht **kandə* **vẹnnə* **sändə*, sondern *kándəyə vẹ́nnəyə sándəyə*. Dadurch wird nun in den Verben mit umlautempfindlichem Vokal, die wohl in der Mehrzahl sind, ein Singular

So hat das Französische aus einer suffigierenden Konjugation eine präfigierende gemacht. Man möchte diesen Vorgang mit der Metamorphose vergleichen, die sich bei der Umwandlung der Puppe zum Schmetterling vollzieht: die häufige Setzung des Pronomens im Altfranzösischen hat weder mit suffigierender noch mit präfigierender Konjugation irgend etwas zu tun, und doch ist sie die notwendige Vorstufe gewesen, deren Durchlaufen allein die französische Konjugation in diesen singulären Zustand gebracht hat, der sie heute kennzeichnet.

Für die alten Pronomina *je*, *tu*, *il*, *ils* hat diese Entwicklung zur Folge gehabt, daß sie überhaupt nicht mehr außerhalb der Verbindung mit dem Verbum existieren. Und das heißt nichts anderes, als daß sie gar nicht mehr Pronomina sind, sondern Flexionszeichen. Im Französischen werden also die vier genannten Personen innerhalb derselben Zeit durch Präfixe unterschieden. Diese Abschleifung zu Flexionszeichen ist in der Volkssprache noch viel konsequenter und eindeutiger durchgeführt als in der Schriftsprache. In der Schriftsprache bleibt dieses flexionelle Präfix weg, wenn das Subjekt durch ein Substantiv ausgedrückt wird: *ma femme est venue*. Die Volkssprache aber sagt *ma femme il est venu; la date il n'était pas dessus*. Hier ist jedes Gefühl für den Eigenwert von *il* geschwunden; es ist als Flexionszeichen[1] so eng mit dem Verbum verbunden, daß der Gegensatz zu dem femininen Geschlecht des Substantivs nicht mehr empfunden wird.

Welches ist der tiefere Sinn dieser Entwicklung? Hätte das Französische, nachdem die Verwendung der Pronomina obligatorisch geworden war, diese weiterhin als eigentliche Pronomina verwendet, so hätte es für die Konjugation zum großen Teil seinen flexionellen Charakter aufgegeben; es wäre zum großen Teil zu einer isolierenden Sprache geworden. Dadurch, daß es die Pronomina *moi*, *toi*, *lui*, *eux* zu betonten Nominativen erhob

---

geschaffen, bei dem alle Personen voneinander differenziert sind. Bei den andern werden die Verwechslungsmöglichkeiten auf die 2. und 3 Person eingeschränkt. Es leuchtet unmittelbar ein, daß die Gesprächssituation viel weniger Gelegenheiten schafft, die 2. und die 3. Person als die 1. und die 2. zu verwechseln. So mußten die Pron. der 2. und der 3. Person nur so selten zur bloßen Klärung verwendet werden, daß sie nicht an das Verbum anwuchsen. Diese Entwicklung in Matera ist als Gegenbeispiel zum Franz. um so bedeutsamer, als hier das Setzen der Pronomina aus rhythmischen Gründen keine Rolle gespielt hat.

[1] Bally beurteilt diesen Gebrauch von *il* unrichtig. Er spricht von einem Pleonasmus im Falle von *l'oiseau vole-t-il*, und sieht in *l'oiseau il vole* eine Rückkehr zum Pleonasmus. Die Tatsache, daß *il* nur noch flexionelles Element ist, und daß daher *vole* im Satze *l'oiseau vole* eigentlich seines Flexionszeichens beraubt ist, zeigt, daß die Frage anders, nämlich von dem hier entwickelten Standpunkt aus, zu beurteilen ist. [Vgl. Ch. Bally, Linguistique, § 236, 296.]

und so die alten Pronomina zu bloßen Flexionszeichen degradierte, erhielt es sich seinen flexionellen Charakter[1]. Wir müssen auch den Unterschied zwischen dem Französischen und den andern romanischen Sprachen anders definieren, als wir es zuerst getan haben. Er besteht nicht darin, daß das Französische die Pronomina setzt, die andern Sprachen aber nicht; vielmehr liegt er darin, daß im Französischen die Flexionselemente präfixalen, in den andern Sprachen suffixalen Charakter haben[2].

Man könnte dieser Auffassung entgegenhalten, daß die 1. und 2. Pers. Plur. doch noch Endungen haben, und daß die Pronomina gleichwohl gesetzt werden müssen, sowie daß hier *nous*, *vous* weiter als Pronomina verwendet werden, trotzdem sie beim Verbum obligatorisch geworden sind. Einzeln für sich genommen würde jeder dieser beiden Einwände der gegebenen Erklärung widersprechen. Zusammengesehen aber bringen sie eine Bestätigung. Daß die Pronomina auch in der 1. 2. Pers. Plur. gesetzt werden, hängt mit der Neigung zur einheitlichen Gestaltung der Flexion zusammen. Wenn für vier Personen das Setzen der Pronomina obligatorisch wurde, mußten die andern beiden mitgehen, obschon bei ihnen nicht die gleiche Notwendigkeit vorlag. Der Ausdruck des flexionellen Wertes blieb aber hier im wesentlichen den Endungen (*-ons*, *-ez*) anvertraut. Nur zum Teil lastete der Sinn der Person auf den Pronomina (*nous*, *vous*). Das hatte zur Folge, daß die sprachliche Situation den Pronomina *nous* und *vous* viel weniger den Charakter von bloß flexionellen Elementen zuwies, als das für *je*, *tu*, *il*, *ils* der Fall war. Und deswegen konnte die Schaffung von neuen Pronominalformen an Stelle von *nous* und *vous* unterbleiben. Aus dem gleichen innern Grunde ist auch im Deutschen die obligatorische Verwendung des Pronomens in der Konjugation sehr wohl vereinbar mit deren Charakter als Pronomen. Die noch bestehenden Personalendungen bewahren die Pronomina vor einer Verschleifung zu bloßen Flexionselementen[3].

Dieser Vorgang ist also einfach eine Episode im Kampf der Sprache um die Erhaltung ihres flexionellen Charakters. Hätte das Französische

[1] Auch die Mundart von Matera (s. oben S. 72) hat einen Unterschied zwischen dem aus *ego* stammenden Flexionszeichen *-yə* und dem eigentlichen Pronomen herausgebildet: durch lautliche Verschleifung des flexionell verwendeten Pronomens zu *-yə* hat es dieses vom eigentlichen Pronomen, das *yü* lautet, getrennt.

[2] Diese Formulierung ist natürlich stark zugespitzt und gilt im vollen Umfang nur für das Präsens. [Dazu jetzt genauer: K. Baldinger, Post- und Prädetermination im Französischen, Fs. von Wartburg 1968, Tübingen 1968, Bd. I, S. 87 bis 106.]

[3] Daß die Pronomina hier überhaupt aufkamen, hängt zusammen mit der starken Neigung des Deutschen zum pleonastischen Ausdruck, über die bei Bally treffende Bemerkungen stehen. Siehe hierzu auch J. Orr, Words and Sounds in English and French, Oxford 1953, chap. X.

nachgegeben und sich mit dem Zustand begnügt, so wäre es der Stufe jener Neger in Louisiana nahegekommen, die konjugieren *moi venir*, *toi venir* usw., die also aus dem flexionellen Französisch eine isolierende Negersprache machen. Besonders interessant ist der Vergleich mit dem Englischen. Hier sind ebenfalls die Verbalformen innerhalb der einzelnen Zeiten lautlich zusammengefallen, doch etwa zwei Jahrhunderte später als im Französischen. So sind denn auch in dieser Sprache die Pronomina beim Verbum obligatorisch geworden. Im 16. Jahrh. hat nun das Englische auch begonnen, daraus die gleiche Konsequenz zu ziehen, wie das Französische, nämlich *I*, *he* usw. als Pronomina durch *me*, *him* usw. zu ersetzen (*That's me. – Get out of our court. Me, uncle?*, Shakespeare). Nun traf dieser Vorgang aber in eine Zeit, da die Literatursprache bereits eine gewisse traditionelle Haltung einnahm. Vor allem hatte man unterdessen begonnen, über die eigene Sprache nachzudenken, über ihre „Reinheit" zu wachen, ihre Grammatik aufzustellen. Die Grammatiker, von Natur aus puristisch und traditionell gesinnt, empfanden die betonten Nominative *me*, *him* usw. als eine Barbarei; sie hielten an *I*, *he* fest. In der Literatursprache ist ihnen das gelungen; die Umgangssprache aber hat längst *me* verallgemeinert: von Shakespeare an bis zum Mann auf der Straße im heutigen London wird das sogenannte Personal-Pronomen, wo es als wirkliches Pronomen steht, mit Vorliebe vermieden und durch den Akkusativ ersetzt: *it is me* sagt der Engländer seit dem 16. Jahrh., und *it is I* wird einzig durch die unablässige Belehrung seitens eifriger Grammatiker festgehalten. Die Grammatiker haben also die natürlichen Gesundungskräfte, welche die Sprache in sich trägt, ohne daß sie dem sprechenden Individuum zum Bewußtsein kommen, an ihrer Auswirkung zu verhindern versucht. Sie haben erreicht, daß das literarische Englisch weit mehr den Charakter einer flektierenden Sprache aufgegeben hat, als etwa das Französische oder als die englische Umgangssprache. Die Wirkung der Grammatiker, die sich für beauftragt hielten, die Würde und Reinheit der Sprache zu bewahren, hat bizarrerweise zur Folge gehabt, daß das literarische Englisch sich den isolierenden Sprachen genähert hat, während die Volkssprache den indogermanischen Charakter in diesem wichtigen Punkte gerettet hat.

Wie dem aber auch sei, eines läßt sich empirisch klar feststellen: es besteht wohl vom synchronistischen Standpunkt aus, vom System aus gesehen, ein scharfer Gegensatz zwischen Flexion und Wortgruppe; vom diachronistischen Standpunkt aus aber löst sich dieser Unterschied in den meisten Fällen auf, die eine geht langsam und allmählich in die andere über.

d) Genus und Numerus

Es mögen noch zwei Beispiele dafür folgen, wie in der Sprache Formelemente ihren Wert verschieben, teilweise oder ganz aufgeben können, wie neue Möglichkeiten zur Darstellung der gleichen Beziehungen sich zu bilden beginnen und sich durchsetzen oder wieder absterben. Wir nehmen hierfür das, was in der Grammatik als Genus und Numerus bezeichnet wird.

Die indogermanischen Sprachen und andere mehr unterscheiden beim Nomen ein Genus[1]. Welches ist der Wert dieser Kategorie? Wenn wir *la chaise, la table, la maison, la rue* neben *le tabouret, le banc, le toit, le chemin* setzen oder im Deutschen *der Weg* neben *die Straße, der Garten* neben *die Mauer*, vermögen wir keinen innern Grund für diese Zuteilung zu sehen. Die Zugehörigkeit zum einen oder zum andern Genus drückt gar nichts aus. Es ist heute bloße Konvention, wenn es im Italienischen *la casa*, im Deutschen *das Haus* heißt, wenn im Französischen *la pomme* und im Deutschen *der Apfel* verschiedenen Geschlechtes sind, während *la poire* und *die Birne* in beiden Sprachen auf derselben Seite stehen. Allerdings würde man einen offenbaren Trugschluß ziehen, wenn man gestützt auf solche Beispiele dem Genus jeden Ausdruckswert absprechen wollte. Wir brauchen nur die Maskul. *Vater, Bruder, Mann*, den Femin. *Mutter, Schwester, Frau* und dem Neutrum *Kind* gegenüberzustellen; vgl. dazu auch griech. *ὁ ἀνήρ, ἡ γυνή, το τέκνον*. An und für sich entspricht also das grammatische Genus manchmal auch einem wirklichen natürlichen Geschlecht. Wir sagen ausdrücklich „manchmal", denn sogar hier gibt es Ausnahmen, heißt es doch *la recrue, la sentinelle, die Schildwache, die Ordonnanz* usw. Der Grund liegt hier darin, daß *la recrue* ursprünglich ein Kollektivum war und die Gesamtheit der einer Truppe neu zugeteilten, noch nicht ausgebildeten Mannschaft bezeichnete. Oder *Schildwache* bedeutete ursprünglich die Funktion, dann die gesamte hierfür kommandierte Mannschaft und endlich den einzelnen damit beauftragten Soldaten. Im Altfranzösischen sagte man *la prophete, la pape*; hier war der Grund ein rein formaler: da außer dem eine vorangehende Konsonantengruppe stützenden *-e* dieser Auslautvokal fast immer das Kennzeichen eines Femininums war, wurden diese Subst. in die Femin. hinübergezogen, obschon sie männliche Wesen bezeichneten. Doch trotz dieser Abweichungen gibt es zweifellos auch in den heutigen Sprachen in einem Großteil der Fälle einen innern Grund für das Genus eines Substantivs. Wir haben also deutlich in den modernen europäischen Sprachen zwei Klassen von Subst., die eine mit motiviertem, die andere mit unmotiviertem Genus.

Wie löst sich diese Antinomie? Es kann wohl kein Zweifel darüber bestehen, daß der Gegensatz von *der Mann* und *die Frau* den ursprünglichen Sinn der Scheidung darstellt, daß also das Maskul. sich auf männ-

---

[1] Vgl. hierzu besonders J. Wackernagel, Vorlesungen über Syntax mit besonderer Berücksichtigung von Griechisch, Lateinisch und Deutsch, Basel 1928, Bd. 2, S. 92ff.

liche, das Femin. auf weibliche Lebewesen bezog, und daß das Neutrum den Dingen oder Wesenheiten zugeordnet war, die kein Geschlecht hatten oder bei denen die Geschlechtlichkeit noch nicht zur vollen Geltung gelangt war. Das Urindogermanische besaß sicher schon das Genus. Die motivierte Verteilung der Genera muß also in jene Zeiten hinaufreichen; der teilweise Verlust der Motivierung aber muß sich aus der seitherigen Geschichte erklären. Wir können nur auf Grund der Gedanken- und Empfindungswelt jener Zeiten die Existenz des Genus begreifen. Zweifellos war damals das ganze Denken und Empfinden mythologisch orientiert. So wurde z. B. die Erde als eine Göttin, als eine alle Lebewesen ernährende Frau vorgestellt; daher griech. *γῆ*, lat. *terra tellus humus*, deutsch *Erde* alle Femin. sind. Den Fluß sahen die Römer als von einem Gotte belebt an, weshalb die Flußnamen männlich sind. Für „Feuer" kennen die indogerm. Sprachen zwei Wörter: griech. *πῦρ*, umbr. *pir*, deutsch *Feuer* sind Neutra; lat. *ignis*, lit. *ugnìs*, russ. *ogón'* sind Mask. A. Meillet und Wilhelm Schulze haben nachgewiesen, daß die zwei Wörter ursprünglich in den gleichen Sprachen nebeneinander lebten. Sie schieden sich in der Weise, daß das Feuer religiös aufgefaßt, als handelnd gedacht werden konnte (dann war sein Name männlich), oder aber rein sachlich, materiell, weltlich (dann war der Name Neutrum). Zur ersten Serie gehört als ältester Zeuge indisch *agnis* „Gott des Feuers". Erst später ist in der einen Sprache das eine Wort, in der andern das andere geschwunden, und jede Sprache hat nur noch eines davon behalten. Ganz gleich steht es mit den Wörtern für Wasser: griech. *ὕδωρ*, umbr. *utur*, deutsch *Wasser* sind Neutra, was einer rein sachlichen, materiellen Auffassung entspricht; hingegen sind lat. *aqua*, got. *ahva*, deutsch *aa* Femin.: sie sind verknüpft mit der Vorstellung des lebendigen Naß. So sind noch heute die echt germanischen Flußnamen Feminina, im Gegensatz zu den aus der Keltenzeit übernommenen wie *Rhein*, *Main*, *Neckar*. Meillet schreibt dazu[1]: „Là où, comme dans l'Inde ou à Rome, prévalent les préoccupations religieuses, les formes du genre ‚animé' tendent aussi à prévaloir. Là où, au contraire, comme en Grèce, les points de vue profanes dominent et où la pensée est toute ‚laïque', les formes de genre inanimé ont seules persisté. La prédominance de *ὕδωρ* et de *πῦρ* est une des marques du fait que les Grecs voyaient les choses d'une manière profane et matérielle. Leurs conceptions sont déjà modernes, et les vieilles conceptions animistes n'existent plus chez eux qu'à l'état de traces."

Dieser Gegensatz zwischen Belebtem und Unbelebtem findet sich auch

[1] Linguistique historique et linguistique générale, Paris 1921, Bd. I, S. 220. Siehe hierzu zuletzt A. Martinet, Bull. Soc. Ling. de Paris 52 (1956), 83–95; L. Hjelmslev, Essais linguistiques, Copenhague 1959, S. 211–249.

bei den Körperteilen: wenn *manus* und *pes* persönliches Geschlecht haben, so geht das darauf zurück, daß sie tätig sind; *cor* und *iecur* aber und andere Eingeweideteile werden passiv gedacht und sind daher Neutra. In dem Rauschen und Sichwiegen der Bäume sah man die Handlungen lebendiger, beseelter Mächte. Daher sind die Namen der Bäume, in denen ja Baumnymphen leben, Feminina. Die Frucht aber ist das Erzeugte, Geborene, noch Ungeschlechtige. Daher sind die Namen der Früchte, ähnlich wie griech. *τέκνον* „Kind" sächlichen Geschlechts. Dieses Verhältnis kommt durch den Gegensatz *pirus* Fem. / *pirum* Neutr. zum sprachlichen Ausdruck. Mit der fortschreitenden Intellektualisierung des Denkens verstand man dann diese Beziehungen anders; aber das Genus blieb. Als man die Flüsse entgöttert hatte, war das Genus bereits so untrennbar mit dem Namen verbunden, daß es beibehalten wurde. So entstand aus einer einst sinnvollen Scheidung eine bloß grammatikalische Kategorie.

Manchmal ist die Weiterentwicklung auch durch die lautliche und formelle Entwicklung bestimmt. Die Namen der Bäume und die der Früchte hätten im Romanischen die gleiche Form ergeben (*pirus*, *pirum*, beide zu ital. *pero*). Das war nicht haltbar. Die Sprache fand auf folgende Weise einen Ausweg aus der Situation: Bei den Namen der Früchte hatte der Plural eine durch die Sache gegebene besondere Kraft, weil bei den Früchten das Kollektivum dominiert. Daher drangen *pira poma* usw. durch und wurden nun auch auf die einzelne Frucht bezogen. Ein solches *pira* war nun formell mit den femin. Subst. identisch; es wurde daher fem. Rein äußere Umstände haben also die Früchtenamen zu Femin. werden lassen. Der Name des Baumes aber, mit seiner Endung *-o* wurde nun als Mask. empfunden. Damit war die alte, sinnvolle, naturverbundene Verteilung der Genera entfallen.

Jakob Grimm hat die Auffassung vertreten, daß das Mask. oft das Größere, Tätige bezeichne, das Femin. aber das Kleinere, Leidende, Empfangende, das Neutrum endlich das Erzeugte, Stoffartige, Stumpfere. Diese Auffassung ist trotz der Einrede von Brugmann wohl der Wirklichkeit sehr nahe. Ähnlich nennen gewisse afrikanische Sprachen den Daumen „männlicher Finger" und in Borneo heißt ein sehr starker Regen „Er-Regen". Aber auch das Umgekehrte findet sich: in vielen französischen Mundarten ist *la prée* (im Gegensatz zu *le pré*) eine besonders große Wiese, *la râtelle* (gegen *le râteau*) ein sehr großer Rechen, *la sache* (gegen *le sac*) ein großer Sack usw. Während das erstere, die von Jakob Grimm beobachtete Tatsache, eine bildstarke Naturauffassung zur Grundlage hat, ist die zweitgenannte Unterscheidung durch die bloße äußerliche Form- und Lautentwicklung entstanden. Das spätlat. *illum pratum* hat *le pré* ergeben, dessen Mehrzahl *illa prata* aber *la prée*. Da nun *la prée* formell identisch war mit den Feminina, wurde es als femin. empfunden. Mehrere Wiesen zusammen ergaben *la prée*. Daraus entstand nun das Gefühl, dem Femin. wohne eine augmentative Kraft inne, und es wurden nun darnach auch zu andern Substantiven ein Femin. mit augmentativem Sinn geschaffen[1].

Diese ganze sinnvolle Verteilung der Substantiva auf die verschiedenen Genera, die also ursprünglich in ihrer Ganzheit motiviert war, ist immer mehr in Verfall geraten und hat ihren Ausdruckswert zum großen Teil verloren. Einzig die Unterscheidung nach dem natürlichen Geschlecht bleibt im wesentlichen intakt. In diesem Teil hat auch die Sprache noch eine gewisse Reaktionskraft bewahrt. Dem ital. *la guida* entsprechend, dessen femin. Geschlecht sich ähnlich erklärt wie bei *sentinella*, demnach als ursprüngliche Benennung der Funktion, sagte das Französische früher *la guide* „der Führer" (so noch bei La Fontaine). Mit der Zeit hat aber das natürliche Geschlecht der mit dem Wort gemeinten Person den Sieg davongetragen, man sagt daher heute *le guide*. Die Volkssprache bringt oft eine natürlichere Empfindung zum Ausdruck, als die literarische Sprache. So haben in Frankreich weite Teile des Volkes das fem. Subst. *recrue* „Rekrut" (s. oben) zum Maskul. werden lassen, sagen also *le recru*.

Bekanntlich haben die romanischen Sprachen das Genus vereinfacht, indem sie das Neutrum haben fallen lassen. Meist sind diese Subst., wenigstens die auf *-um*, wegen ihrer formalen Identität mit den Mask. zu diesen übergegangen. Allerdings sind Spuren des Neutrums wenigstens in den Pronomina semantisch erhalten geblieben (etwa ital. *ciò*, fr. *ce*), und das Spanische hat die Möglichkeit geschaffen, Qualitätsabstrakta dadurch zu bilden, daß es Adjektiva mit dem neutralen Artikel versieht: *lo hermoso* „das Schöne". Noch weiter ist ja das Englische gegangen, das keine Unterscheidung nach Genera beim Adjektiv kennt und das nur éinen Artikel (*the*) hat. Aber den Sinn der Unterscheidung hat es gleichwohl nicht aufgegeben. Ja, gerade weil sie beim Substantiv fehlt und weil daher das Genus nicht mehr traditionsbelastet ist, kann es dem Genus seinen natürlichen Sinn wiedergeben. Es bezieht daher *he* auf Wesen von männlichem Sexus, *she* auf solche von weiblichem Sexus, endlich *it* auf Dinge und Begriffe, die keinerlei sexualen Charakter haben. Dabei ist bemerkenswert, wie auch bei einer so ganz modernen Sprache wie der englischen gleich wieder in einigen Gebieten die Neigung zur Personifikation auftritt, die in der Vorzeit die Namen so vieler Dinge zu Mask. resp. Femin. gemacht hat: von Schiffen spricht der Engländer gewöhnlich als von *she*[2].

---

[1] W. von Wartburg, Substantifs féminins avec valeur augmentative, Butlletí de Dialectologia catalana 9 (1921), 51–55. Vgl. noch B.Hasselrot, Vox Rom. 11 (1950), 135–147; W.Stehli, Die Femininbildung von Personenbezeichnungen im neuesten Französisch, Bern 1949.

[2] Vgl. noch G.Royen, Die nominalen Klassifikationssysteme in den Sprachen der Erde. Mödling 1929.

Es gibt aber auch Sprachen, die ihr Augenmerk auf ganz andere Unterscheidungen richten. So besitzt die Sprache der Algonquins auch zwei Genera, aber deren Bedeutung ist, Belebtes und Unbelebtes zu unterscheiden. Interessanterweise sind im ersteren auch Sterne, Donner, Schnee, Eis, Brot, Tabak, Schlitten, also Dinge, die für ihn ganz vitale Bedeutung haben. Eine Unterscheidung dieser Art ist übrigens auch in den romanischen Sprachen angebahnt. Man sagt im Spanischen *veo la casa*, aber *veo a mi padre*; Substantiva, die Personen bezeichnen, nehmen die Präposition *a* im Akkus. vor sich. Im Altfranzösischen wird der Dativ, bei Substant., die Personen bezeichnen, oft durch den einfachen Obliquus ausgedrückt, was bei einem Sachnamen nicht möglich wäre: *mon pere vint requerre icest afaire* „il vint demander cela à mon père". Noch seltsamer abgegrenzt ist der Gebrauch des Casus possessivus: *fil maistre Henri* „les fils de maître Henri", *le chienet sa niece* „le petit chien de sa nièce". Von diesem präpositionslosen Gebrauch des Possessivus sind alle Namen von Dingen ausgeschlossen. Aber auch innerhalb der Personenbezeichnungen sind nur Eigennamen, Verwandtschaftsnamen, sodann *Dieu, roi, comte* inbegriffen; vom *chevalier* an sind die Rangbezeichnungen dieser besonderen Form nicht mehr teilhaftig. Auch ist sie nur verwendbar, wenn eine konkrete Person gemeint ist: *la fille le roi*, aber *la fille au roi de Tudele*, weil dieser König ins Reich der Märchen gehört. Wir sehen hier so etwas wie die Anfänge zu einer Klasseneinteilung, wie sie in den Bantusprachen so reich differenziert ausgebildet ist. Vgl. das Duala, welches unterscheidet[1]: eine erste Klasse für Menschen als Persönlichkeiten und Berufsangehörige, eine zweite für „Belebtes und Lebendiges, mit animistischer Lebenskraft erfülltes, also Menschen, die nicht selbständig handeln, Geister, Naturerscheinungen, Krankheiten, einige Pflanzen und was daraus gemacht wird, einige Tiere, Körperteile und Abstrakte", eine dritte „paarweise vorkommende Dinge wie Augen, Wangen, Schenkel, Zähne, Zwillinge, daher auch Dinge, die ein Doppeltes enthalten, wie Leiter, Speer, Schwertscheide, Schwanzflosse" usw. Solcher Klassen unterscheidet das Duala neun, von denen sechs auch eine Unterscheidung zwischen Sing. und Plur. zulassen.

Eine weitere grammatikalische Kategorie, die naturgegeben scheint, ist der Numerus. Aber auch hier ist die uns heute geläufige Regelung der Gegenüberstellung von Sing. und Plural keineswegs die einzig denkbare. Bekanntlich hatte das Indogermanische eine dreistufige Gliederung des sprachlichen Ausdrucks des Zahlenverhältnisses: Singular Dual Plural. Die jüngern Sprachstufen haben fast alle den Dual aufgegeben. Wo er formal noch erhalten ist, hat er meistens die Bedeutung des Plurals übernommen,

---

[1] J. Ittmann, Grammatik des Duala, Berlin 1939 (Beih. zur Zs. f. Eingeborenen-Sprachen, 20).

so etwa im Bayrischen die Formen *ös* „ihr" und *enk* „euch". Doch zeigt sich immer wieder da und dort ein neuer Dual, wie etwa im Spanischen *los reyes* „das Königspaar", *los padres* „das Elternpaar". Das ist ein Hinweis darauf, daß ein natürliches Bedürfnis sich immer wieder geltend macht. Manche möchten auch ital. *le braccia, le ginocchia* so auffassen; aber die Form *le dita*, die daneben steht, gibt der ganzen Bildung eher den Sinn eines Kollektivs.

Auch andere numerische Aspekte bleiben in den modernen indogermanischen Sprachen ohne Ausdruck, obgleich ihre Unterscheidung gute Dienste leisten könnte. So kann sich *le chien mord* und seine Äquivalenten in den andern Sprachen sowohl auf ein einzelnes Tier als auch auf die Spezies beziehen. Das Französische hatte im Mittelalter eine sehr subtile Nuance herausgearbeitet, sie dann aber wieder fallen lassen. Sie besteht darin, daß der unbestimmte Artikel nur dann gebraucht wurde, wenn ein bestimmtes Individuum einer Gattung bezeichnet werden sollte, nicht aber wenn das Substantiv in generalisierendem Sinne gebraucht wurde. Man sagte also *veici un arbre* „voici un arbre", aber *laide cose est a varlet* „c'est une chose vilaine pour un jeune homme" (jeune homme im allgemeinen). Später hat sich *un* allmählich analogisch ausgedehnt, und nur in Sprichwörtern wie *souvent femme varie* sind noch Spuren der alten Differenzierung geblieben.

Auf ganz seltsame Weise wird das Verhältnis von Singular und Plural in einer sehr großen Zahl bretonischer Substantive ausgedrückt, und auch im Kymrischen besteht etwas Entsprechendes. Der Sing. wird dort aus dem Plural gebildet, nicht umgekehrt, und zwar durch Anhängen des Suffixes *-enn*. Beispiele: *stered* „Sterne", Sing. *steredenn*; *dluz* „Forellen", Sing. *dluzenn*; *halek* „Weiden (saules)", *halegenn* Sing., *ounn* „Eschen", Sing. *ounnen*, *sapr* „Tannen", Sing. *saprenn*. Entstanden ist diese Singularbedeutung des Suffixes aus einer ursprünglichen Diminutivbedeutung. Von da aus hat sich das Verhältnis allmählich verschoben auf die Beziehung zwischen kollektiver und singulativer Bedeutung; vgl. etwa als Zwischenstufe *ed* „blé", *edenn* „grain de blé".

4. Wortbildung

a) Ableitung

Eine gewisse innere Verwandtschaft mit der Flexion hat auch die Bildung neuer Wörter durch Ableitung, besonders durch Suffixe und Präfixe. Es wird dabei ein neues Wort geformt, zur Bezeichnung eines Wesens, eines Gegenstandes, einer Eigenschaft usw., die irgendwie in Beziehung stehen zu dem Wesen usw., das durch das ältere Wort bezeichnet wird. Vgl. etwa

vom Subst. aus: fr. *charpente*:	*charpentier* (*-ier* = wer einen Gegenstand herstellt),
vom Verbum aus: fr. *nous connaissons*:	*connaisseur* (*-eur* = wer eine Handlung ausführt),
vom Adj. aus: fr. *riche*:	*richesse* (*-esse* = Eigenschaft an sich).

Dienen hier die Suffixe zur Bildung des sprachlichen Korrelates von neuen Begriffen, so kommt es auch vor, daß das neugebildete Wort nur eine Modifikation des Simplex darstellt, daß es z. B. den Wert eines Diminutivs hat, vgl. etwa d. *Kind, Kindlein.* Während die meisten Sprachen diese Bildungen in verhältnismäßig engen Grenzen halten, ja, mit der Zeit sogar bedeutend einschränken (wie z. B. das Französische), geben wiederum andere Sprachen dieser Art Ableitung eine ganz besondere Ausdehnung. Das gilt, innerhalb der romanischen Sprachen, besonders für das Italienische; in dieser Sprache können sogar mehrere Suffixe, zur Vermehrung der Wirkung, verbunden werden:

ragazz(o)	*-ino* (dimin.)	
	-etto (dimin.)	*-ettino*
	-accio (pejor.)	*-ettaccio*
	-uccio	*-ucciaccio*
	-one (augment.)	
	-otto	
	-uolo	

Diese zehn Ableitungen sind lauter Modifikationen von *ragazzo*; sie sind wesentlich verschieden etwa von *ragazzata* „Knabenstreich, Kinderei“, *ragazzaglia* „Haufe Kinder“, *ragazzame* „die Kinder“, als Kollektiv. Während diese drei Subst. selbständige, neue Begriffe bezeichnen, handelt es sich bei jenen nur um Abwandlungen eines und desselben Begriffs. Jene modifizierenden Suffixe können an jedes Subst. angefügt werden, wenigstens theoretisch, wenn auch praktisch vielleicht nicht jedes erreicht wird. Das bringt sie in ein besonderes Verwandtschaftsverhältnis zur Deklination.

Die Bedeutung der Suffixe ist durchaus nicht unveränderlich. Es gibt Suffixe, die in verschiedenen Gegenden und Zeiten geradezu entgegengesetzte Bedeutung haben. So hat *-one* im Italienischen eine vergrößernde Kraft, während das entsprechende *-on* im Französischen verkleinert (it. *casone* „großes Haus“; fr. *cruchon* „kleiner Krug“). Der Ausgangspunkt liegt für beide in der individualisierenden Bedeutung des Suffixes *-o, -onis* im Lateinischen: *Naso* wird jemand benannt, der durch seine Nase auffällt.

Diese Abnormität der Nase kann in ihrer ungewöhnlichen Größe oder in ungewöhnlicher Kleinheit bestehen. Solange *Naso* bedeutete „der Mann mit der ungewöhnlichen Nase", konnten beide Arten der Abnormität so gekennzeichnet werden. Mit der Zeit aber trat die individualisierende Bedeutung mehr zurück; im gleichen Maße trat dann der Grund der Benennung mehr in den Vordergrund. Je mehr das eintrat, um so mehr wurden die beiden Bedeutungen unvereinbar. Die romanischen Sprachen mußten sich für die eine oder die andere entscheiden: Franz. und Prov. verallgemeinerten die Diminutivbedeutung, Ital. und Span. die Augmentativbedeutung, übrigens nicht ohne daß in allen Gebieten noch Spuren des Schwankens geblieben wären. Vgl. z. B. in der Mundart von Arbedo *rialon* „Zweipfünderbrot" (gegenüber *rial* „Einpfünderbrot", also vergrößernd) mit *scalción* „Wurzelstock einer Ginsterpflanze" (gegenüber *scalc* „Wurzelstock eines Baumes", also verkleinernd)[1].

Solche Abwandlungen der Bedeutung eines Suffixes sind besonders dort häufig, wo mit einem intellektuell feststellbaren Tatbestand sich leicht eine Regung des Gemüts verbindet. Das gilt z. B. besonders für die Diminutivsuffixe. E. von Oertzen[2] sagt darüber: „Wir liebevollen Pommerngemüter fühlen uns bekanntlich bewogen, je nach dem Grade unseres Wohlwollens und unserer Bildung, ein mehr oder minder häufiges *-chen* oder *-ken* in unsere Redewendungen einfließen zu lassen." Und er läßt einer Kindermagd deswegen den Übernamen *Wasken* geben. Genau gleich pflegt man im Schweizerdeutschen an ein Kind gewendet eher *waseli* als *was* zu sagen (entsprechend dem Dimin. *chindli* zu *chind*). Sogar ein Adverb kann von diesem Suffix ergriffen werden: statt *so* hört man oft, im Gespräch mit Kindern, *soli*. Und man kann feststellen, daß bei manchen Leuten sogar die Gefühlsnuance dieses *soli* sich verflüchtigt hat, so daß *so* und *soli* undifferenziert nebeneinander stehen.

Wenn ein neues Wort mit Hilfe eines Suffixes gebildet wird, so verdankt es dieses im allgemeinen der Analogiewirkung der ganzen Serie von Wörtern, die das gleiche Suffix schon aufweisen. Z. B. das lat. Abstraktsuffix *-or* (*calor*, *dolor*) tritt an die Stämme von Adjektiven an wie *lentus*, wozu *lentor*. Nach dem Vorbild von Paaren wie fr. *lent – lenteur* wird dann auch zu *blanc* ein *blancheur*, zu *maigre maigreur*, zu *épais épaisseur* gebildet. Oder das Nomina agentis bildende Suffix *-or* (*-ator* bei den Verben der 1. Konj.: *piscator*, *peccator*, *salvator*) erscheint als *-eur* im Französischen,

---

[1] Vgl. zu diesem Suffix L. Spitzer, in: E. Gamillscheg – L. Spitzer, Beiträge zur romanischen Wortbildungslehre, Genève 1921, S. 183ff.; B. Hasselrot, Etudes sur la formation diminutive dans les langues romanes, Upsala-Wiesbaden 1957.

[2] Zitiert nach W. Havers, Handbuch der erklärenden Syntax, Heidelberg 1931, S. 69.

wonach dann neu zu *coiffer coiffeur*, zu *fournir fournisseur* usw. gebildet werden.

Ein Suffix lebt immer nur in einer bestimmten Anzahl von Wörtern, von deren Bedeutung auch sein semantischer Wert bestimmt ist. Deshalb läßt sich auch manchmal nachweisen, welches Wort das Suffix geliefert hat. So ist in afr. *oreste* „Sturm“ (zu *ore* < *aura*) leicht das Suffix von *tempeste* zu erkennen, in poit. *bramine* „großer Hunger“ (zum Verbum *bramer*) die Wirkung des Subst. *famine*. Es ist daher gelegentlich schwer zu sagen, ob Wortkreuzung vorliegt oder Ableitung vermittelst eines Suffixes. So hat im apr. *palisa* „Pfahlwerk“ (zu *pal* „Pfahl“ < *palus*, *-i*) das Suffix *-isa* eigentlich die Bedeutung „bestehend aus“. Da ein Pfahlwerk auch gebraucht wird, um ein Stück Land abzugrenzen, dominiert später in *-isa* die Bedeutung „Grenzzaun“; es wird empfunden als Charakteristikum der Zaunbenennungen. Und so wird zu *randa* „Rand“ ein *randisa*, zu *sep* (< SAEPES) „Hecke“ ein *sebisa* gebildet, beide mit der Bedeutung „Zaun, Hecke zur Abgrenzung“. Ähnlich ist auch die Geschichte von *veruculum* „kleiner Speer; Riegel“ im Romanischen verlaufen. Auch hier bildet das Suffix die Konstante, während der Stamm wechselt. Es werden hineingedeutet *barra* „Querstange“ (npr. *barrouil*), *ferrum* „Eisen“ (pr. *feroll*, asp. *herrojo*), *serrare* „schließen“ (sp. *cerrojo*), *currere* „laufen“ (afr. *coroil*). Es besteht also zwischen Derivation und Wortkreuzung eine Übergangszone, innerhalb der die Zuteilung der Phänomene recht schwer werden kann.

Ableitungselemente können sich auf alle möglichen Weisen aus den Wörtern herauskristallisieren. Die folgenden beiden Wortlisten enthalten gallorom. Wörter, die mit *ca-* beginnen. Dabei stehen in der ersten Liste zwei Wörter einander gegenüber, in der zweiten drei:

	a	b
I.	fr. *caboche, cabosse* „Beule; Kopf“	*bosse, boche*
	poit. *cabeugne* „Beule“	*beugne*
	pik. *capeigner* „sich an den Haaren zausen“	*peigner*
	Berry *cahuer* „heulen“	*huer*
	cahuler „heulen“	*huler*
	caduire „welken“	mfr. *duire* „führen“

	a	b	c
2.	norm. pik. *cahute* „cabane“		*hutte*
	norm. *caloge* „Hundehütte“		*loge*
	caniche id.		*niche*
	pik. *camuche* id.	*cabane*	*muche* „Versteck“
	Aosta *cabouata* „Schäferhütte“		*bouata* „Hütte“
	frcomt. *caboulo* id.		*boulot* „Schafstall“
	caborde „Weinberghäuschen“		*borde* „Hütte“

a	b	c
prov. *cabourno* „Höhle"		*bourno*
caforno id.	*caverne*	*fourneau*
Blois *cafourniau* „heimlicher Winkel"	*cavo*	id.
lothr. *caborette* „Loch"		*borette* „Loch"
pik. *cafouiller* „in allen Winkeln suchen"	*cacher*	*fouiller*
Chalon s. S. *catalou* „gequetscht"	Lyon *cachi* „quetschen"	frcomt. *talé* „quetschen"[1]

Der Ursprung der Wörter der zweiten Liste ist leicht zu erkennen. Die Kolonnen b und c enthalten synonyme Wörter verschiedenen Ursprungs. Aus der Kreuzung derselben ist das Wort der ersten Kolonne entstanden. Diese Kreuzung ist entstanden durch die allgemein verbreitete Gewohnheit, einen Begriff, auf den man Nachdruck legen will, zweimal zum Ausdruck zu bringen. Vgl. etwa die ital. Superlative vom Typus *pian piano* „sehr leise" (neben *pianissimo*). In etwas verfeinerter Form macht sich dieser Trieb dort geltend, wo man, statt das gleiche Wort zu wiederholen, zwei Synonyma nebeneinander setzt, wie etwa in ital. *pieno zeppo*, *pieno colmo*, wobei der Begriff jeweils nach einer etwas andern Richtung hervorgehoben, gesteigert wird. Auch Schriftsteller beabsichtigen diese Wirkung, wenn sie mehrere Synonyma, meist in steigender Anordnung, hintereinander stellen. So wenn Maupassant in L'Auberge schreibt: les deux hommes et la bête demeurent dans cette prison de neige, *enfermés*, *bloqués*, *ensevelis* sous la neige qui monte autour d'eux, *enveloppe*, *étreint*, *écrase* la petite maison. Diese Nebeneinanderstellung kann eine eigentliche Verschmelzung der beiden Wörter nach sich ziehen. Vgl. bei Montaigne: les moindres choses *tournevirent* notre jugement, wo der Gegensatz zwischen dem die Dimensionen verkleinernden *moindres* und dem durch die Fusion steigernden *tournevirent* (aus *tourner* + *virer*) den Ausdruck besonders kräftig hervortreten läßt. Das Verbum *tournevirer* hat sich übrigens populär-familiär bis heute gehalten. Ähnlich gebildet sind *virôder* (Vallée d'Yères, < *virer* + *rôder*), Vendôme *sépartager* (< *séparer* + *partager*, wo die Identität der Silbe *par* noch besonders zu dieser Bildung verlockte). Die Benennungen des Versteckspiels sind besonders reich an solchen Verschränkungen. Für „verstecken" hat man die Verben *cacher*, *cuter*, *musser* (pik. *mucher*). „Versteckens spielen" heißt fr. *jouer à cache-cache*, pik. *à muche-muche*. Wo aber

[1] Wie sich diese Bildungen mit *ca-* in das Ganze der betreffenden Wortfamilien einfügen, kann ersehen werden aus den betreffenden Artikeln im FEW 1, 435, 438, 468, 567, 628; 3, 171, 668–671, 907; 4, 502; 7, 116; 8, 107; 14, 14; 16, 277, 447. Siehe noch die Bemerkungen von Jaberg, Vox Rom. 7 (1943-44), 280–282, die von einer umsichtig kritischen Haltung diktiert sind.

die beiden Verben bekannt sind, sagt man mit Vorliebe *à cache-muche, à cache-cute, à cute-cache.* Aus dieser Tendenz sind die Wörter der Liste 2 hervorgegangen. Nun haben die Wörter dieser Liste fast durchwegs eine pejorative Bedeutungsnuance. Die Kreuzung zweier Wörter in diesen Bedeutungssphären mußte in erster Linie den pejorativen Sinn verstärken. Da nun neben jedem Wort das Simplex auch noch weiter existierte (*loge, niche, hutte* neben *caloge, caniche, cahutte*), mußte gerade dieses Element *ca-* als Träger der Pejorativbedeutung erscheinen. So wurde *ca-* zu einer Art Pejorativpräfix und es wurden damit neue Wörter gebildet, wo kein mit *ca-* beginnendes Synonymon vorhanden war. So sind die Wörter der ersten Liste entstanden.

Übrigens gibt es Wörter, die für Kontaminationen, wie die der Liste 2, besondere Neigung haben. So z. B. fr. *fouiller*, von dem wir bereits *cafouiller* in der Liste getroffen haben. Daneben gibt es aber noch sehr viele andere, so

fr.	*farfouiller*	<	*farcir* „vollstopfen“ + *fouiller*
	trifouiller „fouiller indiscrètement“		*tripoter, tribouiller* +
	bafouiller „bredouiller“		*baffer* „gierig essen“ +
pik.	*mafouiller* „manier salement“		*mal* +
	kerfouiller „remuer qch pour chercher“		*quaerere* +
norm.	*cherfouiller* id.		*chercher* +
dauph.	*gafutá* „remuer un liquide“		*gafá* +
argot	*patrifouiller* „manier malproprement“		*patrouiller, tri-* +
	tafouilleux „Lumpensammler“		*tas* „Haufe“ +
Reims	*chiffouiller*		*chiffe* +

Fouiller wird so zum Zentrum einer unaufhörlich wachsenden Wortgruppe; diese Neubildungen machen den Eindruck von Auswüchsen, die sich nach allen Seiten dehnen. Diese Eigentümlichkeit des Verbums ist gelegentlich auch zu oratorischen Zwecken ausgenützt worden. So, als Herriot 1925 in einer Rede sagte „ce n'est pas de la métaphysique, c'est du *métafouillis*“. Die Bildung dieses Wortes ist natürlich auch erleichtert worden durch den Anfangskonsonanten *f*, den die beiden Grundwörter gemeinsam haben.

Das Beispiel des Präfixes *ca-* zeigt uns, wie aus Kreuzungen ein neues Ableitungsmittel entstehen kann. Solche Kreuzungen können ihre Auswirkung auch, statt im Präfix, im Stamm finden, d. h. es kann daraus ein neuer Wortstamm entstehen. Im Lateinischen bestanden neben *calcare* „mit Füßen treten“ die Verben *pinsare* „zermalmen, indem man mit den Füßen stampft“, und *pistare* „in einem Mörser zermalmen“; außerdem schufen die roman. Sprachen noch das Verbum *piquer*, das vielerorts eine ähnliche

Bedeutung wie *pinsare* hat. Alle diese drei Verben sind mit *calcare* gekreuzt worden, so daß entstehen:

Hautes-Alpes *choupisar* „mit Füßen treten",
sav. *ϑarpitá* „jemand auf die Füße treten" (vgl. it. *calpestare*),
lang. *chaupica* „mit Füßen treten".

Da alle zweiten Kreuzungsglieder mit *p* beginnen, hat man diese neuen Wörter schließlich anders analysiert. Man hat *-isar*, *-itá* und *-icá* als die Suffixe angesehen und so einen neuen Stamm *chaup-* erhalten. So entsteht adauph. *chaup* „das Herumstampfen"; so entstehen dauph. *chopir* „herumtreten", Bourbonnais *chaupiller* usw. [1].

Wenn wir nach dem Ursprung der Suffixe und Präfixe forschen, die in der Wortbildung eine Rolle spielen, so machen wir ähnliche Erfahrungen wie oben bei der Konjugation: die Suffixe sind zum großen Teil nachweislich ursprünglich selbständige Wörter gewesen und manchmal haben sie in verschiedenen Sprachen derselben Gruppe verschiedene Stufen der Eingliederung erreicht. So ist im Französischen das adverbbildende *-ment* ausschließlich Suffix, weil es als Subst. (< lt. *mente*) untergegangen ist. Im Italienischen aber lebt das Subst. noch neben dem Suffix und im Spanischen äußert sich die stärkere Vitalität des Subst. gar darin, daß *mente* bei mehreren sich folgenden Adverbien nur einmal gesetzt wird: *amarga y cruelmente* [2]. – Beispiele für diesen Ursprung der Suffixe bieten sich in jeder Sprache in großer Zahl. Vgl. etwa dt. *Reichtum* zu ahd. *tuom* „Würde, Stand, Zustand" (dasselbe im Englischen, vgl. etwa *freedom*) oder dt. *Schönheit* (*-heit* < urgerm. *haiđuz* „Eigenschaft"). Das deutsche Suffix *-lich* ist ursprünglich ein Subst., lebt übrigens heute noch als Subst. weiter; nur ist heute diese Identität den Sprechenden aus lautlichen und aus semantischen Gründen nicht mehr bewußt: mhd. *lîch* bedeutete „Gestalt", das heutige Subst. ist *Leiche*. Aus der sinnlichen Bedeutung des Simplex hat sich die abstrakte Bedeutung „Beschaffenheit" entwickelt [3].

Haben wir hier Substantive zu Suffixen werden sehen, so kommt auch das Umgekehrte vor, wenn auch nur äußerst selten, daß nämlich ein Suffix sich zum Subst. verselbständigt. So veröffentlichte man nach Ménages Tode seine Gespräche unter dem Titel *Ménagiana*. Später wurden auch von andern Gelehrten solche Sammlungen herausgegeben. Da immer die gleiche Endung, verbunden mit verschiedenen Namen, erschien, konnte man *ana* loslösen in der Bedeutung „Sammlung von Anekdoten". Ähnlich hat sich

[1] Siehe dazu FEW 2, 65a.

[2] Die Spur dieses früheren Zustandes finden wir auch noch in den ältesten französischen Texten, vgl. Roland *humble et doucement, fermement et estavle*.

[3] Siehe viele deutsche Beispiele dieses Vorgangs H. Paul, Prinzipien, S. 347ff.

seit etwa dreißig Jahren im amerikanischen Englisch das Suffix *-ade* verselbständigt. Aus *orangeade, lemonade* usw. hat man allmählich ein Subst. *ade* abstrahiert, das „Fruchtsaft" bedeutet. *Have you some ade* frägt man den Verkäufer.

Der Ausgangspunkt eines Suffixes liegt also oft bei der Zusammensetzung zweier selbständiger Wörter. Zwischen Ableitung und Zusammensetzung besteht demnach, historisch genommen, keine feste Grenze. Es kann ein Subst. allmählich semantisch verblassen und zum Suffix herabsinken. Zusammensetzung und Ableitung stehen dann zueinander in einem Verhältnis historischer Kontinuität[1]. Die Ableitung ist dann eine zugeschliffene und durch Analogiewirkung ausgebreitete Zusammensetzung. Das Problem stellt sich also hier ähnlich wie bei der Flexion.

Ebensowohl wie zwischen Wortbildung durch Zusammensetzung und Ableitung ein allmählicher Übergang besteht, kann auch ein flexivisches Element mit der Zeit zu einem Ableitungssuffix werden. So sind deutsch *rings, falls* (vgl. *keinesfalls*), *rechts* usw. ursprünglich Genitive Sing. zu *ring* usw. Da sie aber allmählich zu Adverbien verblaßt sind, wird das *-s* schließlich als Adverbialsuffix empfunden und an Adverbia angefügt, die ebenfalls zu Substantiven gehören, aber an sich kein *-s* haben. So entstanden Formen wie *hinterrücks, unterwegs* usw. S. noch Paul S. 234.

Wenn so Suffixe sich neu herausbilden können, so gibt es anderseits zahlreiche andere alte Suffixe, die untergehen. Die Gründe können verschiedener Art sein. Das Lateinische besaß eine große Anzahl von Suffixen, die keinen eigenen Akzent besaßen, so standen z. B. neben den Verben *frĭgēre, calēre, tĕpēre,* mit dem Suffix *-ĭdus* gebildet, die Adj. *frĭgĭdus, calĭdus, tĕpĭdus.* Im Lateinischen bildeten sie, noch mit den entsprechenden Subst. auf *-or* zusammen, eine schön in sich geschlossene Wortgruppe, mit der das Begriffsfeld der Temperaturunterschiede einheitlich durchorganisiert war. Die lautliche Entwicklung hat das *ĭ* des Suffixes durch Synkope verschwinden lassen, und zwar zu verschiedenen Zeiten, so daß in fr. *froid, chaud, tiède* keinerlei Suffix mehr vorhanden ist. Auch diese Verluste von Suffixen sind zu allen Zeiten vorgekommen. Schon auf dem Weg vom Indogermanischen zum Germanischen hat die Sprache mehrere Suffixe verloren; vgl. Paul S. 198.

Ist hier das Suffix als solches verlorengegangen, so kann es seinen Ausdruckswert auch einbüßen, weil das Stammwort schwindet. Das fr. Suffix *-eau* hat diminutiven Sinn, wie heute noch in *chevreau, dindonneau* usw. So waren ursprünglich auch *corbeau, taureau* Diminutive. Als aber

---

[1] Vgl. dazu J. von Rozwadowski, Wortbildung und Wortbedeutung, Heidelberg 1904, der aber synchronische und diachronische Betrachtung noch nicht scheidet und daher gelegentlich Trugschlüsse zieht.

die einfachen Wörter *corp, tor*, die im Altfranzösischen noch leben, aus der Sprache verschwanden, traten jene an ihre Stelle, und die eigentümliche Bedeutung des Suffixes ging damit verloren.

Gelegentlich kommt es auch vor, daß das Wort, welches wir heute als Grundwort empfinden, von dem abgeleitet ist, das uns heute als Ableitung erscheint. So ist das Subst. *diplomate* aus dem Adj. *diplomatique* abgeleitet, nicht umgekehrt. Aus lt. *diploma* „Urkunde" war im Gelehrtenlatein mit Hilfe des Suffixes *-aticus* das Adj. *diplomaticus* „die Urkunden betreffend" gebildet worden; vgl. den Titel des grundlegenden Werkes von Mabillon *de re diplomatica* (1681). Im Jahre 1726 ließ Dumont sein „Corps universel et diplomatique du droit des gens" erscheinen, in dem er dem Adj. *diplomatique* eine speziellere Nuance gab „die zwischenstaatlichen Urkunden betreffend". Neben den Wörtern auf *-atique* hat das Französische aber auch viele auf *-ique* (*machiavélique*, zu *Machiavel*). Deshalb wurde gegen Ende des 18. Jahrh. zu *diplomatique* das Subst. *diplomate* gebildet.

Derartige Rückbildungen kommen überall etwa vor. Das Altprovenzalische hatte ein Subst. *flagel* „Ranke einer Pflanze" (< *flagellum*); darnach entsteht in neuerer Zeit ein *flàge* „Weinranke". Lat. *maxilla* wurde in Südfrankreich zu *maissela* „Unterkiefer". Diese Endung wurde dann als Diminutiv empfunden. Ein Dimin. Suffix erschien aber als ungerechtfertigt. Deshalb ließ man es fallen und ging zu einem *maissa* über.

Nicht immer fügt das Suffix zum Begriff, der im Grundwort zum Ausdruck kommt, etwas hinzu. Es kann vorkommen, daß eine Reihe von Wörtern so einheitlich mit einem bestimmten Suffix gebildet ist, daß andere Wörter ähnlicher Art hineingezwungen werden. Fr. *ténèbres* hat im Mittelalter noch *tenebreur* neben sich, dessen Suffix nach dem Beispiel der vielen Abstrakta (*lueur, blancheur, noirceur* usw.) an *ténèbres* angetreten ist, ohne daß damit eine besondere Nuance des Begriffes oder gar ein neuer Begriff benannt worden wäre. Das mndl. *lotsman* „Lotse" ist im Französischen aufgenommen worden und hier zu *laman* geworden. Da aber sehr viele Berufsnamen auf *-eur* ausgehen, ist dieses Suffix nachträglich noch beigefügt worden, daher fr. *lamaneur*. Zu mndl. *bolle* „Rundbrot" hat das Pikardische mit Hilfe des germ. Suffixes *-ing* (vgl. *gardenc* „gardien") ein Subst. *bollenc* „Bäcker" abgeleitet. Als das Wort aus dem Pikardischen ins Französische überging, fügte man die Endung *-ier* (wie in den vielen Berufsnamen: *menuisier, jardinier* usw.) hinzu; daher afr. *bolangier*, nfr. *boulanger*. In all diesen Fällen hat das Suffix nur die Funktion, das Wort in einen größern morphologischen Zusammenhang aufzunehmen. Das Volk empfindet das Wort als unvollständig und ergänzt es. Bei dieser Verwendungsweise eines Suffixes spricht man gerne von einreihendem Suffix.

b) Komposition

Wir haben oben gesehen, wie der Übergang von Komposition zu Ableitung sich durch Abschwächung des einen Gliedes der Zusammensetzung und in dessen analogischer Ausdehnung zur Bildung weiterer Wörter vollziehen kann. Es können aber auch im einzelnen Wort die ursprünglichen Kennzeichen der Zusammensetzung so undeutlich werden, daß für den Sprechenden nur mehr ein einfaches Wort vorliegt. Wir können dabei etwa folgende drei Hauptstufen unterscheiden:

1. Wortgruppe: fr. *canne à sucre* (eine solche Verbindung ist jederzeit möglich zwischen zwei beliebigen Wörtern).
2. Zusammensetzung: fr. *beaux-arts, toujours, tout à coup, cependant, blanche épine* (die Verbindung ist zu einer festen geworden).
3. Scheinbar einfaches Wort: fr. *jeudi, aubépine.*

Das Gefühl dafür, daß eine Zusammensetzung vorliegt, kann aus verschiedenen Gründen verlorengehen. Bei *jeudi* (< *Jovis dies*) liegt es daran, daß die beiden Teile des Wortes als einfache Wörter untergegangen sind. *-di* hat allerdings noch einen gewissen Eigenwert behalten, einerseits als eine Art Suffix zur Bildung der Namen der Wochentage, anderseits weil es sich in *midi* wiederfindet, wo es durch den Gegensatz zu *minuit* erhellt wird. In *aubépine* (< *alba spina*) ist wenigstens die erste Komponente des Wortes als Adjektiv verschwunden, wenn auch *-épine* noch sinnfällig geblieben ist. Mancherorts hat das Absterben des Adj. *albus* dessen Ersetzung durch *blanc* auch in der Zuss. *aubépine* nach sich gezogen; daher *blanche épine*, oben unter 2. Endlich kann es auch vorkommen, daß zwar die beiden Wörter, die in einer Komposition vereinigt worden sind, weiterleben, daß aber das eine von ihnen oder beide in der Zusammensetzung sich lautlich derart verändert haben, daß sie nicht mehr voll oder überhaupt nicht mehr in ihrer Sonderbedeutung erfaßt werden. Das kann vor allem in Sprachen eintreten, in denen die Betonung für die lautliche Entwicklung besonders wesentlich ist, in denen also die Behandlung einer unbetonten Silbe sehr stark von der einer betonten abweicht. So ist in meiner Mundart das Adj. *voll* an verschiedene Bezeichnungen von Körperteilen getreten, die zum Greifen gebraucht werden können. Der Akzent ist auf dem Substantiv geblieben und dadurch ist *voll* lautlich verkümmert: *eine hand voll* > *e hampfle, ein arm voll* < *en arfel.* In *hampfle* und *arfel* ist nun aber die Bedeutung des Adj. *voll* verblaßt; daher man oft sagt *e hampfle voll.* Sie ist soweit verblaßt, die beiden Substantive werden so sehr als einheitliche Wörter empfunden, daß man davon Diminutiva bildet: *es hämpfeli, es ärfeli*[1] (mit Umlaut!). Ja, es gibt sogar noch einen dritten Körperteil-

[1] In die Schriftsprache übertragen ergäbe das *ein *händvöllchen!*

namen, mit dem *voll* zusammentritt, wo aber (in meiner Mundart) sogar nur noch das Diminutivum besteht, das Simplex untergegangen ist: *es mümpfeli* „ein Bissen" (zu **e mumpfel* < *ein Mund voll*).

In den unter 3 aufgezählten Fällen müssen wir wohl unterscheiden zwischen ihrem heutigen Wesen und ihrer historischen Entstehung. Historisch gesehen ist *jeudi* eine Zusammensetzung; vom deskriptiven Standpunkt aus ist es ein einfaches Wort, das einer Klasse auf *-di* angehört. Die Entstehung der klassenbildenden Kraft von *-di* hängt zusammen mit seinem Untergang als Substantiv; in der Tat hat das Französische *-di* auch auf den Sabbat ausgedehnt (*samedi*), wo von der ursprünglichen Bedeutung keine Rede mehr sein kann, während it. *sabato* ohne *-dì* blieb, weil hier *dì* als Subst. noch lebt.

Ähnlich wie hier eine Komposition allmählich in ein Simplex übergegangen ist, kann auch ein ganzer Satz zu einem formelhaften, einheitlichen Ausdruck werden. So ist z. B. lat. *quamvis* „obschon" aus *quam vis* „wie sehr du auch willst" zusammengezogen. Im Gespräch war *quam vis* natürlicherweise viel häufiger als *quam vult* und daher wurde die Verbindung von *quam* mit der 2. Person verallgemeinert, der Ausdruck wurde univerbiert. Voraussetzung für die Erstarrung einer solchen syntaktischen Verbindung ist natürlich ihr häufiger Gebrauch.

Dieses Erstarren können wir oft auch in verschiedenen Stufen nicht nur im historischen Nacheinander, sondern auch im geographischen Nebeneinander beobachten. Französisch und Italienisch unterscheiden gleicherweise zwischen:

Fr. 1. *quelque chose* und 2. (*un*) *je ne sais quoi de* (+ Adj.),
It. *qualche cosa* und *un non so che di.*

2 ist vager als 1; man gibt damit zu erkennen, daß man Mühe haben würde, genauer anzugeben, woran der Eindruck liegt, den man bekommen hat. 1 ist das nüchterne, normale, intellektuelle Wort; 2 ist der emotionale, farbige Ausdruck. Bei 2 kann man deutlich drei Stufen der semantischen Entwicklung unterscheiden. Auf der ersten hat der Ausdruck mit *savoir* die volle Bedeutung, die ihm kraft seiner verschiedenen Bestandteile zukommt. Wenn im Roman de Rou von Wace 3, 1871 steht *ne sai quei orent a mangier*, so ist das wörtlich zu nehmen: „ich weiß nicht, was sie zu essen hatten". Auf der zweiten Stufe erreicht der Ausdruck die Bedeutung, die oben unter 2 vorliegt. Sie wird im Französischen erreicht etwa mit Marot (Oeuvres 2, 206: *En votre brun a bouté Je ne sçay quoy de beauté*), ist aber sicher viel älter. Die Bedeutung ist in diesem Falle die des Unbestimmten, Vagen, ohne daß das Pronomen *je* noch in seinem vollen Sinn zu nehmen wäre. Ein wirklicher Satz ist 2 nicht mehr; der Ausdruck ist bereits zur Formel geworden, was daraus hervorgeht, daß das Verbum fast immer nur

in der 1. Pers. sing., nie etwa im Plural steht, sowie daß der ganze Ausdruck sehr häufig vom unbestimmten Artikel *un* oder aber von *le* oder *ce* abhängig ist. Aber mit der semantischen Durchsichtigkeit der Formel hängt es zusammen, daß auch die alte Bedeutung des Unbestimmten, Undefinierbaren noch lebendig ist. Am nördlichen Rande des galloromanischen Sprachgebietes und in Graubünden finden wir nun aber wallon. *œn sakwe*, rätisch *entsatšé* (beide = un je ne sais quoi) als normalen Ausdruck für „Etwas" (s. ALF 1116). Hier ist der mit *sapio* geschaffene Ausdruck abgeschliffen, semantisch nicht mehr durchsichtig, neutralisiert, intellektualisiert[1]. Die Randgebiete haben als Ersatz für *aliquid* nicht die Neubildung *quelque chose* genommen, sondern sie haben zu der Formel gegriffen, die als Indefinitum mit sehr weiter Bedeutung bereitlag. Die Formel hat dann zum Teil auch weiter um sich gegriffen: wallon. *œn sakwi* „quelqu'un", rät. *entsatši*; Bergün *entsatšugra* „irgendwann"; obwald. *entsakǫnts* „einige"[2]. Die Erstarrung einer syntaktischen Verbindung ist also hier im geographischen Nebeneinander auf zwei verschiedenen Stufen festgehalten. Ein ganzer Satz ist hier zu einem einzigen Wort erstarrt.

Die Grenze zwischen Wort und Satz kann nun auch, was allerdings seltener geschieht, in umgekehrter Richtung überschritten werden. Es gibt Fälle, in denen eine Formel aufgebauscht, aufgefüllt wird zu einem ganzen Satzgebilde. So ist es mit der Fragepartikel geschehen, die das Deutsche aus dem Konjunktiv von *gelten*, *gelte*, der eigentlich bedeutet „es möge

[1] Hier hat der Ausdruck noch eine dritte Stufe erklommen. Es kann aber auch eine Rückwärtsbewegung von 2 zu Stufe 1 eintreten Diese kündet sich vor allem dadurch an, daß die Univerbierung auf die 1. Pers. Sing. wieder aufgegeben wird. Vgl. Mauriac, Génitrix: *Il ne savait quoi s'effaçait de cette face.* Bei den Naturalisten ist diese Verlebendigung von *je ne sais quoi* ziemlich häufig, vgl. etwa bei Huysmans *son mari qui était peut-être un homme supérieur dans elle ne savait quoi.* Vgl. dazu mit vielen Beispielen, K. Sandfeld, Syntaxe du français contemporain, Bd. I, Paris 1928, S. 352; M. Cressot, La phrase et le vocabulaire de J.-K. Huysmans, Paris 1938, S. 31.

[2] Das Westrätische und das Wallonische stehen untereinander in Verbindung über das oberdeutsche Sprachgebiet hinweg, vgl. mhd. *neizwaz* „etwas" (< *en* „nicht" + *weiz* + *waz*), *neizwer* „jemand", *neizwan* „jemals". Das legt die Vermutung nahe, daß der deutsche Ausdruck vom romanischen angeregt worden ist. Wenn sich das nachweisen ließe, so wäre letzterer so alt, daß er wohl unmittelbar als Nachfolger von lt. *nescio quid, nescio qui,* mit dem nur im Rumänischen nicht durchgeführten Ersatz von *scire* durch *sapere,* betrachtet werden könnte, welche dieselbe unbestimmte Bedeutung besaßen, und welche im rumän. *neşte* „jemand" (< *nescio qui*) usw. weiterleben. Doch wird dies dadurch unwahrscheinlich gemacht, daß auch andere germanische Sprachen analoge Pronomina geschaffen haben, so anord. *nakkvart* „etwas" (< *nī* - *veit* - *ek hvart*), alteng. *nāthwā*. Es liegt also wohl spontane Neuschöpfung vor, die in verschiedenen Sprachen parallel erfolgt ist. Siehe noch FEW 11, 197b.

gelten", gemacht hat. *Gelte* ist zu *gelt* verschliffen worden, und dieses wird im Sinne von „ist das nicht wahr?" gebraucht; es ist also vorerst die Verbalform zur Fragepartikel herabgesunken, die einen ganzen Satz vertritt. Im Schweizerdeutschen wird nun aber diese Partikel verschieden abgewandelt, je nach der Anrede, die man verwendet. Duze ich jemanden, so sage ich *găl*; spreche ich ihn mit *ihr* an (was in gewissen Teilen der Schweiz noch die gebräuchliche Höflichkeitsform ist), so lautet das Verbum *gälet*; einer Person gegenüber, die ich sieze, verwende ich die Form *găle(t) Sie*. Die eigentlich einen Konj. 3. Pers. Sing. darstellende, dann aber flexionell erstarrte Partikel *gelt* wird also hier konjugiert, und zwar in einer Weise, die ihrem ursprünglichen Wert völlig zuwider ist[1].

Aus diesen Beispielen hat sich ergeben, daß die Sprachgemeinschaft oft das Bewußtsein dafür verliert, daß eine Zusammensetzung vorliegt. Die Entstehung einer kompositionellen Bildung kann Elemente enthalten, die dem Wesen des Wortes später abhanden kommen. Für die Beurteilung der Entstehung eines Wortes ist es wesentlich zu wissen, ob damals die Zusammensetzung noch gefühlt werden konnte oder ob sie bereits zur Ableitung erstarrt war: *jeudi* ist als zusammengesetztes Wort entstanden, *samedi* ist wahrscheinlich von Anfang nur eine Ableitung gewesen. Aus diesen Gründen ist eine Wortbildungslehre, die in éiner Übersicht eine zweitausendjährige Geschichte darstellen will, vielen Mißdeutungen ausgesetzt[2].

5. Syntax

In unserem Beispiel steht an der Stelle des lt. *ancillae* im französischen Satz *à la servante*. Das Formelement *-ae* ist hier durch eine syntaktische Konstruktion ersetzt worden. So wird das, was in der einen Sprache durch eine flexivische Form zum Ausdruck gebracht wird, in einer andern einer syntaktischen Konstruktion anvertraut[3]. Die Grenzen zwischen Morpho-

[1] Interessant ist hier der Gegensatz zwischen schweizerdeutsch und schwäbisch-bayrisch. Die ersten paar Male, da ich in München und Stuttgart mit *gelt* angesprochen wurde, frug ich mich erstaunt, woher die Leute die Dreistigkeit nähmen, mich zu duzen.

[2] Vgl. meine kritischen Bemerkungen zu W. Meyer-Lübke, Historische Grammatik, 2. Teil: Wortbildungslehre, Heidelberg 1921, in: Z 42 (1922), 505. Dort habe ich zum erstenmal auf die Notwendigkeit hingewiesen, historische und deskriptive Sprachwissenschaft alternieren zu lassen.

[3] Vgl. z. B. was oben S. 61 über die franz. Konjugation gesagt ist. – Siehe im einzelnen über den hier vorliegenden Übergang besonders E. Löfstedt, Syntactica, Studien und Beiträge zur Historischen Syntax des Lateins, I. Teil, Lund 1928, S. 155.

logie und Syntax sind Schwankungen unterworfen. Das gilt ebenso für die Abgrenzung von Syntax und Lexikon[1].

Funktionell allerdings kann eine Form noch lange bestehen bleiben, nachdem sie bereits mit andern zusammengefallen ist. So hat der Dativ *patri* im Französischen das gleiche Resultat ergeben wie *patrem*. In dem Satz *ne porrez men* (= mon) *pere faire honte* (Aucassin et Nicolete) hat *men pere* den Wert und die Funktion eines Dativs, trotzdem es lautlich dem Akkusativ gleich ist. In der Verbindung *l'ame ta mere* „l'âme de ta mère" ist ein possessiver Dativ zu sehen (vgl. lat. *essere alicui* „jemandem gehören", fr. *être à quelqu'un*). In dieser einen Form *pere* sind der lat. Dativ und der Akkusativ zusammengeflossen. Sie vereinigt so zwei sehr verschiedene Funktionen in sich; sie hat gewissermaßen zwei Gesichter. Welches von diesen beiden sie uns im Einzelfall zukehrt, das hängt von der Struktur des Satzes ab. In *l'ame ta mere* kann unmöglich ein *ta mere* die Funktion haben, die im Lateinischen der Akkusativ gehabt hätte. Daher muß es hier der possessive Dativ sein. Heute ist dieser Sinn verloren gegangen; nur noch formelhafte und daher nicht in ihrer ursprünglichen Bedeutung verstandene Überreste erinnern an jene altfranzösische Konstruktion. So etwa *la rue saint Jacques, la Saint Michel*[2] u. ä.

Oft hat man in der gleichen Sprache die Wahl zwischen einem lexikalischen Ausdrucksmittel und einer syntaktischen Konstruktion. Vgl. etwa die fr. Sätze:

ils cédèrent parce qu'on leur promit formellement qu'ils ne seraient pas punis;
ils cédèrent à une promesse formelle d'impunité.

Ein Vergleich dieser beiden Sätze erlaubt, das Wesentliche an dieser Gegenüberstellung zu definieren: im ersten Satz erscheinen die einzelnen Hand-

[1] Vgl. dazu z.B. A. Lombard, Les constructions nominales dans le français moderne, Upsal 1930; G. Devoto, Sémantique et syntaxe, Conférences de l'Institut de Linguistique de l'Université de Paris 11 (1952–53), 51–62; F. Perrot, Morphologie, syntaxe, lexique, ibid. S. 63–74; P. Guiraud, La Grammaire, Paris 1958, S. 35ff.

[2] Bei den Namen der Heiligenfeste hat sich übrigens auch eine Umwertung des Wortes *la* vollzogen. Die heutige Formel ist in der Rechtssprache entstanden. Wir lesen in mittelalterlichen Urkunden auf die festangesetzten Zinstage getroffene Abmachungen wie folgende: *...a rendre XX sols par IV termes, c'est assaveir: V sols a Pasques, V sols a la feste saint Jehan Baptiste, V sols a la saint Micheau, V sols a Naau* (Urkunde aus Poitiers, von 1225, publ. bei E. Audouin, Recueil de Documents concernant la commune et la ville de Poitiers, 2 Bde., Poitiers 1921–28), *la* in *la saint Micheau* hat offenbar den Wert eines Determinativpronomens, gleich wie im Spanischen heute noch (also *la* = neufranz. *celle*). Heute wird aber *la* als Artikel empfunden.

lungen mit ihrer eigenen Bewegung; im zweiten sind das flektierte Verbum und der Nebensatz ersetzt durch ein Substantiv; d. h. die Bewegung ist ersetzt durch ein visuelles Moment, also durch etwas Fixiertes, Starres.

Zu den syntaktischen Mitteln gehören natürlich auch Melodie und Rhythmus des Satzes. Viele Sprachen gebrauchen sie u. a., um ein bestimmtes Satzglied hervorzuheben, während andere wiederum diese Hervorhebung dadurch erreichen, daß sie das betreffende Satzglied herausnehmen und dem übrigen Inhalt des Satzes gegenüberstellen. In dem deutschen Satz *ich habe das gestern gekauft* ist jedes Wort (ausgenommen natürlich das Hilfsverbum)[1] betonbar, und zwar ohne daß es deswegen den Platz wechselt. Satzmelodie und Rhythmus verraten, was in der Seele des Sprechenden dominiert; der Angeredete baut sich ein entsprechendes Bild vom seelischen Zustand des Sprechers auf. Im Französischen aber erfolgt diese Hervorhebung durch Gliederung und Loslösung des hervorzuhebenden Satzgliedes: *c'est moi qui ai acheté cela hier, c'est cela que . . ., c'est hier que . . ., c'est par achat que j'ai acquis cela.* Auch hier lexikalisiert das Französische, was im Zusammenhang steht mit der mehr gebundenen Form seines Rhythmus in neuerer Zeit[2].

Der freiere Rhythmus des Altfranzösischen zeigt sich auch in der loseren Aneinanderfügung der Sätze. In einem Satz wie *Brutus vit n'i pooit remaindre* „Brutus sah, daß er nicht bleiben konnte" stellen Rhythmus und Melodie die Beziehung zwischen den beiden Sätzen genügend dar. So kann die Biegsamkeit der Sprachmelodie ein ganz kompliziertes System von Konjunktionen ersetzen. Der Ton gibt die Bedeutung an; und statt der modernen hypotaktischen Konstruktion haben wir eine parataktische.

Die Parataxis ist vor allem ein Charakteristikum aller volkstümlichen, ungezwungenen, naiven Redeweise. Die Vorliebe der Volkssprache für lose und lockere Aneinanderreihung entspricht der geringeren Anlage des Volkes zur logischen Verknüpfung und Verbindung langer Gedankenreihen. In der Entwicklung des Lateinischen und des Französischen läßt sich das sehr schön verfolgen. Der straffe Aufbau des klassisch-lateinischen Satzgefüges folgt auf die lockere, mehr parataktische Aufreihung, wie sie im ältesten Latein üblich war. In den letzten Jahrhunderten des Römischen Reiches und in den ersten Jahrhunderten des Mittelalters gehen sehr viele von den

---

[1] Ja, auch dieses kann den Ton auf sich ziehen, und zwar dann, wenn die im Satz gegebene Aussage in ihrer Gesamtheit einem Zweifel gegenüber bekräftigt werden soll. *Ich habe das geséhen* bekräftigt die Aussage gegenüber einer Vermutung, ich hätte etwa nur vom Hörensagen oder von der Zeitungslektüre Kenntnis davon. *Ich hábe es gesehen* bekräftigt gegenüber einen Zweifel an der Gesamtaussage. Die Hervorhebung des tonschwächsten Wortes bekräftigt die Gesamtaussage und nicht einen einzelnen Teil davon.

[2] Vgl. W. von Wartburg, La posizione della lingua italiana, Florenz 1940, S. 94.

Mitteln, die das klassische Latein ausgebildet hatte, verloren, vor allem das feine Spiel der Konjunktionen. Es ist jene Epoche der Dekadenz der intellektuellen Kultur. So hat im Altfranzösischen wiederum die Parataxis ein großes Gewicht. Im Mittelfranzösischen wird von neuem ein Periodenbau ausgebildet, der schließlich zum gestrafften Satz des Neufranzösischen führt. Eine nähere Betrachtung einzelner Formen zeigt, wie aus der parataktischen Verbindung ganz allmählich und unmerklich die hypotaktische herauswachsen kann. Die komplizierten Konstruktionen einer späteren Zeit gehen meist zurück auf die in früherer Zeit übliche bloße Nebeneinanderstellung. Als Beispiel wählen wir die Entwicklung des Ausdrucks der Konzession.

1. Die lockerste Ausdrucksform ist die Verwendung des einfachen Konjunktivs, die besonders mit dem Verbum *esse* sich findet und noch klassisch ist: *sit fur, at est bonus imperator*. Daneben findet sich *quamvis*, mit Bezug auf Adjektive und Adverbien: *accusa quamvis copiose* „. . . so wortreich du auch willst".

2. Nun wird *quamvis* zur Einleitung von ganzen Sätzen gebraucht: *locus hic, quamvis subito venias, semper liber est* (Plautus). Eigentlich bezieht sich hier *quamvis* auf *subito*; aber das sprachliche Empfinden verschiebt sich nun allmählich, so daß *quamvis* auf das Verbum bezogen wird. Dadurch kommt die semantische Verschleifung zustande. Und schließlich werden Sätze gebildet, wo *quamvis* ohne dergleichen Adverbia steht:

3. *Quod turpe est, id quamvis occultetur, tamen honestum fieri nullo modo potest.*

Mit dem Rückgang der allgemeinen Bildung und mit dem Aufkommen einfacherer Lebens- und Denkformen verschwinden diese konzessiven Konjunktionen. Die romanischen Sprachen haben sie nachher einzeln neu geschaffen. Und es wiederholt sich genau dasselbe wie im Lateinischen:

4. Im Altfranzösischen dient der bloße Konjunktiv als Ausdruck der Konzession: *ait vestut dous halbers* (Karlsreise V. 456) bedeutet eigentlich „möge er zwei Halsberge angezogen haben" und drückt den Gedanken aus, „obschon er . . . angezogen hat". Aus dieser an Stufe 1 erinnernden Form wächst die neue hypotaktische Ausdrucksweise heraus.

5. Vorerst werden Adverbien hinzugefügt, die keinen konzessiven Sinn haben, sondern nur die Bedeutung verstärken sollen: *bien vos poist, si i iroiz* (Erec) „es soll euch tüchtig leid tun, ihr werdet doch hingehen". Allmählich aber geht dann in solchen Sätzen die konzessive Bedeutung über auf die Adverbien. Diese verlieren dadurch nach und nach ihre spezifische Eigenbedeutung und werden zu bloßen Konjunktionen. Dazu erhalten sie,

von einem dieser konzessiven Wörter her, von *quoique* (< *quidquid*), ein einreihendes *que*. Daher nun

6. *bien qu'il soit malade.*

Wir sehen auch hier, daß die beiden polaren Begriffe der Parataxis und Hypotaxis durch eine Zone von allmählichen Übergängen miteinander in Verbindung stehen. Das Beispiel hat uns aber auch zugleich eine der wichtigsten Quellen syntaktischer Neuerung gezeigt: die einfache Form des Konzessivsatzes im Altfranzösischen war *vos poist*; das beigefügte Adverb *bien* wirkt sinnsteigernd; es kommt aus dem Affekt des Sprechenden. Aber diese aus dem Affekt geborene Ausdrucksform wird durch häufigen Gebrauch semantisch abgeschwächt, bis sie eben diesen hyperbolischen Ausdruckswert ganz eingebüßt hat; dann ist sie zum Normalausdruck für einen Begriff oder eine Beziehung geworden.

Syntaktische Veränderungen können natürlich noch aus vielen anderen Gründen sich ergeben, von denen nur einige im folgenden noch erwähnt seien.

Das Wort ist wohl eine logische, aber nicht eine satzrhythmische Einheit. Der Satz *ses anciens amis ont écrit* besteht aus zwei rhythmischen Gruppen. Jede der beiden Gruppen wird als Einheit gesprochen; in ihrem Inneren gelangen die Auslautkonsonanten zur Aussprache: *seẕãsyẽẕami õt̠ekri*, während das *-s* von *amis* stumm bleibt. Infolge dieser wechselnden Aussprache wird vom Volke die Wortgrenze leicht mißachtet. Das ist von Bedeutung in der Wortgeschichte (*le lierre* < *l'ierre*), aber auch in der Syntax. Im Volksfranzösisch spricht man *ivyẽ* (= *il vient*) gegen *vyẽti* (*vient-il*). Daher wurde nicht die bloße Umstellung des Pronomens als Kennzeichen der Frageform aufgefaßt, sondern die ganze Lautgruppe *-ti*. So hat das Volksfranzösische eine besondere und leicht zu handhabende Fragepartikel geschaffen: *je savais-ti?*, *vous passerez-ti par là?*

Die enge Bindung des Wortes an den Satz zeigt sich nicht nur im Lautlichen, sondern ganz besonders in der Realisierung der richtigen Wortbedeutung, die aus der jeweiligen Situation heraus erfolgt. Es ist das Vorrecht der Witzblätter, die Mehrdeutigkeit der Wörter zur Erheiterung der Mitmenschen auszunützen, indem sie das Bewußtsein von der Situation ausschalten. Also z. B. wenn der Kladderadatsch eine Annonce für eine Köchin aufgibt, die mit der beruhigenden Versicherung schließt: *Wäsche ist keine im Haus*, und dazu bemerkt: *sollte sich nicht vielleicht die Anschaffung von etwas Wäsche empfehlen?* Solche sprachpathologische Fälle lassen die Verhältnisse deutlicher erkennen, als es sonst der Fall wäre. Früher war man der Auffassung, die Satzbedeutung ergebe sich erst durch Verknüpfung der einzelnen Wortbedeutungen. Das ist ebensowenig richtig, wie das Gegenteil. Allerdings müssen einzelne Wörter erfaßt sein, bevor der Satzgedanke verstanden wird. Aber es besteht auch das umgekehrte Verhältnis: bei vielen Wörtern kommt es nicht zu einer vom Satzverständnis zu lösenden Auffassung und Vergegenwärtigung der Wortbedeutung. Das Satzverständnis determiniert die Art und Weise, wie die einzelnen Wörter zur Auffassung kommen. In einem Satz wie *nächsten Montag haben wir Wäsche* ist *Wäsche* ebensowenig zweideutig wie in *seine Wäsche ist ganz zerrissen*. Die Wortbedeutungen werden also modifiziert, ausgewählt durch den sich aufbauenden Satzsinn. Von den vielen Bedeutungen, die manche Wörter haben können, kommt nur diejenige in Betracht, die sich dem alles beherrschenden Gesamtsinn harmonisch einfügt. Klarheit über diesen Gesamtsinn gewinnt der Hörer durch den Zusammenhang und das Bewußtsein der Situation.

Dieses Verhältnis zwischen Wort und Satz, diese Abhängigkeit der Wortbedeutung von der durch den Satz gegebenen Situation kann soweit gehen, daß der Hörende den Sinn so aufnimmt, wie der Sprechende ihn gemeint hat, auch wenn dieser sich anders ausgedrückt hat. Es passiert uns ja oft, daß man uns entgegenhält: Sie wollten wohl etwas anderes sagen, nämlich ... Es ereignet sich sogar, daß der Hörer resp. der Leser den Fehler ebensowenig bemerkt wie der Urheber des Satzes und gleichwohl richtig rezipiert. Im 50. Band des Philologus hat Polle einen ganzen Aufsatz gefüllt mit sprachlichen Mißgriffen alter Schriftsteller, die den Kommentatoren entgangen waren. Der interessanteste Fall ist wohl der Schnitzer, den Lessing in seiner Emilia Galotti begangen hat. Die Mutter sagt dort zu Emilia: „Gott! Gott! Wenn das dein Vater wüßte! Wie wild er schon war, als er nur hörte, daß der Prinz dich jüngst nicht ohne Mißfallen gesehen!" Lessing hat hier genau das Gegenteil geschrieben von dem, was er schreiben wollte, und zwar durch Vermengung der beiden Wendungen *nicht mit Mißfallen* und *nicht ohne Wohlgefallen*. Das Erstaunliche ist, daß dieser Fehler ein volles Jahrhundert unbemerkt blieb. Alle die Tausende von Theaterbesuchern und Lesern hatten aus der Situation den richtigen Sinn des Satzes erfaßt und ihn unbewußt in dem Sinne aufgenommen, in dem Lessing den Satz geschrieben hatte.

Es kann nun auch das Umgekehrte eintreten: der Sprechende wendet ein eindeutiges Wort in richtiger Weise an, entsprechend der Situation im Satze; aber aus einem persönlichen, affektiven Grunde heraus empfindet der Hörende anders, er faßt anders auf. Wir verwenden z. B. in dem Satze *während wir im Trocknen saßen, hast du Armer den ganzen Platzregen über dich ergehen lassen müssen* das Wort *während* im zeitlichen Sinne. Für den Hörer aber, der noch unter dem Eindruck des unangenehmen Tatbestandes steht, ist die Gleichzeitigkeit der beiden Satzinhalte weniger bedeutsam als ihre Gegensätzlichkeit. So gewinnt *während* eine andere Bedeutung; aus einer temporalen Konjunktion wird es zu einer adversativen. Schließlich kann man auch sagen *während es gestern geregnet hat, scheint heute die Sonne,* wo die Gleichzeitigkeit schon durch den Sinn der Zeitbestimmungen ausgeschlossen ist. Ähnlich ist die Entwicklung bei fr. *tandis que* verlaufen, das sich, wenn auch nicht mit absoluter Scharfheit, seinem ursprünglichen Synonymon *pendant que* entgegenstellt. So können neue syntaktische Möglichkeiten entstehen aus der Verschiedenheit der Auffassung zwischen Sprecher und Hörer.

Nur aus dem Zusammenleben mit anderen Wörtern im Rahmen des Satzes erklärt sich der Bedeutungswandel von lat. *vitium* „Laster", das im ital. *vezzo* die neutrale Bedeutung „Gepflogenheit" hat. Das Subst. wurde häufig mit einem Adj. verbunden, meist *malum.* In der Verbindung *malum vitium* zog das Adj. die gesamte negativ wertende Bedeutung auf sich. Dadurch wurde *vitium* selber semantisch entlastet; es verallgemeinerte seine Bedeutung von „schlechte Gewohnheit" zu „Gewohnheit".

Welch eigentümliche syntaktische Folgen phonetische Veränderungen nach sich ziehen können, zeigt die Geschichte des Infinitivs im Griechischen. Im Neugriechischen ist der Infinitiv als solcher geschwunden. Der Ausgangspunkt zu diesem Verlust liegt beim Schwund des *-n.* Diesen Auslaut hat das Griechische ebenso verloren wie das Lateinische sein *-m.* So wurde ein Satz wie *θέλει γράφειν* „er will schreiben" zu *θέλει γράφει.* Der Infinitiv wurde also gleichlautend mit der 3. Pers. Sing. *γράφει,* wurde daher in diesem Satz als 3. Pers. Sing. empfunden, und darnach wurde nun auch *θέλω γράφω* gebildet (eigentlich „ich will, ich schreibe"). So schwindet in diesen Sätzen der Infinitiv; man braucht an seiner Stelle mehr und mehr die persönlichen Formen. Heute ist das Griechische im wesentlichen ohne Infinitiv[1].

Nun ist aber das Griechische nicht die einzige Sprache, der der Infinitiv abhanden gekommen ist. Das Mazedorumänische hat ihn ganz fallen lassen; das Altbulgarische hatte ihn, doch das Neubulgarische besitzt nur noch kärgliche Reste; das Dakorumänische besitzt ihn noch, schränkt aber seinen Gebrauch sehr stark ein; das Albanische hat ihn in den südlichen Mundarten ganz verloren, während ihn der Norden noch bewahrt hat. Wir sehen, daß auch die andern Balkansprachen, je näher sie geographisch dem Griechischen gelegen sind, um so kräftiger mit dem Infinitiv aufgeräumt haben. Diese Beobachtung hat ihr Gegenstück in Unteritalien. In den südkalabresischen Mundarten wird „ich kann dich nicht sehen" ausgedrückt durch *non pozzu mu ti viju,* wörtlich „ich kann nicht, daß ich dich sehe". Hier haben die Kalabresen, als sie ihr Griechisch zugunsten des Italieni-

---

[1] Es besteht nur ein Infinitiv perfekt (zu *φυλάγω φυλάξει*), das mit *ἔχω* zusammen das Perfekt bildet, also formell ein Infinitiv, in der Verwendung aber ein Partizip ist.

schen aufgaben, die Gewohnheit der persönlichen Konstruktion beibehalten und dem Infinitiv des vordringenden Romanisch keinen Lebensraum gewährt[1]. Auf dem Balkan aber hat das Griechische die andern Sprachen angesteckt. Dort sind Bildung und Religion griechisch, und daher wurde auch die Sprachgestaltung nachgeahmt[2]. So kann die Einwirkung einer Sprache sogar die Syntax der Nachbarsprachen umformen.

Lautliche Veränderungen sind auch der Grund gewesen, warum das lat. Futurum in den romanischen Sprachen durch eine syntaktische Wortgruppe ersetzt worden ist, die dann ihrerseits mit der Zeit auch wieder zu einer einfachen Form geworden ist (s. S. 61 f.). Die Identität von *faciam* (Konj. Präs.) und *faciam* (Fut.) hatte bereits viel Verwirrung angerichtet; infolgedessen wird manchmal auch zu *delere* als Fut. *deleam* statt *delebo* gebraucht. *Videas* (als Fut. von *videre*), *quiescant* (zu *quiescere*) zeigen, daß die Ansteckung auf die andern Personen übergegriffen hat. Sogar die große Klasse der Verben auf *-are* wird erfaßt. Avitus († 518) schreibt *purget* statt *purgabit*. Das Fut. der 1. und 2. Konj. mit seinen vollen Endungen hätte widerstandskräftiger sein sollen. Doch war hier eine andere Gefahr entstanden: der im 2. Jahrh. eingetretene Wandel von *-b-* zu *-v-* hatte verschiedene Personen mit dem Perfekt homonym gemacht (*cantabit-cantavit, cantabimus-cantavimus*). Daneben bestand nun die modale Verbindung *cantare habeo*, die etwa bedeutete „ich habe das Singen vor". Wo nun der Gebrauch der Formen des alten Futurums zu Verwechslungen führen konnte, da zog man die modale Ungenauigkeit der Gefahr vor, daß der Satz mißverstanden würde. Thielmann[3] zitiert ein Beispiel aus Salvianus, De gubernatione dei, also aus der Mitte des 5. Jahrh., in dem der Wunsch, die Zweideutigkeit zu vermeiden, evident ist: *liberandus a deo non eris, nisi te ipse damnaveris*. Der Autor fühlt sich durch die lautliche Identität der Endung von *liberaberis* (Fut. Passiv) und *damnaveris* (Fut. Ex.) gehemmt und zieht es vor, die Umschreibung zu verwenden.

Karl Voßler allerdings beurteilt diese Vorgänge anders. In einem programmatischen Aufsatz „Neue Denkformen im Vulgärlatein"[4] sagt er darüber:

„Der ganze Zeitbegriff des Futurums war schwach und ging in die Brüche. Er ist dem niedern Volk wohl kaum in einer Sprache sonderlich geläufig. Wie der Prophet im eigenen Lande, so wird in der Volkssprache

---

[1] Siehe G. Rohlfs, Z 42 (1922), 211–223.

[2] Über die Gemeinsamkeiten der Balkansprachen vgl. K. Sandfeld, Linguistique balkanique, Paris 1930.

[3] Ph. Thielmann, Habere mit dem Infinitiv und die Entstehung des romanischen Futurums, Archiv für lateinische Lexikographie und Grammatik 2 (1885), 48–89, 157–202.

[4] Geist und Kultur in der Sprache, Heidelberg 1925, S. 56–82. Vgl. zu der Frage weiterhin E. Löfstedt, Syntactica, Bd. 2, S. 63 ff.

der Zukunftsbegriff zumeist vernachlässigt oder irgendwie mißhandelt und getrübt. Denn immer steht der gemeine Mann den kommenden Dingen eher wollend, wünschend, hoffend und fürchtend als rein beschaulich, erkennend oder gar wissend gegenüber. Vielleicht der sicherste Maßstab für die Höhe und Tiefe unserer geistigen Bildung ist der Grad von Gefaßtheit, Gelassenheit und Ruhe, den wir im Angesicht der Zukunft bewahren. Es bedarf einer fortwährenden Selbstbesinnung und Hemmung, kurz, einer philosophischen Gemütsart und Denkgewohnheit, wenn der temporale Zukunftsblick nicht abirren soll in die modalen Bereiche der Furcht und Hoffnung, des Wunsches und der Unsicherheit. Wenn wir den gesamten Gebrauch der Zukunftsausdrücke am Ausgang des Altertums überblicken und etwa die Umgangssprache der Massen mit dem Stil der bedeutendsten literarisch gebildeten Persönlichkeiten daraufhin vergleichen könnten, so hätten wir, glaube ich, in sprachgeschichtlicher Breite und Abschattung die ganze Kluft vor uns, durch die die Ataraxia der großen Einzelnen von dem religiösen Fieberwahn und der leidenschaftlichen Dumpfheit des Pöbels getrennt war. Nachdem nun die vulgärlat. Futurbedeutung so stark in die praktische und gefühlsmäßige Richtung des Sollens, Wollens, Wünschens, Heischens, Fürchtens usw. abgebogen war, wurden die alten Flexionsformen entbehrlich."

Voßler führt also den Ersatz von *cantabit* durch *cantare habet* zurück auf das Zurücksinken der großen Masse auf ein primitiveres Niveau des geistigen Lebens. Doch diese Auffassung geht achtlos an dem vorbei, was uns die sprachlichen Dokumente lehren. Voßler hat die Neigung, stets von der Sprache als Ausdruck auszugehen, d. h. also von der Rede. Wenn eine neue Ausdrucksweise aufkommt, so sieht er nur das Neue daran, aber nicht die Relativität, die das Neue als Fortsetzer des Alten hat. Er ist der Antipode Gilliérons, von dem weiter hinten die Rede sein wird. Während Gilliéron nichts dem freischaffenden Gemüt und Geist der Sprechenden zuschreiben will, sondern alles aus der Notlage des sprachlichen Systems in einem bestimmten Augenblick erklärt, löst Voßler den Umbildungsvorgang ganz aus seiner Beziehung mit dem, was im vorliegenden sprachlichen Ausdruckssystem gegeben ist, heraus. Das eine ist in seiner extremen Einstellung so wenig wirklichkeitsgemäß wie das andere.

Im Falle des neu sich bildenden Futurums läßt sich vielmehr aus den sprachlichen Dokumenten erkennen, daß je mehr man die Umschreibung mit *habere* im Sinne eines Futurums gebrauchte, um so mehr ihre modale Bedeutung verblaßte. Es ist nicht möglich, die Tatsache, daß eine ursprünglich modale Wendung temporalen Sinn bekommen hat, nun in dem Sinne auszuwerten, daß überhaupt das Bewußtsein dieses Tempus verloren gegangen sei und an seiner Stelle ein modal gefärbtes Bewußtsein um sich gegriffen habe. Das zeigt auch ein Blick auf das Englische, für das wohl niemand etwas Ähnliches wird behaupten wollen, obwohl die einzelnen Elemente (*shall*, *will*) bis heute klar erkennbar sind. Schwund des alten Futurums und Hereinwachsen der neuen Form folgen nicht aufeinander, sondern sind gleichzeitig, verlaufen parallel und sind innig miteinander verknüpft. Die allmähliche Grammatikalisierung des *habeo*-Futurums ist eine Sache von Jahrhunderten. Voßler projiziert einen sehr langen Vorgang auf éinen Punkt und erhält dadurch unerwartete Effekte, denen aber keine Wirklichkeit entspricht. Schematisch könnte der Vorgang folgendermaßen dargestellt werden:

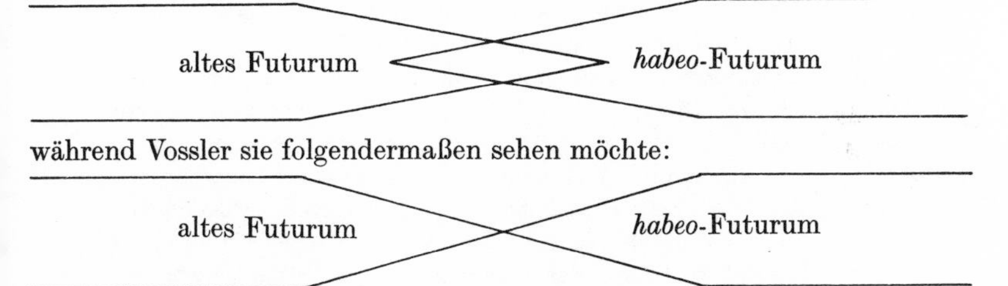

während Vossler sie folgendermaßen sehen möchte:

Durch die erste Figur kommt die Verflechtung der beiden Vorgänge, ihr zeitliches Nebeneinander, das allmähliche Hineinwachsen der Konstruktion mit *habeo* in die neue Funktion und das ebenso allmähliche Absterben der alten Form zum Ausdruck. Voßlers Auffassung beruht übrigens nicht nur auf einer Mißachtung des Faktors Zeit; sie hat ihre Wurzel auch in einer ausgesprochenen Neigung, Wörter und Formen stets als das aufzufassen, was sie äußerlich sind, ihrem wörtlichen Sinn zu großen Glauben zu schenken[1]. Innere und äußere Grammatikalisierung halten oft nicht gleichen

[1] Diese Neigung Voßlers hängt damit zusammen, daß er die Sprache fast nur im jeweiligen Sprechakt nimmt, in ihrem aktiven, schöpferischen Teil. Darin folgt er vor allem Benedetto Croce, der die Wissenschaft vom Sprechen als identisch erklärt mit der Ästhetik und sich nur um das kümmert, was nach der Terminologie Saussures „Rede" ist. So sucht Voßler hinter allem, was in der Sprache beobachtet werden kann, ein geistiges Geschehen. Um noch ein lexikologisches Beispiel hierfür zu geben: in seinem Buche *Sprachphilosophie* (S. 251) schreibt Voßler: „Wer gerne mit Pferden umgeht, wie die alten Deutschen, der unterscheidet wurzelhaft *hengst* und *stute;* wer sich dafür weniger erwärmt, wie die alten Durchschnittsrömer, dem genügt die ordnungsmäßige Gruppierung *equus* und *equa*". Er nimmt also ohne weiteres an, die sprachlich geringere Unterscheidung zwischen dem männlichen und weiblichen Pferd, wie wir sie im Latein verglichen mit dem alten Deutsch feststellen können, beruhe auf geringerem Interesse der Sprechenden gegenüber der Tierspecies. Abgesehen davon, daß das Beispiel denkbar ungünstig gewählt ist, weil nämlich ahd. *hengist* gar nicht „Hengst" bedeutet, sondern „Wallach", und ahd. *stuot* nicht „Stute", sondern „Herde von Zuchtpferden", so kann vor solchen unkontrolliert hingeworfenen Parallelen

Schritt. Altfranzösisch *chantera* ist allerdings eine einheitliche Form; aber ein altitalienischer Satz *chi non si à pentire* hat trotz Beibehaltung der alten Form zweifellos die Bedeutung eines reinen Futurums.

Wie von der lautlichen Entwicklung geschaffene Differenzierungen bald als neue, verfeinerte Ausdrucksmöglichkeiten benutzt werden, bald aber ohne entsprechende Nuancierung einfach nebeneinander stehen bleiben, zeigt fr. *croire en Dieu* neben *croire au diable*[1]. Die Präposition *en* ver-

---

nicht genug gewarnt werden. Nicht als ob solche Gedankengänge generell unzulässig wären. Ganz sicher besteht oft zwischen gewissen derartigen Erscheinungen und der Einstellung einer Sprachgemeinschaft zu den Dingen ein Zusammenhang. Es hat z.B., wie wir S.157 sehen werden, schon seine tieferen Gründe, daß die beiden Paare *matertera – amita* und *avunculus – patruus* auf je einen Ausdruck reduziert werden (franz. *tante, oncle*). Es wäre nun aber ganz im Sinne Voßlers, diesen Gedanken weiter zu spinnen durch den Hinweis darauf, daß das Italienische in der Vereinfachung noch weiter gegangen ist: es kennt nur ein Wort, statt der zwei des Franz.; die Unterscheidung der beiden Geschlechter deutet es nur durch die Abwandlung der Endung an (*zio, -a*). Wer wird nun daraus etwa schließen wollen, daß in Italien das Interesse an den Geschwistern der Eltern geringer sei als in Frankreich? Die Sache liegt hier einfach so, daß in der byzantinischen Zeit das spätgriechische *θεῖος, -α* ins Latein der zu Ostrom gehörigen Gebiete übernommen worden ist, wohl als Modewort, wie nhd. *Onkel* aus dem Franz., daß also an diesem Zusammenfall einfach die Tatsache der Entlehnung aus dem Griech. schuld ist (vgl. dazu P. Aebischer, Protohistoire de deux mots romans d'origine grecque, Annali della R. Scuola Normale Superiore di Pisa, S. II, vol. V, 1936; (s. auch W. von Wartburg, Z 57, 1937, 651). Bei dieser terminologischen Vereinfachung des Verwandtschaftsverhältnisses haben wir also zwei Stufen ($4>2$, $2>1$), von denen die erste tatsächlich darauf beruht, daß eine gewisse Unterscheidung nicht mehr als wesentlich empfunden wird, die zweite aber ein unbeabsichtigtes Nebenprodukt eines Entlehnungsvorganges ist. 1 erlaubt also einen Rückblick auf gewandelte Mentalität, 2 nicht. Oder welche Schlüsse ließen sich wohl daraus ziehen, daß im Franz. *moine* und *nonne* „wurzelhaft" unterschieden sind, das Ital. aber *monaco* und *monaca* nur „ordnungsmäßig gruppiert"? Eine summarische Gegenüberstellung, ohne daß man die Hintergründe betrachtet hat, kann höchstens Zufallstreffer ergeben. Nicht umsonst sagt Wilhelm von Humboldt: „Nichts fügt dem Sprachstudium so empfindlichen Schaden zu, als allgemeines, nicht auf gehörige Kenntnis gegründetes Raisonnement."

Vgl. noch hierzu B. Croce, Estetica come scienza dell'espressione e linguistica generale, Bari ³1909. Ferner: K. Jaberg, Idealistische Neuphilologie, Germ.-Rom. Monatsschrift 14 (1926), 1–25 (sorgfältig abgewogene, grundsätzliche Kritik der Forschungsrichtung Voßlers und seiner Schüler).

[1] Vgl. darüber Ch. Bally, En été: au printemps; croire en Dieu: croire au diable, Festschrift Tappolet, Basel 1935. Doch siehe jetzt zu dieser Frage auch Carin Fahlin, Etude sur l'emploi des prépositions en, à, dans, au sens local, Uppsala 1942, S. 107–117; G. Gougenheim, Journal de Psychologie 43 (1950), 180–192; A. Dauzat, Mélanges Bruneau, Paris 1954, S. 1–9.

schmolz im Altfranzösischen ebenso mit dem Artikel wie *à*. Sie wurde zu *el*, *eu*, *ou* und dieses schließlich *au*, wodurch es mit *à* + *le* zusammenfiel. Vor die Namen der Jahreszeiten setzte man *en*, daher *en été*, *en automne*, *en hiver*, ohne Artikel, weil diese als einzig dastehende Begriffe, gleichsam Eigennamen empfunden wurden; doch *ou* ($>$ *au*) *printemps*, weil *prin temps* ($<$ *primum tempus*) an sich die erste Zeit irgendeiner größeren Zeitspanne (jour, vie, année) bezeichnen konnte. Daher der heutige Gegensatz im Gebrauch der Präpositionen vor den Namen der Jahreszeiten. Dieser Gegensatz ist aber bloße Konvention geblieben; es entspricht ihm keine semantische Differenzierung. Anders beim Verbum *croire*; im Mittelalter sagte man allgemein *croire en*, also *croire en Dieu*, *croire en le* ($>$ *ou*) *diable*, wobei der Artikel bei *Dieu* als Eigenname fehlte, bei *diable* aber stehen konnte. Daher nfr. *croire en Dieu*, *croire au diable*. Nun traf es sich, daß *en* vor Namen stehen blieb, die Wesen bezeichnen, zu denen der religiöse Mensch in vertrauensvoller Verehrung aufblickt (s. auch *croire en Jésus*, *en la Sainte Vierge*, wo *en* phonetisch unverändert blieb, weil es vor einem weiblichen Artikel stand), *au(x)* aber bei Wesenheiten, zu denen man keine solchen Beziehungen hatte (*croire au diable*, *aux revenants*). Daraus ist allmählich eine Differenzierung erwachsen, die auch dem Verbum zwei völlig verschiedene Nuancen gegeben hat: *croire à* bedeutet einfach „von der Existenz einer Wesenheit, einer Sache überzeugt sein“, *croire en* „sich voller Vertrauen und Hoffnung einer höheren Wesenheit anheimgeben“; *croire à* ist gedacht, *croire en* gelebt; jenes liegt auf dem intellektuellen Plan, dieses im Irrationalen. Und je nach der Situation ist heute beim gleichen Wort *en* oder *à* möglich: *croire en la Sainte Vierge* ist ein Akt des lebendigen Glaubens eines Katholiken, während man von einem Protestanten sagen würde *il ne croit pas à la Sainte Vierge*, weil er die besondere Stellung der gnadenreichen Jungfrau für einen bedauerlichen dogmatischen Irrtum hält.

Wie in diesem Fall aus einer lautlichen Differenzierung neue Ausdrucksmöglichkeiten erwachsen sind, so kann die Sprache unter Umständen scheinbar Abgestorbenes zu neuem Leben aufrufen. Bekanntlich hat das Französische viele Wörter in doppelter Entwicklung, betont und unbetont (*me*, *mon*, *notre*, *la*, *les*; *moi*, *mien*, *nôtre*, *elle*, *eux* usw.), andere kommen überhaupt nur in unbetonter Form vor, so *de* und die Präpositionen überhaupt. Das hängt zusammen mit der allgemeinen Entwicklungstendenz des Französischen, die innerhalb eines Wortes oder einer Gruppe eng zusammengehöriger Wörter alles dem Hauptakzent unterordnet. In einem Wort wie *ordonnance* ordnen sich die beiden ersten Silben dem Akzent der letzten unter, und gleiches geschieht bei *nous ordonnons*, das sowieso eigentlich als éin Wort anzusehen ist (s. oben S. 75), aber auch bei *ce beau livre*. Nun hat aber das Französische neben dem normalen, ererbten Wortakzent noch einen zweiten Akzent, der auf gewöhnlich unbetonte Silben gelegt wird[1]:

La Suède est une monarchie constitutionelle, la Russie une monarchie absolue. Was hier innerhalb des Wortes geschieht, kann sich ebenso innerhalb der rhythmischen Gruppe vollziehen. Daher kann ein an sich unbetontes Wort auf einmal den Ton auf sich ziehen; so wird eine besonders starke Gegenüberstellung erreicht[2]. Vgl. Maupassant, Fort comme la mort, S. 18: *il devint le peintre chéri de lą Parisienne et dęs Parisiennes*; Duruy, Hist. de France 1, 419: *mais les circonstances pouvaient changer, et, en 1336, elles avaient changé*; Victor Hugo, Hernani II 2: *Pour un pas, je vo̜us tue, et mę tue*; *Elle ne vit que pa̜r son amour et dę son amour*; An. France, Livre de mon ami 209: *Et parce qu'elle n'a pas no̜tre raison, on décide qu'elle n'a pas dę raison.* Der Gegensatz zwischen der normalen Tonlosigkeit der Silbe oder des Wortes hebt ihre Bedeutung im Satzganzen noch besonders heraus; vgl. z. B. im letzten Satz, wo das Deutsche etwa *überhaupt kein* setzen würde. Gerade das, was durch die Entwicklung dem Französischen verlorengegangen ist, kann es neu beleben, und damit ein besonderes Relief in die Rede hineinbringen.

6. Wortschatz

a) Beispiele von Verschiebungen

Von den vier Wörtern, aus denen unser lateinischer Satz bestand (oben S. 15), kehrt bloß eines im französischen Satz wieder: *mater* = *mère*. An die Stelle von *dare* ist *donner* (< *donare*) getreten, an die Stelle von *ancilla servante*, statt *culter* steht *couteau* (< *cultellus*) da. *Dare* und *ancilla* sind wirklich untergegangen, *culter* hat die Bedeutung aufgegeben, die es in dem lat. Satz hatte, lebt aber in einem anderen Sinne weiter.

Culter ist im späteren Latein neben und statt dem älteren *dens aratri* der Name des Pflugmessers geworden. Neben ihm stand schon *cultellus*

---

[1] Über seine zwei Varianten, die emotionelle und die hervorhebende, siehe W. von Wartburg, Evolution et Structure, S. 251 ff.

[2] Die folgenden Beispiele meist aus F. Strohmeyer, Der Stil der französischen Sprache, 2. Aufl., Berlin 1924, 90 ff. und E. Lerch, Historische französische Syntax, Bd. 3, Leipzig 1934, S. 219 ff. Die Beurteilung des ganzen Problems ist allerdings bei Lerch ganz unrichtig, weil er das Wesen des hervorhebenden Akzents verkennt. Der traditionelle Akzent auf der letzten Silbe bleibt bestehen; das Wort oder die Gruppe erhält nur außerdem noch einen zweiten Akzent hinzu. Vgl. auch die klaren Ausführungen hierüber bei M. Grammont, Traité pratique de prononciation française, 9e éd., Paris 1937; J. Marouzeau, Le Français Moderne 2 (1934), 123–26; 16 (1948), 1–10.

„kleines Messer". Als nun *culter* zur Bezeichnung des Pflugmessers wurde, war der diminutive Sinn von *cultellus*, auch wenn man das Messer von normaler Größe damit bezeichnete, völlig gerechtfertigt. Zum Überfluß kam noch die Vorliebe des Vulgärlateins für die Verwendung von diminutiven Formen dazu (*sitellus*, *vitellus* usw.). So wurden Messer und Pflugmesser auch sprachlich geschieden (*cultellus* / *culter* = fr. *couteau* / *coutre*). Daß *cultellus* noch in lateinischer Zeit zur normalen Bezeichnung des Messers geworden ist, erhellt schon aus der Tatsache, daß auch sp. *cuchillo*, it. *coltello* dieses Wort repräsentieren.

b) Gemeinsprache und Gruppensprache

Mit den Wörtern *coutre* und *pflugmesser* verbindet nun allerdings nicht jedermann eine exakte Vorstellung. Sie sind präzise, exakte Begriffe für den Ackerbauer, nicht mehr für die Gesamtheit des Volkes. Sie sind ein Glied der agrikolen Terminologie, gehören also dem Wortschatz nur eines Teiles des Volkes an. Die Spezialisierung der Bedeutung hat auch den Kreis der mit dem Wort vertrauten Menschen enger werden lassen. Wir stehen hier vor einer Scheidung, die für Leben und Funktion der Wörter im ganzen der Sprache von größter Tragweite ist: das Lexikon einer Sprache besteht aus zwei Gruppen von Wörtern: die einen (*Messer*, *Kopf*, *Haus*, *Blume*, *schlafen*) werden von allen Angehörigen einer sprachlichen Gemeinschaft gleichermaßen verstanden und verwendet; die andern sind nur einem mehr oder weniger großen Teil der Sprachgemeinschaft verständlich, werden nur von dessen Angehörigen gebraucht oder wenigstens richtig gebraucht. Innerhalb der menschlichen Gemeinschaft, die an einer Sprache Anteil hat, gibt es so zahlreiche kleinere oder größere Gruppen, die unter sich gewisse Ausdrücke allein verwenden. Es gibt im Innern der Sprache Gruppensprachen. Zwischen Gemeinsprache und Gruppensprache besteht natürlich keine feste Grenze. Wenn jemand kraft seiner Bildung oder seiner Lebenserfahrung sich z. B. weitere menschliche Tätigkeitsfelder angeschaut hat, so hat er auch an diesen Berufs- oder Gruppensprachen Anteil, in einem Umfang natürlich, der von der Begabung und der Intensität der Betätigung abhängt. Noch in anderer Beziehung hängen Berufssprache und Gemeinsprache zusammen: alle Berufssprachen ragen mit einem Teil ihres Vokabulars in die Sprache der Allgemeinheit hinein, mit dem Rest bleiben sie auf den dem betreffenden Beruf angehörigen Teil des Volkes beschränkt. Der erste Teil besteht aus zwei Gruppen: 1. die Wörter, welche die Produkte bezeichnen, die als Konsumgüter an die Allgemeinheit gehen; 2. die Wörter, welche Gegenstände oder Werkzeuge bezeichnen, die so häufig sind, daß ein jeder sie oft zu Gesicht bekommt, oder auch Hantierungen, die sich vor aller Augen vollziehen: *Hammer*, *mähen*, *nähen*; doch schwankt die Grenze von einem Individuum zum andern: ein Familienvater, in dessen Haus von den weiblichen Angehörigen viel Näharbeiten verrichtet werden, wird mit dem Verbum *wiefeln* eine exakte Vorstellung verbinden, einem andern aber wird die Bedeutung des Wortes unklar oder ganz fremd bleiben. Dieser Unterschied ist von größter Bedeutung z. B. für die metaphorische Verwendung eines Wortes: ein Ausdruck der Eisenbahnterminologie, wie fr. *aiguiller* „die Weichen stellen“, kann nur deswegen übertragen verwendet werden (*aiguiller une discussion*), weil das Stellen der Weichen und dessen Zweck jedem bekannt sind. Der Unterschied zwischen den beiden Teilen des Berufsvokabulars wirkt sich oft auch bei der sprachlichen Assimilation eines unterworfenen Volkes aus. Als z. B. die Römer Gallien von den Städten aus latinisierten, da nahmen die gallischen Bauern für die Produkte, die sie den Herren abzuliefern hatten oder die sie nach der Stadt verkauften, die lateinischen Bezeichnungen auf; für die Unterprodukte aber, die sie dem Vieh verfütterten oder die weggeworfen werden müssen, blieben die gallischen Ausdrücke (unten Teil 1). Ebenso drangen z. B. die allgemeinen Ausdrücke des Lateinischen für die Bodenkonfiguration durch; die speziellen Ausdrücke aber, die nur für die Differenzierung der Bodenbebauung von Wichtigkeit sind, blieben gallisch (unten Teil 2). Also:

lat. (1)	*lac*	gegen	gall. **mesigum* „Molken“
	butyrum		
	farina		*brennos* „Kleie“
	mel		**botusca* „Bodensatz des Wachses“
	cera		*brisca* „Wabe“
	vinum		*liga* „Trester“
	racemum		**genna* „Trester“
	spica		*gabella*
	campus		*rica* „Furche“
lat. (2)	*pratum*	gegen	**selj-* (> *sillon*) „Furche“
			**samaro* „Brachfeld“
			**bodica* „Brachfeld“
	cannabis		**cer-* (> *sérancer*) „hecheln“
	linum		**nax* (> frpr. *naisi*) „Hanf rösten“
	mons		*calma*
	vallis		*jurom* „Bergwald“
	silva		
	petra		*grava*
			gallos (> *galet*)
			caljo (> *caillou*)

usw.

Der extremste Fall einer Gruppensprache ist der Argot. Das Wesentliche am Argot[1] läßt sich auf zwei Merkmale zurückführen:

1. Er ist ein Idiom, das einer bestimmten Schicht der Gesellschaft, einer mehr oder weniger geschlossenen Gruppe von Individuen angehört. Doch ist er nicht deren einzige Sprache, im Gegenteil, er lebt neben der Gemeinsprache im Bewußtsein der betreffenden Menschen.

2. Man kann sich seiner bedienen, um Mitteilungen und Äußerungen, die nur für Eingeweihte bestimmt sind, vor Profanen geheim zu halten. Selbstverständlich ist der Wunsch zur Geheimhaltung nicht der einzige Antrieb zum Gebrauch des Argot. Aber jedenfalls dient der Argot oft als Verständigungsmittel über Dinge, die einem Dritten verborgen gehalten werden sollen. Wenn wir nun unsere Blicke weiter herumschweifen lassen, so finden wir fast in allen europäischen Ländern derartige Geheimsprachen, die sich unter den Verbrechern, Bettlern und Vagabunden ausgebildet haben. Das Deutsche hat sein Rotwelsch, das Italienische seinen gergo, das Spanische seine germanía, sein caló, das Portugiesische sein calão, das Englische seinen cant, seinen slang. Sie verhalten sich zu den Gemeinsprachen der betreffenden Länder ähnlich wie der Argot zum Französischen.

Nun sind aber die Gauner nicht die einzige geschlossene Gesellschaftsgruppe. Die Gesellschaftsordnung kennt zahlreiche andere Gruppierungen; wobei allerdings zu bemerken ist, daß die sozialen und beruflichen Verhältnisse heute lange nicht mehr die gleiche Starrheit besitzen, wie ehedem, und daher der Bildung und Erhaltung von Gruppensprachen nicht mehr so günstig sind, wie vergangene Epochen.

So sehen wir vor allem gewisse Berufsgruppen sich ein eigenes Vokabular schaffen. Das merkwürdigste Beispiel davon sind die Argotbildungen innerhalb der französischen Mundarten, besonders in den Schweizerbergen, in Savoien und den obersten Stufen der piemontesischen Alpentäler. In jenen Gebirgstälern bestand früher die Gewohnheit, daß die Männer in Gruppen vereinigt als Saisonarbeiter auswanderten und herumzogen. Sie verdingten sich als Erntearbeiter, sie erschienen periodisch, um die Kamine zu reinigen. Sie kamen zur Zeit der Hanf- und Flachsernte, und man vertraute ihnen die heikle Operation des Brechens und Hechelns an. So waren aus dem Dorfe Samoëns allein zeitweise bis zu 250 arbeitsfähige Männer als Maurer auswärts beschäftigt.

Diese Arbeitergruppen sprachen in der Heimat gewöhnlich ihre Dorfmundart; sowie sie aber auf ihrer Arbeitsreise begriffen waren, bedienten sie sich des Argot. So begannen z. B. die Hanfhechler von St. Claude erst jenseits der Brücke von Avignon ihr Berufsidiom zu gebrauchen.

Ähnliche Berufssprachen entstehen zu allen Zeiten und an allen Orten

---

[1] Zu diesem siehe zuletzt P. Guiraud, L'Argot, Paris 1956.

mit zahllosen Abschattierungen an Umfang und Geschlossenheit. Verschiedene davon sind gesammelt worden. Meist handelt es sich aber dabei um Redewendungen und Benennungen, welche berufliche Dinge betreffen. Jeder Beruf, jede Betätigung hat eine eigene Nomenklatur. Die Sportleute bedienen sich zahlreicher Wörter, deren Sinn uns höchst nebelhaft bleibt, der Typograph mit seinen stark differenzierten Arbeitsmethoden und Werkzeugen bedarf einer reich entwickelten Terminologie, in die einzudringen ein ganzes Studium erfordert. Jede streng wissenschaftliche Publikation ist ein Buch mit sieben Siegeln für den Uneingeweihten. So reiht sich Gruppe an Gruppe, die eine mehr, die andere weniger geschlossen, eine jede mit einem mehr oder weniger großen Teilvokabular. Im allgemeinen beschlägt dieses Teilvokabular nur Begriffe, die für den Laien ohne großes Interesse sind; daher fehlt der Antrieb, sich dieses Vokabulars zu bedienen, um seine Mitteilungen vor Drittpersonen geheimzuhalten.

Es fehlt also bei diesen Berufssprachen das zweite der beiden Merkmale, mit denen wir die Argots charakterisiert haben, nämlich die ausdrückliche Absicht, sich damit die anderen Menschen vom Leibe zu halten. Doch bedarf es nur besonderer Umstände, damit gleich wieder dieser Zug herausspringt. So hat z. B. kaum ein Beruf ein ausgedehnteres Spezialvokabular als die Ärzte. Sie bedienen sich dessen im allgemeinen einfach, um sich über die hunderte von Krankheiten und Heilmittel zu verständigen, mit denen sie alltäglich zu tun haben. Es handelt sich also offenbar ausschließlich um eine gut ausgebildete Berufsterminologie, auf die das Merkmal 1, nicht aber 2 zutrifft. Treten aber nur zwei dieser Herren in einem Krankenzimmer zu einer Konsultation zusammen, so wählen sie ihre fachtechnischen Ausdrücke nicht mehr nur deswegen, weil sie daran gewöhnt sind, sondern auch um ungestört sich über den Kranken und seine Krankheit unterhalten zu können. Sie werden sicherlich noch da und dort einen Fachausdruck einschieben, wo sie sonst eher das gemeinsprachliche Wort verwenden. Sie werden nicht über die Wahrscheinlichkeit des tödlichen Ausgangs der Krankheit beraten, sondern von exitus letalis sprechen usf. Damit haben sie gleich ihre Berufssprache in den Kreis der Argots hinübergeführt. So ist die Grenze, welche die Geheimsprachen von den Berufssprachen scheidet, äußerst schwankend. Sie liegt nicht zwischen der einen und der anderen Gruppe. Das gleiche Idiom kann bald mit, bald ohne die Absicht der „Vernebelung", wie man sich heute ausdrücken würde, gebraucht werden. Nur wird diese Absicht bei den einen häufiger eine Rolle spielen als bei anderen. Der Unterschied, der uns augenblicklich beschäftigt, ist also nicht ein prinzipieller, sondern ein gradueller.

Was wir hier von den Berufen gesehen haben, gilt natürlich auch von anderen sozialen Gruppierungen. So hat es z. B. seit jeher eine Soldaten- oder Kasernensprache gegeben. In einem Land mit zwei- und dreijähriger

Dienstzeit bei allgemeiner Wehrpflicht muß diese Sprache eine große Verbreitung gewinnen. Und so gehen ihre Ausdrücke mit großer Leichtigkeit in die allgemeine Sprache über. Was übrig bleibt, ist so wenig, daß es nie den Charakter einer Geheimsprache hätte gewinnen können. Allerhöchstens dienen diese paar Ausdrücke als Wiedererkennungszeichen, wenn alte Kameraden sich wieder treffen. Sie lassen Erinnerungen an gemeinsame Erlebnisse wieder aufleben und erhalten dadurch einen besonderen Reiz.

Ähnliches gilt von der Schüler- und Studentensprache. Nur bleibt zu beachten, daß die Studenten seit Jahrhunderten in Frankreich ein viel weniger ausgeprägtes Eigenleben haben, als in Deutschland. Demgemäß ist auch ihre Sprache viel weniger eigenwillig als etwa die der deutschen Studenten; und es dürfte schwer halten, im Französischen ein ebenso reichhaltiges und farbenfrohes Büchlein zu schreiben, wie das von Kluge über die deutsche Studentensprache. Am meisten tun sich noch hervor die Studenten der École Polytechnique und die Offiziersschüler von St. Cyr, wohl weil sie mehr als die anderen in einer geschlossenen Korporation leben. Daß aber in jeder höheren Schule Ansätze zu einer Argotbildung bestehen, dafür sorgen schon die Lebensgeister der jungen Generation und der ewige Gegensatz zwischen Lehrern und Schülern.

Aber auch die kleinste Einheit des sozialen Lebens, der Haushalt, zeigt schon Ansätze zur Entwicklung einer Sondersprache. Auch abgesehen von Kosenamen und Ähnlichem kennt fast jede Familie eine gewisse Anzahl von nur ihr geläufigen Ausdrücken. Nur ein Beispiel aus meiner eigenen Beobachtung. Als mein erstes Kind zu sprechen begann, da war ihm das in der Schweiz allgemein gebräuchliche Wort *confiture* zu kompliziert. Es „vereinfachte" dieses Lautgebilde zu *kontokopetöle*. Dieses Wort wiederum wurde allmählich verkürzt zu *konto*, und diese Form ist in meiner Familie zum usuellen Ausdruck für Marmelade geworden.

So konstatieren wir stets dasselbe: ganz allmählich führt uns eine Stufenleiter hinüber von dem Argot im engeren Sinn zu den einzelnen Gruppenidiomen, die sich in unendlich zahlreichen Abtönungen in der Gemeinsprache verlieren. Nirgends können wir einen Schnitt machen, nirgends einen prinzipiellen Unterschied feststellen. So ist der Argot in stetem Kontakt mit der Gemeinsprache, und wir dürfen daraus den Schluß ziehen, daß es hüben und drüben gleich zugehen muß, daß also der Argot die gleichen Bildungsgesetze kennt, wie die Gemeinsprache, daß in ihm die Kräfte wohl in etwas anderer Dosierung wirken mögen, als in dieser, daß er aber nicht von prinzipiell anders gearteten Kräften getragen wird.

Dieses Ergebnis unserer mehr grundsätzlichen Erwägungen wird durchaus bestätigt durch die Untersuchung der realen Verhältnisse. Vor allem springt uns sofort in die Augen, daß der Argot weder phonetisch noch morphologisch, noch syntaktisch sich vom Französischen abhebt, ebensowenig der cant vom Englischen oder der gergo von den italienischen Stadtmundarten. Er ist in den Lauten wie in den Formen und der Satzgestaltung französisch, nur französisch, echtes Französisch. Die Differenzierung beschränkt sich ganz auf die Semantik. Hier halten wir einen der Hauptunterschiede zwischen Dialekt oder Mundart einerseits und Argot andererseits. Eine Mundart zweigt von der Gemeinsprache ab durch Veränderungen, die sich gleichmäßig über den ganzen Komplex sprachlicher Äußerung erstrecken. Der Argot kennt, mit ganz unwesentlichen Ausnahmen, auf die wir nicht einzugehen brauchen, nur semantische Fortentwicklung.

Diese allerdings greift sehr in die Tiefe und in die Breite. Zahlreich sind die Wörter, die von ihr erfaßt werden, und weit ist der Weg, auf dem sie von ihrer französischen Bedeutung abgedrängt werden.

Der zweite, wesentliche Unterschied ist sodann, daß die Mundart für sich allein bestehen kann, d. h. daß sie sehr wohl die einzige Sprache eines Menschen sein kann und in großem Umfange auch tatsächlich das einzige Idiom ist, dessen ein Mensch mächtig ist. Der Argot aber ist stets nur eine zweite Sprachform, die neben der Allgemeinsprache im Bewußtsein der betreffenden Leute lebt.

Zwischen Gemeinsprache und Gruppensprachen wogt so ein stetes Hin und Her. *culter* haben wir aus der allgemeinen Sprache in die agrikole Terminologie entschwinden sehen. Den umgekehrten Weg ist das fr. Adj. *futé* „schlau, gerieben" gegangen[1]. Du Vair braucht *se futer* mit Bezug auf einen Fisch oder Vogel, der mit knapper Not dem Netz entgangen ist und nun gewitzigt und vorsichtig ist. So wird das Verbum noch heute in Westfrankreich gebraucht. Es ist also ein Ausdruck der Jäger- und Fischersprache. Das Part. wird als Adj. verwendet mit Bezug auf das Tier, das im richtigen Augenblick der Gefahr entronnen ist. Während nun das Verbum in seiner regionalen und berufsgebundenen Existenz zurückbleibt, gelangt das Adj. ins Vulgärpariserische, wo es in allgemeinerer Bedeutung verwendet wird[2]. Folgendes Schema gibt dieses Hin und Her wieder:

Gemeinsprache (*fuite*)	>	Ablt. in der lokalen Berufssprache (*futer*)	< *futer* Verbum, bleibt in dieser Beschränkung < *futé* findet den Weg nach Paris, in die Gemeinsprache und verallgemeinert seine Bed.

[1] Früher hat man in *futé* das Part. Perf. von afr. *fuster* „prügeln" (zu *fustis* „Stock") gesehen. Aber dieses Verbum lebt nur bis ins 15. Jahrh., während *futé* erst seit dem Ende des 17. Jahrh. belegt ist. Das Verbum *futer* gehört zu *fuite* „Flucht" (*ui* > *u* im westfranz. häufig, besonders vortonig).

[2] Interessant, daneben das kanadische Französisch zu sehen, in dem *futé*

Ähnliche Wege ist das Verbum *habiller* gegangen. Es bedeutete im Altfranzösischen „herrichten", gehörte also der Allgemeinsprache an. Doch verteilte es sich bald in eine große Anzahl von speziellen Bedeutungen [1]. Für die Gärtner ist es „einen Baum zurechtstutzen, der versetzt werden soll", für den Bauern „im Frühling eine Wiese von allerlei Unrat säubern" oder auch „den Hanf ein erstes Mal hecheln"; im Munde des Fuhrmanns bedeutet es „das Pferd schirren", der Metzger meint „ausweiden", der Tierarzt „kastrieren", der Gerber „die Haut vorbereiten, die in die Lohe gelegt werden soll"; spricht der Mechaniker das Verbum aus, so bezeichnet es das richtige Zusammensetzen all der Räder und Gewichte der Uhr, der Müller verband damit die Vorstellung des Überspannens der Windmühlenflügel mit Leinwand, für den Flößer war *habiller* „ein Floß richtig zusammenkoppeln"; der Töpfer endlich verstand unter *habiller* das Anbringen von Henkeln und Füßen an die irdenen Gefäße und damit die Krönung seines Werkes. So war das Verbum semantisch auseinandergespellt in eine Menge spezieller Bedeutungen und keiner von all den werktätigen Männern hätte den andern verstanden; es lebte in einer großen Zahl von Berufssprachen, aber nur wenig in der Gemeinsprache. Nun gab es aber noch eine weitere Spezialbedeutung, die wir noch nicht erwähnt haben. Das war „ausrüsten für den Kampf". Aus ihm entwickelt sich nun auf einmal gegen 1500 die allgemeine Bedeutung „bekleiden", und in dieser Bedeutung tritt nun das Verbum in die Allgemeinsprache zurück und erobert sich sehr rasch seinen Platz. Damit hat es an einer Stelle seine engen Fesseln gesprengt und erhebt sich nun frei. Es ist, wie wenn aus einem niederen Busch mit vielen bescheidenen kleinen Zweigen plötzlich ein mächtiger Leitast emporschießt, der nun alle andern überschattet.

Den Übergang aus einer Berufsterminologie in den allgemeinen Wortschatz erkauft mancher Ausdruck mit dem Verlust des ursprünglichen Sinnes oder wenigstens mit einer inneren Umbildung. Fr. *connaître* bedeutet im Mittelalter auch „faire des actes d'instruction en une cause", daher dann der Ausdruck *en connaissance de cause* „après avoir fait l instruction nécessaire à un procès". Im 18. Jahrh. wird die Bedeutung erweitert zu „connaissant bien ce dont on parle". Damit verblaßt aber die juristische Bedeutung von *cause*. Vom 13.–15. Jahrh. lebt *connaissance* auch in der Bedeutung „genaue Kenntnis der Örtlichkeiten". Darauf beruht der Ausdruck *être en pays de connaissance* „in einem Land, dessen Örtlichkeiten man gut kennt". Später ging diese topographische Bedeutung von *connaissance* verloren. Die Redensart *en pays de connaissance* war dadurch

---

noch nicht soweit verallgemeinert ist, sondern noch an die Tierwelt gebunden erscheint: „se dit d'un animal dont l'intelligence est arrivée à son plus haut degré".

[1] Vgl. noch ähnlich fr. *débiter,* FEW 1, 385.

unverständlich geworden; statt sie aber fallen zu lassen, schloß man sie an die Bedeutung „Person, die man kennt“ an, so daß die Redensart nun bedeutet „Örtlichkeit, in der man viele Bekannte hat“.

Der Ersatz von *dare* durch *donare* „schenken“ hat schon im Lateinischen eingesetzt: vom 1.–6. Jahrh. findet man in wachsender Häufigkeit *donare* für *dare*. Die romanischen Sprachen haben dann allerdings *dare* meist wiederhergestellt. Im Französischen hat *donare* gesiegt; aber seine Formen tragen in älterer Zeit noch die Spuren des Kampfes an sich: afr. *doins* „ich gebe“ ist entstanden aus einer Vermischung von *don* (< *dono*) mit *dois* (< *do*, umgebildet wie *estois* < *sto*); und nach *doins* ist auch *doint* „er gibt“ geformt (dieses bis ins 17. Jahrh. lebend).

c) Die Herkunft der Wörter

Die Frage nach der Herkunft der Wörter nennt man im allgemeinen Etymologie. Die etymologische Forschung ist in den verschiedenen Sprachgebieten stets mit verschiedener Fragestellung geführt worden. Typisch dafür ist etwa der Gegensatz zwischen den Indogermanisten und den Romanisten. Die Romanisten sehen ihre Aufgabe darin, die Wörter der romanischen Sprachen bis zum Lateinischen (evtl. zum Keltischen, Germanischen usw.) zurückzuführen. Mit der Feststellung der Tatsache, daß fr. *champ* auf lt. *campus* zurückgeht, ist das seiner Forschung gestellte Problem gelöst. D. h. die Romanisten betrachten einen abgeschlossenen Zeitraum von etwa 2000 Jahren. Die Indogermanisten aber, wie auch die Germanisten usw., denen keine so sicher bekannte ältere Sprachstufe zur Verfügung steht, suchen durch Vergleichung mit andern Sprachen zu sog. Wurzeln vorzudringen und die dem Wort ursprünglich angemessene Vorstellung zu ermitteln.

Dieser Gegensatz hat heute an Bedeutung verloren; der Begriff selbst der Etymologie hat sich gewandelt. Früher begnügte man sich damit, Ausgangs- und Schlußpunkt der Entwicklung festzustellen, z. B. *jour* auf lt. *diurnus* zurückzuführen; um die Frage, warum lt. *dies* habe zurücktreten müssen, wie der Kampf zwischen den beiden Wörtern vor sich gegangen sei, welche Phasen er durchgemacht habe, kümmerte man sich kaum [1].

---

[1] Vgl. R. Thurneysen, Die Etymologie, Freiburg i. Br. 1904. Über die Tendenzen der zeitgenössischen Etymologie unterrichtet der Artikel von K. Baldinger, L'étymologie hier et aujourd'hui, Cahiers de l'Association des Etudes Françaises 11 (1959), 233–264. Siehe auch A. S. C. Ross, Etymology, With Especial Reference to English, London 1958, und zahlreiche Artikel von Y. Malkiel, vor allem in Word 10 (1954), 265–274, Bulletin of Hispanic Studies, 31 (1954),

Nehmen wir z. B. den Artikel *ferire*, der bei ML lautet: lat. *ferire* „schlagen“, daraus ait. *fiedere*, log. *ferrere*, fr. *férir*, prov. *ferir*, span. *herir*, portug. *ferir*.

Dieser Artikel ist nun semantisch richtig für das Lateinische und das Galloromanische, nicht aber für das Iberoromanische, denn hier bedeutet das Verbum „verwunden“. Und diese neue Bedeutung lebt auch in anderen romanischen Ländern, in ital. *ferire*, in altsard. *ferre*, in katal. *ferir*. Es handelt sich also um eine schon in lateinischer Zeit neu erworbene Bedeutung. Und da erheben sich zwei Fragen: 1. welches sind die Nachfolger von *ferire* in der Bedeutung „schlagen“; 2. welches ist das durch *ferire* aus der Bedeutung „verwunden“ verdrängte Verbum? Die Nachfolger sind *battuere* und *percutere*, eigentlich „klopfen“. Das Verbum, welches durch *ferire* aus der Bedeutung „verwunden“ verdrängt worden ist, ist *vulnerare*. Dieses ist in der Tat im Romanischen nirgends erhalten, ein neuer Beweis, daß *ferire* noch in späterer lateinischer Zeit dafür eingetreten ist, sagen wir im 5. Jahrh. Nun haben wir gesehen, daß im Galloromanischen die neue Bedeutung „verwunden“ nicht mehr eingedrungen ist. Das veranlaßt uns wiederum zu fragen, wieso hier im Galloromanischen und nur hier „schlagen, einen Streich führen“ als einzige Bedeutung erhalten blieb. Der Grund dazu ist wohl wesentlich in dem Umstand zu suchen, daß „verwunden“ vor allem ein Ausdruck der Militärsprache ist. Für diese aber waren nun die eingebrochenen Germanen maßgebend, weit mehr maßgebend auch, als in den anderen romanischen Ländern. Sie brachten die neuen Wörter *navrer* (aus altnord. **nafra*) und *blesser* (aus altfränk. *blettian*). Das erste bezeichnete die Schnittwunde, das zweite die Quetschwunde. So sehen wir, daß wir unseren Blick stets wieder auf die Symbiose der Wörter richten müssen. Die Wörter leben nicht einfach jedes sein Einzeldasein dahin. Die kleinste Veränderung, die geringste Neuerung in der Abschattierung der Bedeutung hat sofort ihre Wirkung auf die daneben lebenden Wörter. Wer heute die Etymologie eines Wortes schreiben will, darf sich nicht damit begnügen, den Schwund einer Bedeutung oder die Angliederung einer neuen Bedeutung zu konstatieren. Er muß darüber hinaus fragen: welches Wort ist der glückliche Konkurrent, der die verlorene Bedeutung für sich beansprucht, oder welchem anderen Wort hat es die neue Bedeutung abgejagt. Die genaue Erfassung der Semantik und der ganzen Umwelt eines Wortes ist dabei erstes Erfordernis. Sie ist so wichtig, wie die Aufhellung der lautlichen und morphologischen Verhältnisse, und spätere Geschlechter

---

78–90, sowie dens., Essays on linguistic Themes, Oxford 1968. Zum Wort *étymologie* siehe P. Zumthor, in: Etymologica, Festschrift von Wartburg, Tübingen 1958, S. 873–893. – [Zum Lehnwort L. Deroy, L'emprunt linguistique, Paris 1956].

werden sicherlich über die Vernachlässigung der semantischen Seite und des Studiums der ganzen Vitalität eines Wortes ebenso lächeln, wie wir heute über die naive Art der Lautbetrachtung von seiten von Ménage[1].

Die Bedeutung des Zusammenlebens der Wörter, ihre gegenseitigen Beziehungen und Einwirkungen mögen einige Beispiele erläutern: Lt. *exspectare* „warten; erwarten" mußte im gesprochenen Latein der späteren Kaiserzeit mit einem Simplex *spectare* „schauen" zusammenfallen (*ex-* vor Konsonant > *es-*; *s* + Kons. > *es-*). Die Notwendigkeit, die beiden Begriffe „schauen" und „warten" begrifflich auseinanderzuhalten, ist evident. Dem Zusammenfall der beiden Verben mußte irgendwie begegnet werden. In der Tat hat sich das Mißbehagen über die semantische Störung nach beiden Seiten ausgewirkt: *spectare* wurde ersetzt durch *mirari* (so in Iberien) oder durch germanische Verben (fr. *(re)garder*, it. *guardare* usw.); *exspectare* wurde bald umgebaut zu *ad-spectare* (daher it. *aspettare*, rum. *aşteptá*), bald durch andere Verben ersetzt, so *sustinere* und *sperare* im afrikanischen Latein (> sp. *esperar*), *attendere* in Gallien (fr. *attendre*).

Wer etwa fr. *femme* unbesehen zu lt. *femina* stellt, der verhüllt das Problem, das in dem gegenseitigen Verhältnis der beiden Wörter liegt: lt. *femina* bedeutete ja nicht „Frau", sondern „Weibchen, d. h. Exemplar weiblichen Geschlechtes, sowohl bei Menschen wie bei Tieren". Man kann diese beiden Wörter nur in einem größeren Rahmen studieren im Zusammenhang mit den Wörtern, die für „Ehefrau" im Gebrauch stehen, sowie mit denen, die als Anrede, als Titel seit der späteren Kaiserzeit üblich sind. Die folgende Tabelle gibt eine (sehr vereinfachte) Übersicht über diese vier Begriffe und ihre Bezeichnungen.

	1. Weib(chen)	2. Frau	3. Ehefrau	4. Anrede (Titel)
klt.	*femina*	*mulier*	*uxor*	–
lat. 5. Jahrh.	*femina*	*mulier*	*uxor*	*domina*
	(*femella*)		*oissor* (bis 1300)	
afr.	*femelle*	*femme*	*moillier* (bis 1500)	*dame*
nfr.	*femelle*	*femme*		(*ma*)*dame*
ital.	*femmina*	*donna*	*moglie*	*signora*
span.	*hembra*	*mujer*	*mujer* (aspan. *uxor*)	*señora*
portug.	*femea*	*mulher*		*senhora*

[1] Über diese Fragen siehe F. Bar, La méthode étymologique de Ménage, Cahiers de l'Association Internationale des Etudes Françaises 11 (1959), 265–272, und S. Ullmann, Sémantique et étymologie, ibid. S. 323–335.

Wir sehen aus dieser Tabelle, daß nur dort, wo das im Lateinischen späte und seltene *femella* die Bedeutung 1 übernommen hat, *femina* frei geworden ist, um in die Bedeutung 2 einzurücken. Außerdem haben 2 und 3 eine starke Tendenz sich zu vereinigen; das durch ein Possessivpronomen oder durch eine Präposition (*de, à*) ausgedrückte Besitzverhältnis genügte in diesem Fall, um 3 von 2 zu unterscheiden. Im Italienischen allerdings blieben 2 und 3 getrennt, was durch Überleitung von *domina* aus 4 ermöglicht wurde. Das erleichterte dem neuen aus *senior* stammenden Ehrentitel sein Eindringen in 4, während dieser im Französischen nur *dominus*, nicht aber *domina* verdrängen konnte, da eben hier *femme* eine Verwendung von *dame* in der Bedeutung 2 verhinderte. Im Spanischen ist *señora*, wohl infolge der Verwendung von *dueña* zur Bezeichnung der Ehrendame, in 4 eingerückt.

Ein Vergleich der Benennungen der Hüfte, des Ober- und Unterschenkels zeigt merkwürdige Verschiebungen:

	Hüfte	Oberschenkel	Unterschenkel (Bein)
lat.	*coxa*	*femur*	*crus*
ital.	*anca*	*coscia*	*gamba*
fr.	*hanche*	*cuisse*	*jambe*
span.	*anca*	*muslo*	*pierna*
portug.	*anca*	*coxa*	*perna*

Keines der lat. Wörter ist an seiner Stelle erhalten geblieben. *crus* ist ersetzt durch *perna*, das im Lateinischen „Hinterkeule, Schinken" bedeutet hat, resp. durch ein erst im 4. Jahrh. auftauchendes *camba*, das aus dem gr. *καμπή* „Sprunggelenk der Pferde". entlehnt ist und zuerst ein Ausdruck der Veterinäre war. Es sind also grobe, vom Tierkörper übernommene Wörter für die Bedeutung „Bein" an die Stelle von *crus* getreten. Dieses Aufkommen von burschikosen, familiären und ausdruckskräftigen Wörtern ist für die spätere Kaiserzeit überhaupt charakteristisch. *coxa* ist in seiner Bedeutung verschoben und an seinem alten Platz durch das germ. *hanka* ersetzt worden. Die Verbreitung von *hanka* über fast die ganze Romania zeigt, daß es ebenfalls in der Kaiserzeit, vielleicht im 3. oder 4. Jahrh. aufgenommen worden ist. Da außer *titta* „weibliche Brust" kein Name eines Körperteils in dieser frühen Zeit aus dem Germanischen aufgenommen worden ist, muß hierfür ein besonderer Grund vorliegen[1]. Der Grund liegt in der Notlage, in der sich das Lateinische befand: *femur* war homonym

[1] Für die Aufnahme von *titta* ist wohl die häufige Verwendung germanischer Ammen in Rom und im Reich verantwortlich zu machen.

geworden mit *fĭmus* „Mist“, das durch Einwirkung von *stercus* zu *femus*, *-oris* umgewandelt worden war. Um das dadurch unmöglich gewordene *fēmur* zu vermeiden, griff man zur Bezeichnung des nächstliegenden Körperteils *coxa*, das nun das Gebiet von der Hüfte bis gegen das Knie bezeichnete. Da aber diese Ausdehnung oft zu Unklarheiten führen mußte, griff man im Notfall zum germ. **hanka*, das man nun manchmal aus dem Munde germanischer Söldner und Ansiedler hörte[1].

Wenn die Betrachtungsweise sich heute gegenüber früher so sehr geändert hat, so ist das vor allem der Wirksamkeit Gilliérons zuzuschreiben. Gilliéron leuchtet tief hinein in das Leben, Leiden, Kämpfen der Wörter. Wenn man seine Arbeiten liest, bekommt man das Bild eines Dramas, das sich unter unsern Augen abspielt, und das regelmäßig mit einigen Toten endigt. Die frühere Art, zu etymologisieren, bekämpft G. aufs erbittertste. Er ironisiert sie einmal in seinem unübertrefflich farbigen Stil, indem er sie vergleicht mit einer Biographie von Balzac, die aus folgenden zwei Sätzen bestehen würde: „Balzac, assis sur les genoux de sa nourrice, était vêtu d'une robe bleue, rayée de rouge. Il écrivit la Comédie Humaine.“ Einige weitere Beispiele sollen noch andere der sich so eröffnenden Aspekte aufzeigen.

Lat. *edere* „essen“ befand sich aus zwei Gründen in einer geschwächten Position: einmal wegen seiner fast körperlos gewordenen Formen und sodann, weil einzelne seiner Formen lautlich mit denen von *esse* fast ganz übereinstimmten. Kein Wunder also, wenn die spätere Latinität gerne einen Ersatz dafür sucht. Dafür lagen nun zunächst bereit die Verba *comedere*, eigentlich „aufessen“, *manducare* „kauen“ (bzw. dessen Simplex *mandere*) und *pappare*, das sich durch seine Reduplikation schon als Wort der Kinderstube erweist. Von diesen Wörtern mußte sicher *comedere* als das weniger vulgäre empfunden werden, schon weil es mit *edere* zusammenhing. Von den romanischen Sprachen setzen das Spanische und Portugiesische *comedere* fort, während die anderen, Frankreich, Italien und Rumänien sich für *manducare* entschieden haben. Das stimmt vortrefflich zu dem, was wir auch sonst über den etwas vornehmeren und konservativeren Charakter des iberischen Lateins wissen, dem die von Rom propagierten Neuerungen leicht allzu plebejisch schienen. Nun möchten wir aber nicht nur geographisch und sozial das Eindringen von *manducare* an die Stelle von *edere* präzisieren, sondern auch chronologisch-historisch. Einen terminus a quo hierfür liefern uns nicht nur die vorher erwähnten Texte, sondern auch folgende Überlegung: sobald einmal *manducare* definitiv das einzige Normalwort für essen geworden war, mußte ihm in der Bedeutung „kauen“ ein

[1] Siehe K. Baldinger, L'étymologie cit., S. 237ff.; E. Gamillscheg, Etymologica, Festschrift von Wartburg 1958, Tübingen 1958, S. 261–80.

Nachfolger gegeben werden. Dieser Ersatz ist bekanntlich *masticare* (zu griech. *μαστάζω*). Dieses *masticare* ist nun nicht vor dem Jahre 300 belegt, so daß wohl zu jener Zeit etwa *manducare* endgültig in die Bedeutung „essen" hinübergeglitten sein wird[1].

Diese Gruppen von Verben sind auch durch ihre semantische Entwicklung Zeugnisse des allgemeinen Niedergangs der Kultur in der Zeit des späteren Kaiserreichs. Das Leben war härter, unsicherer geworden; dem entspricht die Bevorzugung kräftigerer oder gar grober Ausdrücke. So verzichtet man u. a. auch auf das klassisch-lateinische *sumere* „nehmen". Man ersetzt es durch Verben, deren Bedeutung „ergreifen, packen, wegnehmen" oder gar „plündern" ist: die Nachfolger von *sumere* sind *prehendere*, *tollere*, *piliare*. Ihrerseits hätten diese Verben Lücken zurückgelassen, wenn nicht die eindringenden Germanen diese wiederum ausgefüllt hätten. Wie bei „verwunden" haben auch hier die germanischen Idiome die nötigen Ersatzverben geliefert, so **sazjan*, *rapon*, *gripan*. Dieser massenhafte Untergang von lateinischen Normalwörtern in der späten Kaiserzeit und ihr Ersatz durch immer ausdruckskräftigere, rohere Wörter ist ein getreues Spiegelbild des Niedergangs der Kultur in jener Zeit. Darüber ließe sich ein ganzes Buch schreiben.

Diese Beispiele zeigen uns auch, wie die etymologische Forschung sich nicht beruhigen darf, bevor sie festgestellt hat, warum ein Wort in eine gewisse semantische Stellung einrückt, wann, von wo die Bewegung ausgeht und was für Folgen sie nach sich zieht. Die Labilität des Wortschatzes ist aber stets ungefähr dieselbe. Es kann ein Wort, wie z. B. *masticare*, geschaffen werden und nachher durch die ganze Romania bis auf den heutigen Tag seine Stellung behaupten. Es kann aber ebensogut in späterer Zeit aus irgendeinem Grunde untergehen, und zwar der einen Sprache verlorengehen, während die andere es behält. Es gibt Wörter, die langsam semantisch zerbröckeln und schließlich an Schwindsucht zugrunde gehen. So z. B. fr. *muer*. Die Gleichung *muer* – *mutare* hat schon Ménage erkannt. Und doch sagt sie eigentlich wenig aus. Lebendig wird sie uns erst wenn wir, die Jahrhunderte hinuntersteigend, sehen, wie das Verbum eine Stellung nach der anderen verliert. Lat. *mutare* „wechseln, ändern" ist ein viel gebrauchtes Verbum, umgeben von einer stattlichen Familie von Ableitungen. Es führt ein kräftiges Dasein. Aber das spätere Latein hat ihm einen Konkurrenten gegeben, das gallische *cambiare*, das zuerst und bis spät ins Mittelalter nur technischer Ausdruck der Handelssprache, des Tauschhandels ist. Es besetzt vorerst nur ein ganz bescheidenes Plätzchen innerhalb einer Berufssprache und *mutare* überläßt ihm großmütig dieses kleine

[1] Vgl. im einzelnen C. Beyer, Die Verba des „Essens", „Schickens", „Kaufens" und „Findens" in ihrer Geschichte vom Latein bis in die romanischen Sprachen, Leipzig–Paris 1934.

Revier. Dann aber kommt die Zeit, wo *cambiare* anfängt, das alte *mutare* zu untergraben; *cambiare* erreicht es, daß ihm ein Teil der Semantik nach dem andern von *mutare* zufällt. Noch im Afr. und Mfr. hielt *muer* Bedeutungen fest wie „den Wohnort wechseln; sich umziehen". Schließlich verliert es auch diese Bedeutung und heute braucht man es nur noch in den ganz speziellen Bedeutungen von „sich mausern" und „den Stimmbruch erleiden". Das ist heute der einzige Überrest, das letzte semantische Refugium dieses Wortes. Und wie die Vitalität des Wortes von Jahrhundert zu Jahrhundert gewechselt hat, so auch von einer Provinz zur andern. Es gibt heute noch Gegenden, welche die Bedeutung „sich umziehen" festgehalten haben[1], andere, die der Bedeutung „die Wohnung wechseln" treu geblieben sind[2]. Diese regionalen semantischen Überreste können sogar gelegentlich dem schriftsprachlichen Wort neues Leben einhauchen. Die Etymologie von *muer* feststellen, heißt die ganze Entwicklung verfolgen, durch welche diesem ein Stück seiner Lebensgrundlage nach dem anderen verlorenging.

Andere Wörter gibt es wiederum, die alteingesessen ihrer Position sicher zu sein glauben, denen ihr altangestammtes Erbe durch einen plötzlichen Unfall verlorengeht. Ein solches Wort war z. B. fr. *face* „Antlitz". Bis ins 17. Jahrh. war es ein allgemein gebräuchliches Wort, dem keine Gefahr zu drohen schien. Da fiel es auf einmal einem Witzbold ein, die menschliche Sitzgelegenheit zu bezeichnen als *la face du grand Turc*[3]. Diese Metapher kam im burlesken Stil rasch in Kurs – und damit war *face* unmöglich gemacht. Es wurde aus der guten Gesellschaft ausgestoßen; sein Todesurteil war gesprochen. Heute gehört jener todbringende Kalauer der Vergangenheit an, aber *face* ist und bleibt aus der Sprache der Konversation verjagt oder vielmehr auf einige wenige Redensarten beschränkt; seine Verwendung im Sinne von „Gesicht" würde einen komisch wirkenden, gezierten Archaismus darstellen.

Wir sehen, wie heute die Etymologie Ernst machen muß mit der Aufgabe, einen jeden Wandel eines Wortes zu beobachten und zu schildern, zu verstehen, zu erklären. Sie kann es nicht mehr bewenden lassen bei dem faden Strich, der Anfangs- und Endpunkt miteinander verbindet, der die Zusammengehörigkeit von *mutare* und *muer* symbolisieren sollte. An seine Stelle soll heute treten ein Gemälde von den Schicksalen, die das Wort auf seinem 2000jährigen Weg erlitten hat. *Die Erforschung des Radix eines Wortes oder einer Wortgruppe ist heute nicht mehr die*

[1] Vgl. dazu in der Auvergne die Ableitung *mudado* ‚linge sale dont on se débarrasse à la fin de la semaine'.

[2] Dazu in den provenzalischen Alpen die hübsche Ableitung *muando* ‚chalet des hauts pâturages'.

[3] Vgl. dazu F. Brunot, Histoire de la langue française, Bd. 3, Paris 1909, S. 170.

einzige Aufgabe der Etymologie. Sie hat die zu betrachtende Wortgruppe in ihrer vielfachen Verästelung und mit all ihren Beziehungen zu anderen Gruppen während der ganzen Zeit, da sie einer Sprache angehört, zu verfolgen, ohne jemals die etymologisierende Fragestellung aufzugeben.

Etymologien müssen auch gesehen werden. Fr. *calotte* „Käppchen" ist bisher aus gr. *καλύπτρα* „Mütze" hergeleitet worden. Aber das Wort ist typisch in Nordfrankreich heimisch und erst von dort auch in andere Sprachen gedrungen. Es beruht, mitsamt der ganzen Familie (*calette*, *calot*, *cale*, *caline*) auf *écale*, *cale* „grüne Nußschale" (< fränk. *skala* „Schale")[1]. Wenn die Nüsse reifen, springen die äußeren Schalen auf, werden sodann weich und beginnen an der nach unten gerichteten Seite der Nuß, sich etwas zu lösen, während sie oben noch eng anliegen. Die in Betracht kommenden Kopfbedeckungen werden meist beschrieben als eng anliegend („serre-tête", „bonnet plat" usw.) und laufen nach unten in Bänder oder Schleifen aus. Es liegt also ein hübsches Bild nach den Schalen der im Herbst reif am Baum hängenden Nüsse vor.

d) Etymologische Verknüpfung innerhalb eines sprachlichen Systems

Das Zusammenleben der Wörter kann noch ganz andere Formen annehmen, als wir sie bis jetzt gesehen haben. Für uns gehört heute das deutsche Verbum *durchbläuen* zu *blau* und wir verbinden damit die Vorstellung der blauen Flecken, welche die Handlung auf dem menschlichen Körper zurückläßt. Die Geschichte des Verbums unterrichtet uns anders: im Mittelhochdeutschen hieß das Verbum *bliuwan* „bläuen", während das Farbenadjektiv *blâo* lautete. Bloß das Spiel der phonetischen Veränderungen, das daraus *bläuen* machte, ließ es in die lautliche Nähe von *blau* geraten, dessen Attraktionskraft es sodann verfiel. Es können also Wörter zusammengeführt werden, die vorher nichts miteinander zu tun hatten. Es ist das Gegenstück zu der Tatsache, daß die lautliche Entwicklung Wörter auseinanderreißt, die ursprünglich zusammengehörten:

dicere	*benedicere*	/ *dire*	*bénir*
facere	*sufficere*	/ *faire*	*suffire*

Die Annäherung zweier Wörter zieht oft weitere Folgen nach sich: In gewissen Teile Südfrankreichs dient *acinus* „Beere" zur Bezeichnung der Brombeere. Es wurde dort lautgerecht zu *aze*. Genau das gleiche lautliche Ergebnis mußte aber auch *asinus* liefern. So bedeutete *aze* „1. Esel;

---

[1] Schon L. Spitzer, Z 43 (1923), 340, hatte die Möglichkeit gesehen, *calotte* mit *skala* zu verbinden, hat aber die zu *calare, keil* und *skala* gehörigen Wörter nicht richtig geschieden und das vorliegende Bild nicht gesehen.

2. Brombeere“. Das Volk bekam so den Eindruck, die Brombeere verdiene es aus irgendeinem ihm selber wohl rätselhaften Grunde, als „Esel“ bezeichnet zu werden. Infolgedessen ist dann auch ein anderer Name des Esels, *saumo* (< *sagma*) ebenfalls zur Bezeichnung der Brombeere herangezogen worden. In der Mundart von La Bresse (Vogesen) wird lt. *spoliare* zu *pouiller*; dieses bedeutet „dépouiller, ruiner“. Das in der Sprache ohne Familie dastehende Verbum wird mit *pou* „Laus“, *pouilleux* „lausig“ in Verbindung gebracht. An diese angelehnt erscheint *pouiller* gewissermaßen als ein „zerlausen“. Die Laus rief dann auch anderes Ungeziefer herbei; so wurde nach *pou : pouiller* zu *puce* auch ein *pucer* geschaffen, das gleichbedeutend ist mit *pouiller*. Dieses Weiterspinnen und Wuchern von Bildern, die meist absichtlich geschaffen, manchmal aber auch durch das Spiel der lautlichen Entwicklungstendenzen entstanden sind, ist durch Schwob und Guieyesse als „dérivation synonymique“ (Synonymalableitung) bezeichnet worden [1].

Diese Interpretation von Wörtern vollzieht sich vor allem dort, wo ein lexikalisches Element aus einer andern Sprache neu aufgenommen wird. So verliert das der Medizinersprache entstammende *pleurésie* in der Mundart von St. Omer sein *l*, nicht kraft einer allgemeinen Lautentwicklung, sondern weil man es an *peur* „Angst“ anschloß, daher *peurésie*. Als im 18. Jahrh. die Speise des *Sauerkraut* aus dem Elsaß ins Innere Frankreichs gelangte, wanderte auch dessen alemannische Namensform *suchrut* mit. Der Franzose legte sein *chou* „Kohl“ hinein und glaubte in dem zweiten Teil sein *croûte* zu sehen. Daher legte er sich das elsässische *suchrut* als *choucroute* zurecht. Das deutsche *Hängematte* ist zwar eine „hängende Matte“; aber der Name ist erst durch Umdeutung aus fr. *hamac*, span. *hamaca* entstanden, die selber aus einer amerikanischen Eingeborenensprache stammen. Matrosen haben das Wort übernommen und eingedeutscht. Von dieser Art der Einverleibung fremder Wörter sagt schon Jakob Grimm in seiner gemütvollen und treffenden Art: „Fällt von ungefähr ein fremdes Wort in den Brunnen der Sprache, so wird es solange darin umgetrieben, bis es ihre Farben annimmt und seiner fremden Art zum Trotz wie ein heimisches aussieht.“

Wir sehen, daß die Volksetymologie [2] auf dem Trieb beruht, mit einem Wort auch einen gewissen Sinn zu verbinden. Diese Sinngebung wirkt sich

---

[1] Diese beiden Autoren hatten sie besonders im Argot beobachtet, wo sie in der Tat eine sehr große Rolle spielt. Siehe Literaturblatt f. germ. u. rom. Phil. 37 (1916), 121. Vgl. auch B. Migliorini, Calco e irradiazione sinonimica, Boletín del Instituto Caro y Cuervo 4 (1948), 3–17, (bzw. in: Saggi linguistici, Firenze 1957). Viele Beispiele bringt P. Guiraud, Les locutions françaises, Paris 1961.

[2] Vgl. besonders K. G. Andersen, Über deutsche Volksetymologie, 6. Aufl., Leipzig 1899.

im allgemeinen aus durch semantische Umkrempelung oder durch lautliche Anpassung des Wortes. Nun kann aber die volksetymologische Kraft sich auch nach innen auswirken; statt daß die Vorstellung zu einem sprachlichen Ausdruck drängt, kann durch eine volksetymologische Verbindung die Vorstellung modifiziert werden, die wir mit dem Wort verbinden, so daß der Gegenstand für uns ein anderes Aussehen gewinnt: Der Ohrwurm heißt deutsch auch *Ohrkneiper*, fr. *perce-oreille*, it. *forfecchia*, *tenaglia*. Diese Namen beruhen darauf, daß der gegabelte Schwanz des Tieres lebhaft an die Form des Zängleins erinnert, mit dem die Goldschmiede das Ohrläppchen durchbohrten, in das ein Ohrring eingeführt werden sollte. Das Tragen von Ohrringen war ja früher sehr viel weiter verbreitet als heute, so daß das Bild sich bei weiten Schichten der Bevölkerung ausdehnen konnte. Später aber wurden diese Namen mißverstanden und dahin ausgelegt, daß das Tier in das Ohr hineinkrieche, das Trommelfell durchlöchere und sich im inneren Ohr verstecke. Noch Brehm in seinem „Tierleben" gibt diese Erklärung, obschon er selber zugeben muß, daß ihm kein derartiger Fall zur Kenntnis gekommen ist. Daß dann auch Namen entstehen, die sich auch in der Wortwahl dieser Interpretation nähern, ist eine weitere, wieder expressiv in die Erscheinung tretende Folge. Deutsch *Ohrwurm*, schweizd. *Ohregrübel*, wallon. *mousse-è-l'oreille* (*musser* = entrer dans) beruhen auf der sprachlichen Auswirkung jenes durch Volksetymologie entstandenen Aberglaubens. – Ähnlich hatten die Griechen den Vogelnamen *αἰγίθαλος* in *αἰγοθήλας* umgewandelt, was „Ziegenmelker" bedeutete. Aus diesem Namen wurden dann die bekannten Legenden abgeleitet, nach welchen dieser Vogel die Ziegen melke. Die Römer übersetzten den Namen in ihre Sprache; sie nannten den Vogel *caprimulgus* und sie vermittelten Fabel und Namen den abendländischen Völkern. Daher dt. *Ziegenmelker*, fr. *tette-chèvre*, it. *succia-capre* usw.

Einen besonders hübschen Fall berichtet Ch. Bruneau aus den Ardennen. Dort treffen *taupe* „Maulwurf" und sein wallonisches Synonym *fouïon* zusammen, das eine Fem., das andere Mask. Dieses Nebeneinander hat bei der Bevölkerung vieler Dörfer die Meinung hervorgerufen, die beiden Wörter bezeichnen nicht das gleiche Tier, das erste sei der Name des Weibchens, das zweite der des Männchens. Und dementsprechend wird ihnen auch eine differenzierte Tätigkeit zugeschrieben: das Männchen macht die Erdhaufen (*fouïon* ist Ableitung von *fouir* „wühlen"), während das Weibchen die Gänge gräbt.

Auch religiöse Vorstellungen werden oft durch die Form der Wörter, mit denen sie zusammenhängen, beeinflußt, umgeformt, ja sogar geradezu geschaffen. Die *Sündflut* hieß im Althochdeutschen *sin-vluot*, was bedeutete „große allgemeine Überschwemmung"; das in altgermanischen Zusammensetzungen auftretende Präfix *sin-* bedeutete „allgemein, immer", z. B. gotisch *sinteins* „alle Tage"; es lebt z. B. noch in neuhochdeutsch *singrün* „Immergrün". Dieses *sinvluot* „allgemeine Überschwemmung" wurde denn mit der Sünde der Menschheit zusammengebracht, zu deren Sühnung ja Gott diese Strafe über die Menschheit verhängt hat; *sinvluot* wurde in *Sündflut* umgedeutet.

Solche Auswirkung der Interpretation von Namen findet sich besonders bei Heiligen- und Götternamen. Wenn *Lucia* als gütige Helferin bei Augenleiden angerufen wird, so liegt das an dem lautlichen Zusammenhang mit *lux*. In vielen Gegenden Deutschlands hält das Volk den Dienstag für einen besonders glücklichen Tag zum Eintritt eines Dienstboten, während derselbe Tag in Bayern, wo er Ertag heißt, gemieden wird, da die Dienstboten sonst der Gefahr ausgesetzt sind, irr zu gehen. Wie weit die Entstehung persönlicher Götter sprachlich bedingt ist, hat Hermann Usener nachgewiesen[1].

Auch Volkssagen können ihren Ausgangspunkt in einer solchen Namenauslegung haben. In der Nähe von Zermatt gibt es eine Örtlichkeit namens *Aroleid*. Das Wort ist einer jener zahlreichen romanischen Reste in der Toponymie des Tales. Es bedeutet „Arvenwald" (frankoprov. *arolla* „Arve" + *-etum*, dem lat. Suffix). Die eingerückten Alemannen aber legten das Wort nach ihrer eigenen Sprache aus und zerlegten es in *aar* „Adler" und *leid*. Daraus entstand die Sage von der Mutter, der ein Adler von der offenen Wiese den Säugling wegträgt. Und dieser Sage hat Gottfried Keller dichterische Form geschenkt.

Der Ausdruck Volksetymologie ist übrigens irreführend. Er scheint vorauszusetzen, daß diese wortverbindende Kraft nur im Volke lebt und mit einem gewissen Bildungsgrad aufhört zu wirken. Dem ist keineswegs so. Auch in gebildeten Kreisen wirkt diese Kraft. Nur nimmt sie bei ihnen oft eine etwas bewußtere Gestalt an, als beim Volk. Es hängt z. B. damit zusammen, daß die Preziösen auf unanständige Silben Jagd machten. Ihre Sprachphantasie entdeckte z. B. im Innern des Wortes *inculquer* das unschuldige Wörtchen *cul*; sie ächteten daher das Verbum. – So kommt es denn auch vor, daß ein Dichter diese volksetymologische Umbildung mit Absicht, als Ausdrucksmittel, verwendet. So Rostand in einer bekannten Szene im 2. Akt des Cyrano de Bergerac. Der Held sucht dort seinen Freund, den pâtissier Ragueneau, in Schutz zu nehmen gegenüber einem

---

[1] Götternamen, Versuch einer Lehre von der religiösen Begriffsbildung, Bonn 1896. Vgl. in neuerer Zeit A. Bertholet, Wortanklang und Volksetymologie in ihrer Wirkung auf religiösen Glauben und Brauch, Abh. d. preuß. Akad. d. W., Phil.-Hist. Kl. 1940, No. 6, und E. von Kraemer, Les Maladies désignées par le nom d'un saint, Societas Scientiarum Fennica, Commentationes Humanarum Litterarum 15,2, 1949.

Musketier, welcher mit Ragueneaus Frau liebäugelt. Er sagt zu dieser: „C'est pourquoi, dame Lise, je défends que quelqu'un le ridicoculise." Er ist zu galant, um der Frau gegenüber das brutale *cocufier* zu verwenden; *ridiculiser* ist ihm zu undeutlich; so legt er denn den *cocu* in dieses letztere Verbum hinein, umkleidet es gewissermaßen mit dessen verhüllendem Lautgewand. *Ridicoculiser* ist *ridiculiser* gewollt nach *cocu* umgeformt und umgedeutet, ich möchte sagen, in seiner Bedeutung spezialisiert.

An die Grenze des Phänomens führt uns ein Fall wie der folgende: die im Anfang des 18. Jahrh. Ludwig XIV. Widerstand leistenden Hugenotten der Cevennen hießen bekanntlich nach dem von ihnen getragenen weißen Überhemd *Camisards*. Das von den Jesuiten von Trévoux verfaßte und im 18. Jahrh. wiederholt aufgelegte Wörterbuch sucht statt nprov. *camiso* „Hemd" *cami* „Weg" hineinzudeuten. *Camisards* würde also ungefähr „Wegelagerer, Straßenräuber" bedeuten. Man könnte diese Auslegung der Jesuiten eine propagandistische Volksetymologie nennen.

Saussure sagt über die Volksetymologie: „L'étymologie populaire est un phénomène pathologique; elle n'agit que dans des conditions particulières et n'a atteint que les mots rares, techniques ou étrangers, que les sujets s'assimilent imparfaitement." Dieses Urteil ist falsch[1]. Die Volksetymologie ist vielmehr die Gruppierung der Wörter nach Familien, wie sie vom Sprachgefühl des Volkes in einem gewissen Zeitpunkt vorgenommen wird. Diese Gruppierung kann sich verschieben; sie braucht heute nicht die gleiche zu sein wie gestern. Sie läßt sich also in keiner Weise von der historischen Etymologie beeinflussen. Doch ebenso falsch wie Saussures Auffassung ist die Gilliérons, der erklärt, die historische Etymologie müsse durch die Volksetymologie ersetzt werden[2]. Das sind zwei Begriffe, die gar nicht auf der gleichen Ebene liegen und daher gar nicht kontradiktorisch einander gegenübergestellt werden können: Volksetymologie ist ein in jedem Sprechenden mehr oder weniger lebendiger Trieb; die Etymologie aber ist die von wenigen tatkräftig gepflegte Forschung.

---

[1] Es erfuhr übrigens schon in der zweiten Auflage des Buches von Saussure eine Abschwächung, da das Adjektiv „pathologique" fallengelassen worden war. Siehe I. Iordan–J. Orr, An Introduction to Romance Linguistics, London 1937, S. 173, n. 1.

[2] La faillite de l'étymologie phonétique, Neuveville 1919. Dazu W. von Wartburg, Zur Frage der Volksetymologie, Homenaje Menéndez Pidal, Madrid 1925, Bd. 1, S. 17–27. Aus den zahlreichen neueren der Volksetymologie gewidmeten Arbeiten heben wir hervor: G. Gougenheim, Rom. Phil. 1 (1948), 277–286; J. Orr, Rev. ling. rom. 18 (1954), 129–142; J. Vendryes, Bull. Soc. Ling. 49 (1953), 1–19; V. Pisani, Omagiu lui Al. Graur, Bukarest 1960, S. 633–643.

e) Motivierung der Wörter

Was sich in der Volksetymologie offenbart, das ist der Drang nach Expressivität, das Bedürfnis und der Wunsch, die Wörter zu einem möglichst unmittelbaren Ausdruck der Vorstellung zu machen, mit der sie verbunden sind. Daran knüpft sich die Frage des Ausdruckswertes eines Wortes überhaupt. Dieser Ausdruckswert ist für uns im allgemeinen dadurch geschaffen, daß von unserer Kindheit an durch unsere sprachlichen Erfahrungen sich stets mit einem gewissen Wort auch ein gewisser Inhalt verknüpft hat. Bei dem Worte *Baum* ersteht in meiner Vorstellung das Bild einer mächtig dem Himmel zustrebenden Pflanze. Nur weil Wort und Vorstellung stets miteinander verbunden vorgekommen sind, hat dieses Substantiv auch diesen Wert für mich. Anders verhält es sich etwa bei dem Verbum *sich bäumen*. Der semantische Wert dieses Wortes ist nur zum Teil bedingt durch die Gewohnheit der Verbindung. Zum anderen Teil ist er indirekt: das Verbum *bäumen* empfängt seine Kraft vom Subst. *Baum*; aus der Verbindung mit diesem entsteht das Bild des sich Aufrichtens, des Emporsteigens. Oder das im Schweizerdeutschen um 1925 neu geschaffene Adj. *bäumig* „sehr gut, ausgezeichnet" wirkt für uns bildhaft, weil das Subst. dahinter steht.

Man kann daher wohl unterscheiden zwischen motivierten Ausdrücken (*sich bäumen*) und solchen, die keine Motivierung außerhalb ihrer selbst besitzen (*Baum*)[1]. Den letzteren haftet, wenn man sie für sich nimmt, als Teile eines Systems und nicht als Ergebnis einer langen Geschichte, etwas Willkürliches an. Es ist kein immanenter Grund vorhanden, warum der eine mit der Lautfolge *Baum* die gleiche innere Erfahrung verbindet, die sich für einen andern an die Lautfolge *arbre* knüpft. Der Grund liegt nur in der Tradition; er liegt darin, daß die ganze Sprache eine Erbschaft ist.

Daneben gibt es nun aber auch Wörter, deren Lautwert eine gewisse, mehr oder weniger starke Beziehung zur Bedeutung hat, etwa fr. *craquer*, *claquer*, dt. *klatschen*, Waadt *kekeyá* „stottern". Zahlreiche Benennungen von Tieren, Pflanzen, Gegenständen, Handlungen usw. enthalten eine solche unmittelbare Ausdruckskraft. Diese kann in den Vokalen oder in den Konsonanten liegen, manchmal auch in beiden. Grammont hat diesen Fragen in seinem *Traité de phonétique,* Paris 1933, S. 377–424, eindringliche Betrachtungen gewidmet. Er zeigt z. B. wie bei dem Worte *coucou* die ono-

---

[1] Selbstverständlich ist die Grenze zwischen den beiden Klassen keine feste. Das Bewußtsein von der Bildhaftigkeit der eigenen Sprache ist bei verschiedenen Individuen verschieden stark entwickelt. So habe ich schon wiederholt Deutsche getroffen, denen *sich bäumen* nur Formel war, bei denen also die Verbindung mit *Baum* und die ganze damit verbundene Ausdruckskraft des Verbums erloschen war.

matopoietische Kraft in der Wiederholung des Vokals liegt und daß das *c* beim Ruf des Vogels zwar nicht vorkommt, aber als dem *u* homorganer Konsonant gefordert wird[1]. Die lautmalende Kraft eines Lautes kommt nur bei Wörtern zur Geltung, die ein irgendwie für den benannten Gegenstand charakteristisches Geräusch nachahmend schildern. Die scharfen Vokale *i* und *ü* malen vor allem schrille Laute, so etwa *sifflet*, *cri*, *fifre*, *zwitschern* usw.[2]. Es kann geschehen, daß der scharfe Vokal erst sekundär, durch den normalen Lautwandel, in das Wort eintritt; dann wird die Ausdruckskraft des Wortes eben erst sekundär erzeugt. So ist etwa fr. *aigu*, auf akustische Eindrücke angewendet, recht ausdrucksvoll, im Gegensatz zu lt. *acutus*. Der Konsonant *l* ruft durch seinen akustischen Eindruck leicht die Vorstellung des Flüssigen, Dahinströmenden hervor. Das hängt mit der Kontinuität und Dauer seiner Artikulation zusammen. Ein Vers wie *La lente Loire passe altière et d'île en île* (Vielé-Griffin) läßt überaus lebendig das Bild des langsam dahingleitenden Stromes erstehen. Die Explosivkonsonanten wiederum, besonders *k*, malen an sich schon plötzliche, resonanzlose Geräusche, wie Knalle usw.

Selbstverständlich liegt die Ausdruckskraft oft nicht im Lautbild allein; sie braucht die Beziehung zu einer bestimmten Vorstellung, um zu entstehen. Während *cri*, besonders durch den Vokal, die Sache zu malen scheint, bleiben die Laute (der Vokal) von *pli* stumm. Das Verbum *tinter* hat für den Franzosen unbestreitbar einen gewissen lautmalenden Wert, während dem genau gleich ausgesprochenen *teinter* ein solcher fehlt. Und es kann auch geschehen, daß dieser Ausdruckswert des Lautes dem Worte eigentlich nicht inhärent ist. Es gibt z. B. kaum ein Wort, das die Eintönigkeit besser wiedergibt, als it. *monotono*, mit seinen vier *o*. Dabei ist es ein Zufall, daß die beiden zugrunde liegenden griechischen Wörter den gleichen Vokal enthalten, und zwar jedes zweimal.

Einige Beispiele mögen zeigen, wie der onomatopoietische Wert sich erhalten oder aber verlorengehen kann[3]. Die Lautfolge *dand-* (*dãd*) malt sehr wohl den Klang der Glocken (besonders im Zusammenspiel mit *dind*, *dẽd*, das den Ausschlag der Glocke nach der andern Seite hin malt, mit dem scheinbar von weiterher herübergetragenen Klang). Vom Glockenklang aus wird dann das Wort übertragen auf die Bewegung der Glocken, auf das Hin- und Herbaumeln. Sodann gleitet der semantische Akzent so sehr

---

[1] Siehe noch unten S. 131f.

[2] Siehe zuletzt M. Chastaing, Le symbolisme des voyelles, Significations des „I", Journal de Psychologie 55 (1958), 403–423 und 461–481 (mit Bibliographie).

[3] Vgl. J. Marouzeau, L'usure des onomatopées, Le Français Moderne 3 (1935), 289–292.

auf diesen Sinn herüber, daß das Verbum *dandiner* (seit 16. Jahrh.) ganz allgemein „hin- und herschwanken" bedeutet. Und davon wird das Subst. *dandin* abgeleitet, als Bezeichnung eines Schwächlings, eines Dummkopfes. – Ähnlich sind aus dem Kehrreim italienischer Wiegenlieder *ninna–nanna–nonna* Substantive entstanden. Man benannte in einer für die kleinen Kinder leicht faßlichen Weise die Wartefrauen so, und da, besonders in einfacheren Verhältnissen, oft die Großmutter die Kinderwartung übernimmt, wurde diese als *nonna* benannt (siz. *nanna*). So entkleiden sich manchmal die Wörter durch Bedeutungsentwicklung ihres onomatopoietischen Wertes.

Sie können ihn aber auch auf andere Weise verlieren, durch die lautliche Entwicklung, welche die Sprache durchmacht, oder durch morphologische Veränderungen. So hatte das Lateinische ein Verbum *pipire*, dessen lautmalender Wert ebenso klar ist, wie derjenige der deutschen oder der englischen Entsprechung *piepsen*, *peep*. Von diesem Stamm aus wurde dann das Subst. *pipio* gebildet, aus dem das Französische *pigeon* hat werden lassen. Hier ist der ganze Lautwert, der in der Reduplikation lag, verlorengegangen. – Die Reduplikation *papa* ist ein Lallwort der Kinder, das sich leicht und in verschiedenen Sprachen mit der Vorstellung des Essens verbindet, daher lt. *pappare* „essen" (familiär), it. *pappare*, prov. *papá*, frcomt. *papin* „Brei" (vgl. schweizd. *pappe*) usw[1]. Das Simplex *pa-* ist nun mit dem Suffix *-ter* verbunden worden: lt. *pater*. Dieses war ursprünglich, da es neben *pascere, pabulum* usw. stand, motiviert als „der Ernährer". Später verblaßte dies, und durch die lautliche Entwicklung wurde *pater* fr. *père*. Bei diesem Wort ist jede Beziehung auf einen onomatopoietischen[2] Gehalt verschwunden. – Ähnlich bezeichnet die stimmhafte Entsprechung von *papa* in vielen Sprachen das primitive Sprechen: gr. *βαβάζω* „ich schwatze", ndl. *babbelen*, isl. *babba*, lt. *babae* „Ausruf der Verwunderung". So erklären sich auch fr. *babiller*, *babine*, *babiole*. Daneben ist aber *baba*, entsprechend der französischen Lautentwicklung, zu afr. *beve* geworden, wozu das Verbum *baver* (daher wieder *beve* zu *bave* umgestaltet, entsprechend *laver : leves*). Während *babiller* die Schallnachahmung festhält, haben *beve*, *bave* sie fahren lassen. – Das fränk. *klinka* wurde durch die Lautentwicklung zu fr. *clanche*, verlor also seinen ursprünglichen stark lautmalenden Wert. Viele ostfranzösische Mundarten reagierten dagegen; sie suchten das bedrohte

---

[1] [Vgl. auch R. Jakobson, Child Language, Aphasia, and Phonological Universals, Den Haag 1968.]

[2] Unter Onomatopoie verstehen wir nicht nur das, was gewisse akustische Eindrücke nachahmt, sondern auch das, was visuelle Impressionen hervorruft. So gibt z. B. die mit gerundetem Mund zwischen zwei okklusiven Labialen gesprochene Wurzelsilbe des Wortes *bobine* „Spule" die Rundung und beidseitige Abgrenzung des Gegenstandes wieder.

Element festzuhalten. Sie entledigten sich des den Vokal verschiebenden Nasals und ersetzten *š* durch ein *k*, das die Reduplikation wieder fühlen ließ, daher lothr. *cliquette*.

Die Wörter lassen sich also in drei Klassen einteilen:

1. Wörter, die (noch heute) lautlich (direkt) motiviert sind (fr. *coucou*, *claquer*, *clopiner*)[1].

2. Wörter, die etymologisch (indirekt) motiviert sind, d. h. durch ihren Bezug auf ein anderes Wort (vgl. d. *sich bäumen*, it. *inalberarsi*; fr. *clocher* „Glockenturm", zu *cloche* „Glocke").

3. Wörter, die ihre Bedeutung nur der Tradition verdanken (d. *Baum*, fr. *boiter*).

Da wir bei so vielen Wörtern feststellen können, daß sie im Lauf der Geschichte aus der Klasse 1 in die Klasse 2 oder 3 heruntergesunken sind, ihre ursprüngliche Motivierung[2] also verloren haben, dürfen wir die Frage aufwerfen, ob nicht ursprünglich alle Wörter auf solcher Grundlage beruht haben. Doch hier versagt uns, gleich wie bei den Formen (oben S. 63), die Empirie.

Es gibt aber Wortfamilien lautmalenden Ursprungs, die in fast allen ihren Vertretern und Ableitungen diese innere Motivierung zu erhalten vermochten. Vgl etwa fr. *claque* „Schlag mit der flachen Hand; Klake im Theater", *claquette* „Klapper, Kastagnetten; schwatzhafte Person", Esternay *clacot* „Schwimmblase der Fische" (die Kinder benutzen sie, um ein klatschendes Geräusch zu erzeugen), Reims *reclaquer* „sich erbrechen", Jersey *éclaquir* „éclabousser", fr. *claque* „Drossel", flandr. *claque-en-bec*

[1] Auch hier ist natürlich die sprachliche Empfindung je nach dem Individuum verschieden. Während z.B. jeder Italiener *inalberarsi* in die 2. Klasse versetzen wird, bin ich nicht sicher, daß jeder Deutsche, wie ich es tue, in der Entsprechung *hissen* eine bildstarke Wiedergabe des raschen Hinauffahrens der Flagge mit dem surrenden Geräusch der Leine empfindet, daß also für ihn, gleich wie für mich, dieses Verbum in die Klasse 1 gehört.

[2] Es muß festgestellt werden, daß in der Kategorie 2 die Elemente, auf welchen die morphologische oder semantische Motivierung eines Wortes beruht, selbst nicht notwendigerweise motiviert sein müssen. So ist das Substantiv *penseur* motiviert und steht damit im Gegensatz zum nicht motivierten Verb *penser*; *punaise* „Reißnagel" ist motiviert, *punaise* „Wanze" ist willkürlich. Nach der Saussureschen Terminologie handelt es sich in diesen Fällen um ein „relativ willkürliches Wort" (arbitraire relatif) im Gegensatz zu den „absolut willkürlichen Wörtern" (arbitraire absolu) wie sie uns in den vollkommen unmotivierten Termini (z.B. fr. *table* oder *arbre*) entgegentreten.

Eine detaillierte Behandlung des Problems der Motivierung und bibliographische Hinweise gibt S. Ullmann, Semantics cit., Kap. IV.

„Weichkäse". (Siehe noch viele andere Wörter FEW 2, 726 ff.)[1] – Andere Familien werden durch die Entwicklung auseinandergetrieben. Aus der Lautfolge *ba*-, die beim lauten Gähnen entsteht, ist im Lateinischen das Verbum *batare* „offen stehen" entstanden. Eine Ableitung davon, mit dem Suffix von *caverna* gebildet, bezeichnet in den Salinen der Freigrafschaft die Höhlung, aus der die Salzlauge verdunsten soll. Dieses Subst. *barne* (aus älterem *baerne*) hat keine schildernde Kraft mehr; es ist zum unmotivierten Ausdruck geworden. Hingegen haben *bouche bée*, *béant*, *bâiller* ihre Motivierung erhalten. – Bei den Ausdrücken für „hinken" (fr. *clopiner*, *clocher*, *boiter*) finden wir alle drei Stadien vertreten. Neben das klassische *claudus* hatte das spätere Latein ein deutlich schallnachahmendes *cloppus* gesetzt. In der Ablt. *clopiner* ist dieser lebendige Lautwert voll erhalten. Von *cloppus* war sehr früh auch ein **cloppicare* abgeleitet worden, das durch die normale lautliche Entwicklung zu fr. *clocher* wurde. Der Schwund des Verschlußlautes am Ende der Stammsilbe beraubte das Verbum seiner unmittelbaren Beziehung auf das beim Hinken entstehende Geräusch. Dafür geriet nun aber das Verbum in die Nähe von *cloche*. Der Hinkende baumelt zwischen seinen beiden Krücken ganz ähnlich wie die Glocke in ihrem Turmgehäuse. So wird das Verbum als Ableitung von *cloche* empfunden[2]; es ist durch diese Umdeutung in die Gruppe 2 geraten. Endlich *boîter*, erst belegt im 16. Jahrh., ist von *boîte* abgeleitet, das damals auch „Gelenkkapsel" bedeutete. Da aber diese Bedeutung seither in Vergessenheit geraten ist, steht heute *boîter* beziehungslos und unmotiviert im französischen Wortschatz drin (Klasse 3).

Bei manchen Wörtern wird die Ausdruckskraft des Lautkörpers noch wesentlich unterstützt durch die Bewegungen, die wir bei der Artikulation ausführen müssen. Fr. *bouder* und das Subst. *moue* beginnen beide mit einem labialen Konsonanten, auf den *u* folgt, ein Vokal, der mit vorgestülpten Lippen gesprochen wird. Die Bewegungen, welche die Lippen beim Aussprechen dieser Wörter auszuführen haben, stimmen genau überein mit denjenigen, welche unter dem Einfluß der durch diese Wörter bezeichneten Stimmungen von selber die Mundstellung kennzeichnen. Deutsch *Schmatz* malt einen von großem Geräusch begleiteten Kuß. Die alemannischen Mundarten brauchen die Ablautform dieses Substantivs *Schmutz* für „Kuß"; der Wechsel des Vokals fügt zum akustischen den visuellen Eindruck.

Auch die Eindrücke der andern Sinne können zu solchen expressiven

[1] Wie weit im Grundwort und in den Ableitungen die Bedeutungen innerhalb solcher Wortfamilien auseinanderklaffen können, mag man u.a. aus dem Artikel *patt-* des FEW (8, 29–51) ersehen; vgl. dazu auch: En patrouille dans l'étymologie, Vie et Langage (Larousse 1957), 37–44.

[2] Vgl. die Novelle *Le Gueux* von Maupassant, in welcher ein zwischen seinen Krücken hin- und herbaumelnder Bettler den Übernamen *Cloche* führt.

Wortbildungen führen. So besitzen, seit dem 14. Jahrh. belegt, die galloromanischen, italienischen und rätoromanischen Mundarten einen Stamm *niff* (ait. *nifo* „Schnauze, Rüssel", oberengad. *ñif* „Schnauze", fr. *nifler* „aspirer fortement par le nez"); der bekannteste Vertreter ist fr. *renifler*. Die Stammsilbe malt das Riechen und das Aufziehen des Rotzes, wobei *n-* die nasale Resonanz, *-f* das spirantische Geräusch malt und das scharfe *-i-* das unangenehm Plötzliche des Sinneneindrucks. Auch die germanischen Sprachen kennen diese Bildung: bayr. *niffeln* „schnuppern", schweizdt. *niffen* „die nase rümpfen". Auch die Empfindungen des Tastsinnes können zu derartigen Bildungen führen. So ist *schoch* im Mittelhochdeutschen eine häufige Interjektion, welche die Empfindung großer Hitze oder großer Kälte zum Ausdruck bringt; daneben auch die Form *schuck*, die bei großer Kälte gebraucht wird, dazu die Ablt. *schucheren* „frösteln". Diese Wörter malen das unwillkürliche Zurückfahren der Hand bei der Berührung mit einem Gegenstand, der sich in einem extremen Temperaturzustand befindet, oder das Gefühl dessen, der in sich bei diesem Erlebnis erschauert. Beide Wortformen sind auch ins Lothringische gedrungen; die Ableitungen werden meist substantivisch gebraucht, besonders als Bezeichnungen der Brennnessel (vgl. in den Vogesen *choque*, *choquant*, *chocure*, *choquesse* usw.) Die verschiedene Vokalisierung des deutschen Wortes hat dazu geführt, daß in einigen lothringischen Mundarten geradezu ein Ablautverhältnis entstand zwischen dem Ausdruck für Hitze und dem für Kälte, so Moselle *choc* „exclamation qu'on jette quand on s'est brûlé", *chouc* „exclamation traduisant la sensation du froid", Belmont *choc/chouc*, Doubs *choc/chouc* usw.

Nicht immer entsprechen die onomatopoietischen Wörter genau dem Geräusch, auf das sie sich beziehen. So hat Maurice Grammont in seinem *Traité de phonétique* S. 378 festgestellt, daß der Ruf des Kuckucks nur aus zwei aufeinanderfolgenden *u* besteht, so daß sich also eine reine Onomatopoie *uu* ergeben müßte. Und doch setzen die verschiedensten Sprachen, unabhängig voneinander, vor jeden dieser Vokale ein *k-* (lat. *cŭcūlus*, dt. *Kuckuck*), einem Bedürfnis nach deutlicher Markierung und nach Versinnbildlichung der Verschiedenheit der Tonhöhe der beiden Vokale folgend. Wo nach der normalen lautlichen Entwicklung einer Sprache das mittlere *-k-* ausgestoßen oder sonorisiert werden müßte, bleibt es bestehen (fr. *coucou*, lim. *coucu*, bearn. *coucout*, kat. *cucut*). Allerdings erscheint im occitanischen das Wort auch mit *-g-*, aber einzelne Mundarten stellen das *-c-* wieder her. Auch in anderer Beziehung wohnen wir bei diesem Wort einem Kampf bei zwischen der normalen Entwicklung der Laute und der Expressivität des Wortes. Im lat. *cŭcūlus* waren die beiden Vokale nur in ihrer Quantität, nicht aber in der Qualität verschieden. Die normale lautliche Entwicklung führte den ersten Vokal zu *o* oder *u*, den zweiten zu *ü*, daher altprov. *cogul*, mfr. *cocu* (das in fr. *cocu* „Hahnrei" geblieben ist).

Die Lautfolge *o – ü* entsprach aber dem akustischen Eindruck nicht mehr, den der Ruf des Vogels weckt. So hob denn ein Kampf an zwischen der lautlichen Tradition und dem Drang, die Expressivität der Vokale integral wiederherzustellen. Die erste der beiden Kräfte siegte im südlichen Teil des Galloromanischen, wo *coucu* die gebräuchliche Form geblieben ist; der Drang nach Expressivität siegte im Norden, wo fr. *coucou* seit dem 16. Jahrh. die herrschende Form ist.

Solche onomatopoietische Wortschöpfungen sind ein unermeßliches Feld lautlicher Abwandlung. Sie bieten den Sprechenden zahllose Möglichkeiten zu Spielformen. So werden die Verben, die den Schrei der Katze wiedergeben sollen, in vielen Sprachen mit einer silbe gebildet, die die Vokale *-iau-* enthalten, weil fast allenthalben der Schrei so perzipiert wird. Bevor die Katze das Maul öffnet, läßt sie eine Resonanz hören; diese wird als *m* oder *n* aufgefaßt und wiedergegeben. Daher auf der einen Seite dt. *miauen*, lothr. *myawẹ́*, bret. *miaoua*, auf der andern Seite wallon. *gnâwer*. Sodann wird ein Bindekonsonant eingeschoben, *l* oder *n*, daher fr. *miauler*, lomb. *miaulá*, arag. *miaular*, sowie tosk. *ñawlare*, kat. *nyaular* einerseits, norm. Franche-Comté *miauner*, piem. *gnaugnè* anderseits. Weitere Abwandlungen sind Maine *myaodé* (wohl Einfluß von dem Suffix *-aud*), norm. *miâler* (mit hellerem Vokal gegenüber dem *ọ* von *miauler*), Ain *myarrá* (mit Ersatz von *-l-* durch den andern Liquiden). Ähnliche Varianten zu *miauner* finden sich im norm. *miander* und in dem sehr weit verbreiteten *mianer*.

Es kommt auch häufig vor, daß durch Kombination zweier onomatopoietischer Stämme ein Wort geschaffen wird, das eine dementsprechend gesteigerte Bedeutung besitzt. Neben den Benennungen der Katze durch ein Wort mit mehreren Vokalen, wie sie vorstehend behandelt sind, gibt es auch solche, die nur ein *i* enthalten und dann mit einem Konsonanten abschließen, so afr. (und dialektal) *mite*, dt. *mieze*, ital. *micio*, span. *mizo*. Nun besitzt das Französische noch Verben wie *marmotter* „parler confusément", *marmuser*, *marmonner*. Sie alle enthalten einen onomatopoietischen Stamm *marm-*, der seine Entsprechung in norweg. *marma* „brausen", altind. *marmaraḥ* „rauschend" hat und der im Ablaut zur weit verbreiteten reduplizierten Sippe *murmur-* steht: ahd. *murmurôn*, lat. *murmurare*, altind. *murmuraḥ* „knisterndes Feuer". Aus dem Zusammentreffen der Sippe *marm-* mit *mite* entsteht nun *marmite*, das zuerst Adj. ist, mit der Bedeutung „hypocrite, doucereux" (seit Anfang 13. Jahrh.). Die Benennungen der Katze werden immer wieder zur Bezeichnung heuchlerischer Personen herangezogen, wie denn die Katze beim Volke als hinterlistig gilt. *marmite* verbindet also das Schmeichlerische der Katze mit dem Schnurren ihrer Stimme und malt so sehr eindrucksvoll das Wesen der Heuchler und Schmeichler. Nun stehen in der Küche einander gegenüber die flache, offene Pfanne (lat. *patella* > fr. *poêle*), deren Inhalt offen zutage liegt, und der tiefe Kochtopf, meist mit einem Deckel zugedeckt, der aus seinem Inhalt ein Geheimnis macht, bis die Hausfrau die Speise anrichtet. Die Substantivierung von *marmite* (seit Anfang 14. Jahrh. belegt), das nun älteres *ole* (< lat. *olla*) verdrängt, ist also aus der sich immer wiederholenden Situation zu verstehen, in der die Hausfrau das Geheimnis ihres Kochtopfs bis zum letzten Augenblick wahren möchte, die Kinder und manchmal auch der Ehemann es zu ergründen versuchen. – Die onomatopoie *mit-* ist übrigens eine von denen, die sich sowohl durch konsonantischen als auch durch vokalischen Ablaut auszeichnen (dialektales *mique, mine, mire*; *moute*, fr. *matou*).

Es ist von Bedeutung, verschiedene Sprachen in Hinsicht auf die Verteilung der Wörter unter diese drei Klassen miteinander zu vergleichen, z. B. das Deutsche und das Französische. Bally hat dieser Frage in seinem Buche *Linguistique* cit., Paragraphen 197ff. und 566ff., einige sehr schöne Seiten gewidmet. Er hat gezeigt, daß das Französische viel weniger lautliche und viel weniger etymologische Motivierung kennt[1] als das Deutsche[2]. Das trägt mächtig dazu bei, das Französische zu einer abstrakteren, intellektuelleren Sprache zu machen als das Deutsche. Aus dieser besonderen Lage der französischen Sprache heraus erklärt es sich, daß Saussure, und die meisten Linguisten französischer Sprache überhaupt, mit Vorliebe in den einzelnen Elementen des sprachlichen Ausdrucks das Ergebnis einer bloßen Konvention sehen, also bloße Symbole. Es spricht dabei aus ihnen das Gefühl, das durch das Zusammenleben mit ihrer eigenen Sprache in ihnen erwachsen ist[3].

Diese Beispiele zeigen, wie Wörter, die ursprünglich die Rechtfertigung ihrer Bedeutung in sich selber trugen, oft diese Beziehung zum Vorstellungsinhalt verlieren können, durch lautliche Entwicklung, durch morphologische Veränderungen, durch Bedeutungswandel. Sie werden so, wie Saussure sagt, zur Formel, zu einem willkürlichen Zeichen. Es geht ihnen verloren, was sie ausdrucksvoll machte. Während sie ursprünglich ein unmittelbares

---

[1] Ein ähnliches Verhältnis ergibt ein Vergleich zwischen dem Französischen und Italienischen. Vgl. dazu auch W. von Wartburg, La posizione cit., S. 93ff., wo auch einige Betrachtungen über die historischen Ursachen dieser Erscheinungen angestellt werden, sowie hier S. 189.

[2] Für das Deutsche H. Paul, Prinzipien, S. 178f.

[3] Allerdings muß gesagt werden, daß dieser Charakterzug nur das Französische, nicht aber seine Mundarten betrifft. Im FEW wimmelt es in jedem Band von derartigen expressiven Bildungen. Wenn die Linguisten französischer Zunge zu dieser Auffassung von der Sprache gekommen sind, so liegt das weitgehend daran, daß sie die Fühlung mit der Mundart verloren haben. Es kommt also ihren Erkenntnissen kein Wert zu, der unbesehen auf andere Idiome übertragen werden dürfte.

Lautbild boten, sinken sie durch die Entwicklung ab zur an sich bedeutungslosen Lautfolge, die nur dank der Konvention mit einem Inhalt verbunden bleibt. So öffnet sich allmählich Kluft zwischen Inhalt und Form. Unsere Sprachen sind geradezu ein Bilderbuch der schöpferischen Phantasie früherer Geschlechter. So bedeutet lt. *luna* „die Leuchtende" (zu *luceo*), *femina* „die Säugende" (zu *fello*), *homo* (und ahd. *gomo*) gehört zu *humus*, bedeutet also „der Irdische"; *messer*, älter *mezzisahs* (aus *maz* „Speise" und *sahs* „Schwert") war ursprünglich „Fleischschwert"; die *Schnepfe* heißt so nach ihrem langen Schnabel (mndd. *snippe* „Schnabel"); der *Sperber* (ahd. *sparwari*, *zu sparwe* „Sperling"), ist der „Sperlingsvogel", und *sparwe* selber gehört zu gr. *σπαίρειν* „zappeln". Manchmal haben sich auch die Bedeutungen schon soweit auseinanderbewegt, daß trotz lautlicher Ähnlichkeit die Wörter kaum mehr aufeinander bezogen werden, so etwa *Haß – häßlich*, *reiten – bereit*. Der Moment, wo die Motivierung erlischt, wird oft dadurch gekennzeichnet, daß man beginnt, das Wort in Bildern zu verwenden, die zu jener Motivierung nicht mehr passen. In dem französischen Ausdruck *abîmer* (*une robe*) „zugrunderichten, verderben" ist vom Subst. *abîme* „Abgrund" nichts mehr zu spüren. Im *débarcadère d'une gare* steigt man nicht aus der *barque*, sondern aus dem *train*. Kein Mensch denkt mehr bei *arriver* an das Subst. *rive* „Ufer", dessen Anwesenheit im Verbum doch jedem klar sein könnte. Was für einzelne Wörter gilt, läßt sich auch von ganzen Redensarten sagen: wer *Scheidewände überbrückt*, hat nur deswegen zwei bildhafte Redensarten (Scheidewände durchbrechen, Gegensätze überbrücken) miteinander kontaminiert, weil ihm bei beiden der bildliche Gehalt verloren gegangen und nur die intellektuelle Bedeutung geblieben ist. Diese Entfremdung ursprünglich zusammengehöriger Wörter schafft eine Spannung in der Sprache, eine Spannung allerdings, welche den Menschen im allgemeinen wenig bewußt ist, weil dieses Abrücken der Sprachmittel im selben Maße vor sich geht wie das Abrücken der Menschheit selber von ihren Ursprüngen. Wohl aber klagen alle großen Sprachkünstler, die viel bewußter, mächtiger und tiefer ihre Muttersprache erleben, als andere Menschen, über die Sprödheit des Kunstmaterials, das ihnen die allen gemeinsame Sprache zur Verfügung stellt, über die Abgeschliffenheit und Vergriffenheit der Wörter und Wendungen. Dies führt zu Versuchen, veraltete Bilder ihrem etymologischen Ursprung wieder nahezubringen und so zu erneuern. So stellt Rabelais die Beziehung zwischen dem Verb *avaler* und dem Substantiv *val* wieder her, wenn er schreibt: „Si je montasse aussi bien comme je *avalle*, je feusse désjà au dessus la sphere de la lune." Ähnlich spricht Valéry von einem *ruisseau scrupuleux*, die ursprüngliche Bedeutung des lateinischen *scrupulus*, nämlich die von „kleiner Kiesel" in das französische Wort legend, und bringt fr. *contempler* mit *temple* und fr. *considérer* mit lat. *sidus* „Stern" in Verbindung, wenn er sagt: „En insistant un peu sur les étymologies, on pourrait dire avec une sorte de précision, que le croyant *contemple* le ciel, tandis que le savant le *considère*." [1]

Die ungenügende Ausdrucksfähigkeit der Sprache kann auch zur Schaffung neuer Ausdrucksmittel führen. Beim sprachgewaltigen Künstler findet sich diese Auswirkung häufig. Sie geht aber auch vom Volke aus, nur ist sie hier mehr anonym. Abgesehen von den zahlreichen abgeleiteten und zusammengesetzten Bildungen, die die Lücken im Wortschatz einer Sprache ausfüllen sollen, sind es zwei hauptsächliche Erscheinungen, in welchen sich die Sprachphantasie eines Volkes zeigt: in onomatopoietischen Formen (z. B *töff* für „Motorrad") und in amüsanten und ausdrucksvollen Metaphern (fam. fr. *flûte* „Bein"; it. *zucca* „Kopf", eigentlich „Kürbis"). Die erste Stufe führt also zur Schöpfung eines völlig neuen Wortes, die zweite kann zu einer dauernden semantischen Umwandlung des in Frage stehenden Terminus führen. Wenn das neugeschaffene Wort oder die Metapher nun Anklang finden, wenn sie dem Geschmack der Angehörigen einer Sprachgemeinschaft entsprechen, so werden sie allmählich auch von andern aufgenommen und dem gemeinsamen Sprachschatz einverleibt. So liegt der Ausgangspunkt zu jeder derartigen Sprachschöpfung im einzelnen Menschen und in seinem Drang nach Ausdruck dessen, was an Vorstellungen und Gefühlen in ihm lebt. Das Aktive, das Schöpferische ist dem Einzelnen anheimgegeben. Aber die Gemeinschaft verhält sich nicht passiv. Einmal spricht sich oft im einzelnen das aus, was in der ganzen Gemeinschaft noch schlummert, aber doch in Potentia vorhanden ist. Und dann wird die Gemeinschaft dadurch aktiv, daß sie eben aus den vielen Neubildungen, die einzelne schaffen, eine Auslese trifft. Die meisten der vielen individuellen Neubildungen gehen sogleich wieder unter. Einige aber werden durch die Hörenden festgehalten, weil sie aus irgendeinem Grunde der Volksseele adäquat sind, weil sie durch irgendeine Eigenschaft sich empfehlen: Expressivität, richtige Einpassung in die allgemeinen Wortbildungsgesetze, Witz usw. Originell ist nicht nur derjenige, der einen Ausdruck schafft; einen gewissen Grad von Originalität hat auch derjenige, der ihn aufnimmt und weitergibt, der also irgendwie zu seiner Verbreitung beiträgt. Es liegt ein gewisses Maß von geistiger Auswahlfähigkeit darin, wenn er den einen Ausdruck sich aneignet, den andern nicht aufnimmt [2].

---

[1] Siehe M. Wandruszka, Etymologie und Philosophie, in: Etymologica, Festschrift von Wartburg, Tübingen 1958, S. 857–871. Vgl. auch V. Väänänen, Métaphores rajeunies et métaphores ressuscitées, Atti dell' VIII Congresso Internazionale di Studi Romanzi, Florenz 1960, Bd. 2, S. 461–466.

[2] Zum Neologismus siehe G. Matoré, Le Français Moderne 20 (1952), 87–92; M. Riffaterre, Romanic Review 44 (1953), 282–289; L. Spitzer, Cultura Neolatina 16 (1956), 71–89.

Wo es sich nicht um die Benennung eines neu auftauchenden Gegenstandes handelt, sondern um einen Kraftausdruck, eine durch die Aufrufung eines zuerst meist unerwarteten Bildes pittoresk wirkende Namengebung (wie *zucca* statt *testa*), da kann aus dem neuen Namen dem alten Wort eine Konkurrenz erwachsen. Auch *testa* „Scherbe" ist einmal zuerst als drastischer Wortwitz gebraucht worden, um die Hirnschale, später sogar den Kopf zu bezeichnen[1]. Dann ist es aber immer mehr in den Gebrauch aufgenommen worden und hat schließlich das alte *caput* in einem großen Teil der Romania verdrängt. Damit ist dann allerdings auch die bildhafte Kraft von *testa* geschwunden.

[1] Darüber siehe E. Löfstedt, Syntactica, Lund 1933, Bd. 2, S. 352, und E. Benveniste, Problèmes sémantiques de la reconstruction, Word 10 (1954), 251–264.

III. Historische und deskriptive Sprachwissenschaft in ihrem gegenseitigen Verhältnis

1. Sein und Werden in der Sprache

Mit diesem Ergebnis schließt sich nun zugleich die Spaltung, die wir zu Anfang vorgenommen haben, zwischen deskriptiver und historischer Sprachwissenschaft, zwischen Sein und Werden, Statik und Dynamik. Wenn Saussure der historischen Sprachwissenschaft die deskriptive als Forderung gegenübergestellt hat, wenn Bally diese Forderung in dem bahnbrechenden Buche *Linguistique générale et linguistique française* verwirklicht hat, so muß die Sprachwissenschaft der Zukunft eine Stufe zu erreichen suchen, auf der die beiden Betrachtungsweisen miteinander organisch verbunden werden, so nämlich, daß daraus erhellt, wie System und Bewegung sich gegenseitig bedingen [1]. Im folgenden sollen noch Notwendigkeit und Sinn dieser Zielsetzung an Hand von konkreten Beispielen, hauptsächlich aus dem Wortschatz, dargetan werden.

Auf dem Wege zu dieser Erkenntnis hatte bereits Gilliéron weit vorgearbeitet. Ihm verdanken wir die Einsicht, daß, wo eine Unzulänglichkeit in einem sprachlichen Ausdruckssystem eintritt, die Sprache dadurch gedrängt wird, eine Veränderung vorzunehmen, die Unzulänglichkeit zu tilgen. Eines seiner berühmtesten Beispiele ist dasjenige des Konfliktes zwischen *gallus* und *cattus*, die in der Gaskogne beide *gat* ergeben mußten und von denen dann eines, nämlich *gallus*, durch zwei andere Substantive ersetzt wurde: *azã* eigentlich „der Fasan" und *bigey* „der Dorfrichter". Damit hatte Gilliéron den Finger auf den wichtigsten Punkt gelegt, auf den

[1] Einen Versuch nach dieser Richtung unternimmt W. von Wartburg in Evolution et Structure, in dem deskriptive und historische Kapitel abwechseln, wenn auch die Scheidung nicht überall gleich geglückt ist. – Eine eingehende kritische Würdigung von Saussures Buch gibt K. Rogger, Kritischer Versuch über de Saussure's Cours général Z 61 (1941), 161–224. Siehe auch E. Coseriu, Sincronía, diacronía e historia, El problema del cambio lingüístico, Montevideo 1958.

Punkt nämlich, wo aus dem Sein das Werden in der Sprache hervorgetrieben wird, wo Statik und Dynamik ineinander übergehen. Doch irrte er insofern, als er annahm, daß das neue Wort erst unter dem Zwang der Verhältnisse geschaffen worden sei[1]. Gilliérons Auffassung ist offenbar, die Sprache oder die Sprechenden hätten unter dem Druck der Homonymie nach einem Ersatzwort gesucht und seien dann auf dieses *bigey* verfallen. Diese seine Ansicht kommt in allen seinen Studien zum Durchbruch. Er sieht die Sprache stets unter einem Zwange, aus der Spannung einer bestimmten Situation heraus arbeiten. Er erfaßt sie in einem bestimmten Moment, wo sich an irgendeiner Stelle, meist durch das blinde Auswirken der Lautveränderungstendenzen, eine unhaltbare Situation herausgebildet hat. Und dann spürt er den Mitteln nach, mit welchen die Sprache diesen Konflikt wieder gelöst hat. Die Frage nach dem Schöpfungsakt, der zu dem Ausdruck *bigey* „Hahn" geführt hat, die berührt er kaum; sie scheint ihn nicht zu interessieren. Wohl deutet er an, daß diese Benennung einem Witz entsprungen ist. Im vorliegenden Fall drückt er sich folgendermaßen aus: *Il fallut bien chercher au coq de la basse-cour un nom qui ne lui suscitât pas d'adversaire trop immédiat et trop dangereux. Il dut y avoir quelque hésitation pour le choix de ce nom et une certaine diversité; l'on en arriva enfin à faire du coq ambitieusement un „faisan" ou plaisamment un „vicaire"*[2], *ce qui valait mieux encore que de le laisser aux prises avec le chat. Il est possible d'ailleurs que les parlers aient trouvé quelque agrément à ces dénominations anormales et aient mis quelque complaisance à les propager*[3].

---

[1] Vgl. W. von Wartburg, Das Ineinandergreifen von deskriptiver und historischer Sprachwissenschaft. Berichte Sächs. Akad. d. W. zu Leipzig, Phil.-hist. Kl. 83,1, 1931, S. 1–23 (bzw. in: Von Sprache und Mensch, Gesammelte Aufsätze, Bern 1956, S. 159–165).

[2] Gask. *bigey* ist natürlich der Vertreter von lat. *vicarius*. Doch war seine Bedeutung nicht „vicaire", wie Gilliéron meinte, sondern „Dorfrichter" (*viguier*, wie man in Südfrankreich bis zur Revolution sagte).

[3] Man wende nicht etwa ein, daß hier eine einmalige Äußerung Gilliérons unberechtigterweise typisiert und damit die darin ausgedrückte Ansicht in ihrer Tragweite übertrieben werde. Wer sein Werk kennt, der weiß, daß derartige Gedankengänge bei ihm stets vorherrschen. Er faßt sie ja gelegentlich in allgemeingültigen Grundsätzen zusammen. So sagt er z. B. in: La faillite cit., S. 79: *Il nous faudrait démontrer qu'une source intarissable permît de satisfaire, non seulement à des besoins, mais à de simples lubies de la langue, et cela n'est pas le cas: tout nous dit, au contraire, que la langue a une peine infinie à faire face à ses besoins immédiats et n'y parvient même qu'imparfaitement.* Solche Sätze, wie sie sich noch mehrfach finden in Gilliérons Schriften, zeigen, wie sehr sich Jaberg in seiner Besprechung der ersten Auflage dieses Buches irrt, wenn er behauptet: „Es ist abwegig, zu behaupten, das schöpferische Walten der Phantasie in der Sprache sei ihm (Gilliéron) verborgen geblieben. Die meisten Vorbehalte Wartburgs hätte er im Be-

Gilliéron scheint also die Ansicht zu hegen, daß die Leute erst unter dem Druck der Verhältnisse die witzige Bezeichnung *vicaire* geschaffen hätten. Das frohe, derbe Lachen, das aus der Benennung *vicaire* heraustönt, wäre nach ihm ein erzwungenes, unter dem Zwang einer unmittelbaren Notlage entstandenes. Hier verkennt Gilliéron seinerseits die Grundtatsache des Sprachlebens, die jedem Unbefangenen entgegentritt: das freie Walten der schöpferischen Phantasie. Sein Blick ist mit der nur ihm eigenen Intensität auf den Übergang des Zustandes B in die Bewegung B–C[1] gerichtet. Hier herrscht auch tatsächlich das Gesetz der Kausalität, hier war die Sprache vor die Notwendigkeit gestellt, einen Ausweg zu finden. Doch Gilliéron verkennt die wirklichen Verhältnisse, wenn er meint, daß die Phantasie der Sprechenden erst im Zeitpunkt B aus ihrem Schlaf aufgeweckt worden sei und nun einen Ersatz gesucht habe. Die Sprache schafft beständig in großer Zahl neue bildliche Ausdrücke, als Metaphern, als Wortwitze, als Manifestation der Welt der Gefühle und Wertungen, der Gedanken und persönlichen Anschauungen. Hier kann die Sprache unbehindert ihre Blüten treiben, denn hier ragt sie in das Gebiet des freien geistigen Lebens hinein. Und aus diesem großen Reservoir des freien Schaffens schöpft wiederum die Sprache, wenn sie einmal in eine Zwangslage gerät. Hier wählt sie einen der zur Verfügung stehenden bildlichen Ausdrücke aus[2]. Wenn heute z. B. aus irgendeinem Grunde im Schriftfranzösischen das Wort *jambe* unmöglich würde, so stünden sofort eine große Zahl von Wörtern als Ersatz zur Verfügung, die jetzt bereits im Pariser Volksfranzösisch Kurs haben; so etwa *gigue, guibole, flûte, patte, flubard, fuseau, gambille*. Oder unter den burlesken Benennungen des Bauern hat es eine ganze Reihe, die rasch bereit wären, ein etwa mißliebig gewordenes *paysan* zu verdrängen; ich erinnere nur an *cul-terreux, pagan, betterave, bouseux, vaseux, pédezouille*. Welche Blütenlese von Synonymen hat sich doch um *peur* geschart: *chiasse, frousse, les grelots, trouille, avoir le taf, le trac* usw. Oder aber auf eine Schwäche des Verbums *travailler* lauern Anwärter wie *turbiner, trimer, piocher, bûcher, boulonner, bosser*; diese Verben bringen meist das Unangenehme der Arbeit zum Ausdruck, sie bedeuten „schwer arbeiten", wie etwa im Deutschen *krüppeln* (s. fr. *bosser*), *schuften, schanzen* (s. fr. *piocher*), *ochsen, schinden*; sie würden aber rasch zum Normalverbum

wußtsein seiner weitreichenden sprachlichen und sachlichen Erfahrung mit ärgerlichem Spott als selbstverständlich abgelehnt." Siehe Vox Rom. 7 (1943–44), 283. Wie kann man so etwas schreiben, nachdem man das oben abgedruckte Zitat aus Gilliéron gelesen hat? Um so mehr, als gleich auf der nächsten Seite die Richtigkeit der in diesem Buch vertretenen Meinung für die hier behandelten Fälle zugegeben wird.

[1] Siehe das Schema S. 140.

[2] Siehe hierzu die Vorrede zum ersten Band des FEW.

aufsteigen, wenn die sprachliche Situation ein solches verlangen würde. Wer sich mit einem einzelnen Idiom, insbesondere mit einer lebenden Mundart, eingehend beschäftigt, der staunt immer wieder über die Mannigfaltigkeit und Farbenfrohheit des Ausdruckes. So ist nun auch das Eintreten von *bigey* für das unmöglich gewordene *gallus* zu beurteilen. Den Hahn mit dem Dorfrichter zu vergleichen, der im Dorf über Recht und Unrecht entscheidet, gleich wie der Hahn im Hühnerhof, das war ein *bon mot*, eine *galéjade*, die dem übersprudelnden Witz des Midi wohl anstand und ganz besonders der übermütigen Gaskogne, der Heimat Heinrichs IV. und der cadets de Gascogne. Unter einem solch fröhlichen Volk hatte wahrlich die Metapher *viguier* „Hahn“ nicht nötig, die Zwangslage des Zusammenfalls von *gallus* und *cattus* abzuwarten.

Wenn wir mit A, B und C verschiedene zeitliche Stufen des in der Gaskogne gesprochenen Romanisch bezeichnen, so ergibt sich folgende Tabelle:

A	*cattus*	*gallus*
	↓	↓ (*bigey*)
B	*gat* „Katze“	**gat* „Hahn“ (*bigey*)
	↓	⌄
C	*gat*	*bigey*

In dieser Tabelle ist in Klammern beigefügt, worin ich Gilliéron ergänze. Vor allem geht daraus hervor, daß einerseits die Entscheidungen, welche eine Sprache im Lauf ihrer Geschichte treffen muß, aus der Lage in einem bestimmten Zeitpunkt sich erklären, daß aber auch umgekehrt die Zeit vor dieser Krisis die Mittel zu ihrer Lösung schon bereitgelegt hat oder wenigstens haben kann. So kann die Bewegung nur aus dem – scheinbaren – Ruhezustand des Querschnittes begriffen werden, wie dieser seinerseits durch die vorangegangene Bewegung bedingt ist.

Ein anderes Beispiel mag uns zeigen, wie eine ins Gleiten gekommene Form das Gleichgewicht des Systems stört und eine andere Form mitreißt, diese eine dritte nach sich zieht usw. Das Lateinische hatte ein wohlausgeglichenes System von Pronomen, das allen sprachlichen Bedürfnissen zu genügen schien:

Pers.	1. *ego*	2. *tu*	3. (*is*)
Determ.		*is*	
Dem.	1. *hic*	2. *iste*	3. *ille*
Ident.		*ipse*	

Von den demonstr. Pron. ist *hic* der ersten Person beigeordnet, *iste* (= *is* + *to-*) der zweiten; *ille* bezeichnet alles, was in Raum und Zeit entfernt liegt. – Von all diesen Pronomen war *is* am stärksten der semantischen und lautlichen Verschleifung und Schwächung ausgesetzt. So beginnt man schon in klassischer Zeit, *hic* an seine Stelle zu schieben. Im allgemeinen entspricht bei Cicero *hic qui* noch fr. *celui-ci, qui*, nicht *celui qui*. Aber bei Cicero schon findet sich der Satz *quam quisque norit artem, in hac se exerceat*[1], statt *in ea*. *Hic* wird also zu Hilfe gerufen als Ersatz für *is*. Und von Seneca an ist *hic qui* „celui qui" ganz gewöhnlich (s. Verschiebung I in dem Schema S. 143). Diese zweite Stufe der Entwicklung führt zu einer raschen Entwertung von *hic*, das sich nur in zwei Verbindungen gehalten hat: als Neutrum (so apr. *oc*; afr. *fist bien o que il pod*, im Saint Léger; ital. *ciò*), und in der schon im klassischen Latein sehr häufigen Formel *hoc anno* (ital. *unguanno*, altfr. *ouan* usw.), also in früh erstarrten Ausdrücken. Nach der Verschiebung von *hic* blieben nur noch *iste* und *ille* als dem. Pron. *Iste* muß daher auch für *hic* eintreten, und in der Tat bietet bereits Horaz einige entsprechende Stellen und bei Lukan werden sie häufig. Und seit dem 2. Jahrh. findet man oft *iste meus, iste noster* (II). Diese dritte Stufe läßt nun zwei Lösungen zu: die Sprache kann versuchen, die Unterscheidung zwischen den dem. Pron. nach Art des klassischen Lateins aufrechtzuerhalten, indem sie wiederum einen Ersatz anderswoher holt, oder aber sie kann die Beruhigung erkaufen um den Preis des Verzichtes auf jene Differenzierung. Sie hat in der Tat versucht, den ersten Weg zu beschreiten; sie appelliert an ein weiteres Pronomen: *ipse*. *Ipse* für *iste* findet sich bei Curtius (1. Jahrh.), und es ist ziemlich häufig in den folgenden Jahrhunderten. Dieses *ipse* ist im Portugiesischen, Spanischen, Katalanischen, Sardischen und in fast ganz Unteritalien bewahrt, und zwar genau an dieser Stelle. Das Iberoromanische und ein Teil von Italien sind also der Unterscheidung der drei dem. Pron., nach den drei Personen, treugeblieben. Sie machen *ipse* zum dem. Pron. (III). Anderswo aber (gallorom.) gab man diese Unterscheidung auf und begnügte sich mit der bloßen Gegenüberstellung des Näheren und des Ferneren[2].

In unserer Übersicht über die lateinischen Pronomen haben wir *is* noch an einer anderen Stelle gesehen, als pers. Pron. der 3. Person. Während es als det. Pron. wohl durch *hic* ersetzt werden konnte, war das bei einem Pron. der 3. Person undenkbar. Daher rückte dort *ille* ein. So ging

---

[1] Wenn A. Sechehaye, Mélanges Bally, Genf 1939, S. 22, in diesem von mir verwendeten Beispiel keine „semantische Abschwächung" zu erblicken vermag, so hat er den Zusammenhang des Textes nicht richtig verstanden. Das wesentliche ist, daß hier *hic* die Beziehung auf die 1. Person verloren hat.

[2] Über die Ursachen dieser Differenzierung innerhalb der Romania s. W. von Wartburg, Ausgliederung, S. 111–113.

ein Teil der Erbschaft von *is* auf *hic*, der andere auf *ille* über. In der Tat setzt Cledonius, im 5. Jahrh., *ille* in eine Reihe mit *ego* und *tu* (IV). – Außer den durch diese Vorgänge notwendig gewordenen Verschiebungen entstand im Latein der späteren Kaiserzeit noch ein weiteres Bedürfnis, nämlich die jeweils in Frage stehende Person oder das Objekt zu präsentieren. Daraus ist der Artikel erwachsen. Hervorgegangen ist auch er aus den Pronomen, und zwar *ille* und *ipse*. Die Vulgata hat fast immer *ille*; sie übersetzt *ἡ παιδίσκη* durch *illa ancilla*. Die Peregrinatio Aetheriae hat meist *ipse*[1]. Die romanischen Sprachen sind geteilt: it. *il*, fr. *le*, sp. *el*; aber akat. *es*, sard. *su* (V). – All diese sekundären Funktionen mußten natürlich *ipse* und *ille* in ihrem Wert als dem. Pron. und als Identitäts-Pron. schwächen (*ipsa casa* „die selbe Hütte" > „diese Hütte" > „die Hütte"; *illa casa* „jene Hütte" > „die Hütte"). Dieser Schwächung hat das Latein entgegengewirkt, indem es die Pronomen auf verschiedene Weisen verstärkt hat. So kannte das Lateinische schon die Verbindung *iste ipse* (Cicero: *ista ipsa lege* „durch dieses selbe Gesetz"). Auch *ipsemet*, gebildet nach *egomet*, kommt bei Cicero schon vor. Später kommt auch *illemet ipse* vor. Und bei Petronius finden wir eine Art Superlativ *ipsimus*. Das sind ausdrucksstarke Formen. Mit der Zeit aber nützt sich dieser besondere Ausdruckswert ab. Im gleichen Maße aber werden sie zum Normalausdruck des betreffenden Begriffes, und diese Bewegung hält Schritt mit jener andern, die aus *ipse* und *ille* dem. Pron. und Artikel werden lassen. Das Latein der späteren Kaiserzeit hat dem Rechnung getragen, indem es die Sinnverstärkung durch eine Verbindung der beiden Verbindungen dargestellt hat: *illemet ipsimus*, woraus mit anderer Abtrennung *ille metipsimus*. Alle diese Formen leben in den romanischen Sprachen weiter: it. *stesso*; pr. *medeis*; fr. *même*, sp. *mismo*, it. *medesimo* (VI).

Ein anderes Verstärkungsmittel lag in der Demonstrativpartikel *ecce*, *eccum* vor. *Eccille* und *ecciste* sind als emphatische, pleonastische Formen für *ille*, *iste* schon seit Plautus häufig. Sie gehören besonders der familiären Sprache an und werden in der Umgangssprache immer häufiger. Infolge der allmählichen semantischen Abschwächung von *ille* braucht man an seiner Stelle immer mehr *eccille* resp. *eccuille* (VII). Daher it. *quello*, sp. apr. *aquel*, afr. *cil*. Wenn also für *ille* als dem. Pron. schon in lateinischer Zeit *ecc(u)ille* durchgedrungen ist, so stehen dem als dem. Pron. für näherliegende Personen und Objekte gegenüber: sp. *este*, apr. *est* (neben *aquest*), afr. *ist* (in den ältesten Texten; *cist* erst etwas später). Nichts vermag besser die Bedeutung der Notwendigkeit zu illustrieren, in der sich damals die Sprache befand: *illa* war pers. Pron. und Artikel geworden und konnte

---

[1] Siehe dazu L. Spitzer, The Epic Style of the Pilgrim Aetheria, Comparative Literature 1 (1949), 225–258.

daher die Funktion eines dem. Pron. nur dadurch behalten, daß es mit der Partikel *ecce* verstärkt wurde; *iste* hatte keine derartige Nebenfunktionen zu erfüllen, so daß keine Notwendigkeit vorlag, *ecc(u)iste* an seine Stelle zu setzen. Zweifellos hatte das spätere Latein als normale dem. Pron. das Paar *iste–ecc(u)ille* (dazu regional *ipse*). *Ecc(u)iste* ist erst später, wohl unter dem Einfluß und nach dem Vorbild von *ecc(u)ille* durchgeführt worden[1].

Verstärkte Formen

pers. Pron. *ego* *tu* *(is)*

det. I → *is* IV

VII

dem. *hic* *iste* *ille* ← *eccille*

II III V

ident. *ipse* *iste ipse*

V *metipse*

Artikel *[ipse, ille]* *metipsimus*

VI

In dem Bilde, das wir von der Umgestaltung des Pronominalsystems entworfen haben, sind nun nicht alle Teile gleichwertig, nicht alle Vorgänge gleichen Wesens. Um die wesentlichen Unterschiede klar hervortreten zu lassen, muß noch ein weiteres Beispiel herangeholt werden: Im Französischen ist bekanntlich *mulgere* „melken" untergegangen und durch *traire* ersetzt worden. Gilliéron hat unwiderleglich nachgewiesen, daß dieser Wechsel herbeigeführt worden ist durch den lautlichen Zusammenfall von *mulgere* mit *molere* „mahlen".

---

[1] Besonders interessant und lehrreich sind die Verhältnisse in Unteritalien. Hier sind auch, nach Analogie des dem. Pron. der 3. Person, *quello*, *esto* und *esso* zu *questo* und *quesso* umgebildet worden. Aber an vielen Orten hat diese Analogie nur dann gewirkt, wenn sich damit auch der Drang nach Verstärkung des Ausdrucks verband. So haben denn manche dieser Mundarten für die dem. Pron. der 1. und 2. Person je eine pronominale und eine adjektivische Form.

Veroli (Lazio): Pron.	*kwẹštu*	*kwẹssu*	*kwẹllu;*	Adj.	*štu*	*ssu*	*kwẹllu*
Agnone (Abruzz.)	*kwištə*	*kwissə*	*kwọirə;*		*štə*	*ssə*	*kwọirə*
Noepoli (Basil.)	*kwist*	*kwiss*	*kwillə;*		*stu*	*ssu*	*kwill*

Die Analogie hat sich also nicht blindlings ausgewirkt, sondern ist zu einer funktionellen Differenzierung genutzt worden. Diese Mundarten haben damit erreicht, was sich das Franz. auf einem ganz andern Weg geschaffen hat, nämlich durch die Unterscheidung von *ce (garçon)-ci* und *celui-ci*.

A	*mulgere*	*molere*
↓		
B	**moudre* ↔	*moudre*
↓		
C	*traire*	*moudre*

Ein *moudre*, das ,,mahlen" und ,,melken" zugleich bedeutete, war, besonders in ländlichem Milieu, unmöglich. Diese Homonymie bringt das Lexikon an dieser Stelle in Fluß: man ersetzt das unmöglich gewordene **moudre* ,,melken" durch *traire*. Das Verhältnis innerhalb der Sprache in den drei Zeitpunkten A B C und der Vorgang in den dazwischenliegenden Zeiträumen ist also dem gleich, das wir schon für die Geschichte von *gallus* > *vicaire* gesehen haben.

Im Falle von *gallus* > *vicaire* hat der affektbetonte Teil der Sprache den Mangel ausgeglichen. Die Ersatzwörter für *mulgere* ,,melken" entstammen aber einer ganz andern Sphäre. Auch hier hat Gilliéron die Dinge nur richtig gesehen für den Übergang aus der Synchronie B in die Diachronie B–C, nicht aber beim Übergang von der Diachronie A–B in die Synchronie B. Die Frage, warum die Sprache gerade diese Verben heranziehe, glaubt er folgendermaßen beantworten zu müssen: ,,*qu'est-ce que traire, tirer? Des mots secondaires et de l'espèce sémantique la plus médiocre, pauvre ressource d'une langue aux abois qui a perdu le terme correspondant à une opération parfaitement déterminée, singulière, incomparable; de véritables pis-aller lexicologiques. Peut-être ajuster, bléchi* [zwei lokale Ersatzwörter, von denen das zweite unterdessen durch Jud als keltisch nachgewiesen worden ist, vgl. FEW **bligicare*] *sont-ils plus défendables: leur introduction dans le langage est l'œuvre d'un procédé lexicologique imminent, désigner une action par le commencement de cette action, par les préparatifs.*" G. hält also diese beiden letzten Wörter für ganz allgemeine Ausdrücke für ,,herrichten". Nun besteht aber, was G. vielleicht nicht wußte, das Melken aus zwei getrennten Tätigkeiten: zuerst werden das Euter und die Zitzen der Kuh durch Bestreichen mit der Hand und durch Reinigen zum Melken bereitgemacht; häufig besorgt das sogar ein Hirtenknabe, während das viel Übung erfordernde Melken älteren, erfahrenen Arbeitskräften zufällt. Jene erste Tätigkeit nun wird mit einem besondern Verbum bezeichnet, das ursprünglich entweder ein allgemeingültiges Verbum für herrichten war (wie *ajuster*) oder aber die Tätigkeit selber beschreibt. In meiner eigenen Mundart z. B. wird sie mit *anziehen* ausgedrückt, weil sie dazu bestimmt ist, die Milch aus dem Euter an die Zitzen heranzuziehen, ohne sie aber schon herauszudrücken[1]. In Bessans findet Duraffour sogar

[1] Genau gleich wird diese Tätigkeit bezeichnet in Faymonville (Belgien)

eine Zerlegung der Melkarbeit in drei Tätigkeiten, die als *maneyé*, *aryá* und *blatyé* terminologisch unterschieden werden. Es ist daher äußerst wahrscheinlich, daß schon lange vor der Kollision *mulgere-molere trahere* in der Begriffssphäre von *mulgere* drinnenstand als Bezeichnung dieser vorbereitenden Tätigkeit des „Anziehens"[1]. Wenn also *traire* auch nicht zu den affektbetonten Wörtern gehörte, so lag es doch, und das ist das Wesentliche, schon in der allernächsten Umwelt von *mulgere* bereit[2].

So hat die semantische Nachbarschaft bei dem Paar *gallus-vicaire* einen ganz andern Charakter als bei dem Paar *molere-traire*. *Vicaire* war vorerst ein affektgeladenes oder burleskes Synonym von *gallus*; die Wörter dieser Art möchte ich Trabantenwörter nennen. Sie umgeben ihre normalsprachigen Synonyme, sie kreisen um sie, und manchmal läßt ein glücklicher Zu-

---

wo man dafür *atrére* braucht, siehe E. Legros, Revue belge de philologie et d'histoire 23 (1944), 326.

[1] Das wird auch bestätigt durch die Karte 1194 des AIS, auf der *trarre, tirare, stirare* als Bezeichnungen dieser Hantierung gegeben werden. – Anders möchte F. Dornseiff, Das „Problem des Bedeutungswandels", Zs. f. deutsche Philologie 63 (1938), 119–138, S. 125, den Vorgang auffassen: „Ein Melker brauchte nur zu seinem Kameraden zu sagen: geh hin, zieh mal dran. Oder brauchte sich an sein Werk zu begeben mit den Worten: so jetzt will ich mal dran ziehen." Dornseiff zeigt mit diesen Ausführungen nur, daß er nie aus eigenem Erleben erfahren hat, mit welcher Präzision, Gestrafftheit und inneren Geschlossenheit der Wortschatz einer Berufssprache aufgebaut ist. An dieser Stelle wollen wir auf den feinen Unterschied aufmerksam machen, der in manchen lothringischen Mundarten „faucher le blé" (Getreide mit der Sichel schneiden) von „faucher l'herbe" (Gras mit der Sense mähen) trennt. So bezeichnet man in Einvaux (Meurthe-et-Moselle) das erste mit *sę̄yi*, das zweite mit *sāyi*, ebenfalls in Fraize (Vosges). In La Baroche erscheinen *sę̄i* und *sāi*; analog dazu wird auch der Schnitter vom Mäher unterschieden. Die erste der genannten Formen geht auf lat. *sĭcĭlis* „Sichel", die zweite auf lat. *sĕcare* „schneiden" zurück. Daß sich seit mindestens 15 Jahrhunderten eine so schwache phonetische Unterscheidung zur Bezeichnung zweier einander so nahe liegender Tätigkeiten erhalten hat, zeigt mit bestrickender Deutlichkeit das im bäuerlichen Wortschatz herrschende Bedürfnis nach Genauigkeit in der Bezeichnung.

[2] K. Jaberg, Vox Rom. 7 (1943–44), 283 bestreitet die Richtigkeit dieser Erklärung mit Bezug auf *ajuster* und *bléchi*, während er für *traire* zustimmt. Diesen Einspruch begründet er damit, daß Gilliéron viele Sennereien in den Alpen besucht hat. Dem ist entgegenzuhalten, daß solche Besuche nicht genügen, um sich vom Wesen einer Tätigkeit einen richtigen Begriff zu machen. Wenn Gilliéron den eigentlichen Sinn von *traire* und *ajuster* erkannt hätte, hätte er nicht in seinen Irrtum verfallen können. Man muß die Ahnungslosigkeit mit angesehen haben, mit der er sich seiner eigenen Kuh in Twann annahm, wo er eine kleine Landwirtschaft betrieb, um sich darüber klar zu sein, daß er alle diese Manipulationen nur ganz oberflächlich kannte.

fall eines von ihnen ins Zentrum einrücken. *Traire* aber ist selber ein Normalwort, durch seine Semantik dem kranken Worte benachbart. Auf ein solches in semantischer Nähe und Reichweite liegendes Normalwort wird die Sprache dann zurückgreifen, wenn keine Trabantenwörter zur Verfügung stehen. Es gibt Begriffe, deren sprachlicher Normalausdruck von ganzen Schwärmen farbig schillernder, gefühlsbetonter Wörter umtanzt werden, während andere wiederum fast oder ganz ohne diese Eskorte bleiben. Es stellt sich die Situation in beiden Fällen völlig verschieden dar:

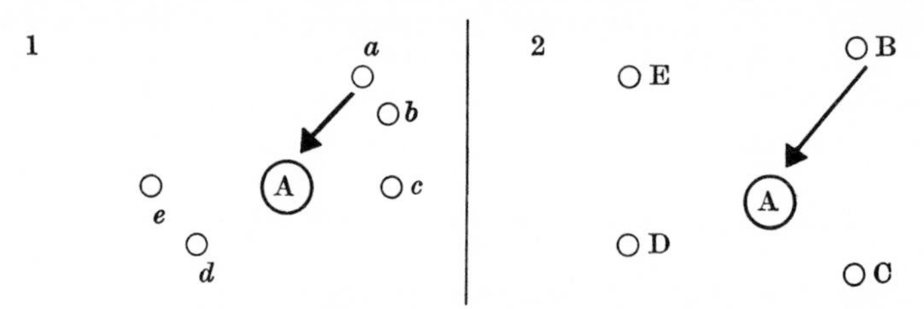

Wenn wir nun mit dieser Erkenntnis von dieser wesenhaften Verschiedenheit an die Geschichte der Pronomina herantreten, so sehen wir, daß sich hier auf einem und demselben Felde beide Vorgänge wiederfinden: Wenn *iste* an die Stelle von *hic* tritt, so appelliert die Sprache an ein im Felde benachbartes Normalwort, um ein Normalwort zu ersetzen, das allmählich seiner Bestimmung untreu wird (*hic* > „derjenige"), und dasselbe wiederholt sich, wenn *ipse* herangeholt wird, um die Lücke von *iste* auszufüllen. Diese Vorgänge stehen auf einer Ebene mit der Geschichte von *mulgere* → afr. *traire*; sie entsprechen der schematischen Darstellung 2. Wenn nun aber anstelle von *ipse* die Verstärkungen *metipse, iste ipse, metipsimus* treten, so sind eben affektgeladene, ausdruckskräftige Trabantenwörter an die Stelle des semantisch geschwächten und teilweise seiner Bestimmung untreu gewordenen *ipse* getreten. Dieser Vorgang entspricht dem Bild 1.

Die Unterscheidung dieser verschiedenen Quellen für lexikalischen Ersatz ist von größter Bedeutung für die Frage der Auswirkung solcher Vorgänge. Bei Bild 1 können die Trabantenwörter verschiedenen Charakter haben: *guibole* lebt nur als burleskes Wort für *jambe*; träte es heute an dessen Stelle, so würde das in seinem Umkreis keine weiteren Folgen nach sich ziehen. Anders wäre es, wenn *fuseau* den Platz gewänne. Dann müßte es vielleicht in seinem eigenen Bezirk das Feld räumen. Ähnlich bei 2: ein Wort wie *traire* hat ursprünglich mit einem kleinen Zipfel seiner Bedeutung herübergereicht in das Bedeutungsfeld von „melken"; es ist dann anstelle von *mulgere* getreten und schließlich für seine eigenen anderen Bedeutungen unbrauchbar geworden.

Wenn wir das Ergebnis unserer Betrachtungen überblicken, so wird uns bewußt, wie notwendig und fruchtbar die Scheidung in historische und deskriptive Sprachwissenschaft ist, die Saussure vorgenommen hat. Wir erkennen auch, daß Gilliéron den éinen Schritt zur Überwindung der so durch Saussure geschaffenen Antinomie getan hat, indem er uns zeigt, wie aus der Spannung innerhalb eines Ausdruckssystems in einem gewissen Augenblick eine Umwälzung in der darauffolgenden Zeit sich erklärt. Doch ist er von unrichtigen Vorstellungen beherrscht über die Herkunft der zur Hebung der Spannungen verwendeten sprachlichen Mittel: diese lagen vor dem Entstehen der Spannung schon bereit. Mit Gilliéron würden wir bloß den Zugang finden zur Erforschung des Übergangs vom Sein zum Werden; über ihn hinausgehend müssen wir auch das Werden erfassen, das der Spannung eines bestimmten Zustandes vorangegangen ist.

Auf die Frage, warum Gilliéron auf halbem Wege halt macht, gibt uns ein Blick auf Charakter und Herkunft der von ihm benutzten Materialien die Antwort. Gilliéron hat bekanntlich im Prinzip nur die Angaben seines Atlas herangezogen und das von andern Personen gesammelte Material als unzuverlässig verschmäht[1]. Nun müssen wir uns erinnern, wie das Material des Atlas gesammelt worden ist. Gilliéron hat für die Aufnahmen ein Frageheft zusammengestellt, das zwar recht umfangreich war und im Verlauf der Aufnahmen selbst noch vergrößert wurde. Aber vollständig war es nicht, konnte es auch kaum sein. Es enthielt zwar die wichtigsten Begriffe, besonders die überall etwa wiederkehren. Aber es überging die Nebenbegriffe, z. B. die Bezeichnungen der vielen subsidiären Hantierungen, welche die großen, zentralen Arbeiten des Landwirts umgeben, die zahlreichen, von Gegend zu Gegend variierenden Hilfswerkzeuge usw. Der ein zentrales Wort zunächst umgebende Raum wird ignoriert. Zwischen den verschiedenen abgefragten Wörtern liegt meist eine größere Zahl von Ausdrücken, die in ihrer Bedeutung irgendwie damit verwandt sind; der semantische Raum zwischen den Wörtern des Frageheftes ist nicht leer[2]. In ihm bestehen Ausdrücke, deren Bedeutung übri-

[1] In einzelnen, ganz bestimmten Fällen hat er allerdings Ausnahmen gemacht. Doch haben diese für unsern Zusammenhang keine Bedeutung.

[2] Ähnlich wie mit der semantischen Dichtigkeit der Wörter im Fragebogen steht es übrigens mit der geographischen Dichtigkeit. Von einem Dorf zum andern, die Edmont besuchte, mag die Distanz durchschnittlich 15–20 km betragen. Dazwischen liegen aber viele andere Dörfer, die der Atlas übergehen muß. Die etwa 40000 Gemeinden des ganzen galloromanischen Gebietes sind durch 639 Punkte repräsentiert. Die Weitmaschigkeit dieses Netzes macht den Atlas unbrauchbar zur Durchführung von Untersuchungen über die intimere landschaftliche Gliederung des galloromanischen Sprachraums. Große Regionen, wie die Gaskogne zeichnen sich im Atlas in ihren groben Umrissen schon ab. Aber Untersuchungen wie sie die deutsche Dialektgeographie mit so großem Erfolg

gens oft nicht so eindeutig und klar mit einem einzigen schriftsprachlichen Wort wiederzugeben wäre. In diesem semantischen Raum hat aber eben das Normalwort seine Wurzeln. Mit Hilfe unseres Schemas 2 (oben S. 146) ausgedrückt: es fehlen uns die Angaben über die Ausdrücke für B C D E. Der Atlas setzt erst in dem benachbarten semantischen Feld wieder ein. Das Bild, das er vom Sprachschatz gibt, gleicht einer Hügellandschaft im Nebelmeer: nur die Spitzen ragen heraus; die Niederungen, auf welchen diese aufruhen und welche die Höhen miteinander wesentlich und organisch verbinden, bleiben unter dem Schleier der Nebel verhüllt[1].

Und noch eine zweite Einbuße muß die Abfragemethode mit in Kauf nehmen: Edmont ist mit seinem Frageheft von Dorf zu Dorf gezogen und hat die Leute nach ihren Ausdrücken für dies und jenes gefragt. Die ganz natürliche Wirkung war, daß die Gewährsperson sich aufgefordert fühlte, das normale Wort für die betreffende Sache zu geben. Ganz selten nur taucht neben dem Normalwort noch ein affektiver oder pittoresker Ausdruck auf. Um diese aus dem Sprachbewußtsein auftauchen zu lassen, braucht es aber einen bestimmten Reiz, etwa eine Gemütsbewegung. Die Fragen Edmonts haben den Vorhang vor dem affektiven Teil des Wortschatzes nicht weggezogen. So gibt uns der Atlas nur die eine Seite des Sprachlebens, die rationale, nicht aber die emotive. Der Atlas gibt ein fast vollständig intellektualisiertes Bild von der Sprache, weil die Sammelmethode alles Schwebende, Nichtrationale ausgeschaltet hat. In unserem

---

unternommen hat, lassen sich hier nicht mit der gleichen Feinheit durchführen. Es ließen sich aber, trotz der starken Zersetzung der mundartlichen Verhältnisse durch die Schriftsprache, auch im Galloromanischen noch ähnliche räumliche Gliederungsbewegungen erkennen, wie im deutschen, wenn Sondierungen differenzierterer Art vorgenommen werden. Der Gegensatz zwischen Deutschland und Frankreich ist in dieser Beziehung nicht so groß, wie man es gelegentlich infolge Übersehens der Verschiedenheit der Forschungsgrundlagen dargestellt hat (vgl. z.B. Th. Frings, Zs. f. Deutschkunde 44, 1930, 555).

[1] Das Bild, das sich hier im synchronischen Aspekt bietet, könnte auch auf das Geschehen in der Zeit angewendet werden. Wie viele der Publikationen Gilliérons erweisen sich in ihren Schlüssen und Folgerungen als völlig abwegig, weil er sich nicht um die sprachlichen Zeugnisse der Vergangenheit gekümmert hat. In: Scier dans la Gaule romane, Paris 1905, S. 11, wird angenommen, die Bedeutung „mähen" sei aus der Bedeutung „sägen" übertragen, und diese Übertragung sei dem Gebrauch der gezähnten Sichel zu verdanken (so auch J. Jud, Literaturblatt f. germ. u. rom. Phil., 29, 1908, 336). In Wirklichkeit sagt schon Caesar *pabula secare;* Columella verwendet *feniseca* „heumäher" und *fenisicium* „heuernte"; in der Lex Salica XLI, 1 steht *Si quis pratum alienum secaverit* usw.; dazu kommt, daß die gezähnte Sichel ja nicht für das Gras bestimmt ist, sondern für das Mähen von Getreide, dessen Halme dürr sind. Vgl. die Artikel *sĕcare, sĕctor,* FEW 11, 370f., 381f.

Schema 1 (oben S. 146 ff.) fehlen die Ausdrücke a b c d e. Der rein rationale Charakter der Aufnahmen ist der Grund, warum Gilliérons Scharfsinn mit ihnen stets Ergebnisse mit mathematischer Unfehlbarkeit zu erzielen vermochte. Der von Edmont gesammelte Teil des Sprachschatzes ist der intellektuelle. Wo aber der Intellekt mit sich selber, mit sich allein zu tun hat, da herrschen Notwendigkeit und Zwang. Daher verschleiert Gilliérons Aufnahmemethode den einen, so wichtigen Teil des Sprachlebens. Die Einseitigkeit dieser Materialsammlung hat es verhindert, daß Gilliérons Forschung in den herbeigezogenen Fällen auch den Übergang von der Diachronie in die Synchronie richtig erfaßt hat; sie hat ihm die Erkenntnis für die Vorgänge in der Sprache eröffnet, bei denen Notwendigkeit herrscht, zugleich aber den Sinn für die in Freiheit schaffenden Sprachkräfte verschlossen.

Während der letzten Jahre erschien in Frankreich eine Reihe ausgezeichneter Sprachatlanten. Arbeitsequipen von Spezialisten, die die betreffenden Gebiete von Grund auf kannten, schufen diese Atlanten nach einer neugestalteten Methode und mit einem Netz abgefragter Punkte, welches in den meisten Fällen das des ALF an Dichte weit übertraf. Andere auf denselben Prinzipien aufgebaute Atlanten sind in Vorbereitung. Im Laufe dieser Arbeiten konnten viele Lücken des ALF aufgefüllt werden. Eine besondere Stellung nimmt der *Atlas Linguistique de la Wallonie,* begründet von Jean Haust, fortgeführt von seinen Schülern Louis Remacle und Elisée Legros (Lüttich 1953 ff.) ein. Dieses Werk entstand vollkommen unabhängig von der durch die Gilliéronsche Schule vertretenen Tradition. Der Atlas entspricht in weitem Maße den Anforderungen, die sich aus den oben entwickelten Gesichtspunkten ableiten, vor allem, weil auch der semantische Raum zwischen den Hauptbegriffen und die sich um diese gruppierenden nebensächlichen Elemente des Wortschatzes weitgehend berücksichtigt wurden. Jedoch vermag ein Atlas, so detaillierte Auskunft er auch geben mag, nicht allen oben genannten Anforderungen vollkommen gerecht zu werden. Nur spezialisierte Mundartwörterbücher, die sich möglichst auf eine einzelne Dorfmundart beschränken, könnten in dieser Hinsicht voll zufrieden stellen[1].

---

[1] Für solche deskriptive Einzelstudien, deren wir nie genug besitzen können, wäre dringend die Berücksichtigung der unten S. 177 ff. entwickelten Gesichtspunkte zu wünschen. Seit der Publikation der 1. Auflage dieses Buches sind einige Monographien dieser Art publiziert worden, z.B. J. Garneret, Un village comtois, Lantenne, ses coutumes, son patois, Paris 1959; Marianne Müller, Le patois des Marécottes (commune de Salvan, Valais), Tübingen 1961 (Z, Beih. 103); V. Ratel, Le patois de St.-Martin-la-Porte, Facultés Catholiques de Lyon 1956; J. Mazaleyrat, La vie rurale sur le plateau de Millevaches, Publications de la Faculté des Lettres et Sciences humaines de l'Université de Clermont-Fer-

Einen Einblick in die von den Atlanten nicht erfaßten Teile des Wortschatzes gewähren auch schon die bestehenden mundartlichen Wörterbücher, obgleich deren Zuverlässigkeit und wissenschaftlicher Wert sehr verschieden ist[1]. Um auf Gilliéron und den Einfluß seiner Methoden auf seine Lehre zurückzukommen, genügt ein Vergleich zwischen den Materialien der Dialektwörterbücher und gewissen Karten des ALF, wodurch die Verschiedenheit der beiden Arbeitsmittel offensichtlich wird. Die Karte 79 z. B. gibt für „avare" etwa 30 verschiedene Worttypen, während nach meinen Sammlungen deren annähernd 200 in den galloromanischen Mundarten leben. Für „riche" ergibt die Karte 1156 ein absolut eintöniges Bild: der Atlas kennt nur das eine *riche*[2]. Meine Materialien enthalten mehr als 80 Worttypen. Karte 981 hat an fünf Punkten *malheureux*, an einem *podey* (= pour Dieu), einmal *misérable*, einmal *minable*, sonst nur *pauvre*. Dem stehen 90 Worttypen aus anderen Quellen gegenüber. Wie zufällig solche Ergebnisse sind, zeigt die Geographie von *minable*. Der Atlas gibt dieses Wort für Punkt 419 (Poitou); die mundartlichen Wörterbücher bezeugen es aber auch für die Pikardie, die Normandie, Berry, Burgund, die Champagne, Lothringen, die Franche-Comté, Lyon, Savoyen, die Schweiz. In all diesen Fällen haben Edmonts Aufnahmen fast immer nur éin Wort ergeben, während die andern Quellen einen viel größeren Reichtum innerhalb einer einzelnen, lokalen Mundart zeigen (z. B. bestehen in Labouheyre neun Ausdrücke für „geizig"). Auf der Karte *beaucoup* des ALF erscheint, mit wenig Ausnahmen an jedem Punkt nur je ein Wort, während jeder von uns sofort eine ganze Reihe von Ausdrücken für diesen Begriff zur Verfügung hat. Vgl. etwa bei Georges Chastellain: *foison de, une infinité de, une mer de, un mont de, multitude de, tas, à force, guères de, maint, moult, grant, grant nombre, plenté*. Die Karte 269 gibt fast nur *cheval*, an wenigen Punkten noch *bidet* und *cayon*, während die Mundarten in Wirklichkeit etwa 70 Worttypen, größtenteils familiäre Ausdrücke und Kosenamen aufweisen[3].

Nachdem wir so ungeheure Unterschiede im Reichtum an Ausdrücken zwischen dem Atlas und den anderen Quellen gefunden haben, wie sie etwa

---

rand, 2e série, fasc. VIII, Paris 1959. Die Darstellung des Wortmaterials folgt in diesen Werken den Gesichtspunkten, von denen oben die Rede ist.

[1] Eine gewisse Hilfe für die kritische Benutzung dieser Publikationen bietet W. von Wartburg, Bibliographie des dictionnaires patois, Paris 1934 (avec Supplément p.p. H.-E. Keller et J. Renson, 1955).

[2] Einzig P. 292 hat *à l'aise*. Doch ist das eine Umschreibung, die überdies überall sonst ebensogut möglich wäre und als Zufallstreffer gerade so gut am andern Ende der Galloromania hätte auftauchen können.

[3] Nicht mitgerechnet sind natürlich die speziellen Ausdrücke für Stute, Hengst, Wallach, Füllen usw.

durch die Proportion 1 : 80 dargestellt werden, treffen wir dazwischen zu unserer Überraschung wieder auf Begriffe, für die zwischen den beiden eine fast völlige Übereinstimmung besteht. So hat die Karte 20 ca. 25 verschiedene Typen für „Dreschtenne"; die übrigen Quellen fügen nur 3 neue Typen hinzu. Hier ist also die Proportion fast 1 : 1. Wie erklärt sich dieser Gegensatz? Sehr einfach: „Tenne" ist ein nüchterner, sachlicher Begriff, der nicht zu metaphorischen, affektiven Benennungen Anlaß gibt; „reich", „Pferd", „geizig" hingegen sind von nuancierten Gefühlswallungen begleitet und treiben die Sprechenden immer wieder zu neuen Bildungen. Man könnte geradezu aus dem Verhältnis des Atlas zu den anderen Materialien eine Skala aufbauen, und an dieser Skala wäre es möglich abzulesen, in welchem Maße jeder einzelne Begriff das Gemütsleben der Menschen affiziert.

So ist aus der Gilliéronschen Atlasidee eine der mächtigsten Kräfte geworden, welche die Sprachwissenschaft in den letzten 30 Jahren befruchtet und vorwärtsgetragen haben. Doch müssen wir uns hüten, Gilliéron dort zu folgen, wo er dieses Material zur Beurteilung von Fragen benützt, für deren Beantwortung es schon infolge der Sammelmethode ungenügend ist.

Die S. 137 ff. behandelten Fälle lassen natürlich bei weitem nicht alle Aspekte erkennen, welche sich bei lexikographischen Ablösungsvorgängen ergeben. Sie werfen nur ein besonders kräftiges Licht auf die Beziehung zwischen Sein und Werden, Werden und Sein. Aber die meisten derartigen Vorgänge sind irgendwie verwandt mit ihnen. Die folgenden zwei Beispiele möchten darauf hinweisen.

Für den Begriff „schwimmen" hat sich lt. *natare* bis heute in einem großen Teil der Romania erhalten: südit. *natare*, sard. *nadare*, friaul. *nadá*, pr. kat. sp. pg. *nadar*. Demgegenüber haben Rumänien, Mittel- und Oberitalien, das Rätoromanische und Nordfrankreich bis zu einer Linie etwas südlich der fr.-prov. Grenze Formen, die auf ein *notare* zurückweisen (arum. *nota*, nrum. *înotà*, tosk. *nuotare*, engad. *noder*). *Notare* ist aus *natare* durch Dissimilation hervorgegangen, ähnlich wie *Notalis* aus *Natalis*. Belegt ist *notare* zum erstenmal im Reichenauer Glossar; aber die Tatsache, daß es auch dem Balkanromanischen angehört, läßt vermuten, daß es schon sehr alt ist und wohl ins 3. Jahrh. hinaufreicht.

Auf der Karte sind die heutigen Verhältnisse des Galloromanischen dargestellt, nach dem ALF und nach einigen Glossaren[1]. Die wenigen schraffierten Flecken haben *notare*; was weiß gelassen ist, hat *nager*. Diese peripherisch auseinanderliegenden Flecken können nicht voneinander un-

[1] Daraus wurden herangezogen Jers. Guern. *nouer* (gegen *nager* nach ALF), Bresse *nwa* (nach O. Bloch, Atlas linguistique des Vosges méridionales, Paris 1917), vsoan. *noar*, Pral *nwa*, daupha. *noudar*, Cellefrouin *nodá*.

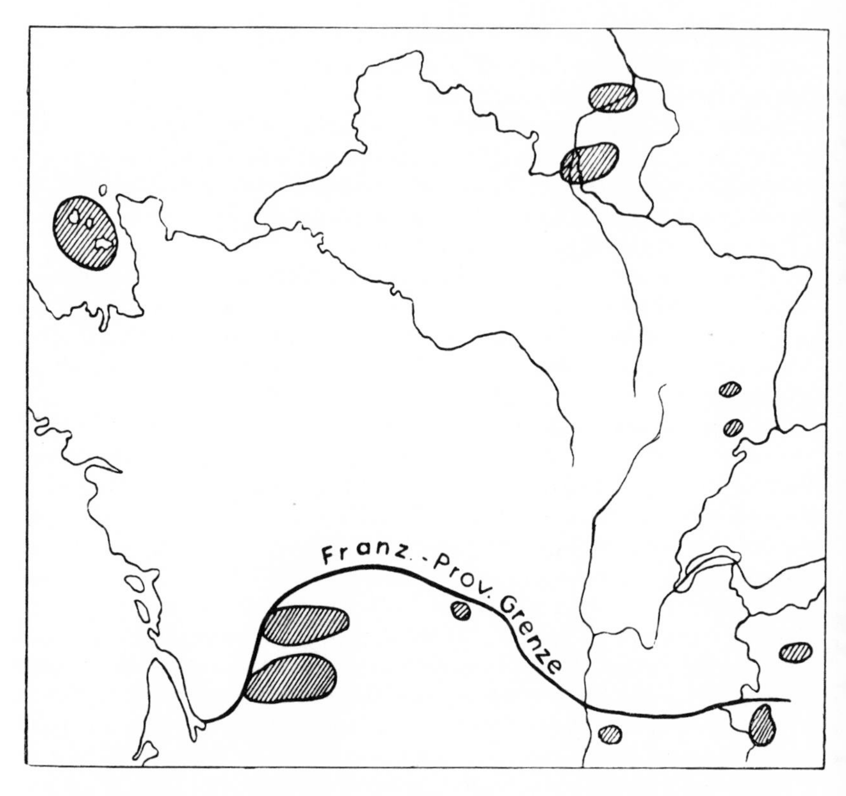

abhängig sein; sie stellen die letzten Spuren eines früher zusammenhängenden und einheitlichen *notare*-Gebietes dar. *Nager* „schwimmen" ist also eine Neuerung. Darauf weist auch die Tatsache, daß *nager* von lt. *navigare* „mit dem Schiff fahren" kommt. Die Bedeutung „schwimmen" ist sekundär, und in der Tat brauchte das Altfr. *nagier* nur im Sinne des lt. *navigare*, während man für „schwimmen" *noer* sagte. Erst 1416 tritt die neue Bedeutung von *nager* auf; zugleich wird *noer* immer seltener und gegen die Mitte des 16. Jahrhs. verschwindet es. Weniger als ein Jahrhundert hat genügt, um *noer* vor *nager* zurücktreten zu lassen.

Wenn wir nach dem Grund des Untergangs von *noer* „schwimmen" suchen, gedenken wir gleich des andern Verbums *noer*, *nouer* „knüpfen". Die Homonymie der beiden Verba mag nicht so gebieterisch nach einem Ausweg verlangt haben, wie etwa diejenige der beiden *gat* im Gaskognischen, da die Situation stets Klarheit gewährte. Aber die beiden Tätigkeiten hatten so wenig sachliche Beziehung, so wenig Ähnlichkeit der Bewegung, daß der für das Sprachempfinden sonst natürliche Ausweg, das eine Verbum als eine übertragene Bedeutung des andern aufzufassen, unmöglich war. So mußte ein Mißbehagen entstehen, das schließlich zum Untergang des einen Verbums führte.

Diese Erklärung verlangt eine historische und eine geographische Begründung, da doch 1. die beiden *noer* bis ins 15. Jahrh. nebeneinander gelebt haben, und da 2. *noer* sich noch in so vielen, wenn auch peripheren Punkten gehalten hat. Es wäre doch auch nicht unmöglich, daß *nager* in Paris seine Bedeutung „schwimmen" aus irgendeinem anderen Grunde erhalten hätte, und daß dann die Provinz einfach dem Losungswort der Hauptstadt gefolgt wäre. Auf die Frage 1 lautet die Antwort: *nodare* (mit *ō*) und *notare* (mit *ŏ*) waren im Altfranzösischen getrennt (in den stammbetonten Formen *ō* > *eu*, *ŏ* > *ue*; in den endungsbetonten Formen *ọ* gegen *ǫ*). Die Formen waren lange Zeit verschieden. Im Mittelfranzösischen aber nehmen die meisten Verben eine Vereinheitlichung ihres Vokals vor (*preuves, prouvons* > *prouves, prouvons*), und außerdem fielen vortonig *ọ* und *ǫ* zusammen. In dieser Zeit wurde also die Homonymie der beiden Verben, die für einzelne Formen schon vorher bestanden haben mochte, vollständig. *Noer* „schwimmen" ging unter und an seine Stelle trat *nager*. Aber diese neue Bedeutung von *nager* machte die Verwendung dieses Verbums in der alten Bedeutung von „mit dem Schiff fahren" unmöglich. Das Französische wandte sich ans Latein und entlehnte ihm *naviguer*. In der Tat stammt der erste Beleg von *naviguer* aus dem Jahre 1456 (abgesehen von einem vereinzelten Beispiel aus dem ausgehenden 14. Jahrh.), also aus der Zeit, in welcher auch *nager* in seiner neuen Bedeutung „schwimmen" erstmals auftritt.

Das geographische Problem verlangt einen Vergleich mit den mundartlichen Vertretern von *nouer* „knüpfen". Dieser Vergleich ergibt folgendes Resultat:

Im Wallonischen (Lüttich) steht einem *noyî* „schwimmen" ein *noukî* „knüpfen" (< *nod-icare*) gegenüber; hier ist also das andere Verbum ausgeglichen worden. Auf den Norm. Inseln steht einem *nouer* „schwimmen" ein *nouasser* „knüpfen" gegenüber. Die große limousinische Zone und die beiden kleinen Flecken in der Auvergne und in der Dauphiné erhalten ihre Erklärung, wenn man sie in ihrer Lage zur französisch-provenzalischen Grenze erfaßt. Sie liegen alle direkt südlich dieser Linie, greifen nirgends darüber hinaus. Wie erklärt sich diese eigentümliche Lagerung? Diese Grenzlinie scheidet das Französische, wo *-d-* und *-t-* das gleiche Schicksal erleiden, nämlich fallen, vom Provenzalischen, wo sie bis heute geschieden bleiben (*-d-* > *-z-*, *-t-* > *-d-*). Hier mußte also *nodare* zu *nozar*, *notare* zu *nodar* werden. Südlich dieser Grenze blieb also den beiden Verben der Zusammenfall erspart. – Wenn wir nach Oberitalien hinüberblicken, könnten wir uns wundern, daß *notare* hier überall erhalten ist (piem. *noè*, lomb.

noâ), trotzdem auf ziemlich weitem Gebiet auch hier *-t-* und *-d-* das gleiche Schicksal erlitten haben. Hier ist der Zusammenstoß nicht erfolgt, weil für „knüpfen“ nicht *nodare* gebraucht wird, sondern *gropâ*[1].

Interessant sind die Verhältnisse in den südlichen Vogesen. Nach Bloch sagt man in La Bresse *nwa* „schwimmen“. Nach Hingre gibt es zwei Verben *nouâ* „1. schwimmen; 2. knüpfen“. Hier besteht also die Homonymie noch heute; aber Hingre bezeugt ausdrücklich *nouâ* „schwimmen“ als ungebräuchlich und gibt *ramâ* als das gewöhnliche Verbum an[2]. In Nachbardörfern sagt man auch *baigner* (Bloch). Wir stehen hier vor der Tatsache, daß eine im Gebirge abgelegene Gegend von sich aus einen Ausweg aus der fatalen Kollision gesucht hat. *Ramer* und *baigner* sind tastende Versuche, die Schwierigkeit der Lage zu meistern, bis endlich der Siegeszug des schriftsprachlichen *nager* eine endgültige Lösung bringt. *Ramer* ist aus dem gleichen benachbarten Bedeutungsfeld genommen wie fr. *nager*; es ist weder besser noch schlechter als dieses.

So sehen wir, daß im Falle des Ersatzes von afr. *noer* „schwimmen“ durch *nager* die Sprache zu einem Verbum gegriffen hat, das wohl in der gleichen semantischen Sphäre liegt, das aber eine in ihrem Wesen von „schwimmen“ unabhängige Tätigkeit bezeichnet[3]. Im Falle von *traire* aber verhielten sich die Dinge anders: *traire* „anziehen“ bezeichnete eine subsidiäre, dem gesamten Vorgang des Melkens untergeordnete Tätigkeit. Ein Wort für „mit dem Schiff fahren“ ist ein semantischer Nachbar eines Wortes für „schwimmen“. Ein Wort für „anziehen“ aber liegt innerhalb des gleichen Bedeutungsfeldes, dessen Zentrum „melken“ ist; es wird von diesem als dem Hauptbegriff gewissermaßen beherrscht.

Wiederum etwas anders liegen die Verhältnisse bei der Geschichte von pr. *clavel* „Nagel“. Gilliéron hat in seiner Schrift *L'aire clavellus d'après l'Atlas Linguistique de la France,* Neuveville 1912, nachgewiesen, daß in Südfrankreich *clavus* „Nagel“ deswegen durch *clavellus* ersetzt worden ist, weil *clavus* lautlich mit *clavis* „Schlüssel“ zusammengefallen ist. Gilliéron sieht in *clavellus* nicht ein Diminutiv; er sagt ausdrücklich: „Cette homonymie aurait été intolérable. C'est pour l'éviter que *clavus* a créé *clavellus*. Ce *clavellus* ne saurait être un diminutif.“ Diese Auffassung ist richtig für den Zeitpunkt, da *clavellus clavus* vollständig und endgültig er-

[1] Es bliebe zu untersuchen, ob die Aufnahme dieses wohl germanischen Stammes durch die Kollision *nodare-notare* begünstigt worden ist. – Vsoan. *noar* lehnt sich an das piem. an.

[2] Wenn hier die Entwicklung langsamer vor sich gegangen ist, so kommt das vielleicht daher, daß die Wasserläufe der Gegend zum schwimmen sich wenig eignen, die Homonymie daher viel seltener störend wirkte.

[3] Hier wäre Gilliéron berechtigt, von Zwang und Notwendigkeit allein zu sprechen.

setzt. Ursprünglich kann *clavellus* sehr wohl diminutiven Sinn besessen haben[1]; er ging dann aber verloren, eben unter dem Drucke der Notwendigkeit, *clavus* zu ersetzen. Um einem Zusammentreffen mit dem andern *claus* auszuweichen, griff man nach dem zunächstliegenden unmißverständlichen Wort; das war *clavellus*. Je häufiger dieses anstelle von *clavus* gebraucht wurde, um so mehr entschwand das Bewußtsein von seinem diminutiven Wert; und als die Bewegung zum Abschluß gekommen war, hatte sich diese vollständig verflüchtigt. Gilliérons Satz „*clavellus* ne saurait être un diminutif" ist daher richtig für die Zeit von diesem Punkt an; er ist falsch, wenn man ihn auf die Periode zurückprojiziert, die *clavellus* geschaffen hat[2]. *Clavellus* hat also vor der Kollision ebenfalls im Bedeutungsfeld von *clavus* gelebt, und zwar als Diminutivum, also als „nome alterato", als eine Modifikation des Zentralbegriffs. Sein Verhältnis zu diesem hat mit dem Bild 1 wie mit 2 einige Verwandtschaft, mit 2, weil *clavellus* eine besondere Abart von Nägeln bezeichnen konnte, mit 1, weil mit dem Diminutivum eine gewisse Gefühls- oder Wertnuance verbunden sein kann. ähnlich wie wir das für *fuseau*, *guibole* usw. gesehen haben (S. 146).

2. Das Wort und seine Umwelt

Die vorangegangene Diskussion hat zum Ausdruck gebracht, von welcher Bedeutung die Lagerung eines Wortes im lexikalischen System einer Sprache ist. Das Schicksal der Wörter, ihr Blühen und Wuchern, ihr allmähliches Absterben und ihr Tod sind zum großen Teil durch die Art be-

---

[1] Vgl. dazu W. von Wartburg, Z 38 (1917), 491ff., besonders S. 499.

[2] Im Lateinischen ist *clavellus* nur als Bezeichnung einer Art Schwiele auf der Hand belegt, und zwar bei Marcellus Empiricus aus Bordeaux. Es wechselt bei diesem, in dieser Bedeutung, ab mit *clavus*. – Gilliéron wollte noch *claveau*, *clavel* „Angel" mit heranziehen, das im Poitou, Limousin, Saintonge, Tarn-et-Garonne, Berry, in der südlichen Bourgogne lebt, und das offenbar früher ein großes, zusammenhängendes Gebiet beherrscht hat. Auch dieses *claveau* stünde da als ein Zeugnis eines nicht diminutiven *clavellus* und es müßte zu jenem südlichen Gebiet, wo *clavus* und *clavis* zusammengefallen wären, hinzugerechnet werden. Doch ist diese Auffassung unhaltbar: zwischen den Bedeutungen „Nagel" und „Angel" steht die mittelalterliche Bedeutung „Ring am Panzerhemd", aus der diese übertragen ist (siehe FEW 2, 1.758), ähnlich wie im Poitou und in der Saintonge *claveau* einen gekrümmten Draht bezeichnet, der den Schweinen durch den Rüssel gezogen wird, um sie am Wühlen zu hindern. Die Bedeutung „Ring am Panzerhemd" aber ist ihrerseits wohl aus „kleiner Nagel" entstanden, da die Ringe am Panzerhemd kleinen, dünnen Nägeln ähnlich sehen, nicht aber großen Nägeln.

dingt, wie sie in ihrer Umgebung drinstehen. Saussure hatte schon von einem jedes Wort umgebenden Assoziationsgesetz gesprochen. „Un terme donné“, schreibt er, „est comme le centre d'une constellation, le point où convergent d'autres termes coordonnés“ (*Cours*, S. 174). Ein Wort wie *enseignement* z.B. ist verwandt mit *enseigner, enseignons* usw. wegen der Identität des Wortstammes; mit *changement, armement* usw. wegen der Identität des Suffixes; mit *apprentissage, éducation* usw. auf Grund der bedeutungsmäßigen Nähe; und endlich mit *clément, justement* usw. dank einer rein zufälligen Assonanz. Weiterentwickelt und vervollkommnet wurden diese Ideen von Bally in dem wertvollen Begriff des „*champ associatif*“[1]. Bally sagt: „le champ associatif est un halo qui entoure le signe et dont les franges extérieures se confondent avec leur ambiance ... Le mot *bœuf* fait penser: (*1*) à „vache, taureau, veau, cornes, ruminer, beugler“ etc.; (*2*) à „labour, charrue, joug“ etc.; enfin, (*3*) il peut dégager, et dégage en français, des idées de force, d'endurance, de travail patient, mais aussi de lenteur, de lourdeur, de passivité“. Des weiteren schreibt Bally: „Le langage figuré (comparaisons, métaphores, proverbes, tours stéréotypés) intervient comme réactif; comparez (*1*) ‚un vent à décorner les bœufs‘, ‚ruminer une idée‘, (*2*) ‚mettre la charrue devant les bœufs‘, ‚la pièce de bœuf‘ (= la chose essentielle), (*3*) ‚fort comme un bœuf‘, ‚c'est un bœuf pour le travail‘, ‚un gros bœuf‘, etc., etc.“ Die Wichtigkeit dieser Vorstellungen für das Studium der Bedeutungswandlungen und der weiter oben behandelten lexikalischen Abweichungen und Substitutionen springt jedem in die Augen. Die formellen und semantischen Assoziationen, die die Umgebung eines Wortes bilden, können dieses in seiner Entwicklung, ja sogar in seiner Vitalität beeinflussen; und sollte es unterliegen, so wird sich noch im Innern seines assoziativen Feldes ein Ersatzwort finden: ein Satellitenwort, ein untergeordneter, benachbarter oder ein anderer Terminus.

Unter allen diesen assoziativen Beziehungen kommt jenen, die zwischen den Gliedern ein und derselben begrifflichen Sphäre bestehen, eine besondere Bedeutung zu. Diese begrifflichen Sphären nun sind in ihrem Wesen sehr verschieden. Es gibt solche, die ziemlich scharf umrissen sind und die ziemlich konstant bleiben. Solche naturgegebene Gruppen sind etwa die Körperteile, die Verwandtschaftsverhältnisse, die Witterungserscheinungen, die täglichen Verrichtungen des menschlichen Lebens (Essen,

[1] Ch. Bally, L'Arbitraire du signe, Le Français Moderne 8 (1940), 193–206. Cf. H. Frei, Ramification des signes dans la mémoire, Cahiers Ferdinand de Saussure 2 (1942), 15–27, und T. Cazacu, La structuration dynamique des significations, Mélanges linguistiques publiés à l'occasion du VIIIe Congrès International des Linguistes, Bucarest 1957, S. 113–127.

Trinken, Schlafen). Daneben finden sich aber Gruppen, die im Laufe der Zeiten ihr Aussehen völlig wandeln; so etwa die Kleidung der Menschen, die staatlichen Institutionen, die Verkehrseinrichtungen, kurz alles, was der Mensch selber schafft. Der Gegensatz ist ja allerdings nur relativ und mannigfach abschattiert. Es gibt auch innerhalb der zuerst genannten Gruppen Verschiebungen, und umgekehrt finden wir unter den zuletzt genannten inhaltliche Verschiebungen, die keinen Wandel in der Terminologie zur Folge haben. So benannte z. B. das Lateinische den Onkel und die Tante väterlicherseits anders als die entsprechenden Familienglieder mütterlicherseits; das Französische (und alle andern romanischen Sprachen) hat diese Unterscheidung aufgegeben:

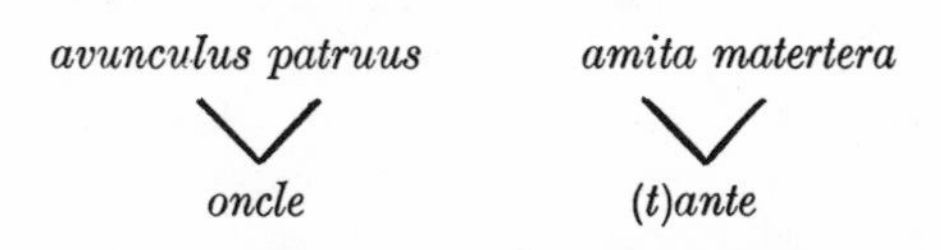

Die Sache selber hat sich hier zwar nicht verändert, wohl aber die Einstellung und Haltung der Menschen ihr gegenüber. Bei den Römern hatten die Verwandten der beiden Elternseiten eine rechtlich ganz verschiedene Stellung; daher ihre präzisen Bezeichnungen. Später aber verlor diese Unterscheidung an Wichtigkeit; die beiden Seiten wurden einander mehr und mehr gleichgestellt; daher wurde auch die sprachliche Unterscheidung vernachlässigt und schließlich ganz aufgegeben. – Umgekehrt ist z.B. die Gänsefeder durch die Stahlfeder und diese durch die Füllfeder ersetzt worden, ohne daß das Wort *Feder* dadurch in Mitleidenschaft gezogen worden wäre. Hier hat das mit dem Gegenstand verbundene funktionelle Moment des Schreibens so sehr überwogen, daß der Wandel der Sache demgegenüber nicht ins Gewicht fiel.

Im ersten dieser beiden Fälle hat trotz unveränderter Sache die Veränderung der menschlichen Einstellung einen Wandel herbeigeführt; im zweiten Fall hat trotz veränderter Sache die Konstanz der menschlichen Einstellung und der technischen Verwendung der Gegenstände den alten Ausdruck gerettet. Es zeigt dieses Beispiel, daß nicht die Sache für die Entwicklung und Gestaltung des Sprachschatzes maßgebend ist, sondern vielmehr die Art und Weise, wie sie im menschlichen Bewußtsein drinsteht[1].

Solche Umwälzungen können sich ganz im Innern der Menschen abspielen, in seiner Erkenntnisweise und in seinem Empfindungsleben. Sie vermögen oft das geistige Bild einer Epoche zu verändern und damit den Sprachinhalt umzuformen. Jost Trier hat in seinem Buche *Der deutsche Wortschatz im Sinnbezirk des Verstandes*, Heidelberg 1931, die Ausdrücke

[1] [Zum onomasiologischen Ansatz K. Baldinger, Cah. de lexicol. 8 (1966), 3–46.]

für dieses ganze Gebiet der höchsten Betätigung des menschlichen Geistes in einer bestimmten Zeit dargestellt. Er gelangt dabei, vom Sprachlichen ausgehend, zu einem eindrucksvollen Bild der Stellung und Haltung des Menschen im Anblick seiner irdisch-überirdischen Bestimmung[1]:

„Das Gefüge ist in seiner Inhaltlichkeit bestimmt durch das Miteinandersein von *wîsheit, kunst* und *list.* Was am Menschen gesehen werden kann, ist durch die besondere Art dieser Miteinanderseins, durch die inneren Beziehungen zwischen diesen drei Worten festgelegt ... Was wir heute *Wissenschaft, Gelehrsamkeit, Kunst, Bildung* nennen, war unscheidbar in *kunst* ineinandergelagert, doch so, daß nach Gliederungsgrundsätzen, die uns Heutigen nicht mehr geläufig sein können, Teile dieses Bereiches dem Worte *list,* andere dem Worte *wîsheit* zugewiesen waren. Und zwar benannte *kunst* die oberen, *list* die unteren Bezirke des Wissens, Könnens und Sich-auf-etwas-verstehens. Was hier aber untere und was hier obere Bereiche sind, das eben wurde von höfischen Gesichtspunkten aus bestimmt, d. h. von gesellschaftlichen, ethischen und ästhetischen. Die Bereiche sondern sich je nach der Nähe oder Ferne, in der sie zum Mittelbereich höfischer Bildung stehen. Diejenigen Wissens- und Könnensbereiche, Haltungen, Übungen und Inhalte, die dem höfischen Menschen vom Stande aus zukommen und die ihn in seinen Stand hineinformen, die also das höfische Leben entscheidend mit aufbauen, sind *künste. Liste* sind auch sehr anerkennenswerte Bereiche, aber es fehlt ihnen das Merkmal der Menschenformung im höfisch-gesellschaftlichen Raum. Sie können nicht *künste* sein wegen ihrer fachlichen Eingeschränktheit, wegen ihrer ungesellschaftlichen Besonderung. Sie sind sehr nützlich und sie sind überaus notwendig, ja sie brauchen sogar in Hinsicht auf das Allerhöchste den *künsten* nicht durchaus unvergleichbar zu sein, und doch stehen sie ihnen nach, weil ihnen die den höfischen Gesamtmenschen bildende Macht abgeht ...

Der Mittelbereich von *kunst* ist die wissende und tätige Beherrschung ritterlicher Sittlichkeit und Sitte, ist Geistesbildung und zuchtvolle Haltung im Leiblichen zugleich, Denken und Tun, Geistiges und Leibliches in einem. So wie in dieser Welt *Form* verstanden wird, prägt sich im *lîbe* und seinem Gebaren der ganze Mensch; es gibt hier nichts ‚bloß Äußerliches'. *kunst* ist die seelisch-körperliche Durchformtheit des Menschen, ein in Bildung und Zucht gewordenes reines Ineinanderklingen von Geist und Leib. Wie man sich zu Pferde und vor Frauen hält, wie man turniert, wie man den Gegner behandelt, wie man steht und geht, wann man schweigt und wann man fragt, das alles bestimmt *kunst.*

---

[1] Diese und die folgende Zusammenfassung abgedruckt aus J. Trier, Das sprachliche Feld, eine Auseinandersetzung, Neue Jahrbücher für Wissenschaft und Jugendbildung 1934, 428–449.

kunst ist aber auch die Kunst und das (davon ungetrennte und untrennbare) Wissen des Dichters, nämlich des höfischen, und eben hierdurch und durch die Gleichheit des Wortes den höfischen Menschenzielen eindeutig zugeordnet. *künste* sind gewisse Stücke der septem artes, Sprachenkunde und Musik, Malerei und (schwankend) Architektur, also den höfischen Menschen aufbauende Einzelgehalte und solche *künste*, die den Daseinsraum des höfischen Menschen gestalten und schmücken. *liste* sind auf der anderen Seite Astronomie und Pflanzenkunde, Steinkunde und Arzneikunde, Schmiedekunst und jegliche Art von Kunsthandwerk, Goldschmiedekunst z. B. Auch außerritterliche Kampferprobtheit und Kampferfahrung ist *list*. Es sind die Fertigkeiten, Wissensinhalte und Übungen, die Könnensbereiche, die den ritterlichen Menschen, so nützlich sie ihm sein mögen, eben als einen höfischen nichts angehen. Außerdem aber ragt *list* ins Magisch-Dolose hinüber, und von dort aus muß notwendig doch auch ein Schatten auf die nichtmagischen und nichtdolosen *liste* fallen.

Wir haben bisher von *wîsheit* abgesehen, während es doch im *kunst*- wie im *list*-Bereich ständig mit da ist, und durch dieses Mitdasein sowohl wie auch durch sein gleichzeitiges Hinausweisen über *kunst* und *list* die wahre Stellung des *kunst-list*-Bezirkes im Ganzen des Menschenbildes erst verwirklicht. Auf fast sämtlichen der zahlreichen Einzelgebiete von *kunst* wie von *list* ist *wîsheit* Wettbewerber dieser beiden Worte. Über diesen Wettbewerb auf den Einzelgebieten hinaus ist *wîsheit* (*wîstuom*) aber auch die Zusammenfassung der *künste* und *liste*. Alle einzelnen *künste* und *liste* insgesamt gehen in die *wîsheit* ein. Mit einem gewissen Recht ließe sich sagen, daß diese die *künste* und *liste* zusammenfassende *wîsheit* den einzelnen *künsten* und *listen* so gegenübersteht, wie heute *die* Wissenschaft *den* Wissenschaften gegenübersteht. Doch bringe ich diesen Vergleich nur, um sofort die gänzliche Andersartigkeit der Lagerungen im Gesamtmenschlichen darzutun. Während sich nämlich der neuhochdeutsche kollektive Singular darin erschöpft, die Wissenschaften geordnet zu versammeln und zu einer organisatorischen und gedanklichen Einheit zu binden, liegt es in höfischer Zeit vielmehr so, daß jenes die *künste* und *liste* sammelnde *wîsheit* sich eben in dieser Sammlung und Zusammenraffung keineswegs erschöpft, sondern vielmehr, indem es die einzelnen Bestände, artes und scientias, Haltungen, Inhalte und Disziplinen in sich zusammenrafft, sie zugleich in den Bereich der *persönlichen* Weisheit hineinbindet, hineinverschlingt ... Die *künste* und *liste* dienen der *wîsheit*, der personalen sapientia. Das sagt das Gefüge aus. Nun muß man wissen, was diese *wîsheit* war, daß sie unmittelbar auf den Menschen in seiner Ganzheit zielte, daß sie das Verstandesmäßige mit Ethischem, Ständischem und Ästhetischem, vor allem aber mit Religiösem zur Einheit band, daß sie die Reife des geistig und ständisch erhöhten Menschen meinte, der dem Ewigen zugewandt, Gott und seinem Stande verantwortlich, sich und andere zu lenken weiß, daß aber schließlich *wîsheit* bis zur Gottheit hinaufreicht, bis zur sapientia dei, zur 2. Person der Trinität und also die *künste* und *liste* zuletzt (und diesem Letzten gegenüber sind die *liste* den *künsten* nicht mehr schroff untergeordnet) auf die sapientia dei ausgerichtet sind und es auf ihnen allen wie ein Abglanz von dorther liegt. Wie *kunst* und *list* in ihrem Sinn mitbestimmt sind dadurch, daß sie durch ihre Stellung im Gefüge in die personale und göttliche Sapientia hineingebunden werden, so müßte diese Verschlingung gleichzeitig auch von der *wîsheit* her in ihrem Sinn *für* die *wîsheit* sichtbar gemacht werden. Man würde dann sehen, daß auch die *wîsheit* ihrerseits und selbst die göttliche *wîsheit* nicht unberührt davon bleibt, daß dies Wort *wîsheit* es nicht verschmäht, mit *kunst* und *list* auf deren eigentlichsten und einzelnsten Gebieten zu wetteifern, daß in der personalen *wîsheit* und in der Religiosität des höfischen Menschen viel ‚*Wissen*' steckt und daß die *sapientia dei* höfisch durchfärbt ist.“

Diese schöne Darstellung ist aufgenommen und fortgeführt worden von einer Schülerin Triers, Sr. Theophora Schneider, die den entsprechenden Wortschatz von Meister Eckehart untersucht hat[1]:

„Der Bereich wird aufgeschlossen durch *wîsheit, kunst* und *wizzen*. Rein äußerlich ist also zunächst festzustellen, daß – vom höfischen Bestand her gesehen – *list* fehlt, aber der subst. Infinitiv *wizzen* neu auftritt. Es könnte scheinen, als ob in einem nur bezeichnungsgeschichtlichen ‚Kämmerchenwechseln' *wizzen* an die Stelle des höfischen *list* getreten wäre. Dem ist nicht so. Die Beziehungen zwischen *kunst* und *wizzen* bei Eckehart sind andere als zwischen *kunst* und *list* im höfischen Sprachraum. Und nicht nur dies. Auch da, wo rein äußerlich das Alte noch da zu sein scheint, bei *wîsheit* und *kunst*, sind die Beziehungen andere geworden. Eckeharts *wîsheit* steht zu Eckeharts *kunst* und *wizzen* anders als höfisches *wîsheit* zu höfischem *kunst* und *list*. Hier ist nichts einzelnes Nachfolger eines einzelnen, hier ist nur das Gefüge Nachfolger eines Gefüges. Und selbst dies bedarf einer Einschränkung und genaueren Bestimmung. Denn der Teilbereich, mit dem wir es hier zu tun haben, ergliedert sich bei Eckehart anders aus den übergeordneten Bezirken der Menschenkunde, als er sich in der höfischen Zeit aus ihnen ergliederte; er *ist* daher etwas anderes. Das wird uns insbesondere klar, wenn wir sehen, wie das der höfischen Zeit eigentümliche, geistig so bedeutsame Hineinverschlungensein der *künste* und *liste* in die *wîsheit* bei Eckehart einer weitgehenden Lockerung, ja Lösung der alten innigen Verbundenheit Platz gemacht hat derart, daß

---

[1] Sr. Theophora Schneider, Der intellektuelle Wortschatz Meister Eckeharts, Ein Beitrag zur Geschichte des deutschen Sprachinhalts, Diss. Münster 1934.

dem höfischen *wîsheit – kunst – list* weniger ein mystisches *wîsheit – kunst – wizzen*, als vielmehr nur ein *kunst – wizzen* gegenübersteht. Denn *wîsheit* ist in den Einzelbereichen des Wissens und Könnens nicht mehr Wettbewerber des eckehartischen *kunst*, weder in Malerei noch in Schreibekunst, weder in Theologie noch in Philosophie. Das sind keine *wîsheiten* mehr. Aus dieser Verzweigung, aus diesem lichtspendenden Sichverschwenden in die Einzelbereiche irdischer Wissenschaften und Künste hinein hat *wîsheit* sich zurückgezogen. Das ist ein erster Schritt hin zur Abtrennung des Wissens- und Könnensbereiches vom Bereich der personalen sapientia. Aber der Weg dieser Ablösung ist noch um einen Schritt weiter begangen worden. Auch in seiner Stellung als Zusammenfassung der *Künste* ist *wîsheit* schwer erschüttert, wenn nicht bereits ganz zerstört. An der Mehrzahl der Stellen, an denen *wîsheit* als *habitus sapientiae acquisitus* so erscheint, daß es allenfalls als Zusammenfassung der *künste* aufgefaßt werden könnte, ist jedesmal der Zusammenhang der Stelle so, daß expressis verbis die Möglichkeit verneint wird, *wîsheit* im vollen Sinne hier überhaupt anzuwenden. Es wird dort jedesmal die unzulängliche kreatürliche *wîsheit* der *wîsheit* Gottes entgegengestellt, ausdrücklich der Gedanke des Wesenszusammenhanges verneint. Diese Loslösung von *wîsheit* aus dem Wissens-Könnens-Bereich, die Abtrennung dieses Bereichs von der personalen sapientia muß an anderen Stellen des Gefüges ihre Entsprechung haben. Welche Worte übernehmen die Funktion des Zusammenfassens? Teils *kunst*, teils *wizzen*. Solche Worte also sind in die zusammenfassende Funktion von *wîsheit* eingetreten, die – im Gegensatz zu *wîsheit* – bei ihrem Zusammenfassen nicht zugleich über sich selbst (über den Wissens- und Könnensbereich) hinausweisen. Die Einschränkung des Wissens-Könnens-Bereiches auf sich selbst, seine Wendung zur Selbstgenügsamkeit ist damit besiegelt, der Weg beschritten, der bis zu einer menschlich letztlich unverbindlichen Autonomie des Wissensbereiches führen kann . . .

Der Mensch selbst, das ist im höfischen Denken ganz wesentlich auch der Mensch in seinem Stande, in seiner ihn haltenden und formenden, ihn erst ganz zum Menschen machenden Gemeinschaft. *Wîsheit, kunst. list* ohne ständische Gehalte und Bezogenheiten gibt es einfach nicht. An die ständischen Elemente in *wîsheit* erinnere ich nur. Wenn möglich noch deutlicher zeigte sich das Ständische ja in dem eigentümlich höfischen Miteinander von *kunst* und *list*. Es waren ja gerade ständische Gesichtspunkte, nach denen die Scheidung sich verwirklichte. Was den höfischen Menschen als Glied seines Standes aufbaut, ist *kunst*, was man sonst noch üben und wissen kann, ist *list*. Das *kunst-list*-Gefüge lebt aus einem ständischen Denken. Jetzt wird klar, was es bedeutet, wenn im mystischen Raum *list* nicht mehr mit *kunst* gemeinsam den Wissens-Könnens-Bezirk bedeckt. Es genügt da eben nicht zu sagen, der jahrhundertlange Vorgang des *list*-

Austreibens durch *kunst* (*wizzen*) sei hier endlich zu einem gewissen Abschluß gekommen, sondern es muß vor allem erkannt werden, daß das Verschwinden von *list* und also das Verschwinden der eigentümlichen Doppelheit *kunst-list* in erster Linie geistig bedeutet *das Aufgeben einer ständischen Wertung des Wissens-Könnens-Bereiches.* Und zwar ist das Entscheidende dabei doch dies, daß das höfische Gefüge so geartet ist, daß die ständische Wertung so oder so ausgesprochen werden *muß*, einfach durch die Zuweisung an *kunst* oder *list*, und daß das mystische Gefüge diese sprachliche Nötigung zu einer ständischen Wertung nicht mehr setzt. Es ist der Unterschied dieses Gefüges vom höfischen, daß jetzt die Möglichkeit gegeben wird, von einem Menschen zu reden, der irgend etwas weiß und kann, ohne daß dies notwendigerweise im Worte selbst schon ständisch-ethisch so oder so bewertet werden muß. Die höfischen Worte sind Ausdrücke eines gemeinschaftsgebundenen und gemeinschaftsbezogenen Denkens. Eckeharts Sprache ist die Sprache einer subjektivistischen (wenn auch gottgebundenen) Sehweise."

Auf romanischem Gebiete haben wir die Arbeit von Hans Sckommodau, *Der französische psychologische Wortschatz der 2. Hälfte des 18. Jahrh.*[1]. In diesem Buche wird u. a. gezeigt, wie die Lockerung aller ethischen Begriffe sämtliche Ausdrücke des Gefühlslebens inhaltlich um eine Stufe herunterdrückt: seelische Empfindsamkeit wird zu physischer Empfänglichkeit, religiöse Verzückung zu Gefühlsüberschwall usw. Die ganze menschliche Empfindungswelt wird umgestaltet und mit ihr ihr sprachlicher Ausdruck.

Diese Darstellungen lassen uns einen tiefen Blick tun in die innere Struktur des Menschen und in deren Umwandlungen. Von seinem Beispiel ausgehend kehrt Trier zu der Auffassung zurück, die Humboldt vertreten hat, daß nämlich Inhalt und sprachliche Form des menschlichen Geisteslebens einander gegenseitig bedingen und nicht gesondert betrachtet werden können. Die Sprache ist der Ausdruck der Form, in der das Individuum die Welt in sich trägt[2].

---

[1] Leipzig 1933.

[2] Die Theorie der „linguistischen Felder" hat in den vergangenen Jahren große Fortschritte gemacht; Bibliographische Hinweise hinzu gibt S. Ullmann, Semantics cit., Kap. IX, und ders., Précis cit., S. 305–306 und 331–332. Ferner: O. Ducháček, Le champ conceptuel de la beauté en français moderne, Prag 1960; S. Öhmann, Wortinhalt und Weltbild, Stockholm 1951; L. Weisgerber, Vom Weltbild der deutschen Sprache, 2 Bde., 2. Aufl., Düsseldorf 1953–54, und den Sammelband Sprache – Schlüssel zur Welt, Festschrift Weisgerber, Düsseldorf 1959. Eine etwas abweichende Darstellung bringt das wichtige Werk von E. Leisi, Der Wortinhalt, Seine Struktur im Deutschen und Englischen, 2. Aufl., Heidelberg, 1961.

Dadurch erreicht Trier, von einer ganz andern Seite her kommend, einen ähnlichen Standpunkt, wie er sich mir aus der Arbeit am Französischen Etymologischen Wörterbuch ergeben hat und wie ich ihn oben S. 145 ff. dargestellt habe. Und wiederum aus anderer Entwicklung heraus sind Ipsen, Jolles und Porzig[1] zu Anschauungen gekommen, die jenen wesensverwandt sind. Sie sprechen alle von Feldern (Bedeutungsfelder, sprachliche Felder usw.). Wie es sich aber bei einer von verschiedenen Ausgangspunkten her eingenommenen Position ergibt, sind diese Ausdrücke bei den verschiedenen Personen ungleichwertig. In dem oben erwähnten Aufsatz „Das sprachliche Feld" hat Trier diese Unterschiede klar herausgearbeitet.

Für Triers Auffassung sind die Erfahrungen und Erlebnisse maßgebend geworden, die er bei der Erforschung des Wortschatzes im Sinnbezirk des Verstandes gemacht hat. Von ihnen aus beurteilt er die Anschauungen, welche andere sich erarbeitet haben. Jolles hatte an den Beispielen *vater* / *sohn* und *rechts* / *links* gezeigt, wie in naturgegebenen Feldern das Gefüge dasselbe bleibt, die Wörter aber wechseln können. Für Trier dienen Beobachtungen dieser Art höchstens als „erste Stufe der Feldpropädeutik", nicht als ein wirklich an sich erstrebenswertes Ziel. „Die Beobachtung des Kämmerchenwechselns als Ziel der Feldgeschichte!" ruft er mißbilligend aus. Und ganz deutlich verleiht er diesem Gedanken Ausdruck in seinem Aufsatz „Deutsche Bedeutungsforschung"[2]. Er sagt da (S. 186): „Sprachinhaltliche Änderungen – und das will heißen: die wahrhaft geschichtlichen Vorgänge in der Sprachgeschichte – müssen zuletzt begriffen werden aus dem Willen einer Gemeinschaft, näher zur Wahrheit hinzukommen, aus einem Ringen um die Ordnung." Wenn wir Trier wörtlich nehmen wollten, wären nur sprachinhaltliche Änderungen, wie er sie dargestellt hat, wirklich Sprachgeschichte. Wir müßten dann für alles übrige, was wir bisher getrieben haben, irgendeinen anderen, bescheideneren Namen erfinden.

Es unterliegt keinem Zweifel, daß hier Trier, geblendet von dem Licht seiner eigenen, an dem Beispiel des semantischen Feldes des Verstandes erarbeiteten Erkenntnis, weit über das Ziel, über alles vertretbare hinausgegangen ist. Triers Formulierung nimmt bloß die Ereignisse im Geistigen als wirkliche Geschichte.

Nun baut sich aber das menschliche Wesen, wie aus rein erfahrungsphilosophischen Gedankengängen heraus Nicolai Hartmann erkannt und

[1] G. Ipsen, Der neue Sprachbegriff, Zs. f. Deutschkunde 46 (1932) 1–18; A. Jolles, Antike Bedeutungsfelder, Pauls und Braunes Beiträge 58 (1934) 97–109; W. Porzig, Wesenhafte Bedeutungsbeziehungen, ibid. 70–79 (vgl. dens., Das Wunder der Sprache, 2. Aufl., Bern 1957).

[2] In: Germanische Philologie, Ergebnisse und Aufgaben, Festschrift Behaghel, Heidelberg 1934, S. 173–200.

dargetan hat[1], aus vier verschiedenen, übereinander gelagerten Schichten des Seins auf: die physisch-materielle, die organische, die seelische und die geistige.

Die Sprache nun liegt nicht im Geistigen allein; infolge ihres kompositen Wesens hat sie an allen vier Seinsschichten des Menschen Anteil. Siehe dazu die Einleitung. Sie wird auch durch alles mitbestimmt, was im Leben eines Volkes vorgeht, und daß hierbei die unteren Seinsschichten eine bedeutsame Rolle spielen, braucht nicht besonders dargetan zu werden. So liegen z. B. lautliche Veränderungen weit ab von geistigem Geschehen, und doch können sie in ihrer Auswirkung bedeutsam in dieses eingreifen. Es sind z. B. die lautlichen Umgestaltungen, die zur Abgliederung des Französischen von den andern romanischen Sprachen geführt und ihm sein ganz besonderes Gepräge gegeben haben, hervorgerufen worden durch den Einbruch der Germanen und das daraus sich ergebende Zusammentreffen zweier völlig verschiedener Artikulationssysteme; sie haben demnach ihren Ausgangspunkt im Organischen, im Physiologischen[2]. Diese phonetischen Umwälzungen haben sich dahin ausgewirkt, daß der lautliche Abstand zwischen der Gelehrtensprache, dem Lateinischen, und der Volkssprache außerordentlich groß geworden ist, unvergleichlich viel größer als im Italienischen, viel größer auch als im Spanischen. Als nun gegen Ende des Mittelalters die Neugestaltung des geistigen Lebens die Volkssprache vor die Aufgabe stellte, das Gebiet der Wissenschaften und aller weiteren geistigen Betätigungen zu assimilieren, da konnte das Italienische zum Latein greifen, ohne die innere Einheit seines Wortschatzes zu zerstören. Das Französische aber konnte diese lateinischen Wörter nicht mit dem alten volkssprachlichen Gut verschmelzen. Vgl. zu dieser Frage unten S. 189 ff. Dieser Wesenszug des Französischen gehört ins Bereich der geistigen Seinsschicht; seinen ersten Ausgangspunkt aber hat er in jenen physiologisch bedingten Vorgängen der Merowingerzeit. Solche Wechselwirkungen werden sich in allen Sprachen nachweisen lassen, wenn man erst einmal darauf zu achten begonnen hat. Sie zeigen, wie unmöglich es wäre, Sprachgeschichte auf das nur geistige Geschehen beschränken zu wollen.

Trier begibt sich auch in anderer Hinsicht in Gefahr, die von ihm geschaffenen, so wertvollen und fruchtbaren Begriffe zu überspannen. Er stellt das Postulat auf, das ganze Weltbild, wie es der Einzelne und die

---

[1] Das Problem des geistigen Seins cit., besonders die Geschichtsphilosophische Einleitung (vgl. oben S. 1). – An diesen Darlegungen scheint mir nur der eine Satz problematisch, daß es keine Abhängigkeit „von oben her" gebe, weil sie auf die Möglichkeit, von einer obern Seinsschicht aus eine untere zu beeinflussen und in gewissen Grenzen umzugestalten, keine Rücksicht nimmt.

[2] Vgl. darüber oben S. 36ff.

Sprachgemeinschaft in sich tragen, lasse sich lückenlos und organisch von oben her, vom Ganzen aus ergliedern in immer kleiner werdende Felder. Und innerhalb der Felder schlössen sich die semantischen Bereiche der einzelnen Wörter ebenso zusammen. Ein solches Bild mag sich ergeben in der geistigen Höhenlage, in der sich seine eigene Untersuchung bewegt, im Felde des Verstandes. Aber weiteste Bezirke des Lebens und damit auch der Sprache haben verschwommene Grenzen oder gar keine, außer für den Forscher, der sie sich eben selber steckt. Das Empfindungsmäßige steht oft derart im Vordergrund, daß die scharfe Einteilung, wie Trier sie vornehmen möchte, dahinter entschwindet. Der Begriff des Feldes darf nicht mit der Absolutheit genommen werden, die Trier offenbar vorschwebt[1]. Der Eindruck eines Feldes entsteht oft dadurch, daß in dem semantischen Raume die Abstände mehr oder weniger groß sind. Die Lagerung des Wortschatzes einer und derselben Sprache ist bei zwei verschiedenen Individuen recht verschieden; das hängt mit der Ungleichheit der Lebenserfahrungen zusammen.

Solche in sich geschlossene Begriffsfelder oder Sinnbezirke lassen sich leicht in unserer sprachlichen Erfahrung feststellen. Etwa der Kreis der Arbeiten des Bauern. Hier hat jeder Gegenstand, jede Pflanze, jede Hantierung ihren ganz bestimmten, festen Platz innerhalb des gesamten Lebenskreises. Und ein jeder von diesen Begriffen ist mit einem Ausdruck fest verwachsen. Der ganze Lebenskreis ist außerdem nach unten klar gegliedert: die verschiedenen Arbeiten in Stall, Scheune, Wiese, das Ernten und Säen usw. stehen in ihrer Bedeutung eng geschlossen nebeneinander[2]. Der Grund ist leicht einzusehen: er liegt in der Naturgegebenheit und im rhythmischen Charakter des ländlichen Lebens. Genau so ist es mit der entsprechenden Terminologie. Beide, der Gesichtskreis und die Terminologie, decken sich; sie sind klar und eng umgrenzt und in sich im einzelnen determiniert. Diese innere Geschlossenheit unterscheidet sie vom weitergezogenen, aber

---

[1] Vgl. noch die ähnlich gerichtete, aber mit sehr viel Belegen aus vielen Jahrhunderten unterbaute und daher tief schürfende Kritik, die Felix Scheidweiler an den Darlegungen Triers übt, Zs. f. deutsches Altertum 78 (1941), 62–87, 184–233; 79 (1942), 248–272. Man lese darin vor allem die ausführlichen Darlegungen über das gegenseitige Verhältnis der beiden Wörter *kunst* und *list* im Mittelhochdeutschen; er ergibt sich daraus, daß dieses viel differenzierter und vielgestaltiger, ist, als es in Triers Studie und in der oben gegebenen Zusammenfassung aussieht.

[2] Nicht zwar, daß Verschiebungen nicht auch vorkommen, denn zu keiner Zeit hat die Entwicklung der menschlichen Technik vor diesem Lebenskreis Halt gemacht. So hat die Erfindung des Pfluges, wie G. Ipsen nachgewiesen hat, auch die landwirtschaftliche Terminologie tiefgreifend beeinflußt. Aber die natürlichen Gegebenheiten sorgen dafür, daß sich die veränderten Verhältnisse recht rasch wieder zu einem festen Ganzen zusammenschließen.

weniger klar aufgebauten, nicht geschlossenen Wortschatz und Begriffskreis städtischer Bevölkerung. Oder man nehme Begriffsbezirke, die nicht lokal gebunden sind, z. B. die Verwandtschaftsbeziehungen. Das ganze Feld ist klar aufgeteilt. Allerdings ist auch bei einem so unverrückbar naturgegebenen Feld diese Aufteilung und damit die Bildung der sprachlichen Begriffe nicht immer dieselbe. Wir wissen wohl, daß Onkel Fritz der Bruder des Vaters und Onkel Hermann der Bruder der Mutter ist, aber das Verwandtschaftsverhältnis zu ihnen scheint uns dasselbe zu sein. Daher *ein* Wort, *ein* Begriff. Bei den älteren Germanen aber wurden die beiden streng geschieden: in ihrem Verhältnis zum Kind waren sie verschieden; daher *Vetter – Oheim*, *Base – Muhme* (zu *Mutter*). Vgl. ähnlich oben S. 157 für das Lateinische! Während also der naturgegebene Gegenstand sich nicht hat ändern können, hat sich die Begriffsbildung im engsten Zusammenhang mit dem Bewußtseinsinhalt der Menschen gewandelt. Solche Unterschiede lassen sich oft feststellen zwischen den verschiedenen Sprachen: Unterscheidungen, die dem Angehörigen éiner Sprache wesentlich erscheinen, so daß er sie terminologisch unterstreicht, verschwinden in der andern Sprache. So sind für den Deutschen *Blume* und *Blüte* zwei unzweideutig geschiedene Begriffe, trotzdem sie funktionell im Haushalt der Natur nicht zu trennen sind und ihnen im Französischen das éine Wort *fleur* entspricht. Ähnlich liegen die Dinge bei *Haut* und *Fell*, die im Französischen in dem einen sprachlichen Begriff *peau* zusammengefaßt werden. Hier ist dem Französischen eine sprachliche Nuancierung verlorengegangen, die das Lateinische noch besessen hatte (*cutis*, *pellis*). Umgekehrt entspricht dem éinen deutschen *Haar* im Französischen *poil* und *cheveu*. Was liegt diesen Gegensätzen zugrunde? Die Bildung der sprachlichen Begriffe ermöglicht erst für den Durchschnittsmenschen die Zusammenfassung der zahllosen sinnlichen Eindrücke, ihr Ordnen und Zusammensehen. Durch sie bringt er eine Ordnung in das Chaos der auf ihn einstürmenden Dinge. Nun kann man natürlich in der Zusammenfassung mehr oder weniger weit gehen: je weiter man geht, um so mehr Gegenstände wird die Sprachgemeinschaft unter denselben Ausdruck subsumieren, um so abstrakter wird das Vokabular, wenigstens an der betreffenden Stelle. Daß innerhalb der durch ein Wort zusammengefaßten Dinge immer noch Unterschiede bestehen, bleibt weder den Angehörigen der einen noch denen der andern Sprachgemeinschaft verborgen. Auch worin die Verschiedenheit objektiv besteht, ist hüben wie drüben klar. Aber hier wird dieser Unterschied so stark empfunden, daß er das Zusammensehen der Gegenstände hindert, dort nicht. Wenn die Situation es notwendig macht oder wenigstens dem Sprechenden als wünschbar erscheinen läßt, da fügt er eben ein ergänzendes Wort ein: der Deutsche spricht dann von *Kopfhaar* oder *Haar am Leib* usw. Der Unterschied zwischen der Auffassung der beiden Sprachen liegt also in der Reichweite des

Zusammensehens verschiedener Gegenstände. Die sprachliche Begriffsbildung beruht eben auf einer allmählich anwachsenden Abstraktion. Diese Abstraktion macht an einem gewissen Punkte halt, an dem Punkte, der das Optimum der Klarheit darstellt, an dem Punkt, an dem gerade noch genug Konkretheit übrigbleibt, um den Begriff für den Durchschnittsmenschen faßbar und handlich zu machen und an dem doch dem Begriff schon genügend Inhalt gegeben ist. Es besteht hier so gut, wie in der wissenschaftlichen Begriffsbildung das Gesetz, nach dem bei Steigerung des Inhalts eines Begriffs der Umfang sich verengert. Den Punkt, an dem sich beide jenes Gleichgewicht halten, könnte man auch mit dem Focus einer Linse vergleichen. Es ist der sprachbegriffliche Kristallisationspunkt; und dieser Punkt ist eben nicht in allen Sprachen und nicht zu allen Zeiten gleich. Wir sind alle zu sehr geneigt und gewohnt, die Begriffe, wie sie unsere Sprache für uns geformt hat, für etwas Absolutes zu halten. So beginnt Jaberg seinen Aufsatz über *escalier*[1] mit dem Satz: „Das Lateinische hat dem Romanischen für die Begriffe „Leiter“ und „Treppe“ nur ein Wort übermittelt, nämlich *scala*“, und der ganze Aufsatz handelt dann von dem Konflikt dieser beiden Bedeutungen. In Wirklichkeit liegt das Problem anders: Den Zugang zu den Obergeschossen vermittelten ursprünglich einfache Leitern, wie man das heute noch bei mehrstöckigen Häusern in den früher spanischen Staaten Nordamerikas (Arizona usw.) sieht. Erst später legte man in Rom Treppen an, von denen Blümner[2] sagen kann, daß sie vielfach nicht besser als Hühnerstiegen waren, indem die Sprossen durch schmale Bretter ersetzt wurden. Diese allmähliche Umformung ließ eine Spaltung des Begriffes in zwei nicht entstehen. Es liegt daher durchaus keine „Doppelbedeutung“ vor, sondern der begriffliche Kristallisationspunkt ist an der ursprünglichen Stelle geblieben; er ist trotz wachsender Differenzierung nicht nach vorne getragen worden. Dem Wort *scala* entspräche etwa ein deutsches **steige*, d. h. „Vorrichtung zum Steigen“. Wo eine größere Präzision wünschbar oder notwendig wird, greift der Sprechende eben zu sekundären Bestimmungen, wie it. *scala a piuoli*, port. *escada de mão* usw. Von den romanischen Sprachen hat dann einzig das Französische den Begriff der „Stiege“ im gleichen Sinne untergeteilt in „Leiter“ und „Treppe“[3]. Die Benennungsgeschichte von Treppe – Leiter gewinnt aus dieser Perspektive ein wesentlich anderes Gesicht.

---

[1] Rev. ling. rom. 6 (1930), 91–124.

[2] Die römischen Privataltertümer, München 1911, S. 56.

[3] Dabei hat vielleicht die Nähe der germ. Sprachen mitgewirkt, die ja immer unterschieden haben. – Vgl. mit dieser unterschiedlichen Begriffsbildung die Tatsache, daß das Chinesische sogar bei einem uns so einheitlich und naturgegeben scheinenden Begriff wie „Bruder“ den Kristallisationspunkt an einer anderen

Solche Gradunterschiede in der sprachlichen Kristallisation finden sich in allen Gebieten. In einem großen Teil des süddeutschen Sprachgebietes werden die örtlichen Bestimmungen um einen Grad präziser und differenzierter ausgedrückt, als in der Schriftsprache. So sagt man in meiner Mundart *uf* (= nach) *d'Rüttene ufe* (= nach Rüttenen „hinauf“; dieses Dorf liegt höher), *uf d'r Rüttene obe* (= droben, „in Rüttenen“); *uf Attiswil abe* (= hinab; A. liegt am gleichen Berghang, doch flußabwärts); *z'Attiswil nide* (= drunten); *uf Däredingen übere* (= hinüber; Derendingen liegt jenseits der Aare), *z'Däredingen äne* (= drüben), *uf Lausanne īne* (nach L. „hinein“), *z'Lausanne ĭnne* (= drinnen); *is Dütsche use, uf Züri use* (nach Zürich „hinaus“)[1], *z'Züri usse* (= „draußen“). Die Schriftsprache läßt es bei der ganz allgemeinen Ortsbestimmung durch *nach* und *zu* (oder *in*) bewenden. Havers 109 läßt diese Genauigkeit der Angabe örtlicher Verhältnisse ein Charakteristikum „primitiver Rede“ sein. Doch ist das eine Zuordnung, die, auf Grund so weniger Beispiele vorgenommen, höchst fragwürdig ist. Ein ähnliches Bedürfnis nach sprachlicher Differenzierung räumlicher Gegebenheiten macht sich im Spanischen geltend. Das Spanische unterscheidet zwischen *traer* „etwas bringen“ und *llevar* „holen“. Diese Differenzierung wird in vielen Fällen ausgenützt, wo das Deutsche und das Französische sich abstrakter ausdrücken würden. Wo der Franzose *le train a du retard* sagt, drückt sich der Spanier verschieden aus: wird der Zug erwartet, so sagt er: *el tren trae retraso* „bringt mit sich ...“. Steht er zur Abfahrt bereit, währenddem er schon abgefahren sein sollte, sagt man *el tren lleva retraso* „... nimmt mit sich ...“. Zweifellos zeugen diese Präzisierungen von starker sinnlicher Kraft der Sprache, was aber mit primitiv nicht gleichzusetzen ist.

Stelle hat, als wir: das Chinesische hat kein Wort für „Bruder“, dafür aber je ein besonderes Wort für „älterer Bruder“ und „jüngerer Bruder“. Für andere Sprachen vgl. L. Dumont, Man 53 (1953), 34–39 (drawidisch); L. Hjelmslev, Essais linguistiques cit., S. 104 (ungarisch und malaiisch); F. G. Lounsbury, Language 32 (1956) 158–194 (pawnee, nordamerikanische Indianersprache).

[1] Während *ŭfe, ābe, übere* ohne weiteres topographisch gegeben sind, verlangen *īne* und *ūse* eine Erklärung, die ich allerdings nicht zu geben vermag. Alles westwärts gelegene ist *īne* (resp. *ĭnne*), alles ost- und nordwärts gelegene *ūse* (resp. *ŭsse*). Das gilt auch von Orten, die über die Landesgrenze hinaus liegen: *hinaus, draußen* beziehen sich auf Deutschland (*is Dütsche ūse*), *hinein, drinnen* gelten auch für Frankreich (*ŭfLyon īne*). Auch die Schweizer in Amerika haben diese räumlichen Verstellungsbezeichnungen mitgenommen: *draußen* weist auch dort nach Osten: *wann bist du das letzte Mal draußen gewesen* bedeutet im amerikanischen Schweizerdeutsch „wann bist du das letzte Mal in der Schweiz gewesen?“

[2] Vgl. dazu in größerem Zusammenhang W. Beinhauer, Ortsgefühl und sprachlicher Ausdruck im Spanischen, Rom. Forsch. 54 (1940), 329–334.

In welchem Maße die Begriffsbildung verknüpft ist mit unsern sprachlichen Mitteln, zeigen gewisse Versuche, die der Psychologe Gelb gemacht hat [1]. Gelb hat diese Untersuchungen durchgeführt mit einem Kriegsverletzten, dem von einer geheilten Kopfverletzung eine partielle Amnesie zurückgeblieben war (Amnesie = Auslöschen der sprachlichen Bezeichnungen aus dem Gedächtnis). Diese Amnesie hatte u. a. auch die Farbbezeichnungen betroffen; dabei hatte aber der Rekonvaleszent ein sehr feines Unterscheidungsvermögen für Farbeneindrücke. Schon ganz leichte Nuancen erkannte er sofort als nicht identisch. Aber die Wörter *rot*, *gelb* usw. waren völlig ausgelöscht. Er benannte die Farben nach den Gegenständen, an denen sie besonders auftreten (kirschartig, veilchenartig). Vor die Aufgabe gestellt, aus einer großen Zahl verschieden gefärbter Wollfäden diejenigen herauszusuchen, die zur selben Farbenkategorie gehörten, versagte er völlig. „Diese Farben sind ja alle verschieden" äußerte er sich. Wir sehen, daß er zugleich mit den Wörtern auch das Zuordnungsprinzip verloren hatte. Dem gesunden Menschen hält die Bezeichnung *rot*, *blau* die zahlreichen Einzeleindrücke zusammen; dank ihnen subsumiert er unter dem einen Adjektiv eine größere Anzahl verschiedener Nuancen. Der Patient ist schutzlos dem konkreten, individuellen Eindruck des einzelnen Farbenmusters preisgegeben. Für ihn bildet die Gesamtheit der Farbeindrücke ein unentwirrbares, nicht zu ordnendes Chaos. Wenn der Gesunde zu einem grünen Musterfaden andere Fäden gruppieren soll, so kann er den Musterfaden weglegen und nun alle Fäden zusammensuchen, die verschiedene Nuancen von grün bieten. Das sprachliche Hilfsmittel, das Wort *grün* genügt ihm jetzt als Leitstern. Der Kranke aber muß sich immer das Muster vor Augen halten; nur die Anschauung vermittelt ihm den Eindruck der Ähnlichkeit, wenn überhaupt. Mit dem Wort ist also auch die Fähigkeit der Zusammenfassung ausgelöscht. Besitz des Namens und Besitz des Begriffes sind aufs engste miteinander verbunden. Sie bedingen die Fähigkeit der Abstraktion. Besitz der Begriffe und Besitz der Namen macht zusammen das Vokabular der Sprache aus. Erlernen einer Sprache bedeutet zugleich Aneignung der Begriffe, die beim Gebrauch einer Sprache verwendet werden. Das Ziehen von Grenzlinien innerhalb eines Komplexes von Erscheinungen ist abhängig von der Namengebung. Die Wörter sind für den Menschen Sammelpunkte, die ihn gegenüber der Fülle der Er-

---

[1] A. Gelb–K. Goldstein, Über Farbennamenamnesie, Psychologische Forschung 6 (1925), 127–186. Vgl. noch L. Weisgerber, Germ.-Rom. Monatsschrift 14 (1926), 241–256, und dens., Vom Weltbild cit., Bd. 2, S. 83ff. Über die Verschiedenheit der Farbunterscheidungen in den verschiedenen Sprachen siehe I. Meyerson (ed.), Problèmes de la couleur, Paris 1957.

scheinungen zu einer Stellungnahme kommen lassen. In ihrer Gesamtheit und in ihrem inneren Aufbau und ihren gegenseitigen Beziehungen sind sie, um ein Wort Humboldts anzuführen, „eine wahre Welt, welche der Geist zwischen sich und die Gegenstände durch die innere Arbeit seiner Kraft setzen muß". Nahe beieinander liegen die Theorie der Bedeutungsfelder und eine andere linguistische Strömung, nämlich die Hypothese von Sapir und Whorf über die Beziehungen zwischen Sprache und Geist. Von ganz verschiedenen Voraussetzungen ausgegangen kamen diese beiden amerikanischen Linguisten, unabhängig von Trier, zu ähnlichen Ergebnissen. Nach Whorf enthält jede Sprache eine Art „versteckter Metaphysik", welche das Denken des Sprechenden bestimmt, leitet und begrenzt. Er schreibt: „Le système linguistique de chaque langue n'est pas seulement un système reproductif pour l'expression des idées, mais il façonne les idées, il constitue un programme et un guide pour l'activité mentale de l'individu, pour l'analyse de ses impressions, pour la synthèse de son fonds intérieur . . . Nous disséquons la nature selon les principes établis par nos langues maternelles." [1]

Die Theorie von Whorf weicht von der Trierschen eher in ihren Methoden als in ihrer allgemeinen Ausrichtung ab. Whorf sucht den Einfluß der Sprache auf das Denken vor allem auf grammatikalischer Ebene festzustellen, während die Bedeutungsfeldertheorie ihre größten Erfolge auf dem Gebiet des Wortschatzes zu verzeichnen hatte. Ein weiterer Unterschied: Trier und seine Mitarbeiter beschäftigen sich vor allem mit den Zivilisationssprachen, Whorf hingegen ist bemüht, sich von jeder Voreingenommenheit freizumachen, die durch das inspiriert wäre, was er „Standard Average European" nennt. Er sucht deswegen ein vollkommen andersartiges linguistisches und kulturelles Gebiet, nämlich das der nordamerikanischen Indianerstämme, auf. So behandelt er z. B. in einer meisterhaften Darstellung die unterschiedliche Auffassung des Zeitbegriffes in der Sprache der Hopiindianer und in den großen Sprachen der westlichen Zivilisationen. Man sieht also, daß sich die Theorie der Bedeutungsfelder und die Hypothese Sapir-Whorf in nützlicher Weise ergänzen, und es ist zu wünschen, daß sich zwischen den beiden Strömungen eine fruchtbare Beziehung herausbilde.

Das Vorangegangene zeigt, daß es falsch wäre, zu denken, daß Begriff und Wort voneinander getrennt existieren können. Ein Wort besteht im Grunde aus zwei untrennbar miteinander verknüpften Teilen: der Form

---

[1] Vgl. J.B.Carroll (ed.), Selected Writings of Benjamin Lee Whorf, New York–London 1956, S. 212ff. Zur Hypothese Sapir-Whorf siehe auch H.Hoijer (ed.), Language in Culture, Conference on the Interrelations of Language and other Aspects of Culture, Chicago 1954.

und dem Inhalt, dem Namen und dem Benannten. Saussure verglich die Sprache mit einem Blatt Papier: „la pensée est le recto et le son le verso: de même dans la langue, on ne saurait isoler ni le son de la pensée, ni la pensée du son“ (*Cours,* S. 157). Allerdings wäre es falsch, zu glauben, daß diese Einheit der beiden Elemente etwas Absolutes und Unvermeidliches wäre. Nicht bei allen Wörtern decken sich Lautbild und Begriff vollständig. Es gibt, wie in der Wissenschaft, so auch im gewöhnlichen sprachlichen Leben scharf gefaßte und unscharfe, verschwimmende Begriffe. Es gibt Wörter, die etwas unverbindlich auf den Gegenstand hinweisen und leicht auch für benachbarte Begriffe verwendet werden.

Dahin gehört vor allem die ganze Welt der Gefühle und Wertungen, in der die Einstellung des Einzelnen, sein Verhältnis zum Leben und zur Umwelt, die tausendfältige Verschiedenheit der persönlichen Lebenserfahrungen und der daraus sich ergebenden Assoziationen zahllose Nuancen der Auffassung erzeugen. Und wie verschieden ist auch schon objektiv der Sachverhalt! Wer will entscheiden, bei welchem Grad von Gemächlichkeit und Gemütlichkeit die eigentliche Trägheit beginnt? So gibt es im Französischen Dutzende von Ausdrücken für „träge“, von denen die einen den Arbeitsscheuen als Feigling hinstellen (*lâche*), als energielosen Weichling (*mou, mollasse*), oder beschönigend als jemanden, der der Musse pflegt (*laisant*); man denkt besonders an die schöne, verlorene Zeit (*musard*), oder man wertet das Verhalten als Gelassenheit, als die Kraft, die einen davor sichert, je aus dem Gleichgewicht zu kommen (*flemmard*). Besonders zahlreich sind die Wörter, die eigentlich eine Beschimpfung enthalten (*pourri, vachard, truand* usw.). Jedes dieser Wörter kommt aus einem andern Begriffskreis, beleuchtet die fragliche Eigenschaft von einer etwas anderen Seite. Sie sind weder klar in ihren Aufrissen gegeneinander abgesetzt, noch können sie unter sich zur Deckung gebracht werden. Daher schließen sie sich auch nicht gegenseitig aus und der ungefähr gleichbedeutenden Wörter können sehr viele sein. Wer in diesen weiten Gebieten den Gliederungsgedanken mit aller Konsequenz anwenden wollte, würde die Sprache vergewaltigen und sich das Verständnis ihrer Erscheinungen verbauen.

Dann gibt es auch Wörter, die uns geläufig sind, deren Bedeutung aber nicht eindeutig klar ist. Das ist besonders dort der Fall, wo die Verbreitungsgebiete verschiedener Wörter für den gleichen Begriff zusammenstoßen. Auf solche Erscheinungen hat u. a. Jaberg hingewiesen[1]: Im Oberaargau nennt man das Kerngehäuse eines Apfels, von dem man das Fleisch weggegessen hat, *gigetschi,* in der Stadt Bern *gräubschi.* In Burgdorf stoßen die beiden Wortgebilde zusammen; da man hier beide Wörter hört, gehören beide der

[1] Sprachwissenschaftliche Forschungen und Erlebnisse, Zürich 1937, S. 156ff.

dortigen Mundart an. Die Leute suchen nun aber zu differenzieren. Für viele (nicht für alle) ist ein *gigetschi* besonders häßlich, braun angelaufen, schmutzig. Das Wertende des Wortes kommt deutlich zum Ausdruck etwa in Sätzen wie folgende: zu einem Kind, welches einen halbgegessenen Apfel von der Straße aufhebt, sagt man „*nimm das nit, es söttigs gigetschi*". Gegenüber dem *gräubschi*, das der Normalausdruck ist, hat *gigetschi* einen depreziativen Sinn[1]. Es wäre wohl töricht, zu behaupten, es sei hier ein neuer sprachlicher Begriff entstanden. Die Sache wird man dort, wo man nur ein Wort hat, nicht anders beurteilen. Man wird in der betreffenden Situation durch ein beigefügtes Adjektiv das ausdrücken, was der zwischen beiden Wortzonen stehende Burgdorfer durch ein einziges Wort ausdrückt. Die Differenzierung ist nicht primär gegeben, sondern erst durch das Zusammentreffen zweier Wortzonen sekundär entstanden. Sie ist ähnlich zu beurteilen, wie die Differenzierung zwischen dem fr. *taupe* und dem wallon. *fouïon* in den Ardennen[2], mit dem einzigen Unterschied, daß hier eine mit den Tatsachen nicht übereinstimmende Unterscheidung getroffen wird.

So schiebt sich zwischen Ich und Außenwelt das Weltbild, das in der Sprache einer Gemeinschaft lebt und jedem Angehörigen einer Sprache bei deren Erlernung übermittelt wird. Allerdings, diese Erbschaft wird von jeder Generation irgendwie, hier mehr, dort weniger, umgebaut, vervollständigt. Die durch die Worte gegebene Zusammenfassung der Eindrücke wird modifiziert, so wie es dem Leben der neuen Generation entspricht. Die Sprache hat natürlich, noch viel mehr als die meisten andern traditionsgebundenen Kulturgüter der Menschheit, ihre eigene Schwere. Sie ruht in ihren Grundfesten sicherer als jede Staatsverfassung oder jede Verkehrseinrichtung. Aber jede Modifikation des populären Weltbildes zieht eine wenn auch noch so bescheidene Umgestaltung der Sprache nach sich.

Die enge Verbindung der beiden läßt uns auch verstehen, warum für einfache Gemüter Begriff und akustisches Bild identisch werden. Piaget, *La représentation du monde chez l'enfant*, Paris 1926, berichtet von einem Kind, das man fragt, warum der Mond la lune heiße, die Antwort: „C'est parce qu'on voyait la lune qu'on savait qu'elle s'appelait la lune." Oder Gotthelf erzählt in reizender Weise von einer Berner Bauerntochter, die ins andere Tal hinüber heiratet und dort Abneigung und Mißtrauen weckt, weil sie einen *Schochen Birlig* nennt. Sie selber fühlt sich zutiefst unglücklich, daß die Leute um sie herum diesem Heuhaufen nicht mehr seinen legalen, ihm wirklich zukommenden Namen geben. Mit der Zeit gewöhnt

---

[1] Diese wertende Einreihung der beiden Ausdrücke mag davon stammen, daß *gräubschi* der Ausdruck der Hauptstadt ist, *gigetschi* derjenige der Landgemeinden.

[2] Siehe oben S. 123.

sie sich schließlich dran. Aber die Tragödie geht von neuem los, als sie längere Zeit nachher in der alten Heimat einen Besuch macht: als sie nun diesmal einen *Birlig Schochen* nennt, ist ihr Vater erbost, die Mutter gekränkt, weil sie sich einen so unnatürlichen Namen angewöhnt habe. „Da ist noch die alte, mächtige Rechtgläubigkeit zu Hause, wo man, so wie es nur einen Gott, nur eine Wahrheit gibt, auch nur einen Ausdruck für eine Sache, nur einen Gebrauch, nur eine Sitte kennt und für die allein wahre und seligmachende anerkennt" (Gotthelf).

Die Meinung, daß die Sache oder die Person irgendwie mit dem Namen naturnotwendig zusammengehören, ja daß sie identisch seien, ist bei primitiveren Völkern weit verbreitet. In vorgeschichtlichen Zeiten, in denen die Völker sich in engstem Zusammenhang mit ihren Göttern fühlten, war diese Auffassung von der lebendigen Kraft des Wortes allgemein. Auf zweierlei Weise kann sich dieser Glaube auswirken: man glaubt, die Kenntnis des Namens verschaffe einem Gewalt über Dinge und Menschen, und daher sucht man den wahren Namen hinter einem entlehnten zu verbergen. Oder aber, was natürlich damit zusammenhängt, man fürchtet, durch Nennung des Namens dessen Träger zu erzürnen; man vermeidet es daher, ihn auszusprechen, und verwendet einen andern Namen an dessen Stelle. Unter diese Scheu fallen begreiflicherweise zuerst die Namen der übernatürlichen Wesen, also z. B. des Teufels. Decknamen wie *ennemi*, *adversaire*, *der Leibhaftige* erklären sich so. Ebenso judenspan. *taván* „Gott" (statt *Dios*), aus türk. *tavan* „Dach". Aber auch die Namen anderer Wesen, besonders gewisser Tiere, vermeidet man auszusprechen. Ganz allgemein verbreitet ist die abergläubische Furcht vor dem Wiesel, das im Hühnerstall so viel Schaden anrichtet und das man für die Inkarnation eines Magiers hält. Man sucht es sich nun günstig zu stimmen, indem man ihm freundliche, schmeichlerische Namen gibt und tut, als ob man den wahren Namen nicht kennte. So heißt es in Bayern *Schöntierlein*, *Schöndinglein*, im Dänischen *kjönne* (= id.). Auch in den romanischen Ländern war der eigentliche Name, *mustela*, weit herum tabu. Daher it. *donnola*, Lucca *bellola*, fr. *belette* (zu *bellus*). *Mustela* ist schließlich darob weithin vergessen worden. In den Bergen östlich Lyon ist es die Ameise, welche Gegenstand dieser Scheu ist; auch sie heißt dort *belette*. Durch ähnliche Schmeicheleien sucht man sich in der Westschweiz den Hühnerweih vom Leibe (oder vielmehr vom Hofe) zu halten: man nennt ihn *bon oiseau*. Auch vor dem Bären empfand man eine ähnlich begründete Angst; man sieht in ihm einen Zauberer und scheut vor seinem Namen zurück. So heißt im Judenspanischen der Bär eigentlich *lonso*; aber man vermeidet gewöhnlich diesen Namen und nennt ihn *el lámed* (*lámed* ist der hebräische Name des Buchstabens *l*; man bezeichnet ihn also mit dem Anfangsbuchstaben seines Namens; Wagner, *Caracteres generales del judeo-español de Oriente,* Madrid 1930, S. 50). Aus demselben

Grund ist das idg. Wort für Bär (lt. *ursus*, gr. *ἄρκτος*) in den Sprachen Nord- und Osteuropas, wo der Bär eine große Rolle spielte, untergegangen. Das lit. *lokỹs* = Lecker, slav. *medvedʼ* = Honigfresser, dt. *Bär* = der Braune sind lauter Decknamen. Auch die Namen von Wettererscheinungen können aus Gründen der Tabufurcht umgewandelt werden. Fr. *bonasse* (< it. *bonaccia*) bedeutet die vom Seemann so gefürchtete Windstille, die den Wetterdämonen zugeschrieben wird. Der Name erklärt sich folgendermaßen: gr. *μαλακια* „Weichheit" bekam übertragen die Bedeutung „Windstille". Das Wort ging ins Latein über als *malacia*; hier sah man darin eine Ableitung von *malus*. Die Seeleute aber fürchteten, die Dämonen durch dieses tadelnde Wort zu reizen und ersetzten *mal-* durch *bon-* [1].

3. Folgerung für künftige Forschung

Aus all diesen Gedankengängen erkennen wir, daß der Wortschatz ein großes Ganzes ist, innerhalb dessen jedes Glied, jedes einzelne Wort seine besondere Stellung in seiner Umwelt hat, in Beziehung steht zu den benachbarten Gliedern. Innerhalb dieses Ganzen gibt es gewisse Gebiete, die einem klar abgegrenzten Teil der subjektiven Welt entsprechen; in diesen schließen sich die einzelnen Elemente des Wortschatzes zu einem gegliederten Feld zusammen; an andern Stellen ist das Gefüge lockerer, sind die Wörter nicht in gleichem Maße zur Einheit und Untereinheit versammelt. Dieser Wortschatz als Ausdruck des Weltbildes ist natürlich innerhalb einer Sprachgemeinschaft in sehr verschiedenem Maße lebendig. Niemand kann das ganze Vokabular seiner Sprache besitzen. Auch wenn man von regionalen Verschiedenheiten absieht, so bleibt doch das gewaltige Gebiet der Berufssprachen.

Wir haben auch gesehen, daß die Gleichgewichtslage innerhalb eines Ausdruckssystems sich andauernd verschiebt, von heute auf morgen, und innerhalb eines Sprachgebietes von einer Gegend zur andern. Diese Ergebnisse zwingen uns, für die Erfassung und Darstellung des Wortschatzes gewisse Folgerungen zu ziehen. Der Zweck eines wissenschaftlichen, deskrip-

---

[1] Von den zahlreichen Arbeiten über das linguistische Tabu erwähnen wir: R. F. M. Guérios, Tabus lingüísticos, Rio de Janeiro 1956, und W. Havers, Neuere Literatur zum Sprachtabu, Akademie der Wissenschaften in Wien, Phil.-Hist. Klasse, Sitzungsbericht 223,5, 1946; dann die Artikel von G. Bonfante, Etudes sur le tabou dans les langues indo-européennes, Mélanges Bally, Genf 1939, S. 195 bis 207; M. B. Emeneau, Taboos on Animal Names, Language 24 (1948), 56–63; A. Meillet, Quelques hypothèses sur des interdictions de vocabulaire dans les langues indoeuropéennes, in: Linguistique historique et linguistique générale, Bd. I, S. 281–291.

tiven Wörterbuches muß sein, das Ausdruckssystem, das nun einmal das Vokabular einer Sprache ist, darzustellen und in seiner inneren Ökonomie erkennen zu lassen. Daraus ergeben sich zwei wesentliche Forderungen:

1. Das wissenschaftliche, deskriptive Wörterbuch muß die nichtssagende, unwissenschaftliche Anordnung nach dem Alphabet aufgeben. Es wird nie möglich sein, das Wesen des Sprachschatzes als der Gestaltung des Weltbildes einer Volksgemeinschaft zu einer bestimmten Zeit und ihre innere Ökonomie zu erfassen, solange nicht die alphabetische Reihenfolge ersetzt wird durch ein der Sprache in ihrem jeweiligen Zustand selbst abgelauschtes System. Das Alphabet ist natürlich als praktische Nachschlageordnung nicht zu entbehren, aber es gehört als Ordnungsprinzip ins Schlußregister. Ein solches System kann nie durchgehend das gleiche sein, weil eben das Weltbild selber und damit auch sein Ausdruck sich dauernd verschiebt. Schon durch die Modifikationen, die das System erleidet, wird sich ein Bild ergeben von der neuen Gestalt des geistigen und materiellen Lebens eines Volkes.

2. Je größer die Zeitspanne ist, die ein Wörterbuch umfaßt, um so mehr verwischen sich die Konturen und Grenzen des Systems. Deshalb müßte die darzustellende Spanne möglichst geschlossen gefaßt werden. Wollte man diese Forderung konsequent durchführen, so müßte man jedes Mundartgebiet für jede Zeit gesondert behandeln; jeder bedeutende Autor könnte als Einheit für sich aufgefaßt werden. Ja, bei Schriftstellern, die eine lange und reiche Lebensgeschichte haben, wie etwa Goethe, müßte man die verschiedenen Epochen ihres Lebens gesondert betrachten und einander gegenüberstellen. Eine weitgehende Zerspaltung der Aufgabe ist natürlich nicht nur praktisch undurchführbar, sondern sie würde auch die Gewinnung einer Gesamtübersicht erschweren. Aber man wird darauf achten müssen, daß nicht Zeiträume sehr verschiedenen Charakters im gleichen Werk behandelt werden. Die Zukunft wird nicht mehr deskriptive Wörterbücher schaffen, die ein halbes Jahrtausend und mehr umfassen. Sie wird diese Zeitenflucht in kleinere Abschnitte zerlegen, wie sie sich durch bedeutsame Ereignisse ergeben. Als Beispiel hierfür möge hier skizziert werden, wie man sich für ein deskriptives französisches Gesamtwörterbuch eine der Entwicklungslinie der Sprache gemäße Einteilung denken könnte:

1. Die ältesten Texte (vor 1100).
2. Von etwa 1100 bis zur Mitte des 14. Jahrh.[1]

---

[1] Die Mitte des 14. Jahrhunderts rechtfertigt sich innerlich und äußerlich. Um diese Zeit gleitet das Interesse der Gebildeten mehr und mehr auf die gelehrte Literatur hinüber, und damit wird die Latinisierung des französischen Wortschatzes in hohem Maße beschleunigt. Außerdem beginnt ungefähr in dieser

3. Von der Mitte des 14. Jahrh. bis zum Italienzug Karls VIII. (1494)[1].
4. Vom Italienzug Karls VIII. bis zur Ankunft Malherbes am Hof (1605)[2].
5. Von Malherbe bis zum Tode Ludwigs XIV. (1715).
6. Vom Tode Ludwigs XIV. bis zum Ausbruch der Revolution (1789).
7. Von der Revolution bis zum Beginn des Weltkrieges (1914)[3].

Zeit der hundertjährige Krieg, der auch für die Entwicklung der Sprache von großer Bedeutung gewesen ist. Man könnte sich auch eine Zweiteilung dieser Periode denken, wobei man aber eine Scheidung in höfische und nichthöfische Literatur ebensogut rechtfertigen könnte, wie eine zeitliche Scheidung. Da aber damit wieder ein anderes Prinzip hineingetragen würde, und da anderseits die Unterschiede im Wortgebrauch zum großen Teil mehr sozialer und stilistischer Natur sind, ist die Periode doch besser als ganzes zu belassen. [Zu dieser Periodisierung John L. Grigsby, Romance Philology XX (1966–67), 225ff., Rez. zu P. Guiraud, Le moyen français, Paris ²1966. Ferner: G. Matoré, Histoire des dictionnaires français, Paris 1968.]

[1] Als Vorarbeiten zum zweiten und dritten Abschnitt des Gesamtwerkes sind von Mitgliedern der Romanischen Institute Leipzig, Chicago und Basel einige Autoren, sowie lokale Urkundensammlungen durchgearbeitet worden. Erschienen sind (in der Reihe der Leipziger Romanistischen Studien) Gerhard Heidel, La langue et le style de Philippe de Commynes, Leipzig–Paris 1934; Werner Runkewitz, Der Wortschatz der Grafschaft Rethel nach dem Trésor des Chartes du Comté de Rethel (1937); Kurt Heilemann, Der Wortschatz von Georges Chastellain, nach seinen Chroniken (1937). Ferner: Caleb Bevans, Le vocabulaire de la Champagne au 13e siècle d'après les Comptes de Champagne, p.p. A. Longnon, Chicago 1941; J. Orne, Vocabulaire de l'architecture française au commencement du 16e siècle, Chicago 1941; Hans-Erich Keller, Etude descriptive sur le vocabulaire de Wace, Berlin 1953 (Deutsche Akad. d. W.). Siehe noch S. 179 Anm. 1.

[2] Entspricht ungefähr dem vom Dictionnaire du seizième siècle von E. Huguet behandelten Zeitraum. Doch ließe sich das Werk von Huguet nicht in den hier entworfenen Plan einfügen, weil es alphabetisch geordnet ist, und weil es nur die heute nicht mehr bestehenden Wörter, Formen und Bedeutungen verzeichnet, also auch bei anderer Anordnung keinen Einblick in die Gesamtstruktur des Wortschatzes gewähren würde.

[3] Die hier vorgeschlagene Einteilung läßt eine große Anzahl von Fragen noch offen. Daten wie 1494, 1605, 1715 wird man wohl als Grenze annehmen können etwa für die Benützung und Einreihung von urkundlichem Material. Bei Schriftstellern, deren Leben und Wirken durch eine solche Grenze geschnitten wird, wird man sich aber fragen müssen, ob man ihre Werke ebenfalls zwischen die beiden Perioden teilen will oder ob man den Autor als Gesamtphänomen in eine der beiden Perioden einzureihen vorzieht. Die Entscheidung wird für jeden einzelnen neu gefällt werden müssen und wird im wesentlichen vom Charakter des Autors abhängen.

Das erste dieser beiden Postulate gilt natürlich auch für regionale und mundartliche Wörterbücher[1]. Auch sie sollten zu wirklichen Darstellungen des Wortschatzes als Gesamtgefüge werden. Wie ganz anders eindrucksvoll wäre z. B. das so reichhaltige Lexique saint-polois von Edmont oder Durafours Lexique patois-français du parler de Vaux-en-Bugey, wenn die Materialien statt alphabetisch organisch angeordnet wären.

Ein besonders schwieriges Problem liegt in der Gestaltung der Gliederung. Nach dem, was wir auseinandergesetzt haben, müßte eigentlich diese Gliederung von Epoche zu Epoche sich wandeln. Aber anderseits wäre es aus Gründen, die auf der Hand liegen, wünschenswert, daß die verschiedenen Gliederungssysteme sich nicht mehr voneinander entfernten, als absolut notwendig ist. Je ähnlicher die Gliederung bleiben kann, um so leichter wird es, die organische Verbindung von einer Periode zur andern, von einer Gegend zur andern herzustellen. Dem Wandel unterworfen sind vor allem die Gebiete, die aus der Tätigkeit des Menschen entstehen, also z. B. staatliche und soziale Einrichtungen, Gewerbe, Kriegswesen, Bekleidung usw. Doch wenn auch diese Gebiete sich wandeln, sich ausdehnen oder schrumpfen können, so muß es doch möglich sein, ihnen wenigstens einen konstanten Platz im Gesamtsystem anzuweisen.

Im Jahre 1952 haben R. Hallig und W. v. Wartburg ein Gliederungssystem veröffentlicht[2], bei dessen Abfassung sie sich von folgenden Gedanken haben leiten lassen. Als Grundlage für die Lexikographie kann nur brauchbar sein ein Bezugssystem, dessen Elemente Begriffe sind. Da die Erforschung des Wortschatzes sich in weitem Umfang auf die Gemeinsprache richtet, muß ein solches Gliederungsschema sich auf denjenigen Begriffen aufbauen, die als sprachlich bedingte Allgemeinbegriffe („Popularbegriffe") das Ergebnis der „Verarbeitung der Welt" durch eine Sprachgemeinschaft in sich schließen.

Das Gliederungsgerüst mit seinen Unterteilungen muß auf der gleichen Ebene stehen wie das Begriffsgut selber, d. h. es muß auf der vorwissenschaftlichen, natürlichen Betrachtungsweise fußen, die man gewinnen kann, wenn man sich einen Sprachangehörigen vorstellt, der, die entsprechenden Fähigkeiten vorausgesetzt, mit naivem Realismus die Welt und die Menschen betrachtet. Es muß möglichst alle Seins- und Lebensbereiche berücksichtigen und allen kulturellen und zivilisatorischen Verhältnissen Rech-

---

[1] Es ist erfreulich, daß, unter dem Einfluß von Antoine Thomas, diese Erkenntnis bereits in der französischen Dialektologie gewirkt hat: Siehe z.B. J.Lhermet, Contribution à la lexicologie du dialecte aurillacois, Paris 1931.

[2] Begriffssystem als Grundlage für die Lexikographie, Versuch eines Ordnungsschemas, Berlin 1952 (Deutsche Akad. d. W.), 2., neu bearb. u. erw. Aufl. 1963. [Vgl. K.Heger, Z 80 (1964), 486–516.]

nung tragen. Dabei muß es so gestaltet sein, daß es ein gefügehaftes Ganzes bildet und die innere Verknüpfung der Lebens- und Seinsbereiche widerspiegelt, wie Erleben und Erfahrung sie nahelegen.

Für die Einordnung der einzelnen Begriffe, von denen aus Gründen der Sparsamkeit nur eine Auswahl in das Gerüst aufgenommen und zu einem Ordnungsgefüge verarbeitet werden kann, ist in erster Linie der begriffliche Zusammenhang maßgebend. Neben der Einordnung nach diesem Prinzip spielt, jedoch erst in zweiter Linie, die Einordnung nach der Begriffsassoziation eine Rolle, und zwar dann, wenn deren Beachtung das Ergebnis der Einordnung natürlicher erscheinen läßt. Das zeigt sich besonders dort, wo das Begriffsgut mit Sachbereichen verknüpft ist.

Das Verfahren, das für die Verwirklichung der vorwissenschaftlichen Betrachtungsweise zur Gewinnung des Gliederungsrahmens angewandt wurde, ist die phänomenologische Methode. Mit ihrer Hilfe ergab sich als erstes die Gegenüberstellung des Selbst und der gegenständlichen Welt. So wurden zwei Hauptteile gewonnen: Hauptteil A (L'Univers), in welchem diejenigen Begriffe zusammengefaßt sind, die sich auf Objekte und Sachverhalte der anorganischen und der organischen Natur beziehen, und Hauptteil B (L'Homme), der vom Menschen als Individuum und als sozialem Wesen handelt.

Mit den in den genannten zwei Hauptteilen verzeichneten Begriffen ist der Bestand an vorwissenschaftlichen Allgemeinbegriffen noch nicht erschöpft. Es gibt noch die Gruppe derer, welche die innerhalb der gegenständlichen Welt vorhandenen Beziehungen oder Blickrichtungen und Normen festhalten, die den Menschen befähigen, die Ordnung der Welt zu erkennen und gedanklich und wirkend zu bewältigen. Die andersartige Leistung dieser Begriffe, die darin besteht, Beziehungen und Kategorien zu erfassen, rechtfertigt es, sie gesondert aufzuführen, obwohl sie mit den in den Hauptteilen A und B verzeichneten verknüpft sind oder auf ihnen beruhen. Sie erscheinen in dem Hauptteil C (L'Homme et l'Univers), Abschnitt I (L'a priori). Dieser Abschnitt C I leitet sachgerecht über zu dem Abschnitt C II, in welchem die Begriffe der Wissenschaften und der Technik ihren Platz finden sollen, für die im Rahmen des Gliederungsgerüstes eine Stelle vorgesehen werden mußte. So kann unter dem Dach der angegebenen Dreiteilung alles untergebracht werden, was zum Begriffsgut des modernen Menschen gehört: A, B und C I sind vorbehalten den vorwissenschaftlichen Begriffen, C II hingegen nimmt die wissenschaftlichen auf.

Dieses Ordnungsschema soll als Arbeitsgrundlage mit dazu verhelfen, der gefügehaften Charakter des Wortschatzes in Erscheinung treten zu lassen. Seinem Wesen nach ist es ein empirisches, aus sprachlichen Allgemeinbegriffen bestehendes und auf phänomenologischer Grundlage gestaltetes Bezugssystem.

Jeder Ordnung der angestrebten Art wohnt ein subjektives Moment notwendig inne. Soweit die Subjektivität in der Auswahl der verarbeiteten Begriffe und in dem Grade der Ausgliederung des Ganzen in immer kleiner werdende Abschnitte erblickt wird, kann sich beim Gebrauch kaum eine Unzuträglichkeit ergeben, weil das Begriffssystem einerseits so offen ist, daß jeder Benutzer in der Lage wäre, Gebieten, die nicht berücksichtigt wurden, einen Platz im System zuzuweisen, und andererseits so geschlossen und folgerecht, daß die Einordnung weiterer Begriffe in eindeutiger und einleuchtender Weise geschehen könnte. Was die Gliederung als solche betrifft, so wird die Möglichkeit, sie als subjektiv zu kennzeichnen, eingeschränkt durch die Feststellung, daß Unternehmungen ähnlicher Zielsetzung zu ähnlichen Ergebnissen gelangt sind, was die Vermutung nahelegt, daß ein solches gegliedertes Gefüge seiner Art nach weitgehend „naturgegeben" ist, da nur éine Ordnung die Welt durchwaltet und da die Mittel des Menschen zu deren Erfassung der Anlage nach die gleichen sind. Immerhin: der Ausdruck „Versuch" im Untertitel soll auf dieses subjektive Moment hinweisen und dem Benutzer zugleich die Möglichkeit geben, das Begriffssystem seinen besonderen Zwecken jeweils anzupassen.

Im Hinblick auf den Verwendungsbereich dieser Arbeitsgrundlage ist zu erwarten, daß man sie wird anwenden können auf den Kreis der indogermanischen Sprachen, und zwar wegen der sehr ähnlichen Strukturen und Sichtweisen ihrer einzelnen Gruppen, wobei die Mundarten und die historischen Vorstufen dieser Sprachen in diese Erwartung eingeschlossen werden. In Rücksicht auf letztere sind Abschnitte, in die historisch gewordene Begriffe eingereiht werden können, ausdrücklich vorgesehen worden. Auch die Möglichkeit der Verwendung für Sprachen und Mundarten, die nicht zum Indogermanischen gehören, wird man ins Auge fassen können, da es ja auch diesen Sprachen aufgegeben ist, die éine Außenwelt zu verarbeiten, so daß infolgedessen von vornherein mit einem gewissen Bestand gemeinsamen Begriffsgutes zu rechnen ist. Aber schließlich können Verwendungsmöglichkeit und Anwendungsbereich eines solchen Hilfsmittels, das als Ordnungsschema für die Lexikographie konzipiert worden ist, nicht lediglich theoretisch erwogen, sondern sie müssen in der praktischen Anwendung erprobt werden, eine Erfahrung, die für alles gilt, was als Werkzeug zu dienen bestimmt ist[1].

---

[1] Das Begriffssystem oder Vorstufen von ihm haben mehreren Werken aus dem Gebiete der romanischen Lexikologie zugrunde gelegen. Vgl. dazu die Zusammenfassung von K. Baldinger, Rez. zu Maria H. J. Fermin, Le vocabulaire de Bifrun dans sa traduction des Quatre Évangiles, Amsterdam 1954, Deutsche Literaturzeitung 80 (1959), Sp. 1090ff. Auch diese Arbeit baut auf dem Begriffssystem auf. Aus anderen Sprachbereichen ist zu nennen: Louis De Man, Bijdrage

Ein weiterer Versuch einer strukturellen Gliederung des Wortschatzes ist die von Georges Matoré in seinem bedeutsamen Buch über *Le Vocabulaire et la société sous Louis-Philippe* (1951) erarbeitete Methode, deren theoretische Grundlagen er in *La Méthode en lexicologie* (1953) darlegte. Die Auffassung Matorés unterscheidet sich von der Theorie der Bedeutungsfelder durch ihre ausgesprochen soziologische Orientierung. Matoré betrachtet das Wort „non plus comme un objet isolé, mais comme un élément à l'intérieur d'ensembles plus importants, que nous classons hiérarchiquement en partant d'une analyse des structures sociales" (*Le Vocabulaire et la société: Avertissement*). Die Lexikologie Matorés wird also ein eigener Zweig der Soziologie: „C'est en partant de l'étude du vocabulaire que nous essaierons d'expliquer la société. Aussi pourrons-nous définir la lexicologie comme une discipline sociologique utilisant le matériel linguistique que sont les mots" (*La Méthode en lexicologie*, S. 50). Die lexikologische Struktur der verschiedenen Abschnitte des sozialen Lebens wird von zwei Worttypen beherrscht: dies sind die „mots-témoins" und die „mots-clés". Die ersteren sind „des éléments particulièrement importants en fonction desquels la structure lexicologique se hiérarchise et se coordonne", die zweiten „des unités lexicologiques exprimant une société ... un être, un sentiment, une idée, vivants dans la mesure même où la société reconnaît en eux son idéal" (ibid., S. 65 und 68). Im Wortschatz vom Ende der Restauration und vom Beginn der Julimonarchie nahmen z. B. die „mots-témoins" *magasin* und *négociant* und das Wortpaar *individualité-organisation* („mots-clés") eine noch wichtigere Stellung ein, als die in der zeitgenössischen Gesellschaft herrschenden Typen *bourgeois*, *artiste*, *prolétaire*.

Unter dem Einfluß dieser Initiativen und anderer Faktoren entwickelt die französische Lexikologie gegenwärtig eine starke Aktivität. Eine Reihe wertvoller Monographien wurden veröffentlicht[1]; ein Studienzentrum für französischen Wortschatz wurde in Besançon geschaffen[2]; und endlich

---

tot een systematisch glossarium van de Brabantse oorkondentaal. Leuvens Archief van circa 1300 tot 1550, Deel I (= Bouwstoffen en studïen voor de geschiedenis en de lexicografie van het Nederlands IV), 1956. Siehe darüber zuletzt F. de Tollenaere, Lexicographie alphabétique ou idéologique, Cahiers de lexicologie 2 (1960), 19–29.

[1] Wir erwähnen namentlich: K.-J. Hollyman, Le Développement du vocabulaire féodal en France pendant le haut moyen âge, Genf–Paris 1957; G. v. Proschwitz, Introduction à l'étude du vocabulaire de Beaumarchais, Stockholm–Paris 1956; B. Quemada, Introduction à l'étude du vocabulaire médical, 1600–1710, Paris–Besançon 1955; P.-J. Wexler, La Formation du vocabulaire des chemins de fer en France, 1778–1842, Genf–Lille 1955. Siehe auch G. Matoré, La Méthode en lexicologie, Paris 1953, Anhang II.

[2] Dieses von B. Quemada geleitete Zentrum macht sich die mechanographi-

wurde im Hinblick auf die Vorbereitung eines „Trésor de la langue française“, eines in großem Maßstab angelegten und den Erfordernissen der modernen Wissenschaft entsprechenden historischen Wörterbuchs also, im Jahre 1957 in Straßburg ein internationales Kolloquium für Lexikologie und Lexikographie veranstaltet[1].

4. Die Eigenart des französischen Sprachbaus und ihre historische Grundlage

Wir glauben mit unseren Darlegungen klargemacht zu haben, daß die sprachwissenschaftliche Forschung heute an einem Punkt angelangt ist, wo sie durch die unablässigen Bemühungen mehrerer aufeinanderfolgender Generationen die Möglichkeit erhalten hat, die Sprache als Gegebenheit und als Gewordenes zugleich aufzufassen. Sein und Werden in ihrem unmittelbaren Zusammenhang und ihrer wechselseitigen Abhängigkeit und Verflechtung drängen sich in unsere Erkenntnis ein. Das bedeutet nicht eine Rückkehr zu einer Sprachgeschichte, welche die einzelnen Phänomene isolierte und sie, jedes für sich, durch die Zeit begleitete. Zwar werden wir diese Einzelforschung nie entbehren können. Sie bleibt unsere festeste Grundlage im geschichtlichen wie im beschreibenden Teil der Sprachwissenschaft. Aber hinzutreten und mit ihr sich verbinden muß der Versuch, die Stellung und Bedeutung der Phänomene innerhalb des Sprachganzen der verschiedenen Epochen zu verstehen und gegeneinander zu halten. Die bisherigen Bemühungen um Erkenntnis der Entwicklungsgeschichte der Sprachen und die ihres Baues zu irgendeiner bestimmten Zeit können und müssen sich heute zusammenfinden. Das Ziel muß sein, die Gesamtstruktur einer Sprache in ihrem allmählichen Umwandlungsprozeß zu verfolgen. Dermaßen wird die Sprachwissenschaft in einer neuen Phase ihrer Entwicklung zu Strukturgeschichte.

Mit dieser strukturell-historischen Fragestellung möchten wir nun an das Französische herantreten. Die folgenden Seiten erheben selbstverständlich nicht den Anspruch, etwas anderes als eine kurze Skizze zu geben, den Weg anzudeuten, auf dem die Forschung in dem hier gemeinten Sinn fortschreitend dem Problem der Sprache näher zu kommen vermag. Eine der-

---

sche Technik zunutze und veröffentlicht die Cahiers de Lexicologie (seit 1959) und ein Bulletin d'information du laboratoire d'analyse lexicologique.

[1] Siehe den Band Lexicologie et lexicographie françaises et romanes, Orientations et exigences actuelles, Paris 1960 (C. N. R. S.). – Der Trésor wird in Nancy unter der Leitung von Paul Imbs hergestellt.

artige Analyse des Französischen involviert übrigens auch die Frage, wie das heutige Französisch im gesamten Rahmen der romanischen Sprachen drinnen steht, ob es ein besonders typischer und getreuer Vertreter romanischer Rede ist.

Zur Prüfung dieser Fragen wählen wir aus jedem der Elemente, die in der Sprache zu einem organischen und unteilbaren Ganzen verwoben sind, aus Lauten und Formen, Syntax und Wortschatz je ein paar Fragen aus.

Wir beginnen mit dem Lautsystem.

Wenn wir das französische Lautsystem neben das des Italienischen und des Spanischen stellen, sind wir vor allem überrascht durch die gewaltige Varietät, in der sich die französischen Vokale entfalten. Über nicht weniger als 16 verschiedene Vokale verfügt das Französische (*a ɑ ę ẹ i ǫ ọ u œ̨ œ̣ ü ã ẽ õ œ̃ ə*), denen das Italienische nur 7, das Spanische gar nur 5 gegenüberstellt. Und gleich wie bei der Gestaltung der Vokale steht das Französische für sich auch im Bau der Silbe. Die französische Silbe geht meist auf den Vokal aus: wenn man mit der normalen heutigen Aussprache größere Stücke Prosa liest und dabei auf den Charakter der Silben achtet, so zählt man durchschnittlich etwa 18% geschlossener Silben gegen 82% offener. Italienisch und Spanisch aber haben nahezu doppelt so viel geschlossene Silben wie das Französische.

In welcher Beziehung stehen nun das konsonantische und das vokalische Element einer Silbe? Zweifellos ist der Vokal der eigentliche Träger des Schalles; er ist die Seele der Silbe. Wenn die französische Silbe in überwiegender Mehrzahl offen ist, so heißt dies, daß sie ihre Kraft auf das zweite Lautelement, auf das Ende verlegt. Die französische Silbe trägt also in mehr als vier Fünfteln der Fälle den Akzent auf dem Schluß. Diese Regel der Endungsbetonung ist bekanntlich noch viel konsequenter durchgeführt in der der Silbe nächst übergeordneten Einheit, im Wort. Sie ist hier sogar zum ausnahmslosen Gesetz geworden: Jedes französische Wort trägt seinen Akzent auf der Schlußsilbe. Der Gegensatz zum Spanischen und zum Italienischen ist hier noch eindeutiger: diese beiden Sprachen haben eine reiche Abschattierung von Möglichkeiten; neben endungsbetonten (oxytonen) Wörtern stehen solche mit dem Akzent auf der zweit- oder drittletzten Silbe. Und in beiden Sprachen ist der paroxytone (auf der vorletzten Silbe betonende) Typus bei weitem der häufigste (Italienisch 81%, Spanisch 76%), während die beiden andern sich etwas anders verteilen (Spanisch 17% Oxytona, 7% Proparoxytona; Italienisch 7% Oxytona, 12% Proparoxytona). In dieser Endungsbetonung ist die französische Sprache innerhalb der Romania völlig isoliert. Nicht einmal die andere galloromanische Sprache, das Provenzalische, die Langue d'oc, leistet ihm Gesellschaft: auch die heutigen Mundarten Südfrankreichs, welche die einstige Troubadoursprache fortsetzen, kennen Proparoxytona, Paroxytona, Oxytona. Das Französische hat hier einen Typus herausgebildet, in dem es auch auf der Seite seiner germanischen Nachbarn keine Begleiter findet. Wenn man alle europäischen Betonungstypen auf einer Karte durch Farben versinnbildlichen wollte, so würde Nordfrankreich wie ein Fleck für sich herausstechen.

Und wenn wir endlich zur höchsten Einheit aufsteigen, zum Satz, so tritt uns das gleiche Verhältnis entgegen: auch hier liegt im Französischen der Akzent auf dem Schluß, im Italienischen und Spanischen kann er auch anderswohin fallen, als auf das Ende.

So sehen wir ein gleichmäßiges Gesetz alle Stufen von der Silbe bis zum vollen Satz beherrschen. Charles Bally hat dieser Tatsache für das Französische einige sehr schöne Betrachtungen gewidmet. Aber allerdings ist dieser Akzent im Französischen nicht gewalttätig; er tritt nicht herrisch hervor. Er ist gedämpft, diskret; auf ihm und seiner gleichmäßigen Wiederholung beruht der ebenmäßige, harmonische Rhythmus, der am Französischen so bezaubert. Das Italienische aber verfügt über ein viel reicheres Orchester: Der Wechsel des Tonvokals gibt dem italienischen Satz, schon rein akustisch, etwas viel Lebhafteres, Abwechslungsreicheres, demgegenüber der französische Akzent abgeklärt, gleichmäßig, konventionell, beherrscht, gedämpft, ausgeglichen klingt. Was vom Wortakzent gilt, besteht auch für den Satz. Der Rhythmus des italienischen Satzes ist nicht so gleichmäßigen Charakters wie der des französischen; ungestüm eilt er dahin, und in dieser Abwechslung und Ungebundenheit wird er zum Ausdruck der Gemütslage des Sprechenden, während der französische Rhythmus diese eher umschleiert.

Soweit die Feststellungen der deskriptiven Betrachtungsweise. Für uns stellt sich nun unmittelbar die Frage: Wann und wie hat sich diese Sonderstellung des Französischen herausgebildet? Um darüber Auskunft zu erhalten, befragen wir die älteren Etappen des Französischen, befragen wir das Latein, nach ihren lautlichen Wesenszügen: Das Vokalsystem des Altfranzösischen war nicht weniger reichhaltig als das des modernen Französisch; es besaß zwar nur 12 reine Vokale, daneben aber eine große Zahl (16) echte Diphthonge (heute besitzt das Französische deren keine mehr). Das französische Vokalsystem hat sich also schon lange vor der literarischen Zeit von dem der andern Sprachen gelöst. Das klassische Latein hatte 5 Vokale gekannt, dazu 2 Diphthonge, das Vulgärlatein hatte daraus 7 Vokale gemacht. Das Italienische und das Spanische haben sich nicht weit von diesem Verhältnis entfernt. Woher sind denn diese spezifisch französischen Umformungen und Ausweitungen des Vokalsystems gekommen? Für die eine Gruppe der zugewachsenen Vokale, die Nasalen, hat man schon lange gallischen Einfluß wahrscheinlich gemacht. Für die andere, weit größere Gruppe, die vor allem zahlreiche Diphthonge umfaßt, aus denen ja u. a. die heutigen Mischvokale wie *œ* hervorgegangen sind, glaube ich nachgewiesen zu haben, daß sie ihren Ausgangspunkt bei den allmählich von germanischer Rede zum Romanischen übergehenden fränkischen Eroberern haben. S. oben S. 36 ff.

Ein anderes Bild erhalten wir, wenn wir die historische Tiefenwirkung bei der Frage des Silbencharakters anwenden. Das Auszählen eines altfranzösischen Textes ergibt ziemlich genau das gleiche Zahlenverhältnis wie heute noch im Italienischen und Spanischen: zirka 30% geschlossene Silben. Die Sonderstellung des Französischen in diesem Punkt beruht also auf einem Vorgang, der zwischen das Alt- und Neufranzösische fällt. In dieser Zeit schwinden in der Tat die meisten silbenschließenden Konsonanten, insbesondere das *-s*.

Um das Wesen des Wandels im Wortakzent zu verstehen, stellen wir zuerst das alte Französisch dem modernen gegenüber. Das Altfranzösische hatte bei weitem noch nicht die heutige Einheitlichkeit: eine Auszählung in einem mittelalterlichen Text ergibt, daß ungefähr ein Drittel der Wörter Paroxytona sind (*chantes*), zwei Drittel Oxytona. Sogar die Proparoxytona fehlen nicht völlig, wenn sie auch im wesentlichen auf Lehnwörter beschränkt sind (*imágene*). Wir erkennen deutlich, daß die französische Oxytonie in zwei Etappen entstanden ist: die eine liegt weit vor der literarischen Zeit des Altfranzösischen, die andere zwischen dem Alt- und dem Neufranzösischen, gegen Ausgang des Mittelalters. In der Tat zeigt eine Analyse der Vokalentwicklung, daß der an sich schon kräftige Intensitätsakzent des Lateinischen in Nordfrankreich im 6. bis 8. Jahrh. übermäßig erhöht wird, so sehr, daß ihm gegenüber der größte Teil der unbetonten Silben dahinschmilzt. Die Akzentverschärfung ist durch das gleiche Volk hereingebracht worden, das die betonten Vokale umgestaltet hat: die Franken trugen ihren eigenen Akzent ins Romanische hinein. In diesem Zustand (ein Drittel Paroxytona) verharrte das Französische, nach Abschluß der Aufsaugung der Franken, während sechs bis sieben Jahrhunderten. Dann erst bringen das 14. und 15. Jahrh. den Schwund der unbetonten Auslautvokale (*pere* – *pęr*), und so wird die Bewegung zum Abschluß gebracht. Während also das Italienische heute noch genau so betont wie das Latein des Jahres 400, ist in Nordfrankreich der Akzent derart verstärkt worden, daß er zur Vernichtung der nicht oder weniger betonten Silben geführt hat. Auch hier besteht zwischen der Feststellung der deskriptiven Betrachtungsweise und derjenigen des Historikers ein bedeutungsvoller Parallelismus: oben erschien uns die Offenheit der Silbe als wesensverwandt mit dem Prinzip der Betonung auf der letzten Silbe. Verwandt sind diese beiden phonologischen Phänomene nun aber auch in bezug auf ihre Entstehung: der Wegfall der auslautenden unbetonten Vokale beruht, gleich wie der der silbenauslautenden Konsonanten, auf einer Vernachlässigung der lautschwachen gegenüber den starken Lauten im Wort, in der Zeit des ausgehenden Mittelalters.

Als wesentliches Ergebnis läßt sich also feststellen, daß die ganze Entwicklung, die das Französische phonologisch zu einem wesentlich andern Sprachtypus hat werden lassen, in zwei Etappen vor sich geht: die erste ist verursacht durch den Zusammenstoß des Latein mit zwei phonetisch stark abweichenden Sprachen, mit dem Gallischen zuerst, und dann, was noch viel einschneidender gewirkt hat, mit dem Fränkischen. Die zweite umfaßt die letzten zwei Jahrhunderte des Mittelalters (etwa 1250 bis 1450). Die erste Etappe gliedert Nordfrankreich aus dem Gesamtromanischen und speziell aus dem Galloromanischen aus; auf diese Rezeption der fränkischen Eindringlinge folgt eine lange Periode relativer Ruhe und Stabilität im Lautsystem des Französischen. Viele Jahrhunderte später kommt die zweite Umwälzungszeit, die zum Teil den schon halb durchlaufenen Weg zum heutigen Typus zu Ende schreitet.

Greifen wir nun einige Probleme aus der Formenlehre heraus: zuerst die Pluralbildung der Substantive. Um diese richtig zu beurteilen, müssen wir uns freimachen von der Regel, die wir mit Bezug auf die Schrift gelernt haben. In der gesprochenen Sprache ist die Mehrzahl nur selten durch ein *-s* angedeutet, und wenn, dann durch ein dem Substantiv vorangehendes *-s: de bons amis*. Die Bindung ist von vornherein auf die Wörter beschränkt, die mit Vokal anfangen (vgl. *de bons livres*); sie ist nur noch lebendig, wenn ein Adjektiv vorangeht. Der normale Ausdruck des Gegensatzes zwischen Singular und Plural liegt in der Veränderung des Artikels oder des Pronomens (*mon – mes, ce – ces, le – les, une – des*). Es ist also eine Art Präfix, was diese Funktion der Unterscheidung der beiden Numeri übernommen hat. Im Italienischen und Spanischen aber hebt sich die Mehrzahl durch eine Endung von der Einzahl ab (*muro*, *-i*; *muro*, *-os*), oder vielmehr, da der Artikel in diesen Sprachen auch allgemein geworden ist: der Unterschied wird doppelt zum Ausdruck gebracht (*la casa – le case, la casa – las casas*). Nur wenn die Zahl unbestimmt ist, begnügen sich diese beiden Sprachen damit, die Mehrzahl in der Endung allein zum Ausdruck zu bringen (fr. *des murs* – it. *muri*). Das ist übrigens einer der Hauptgründe gewesen. warum diese Sprachen keinen voll entwickelten Teilungsartikel ausgebildet haben. Also: präfixale Darstellung im Französischen gegenüber der Kombination von Präfix und Suffix im Italienischen und Spanischen.

Ähnlich wie beim Nomen scheidet sich das Französische von den andern romanischen Sprachen auch beim Verbum. Das Französische konjugiert mit Hilfe von Präfixen[1]. Das Italienische und das Spanische aber

[1] Siehe darüber im einzelnen oben S. 65ff.

stellen sich dem Französischen entgegen: sie konjugieren mit Hilfe von Suffixen: *canto, canti* usw.

Diese Anordnung der Elemente, welche die verschiedenen Funktionen übernehmen, zeigt, daß das determinierte Glied des Ausdruckes am Ende steht, das determinierende am Anfang. Darin besteht eine unverkennbare Analogie mit der Akzentverteilung in Wort, Gruppe und Satz.

Wir sehen also, daß im Mittelalter noch alle romanischen Sprachen im System der lateinischen Konjugation verharren; in den letzten Jahrhunderten des Mittelalters aber macht das Französische eine Umwälzung durch, der die andern Sprachen entgehen. Im Prinzip ist das lateinische System bis heute das der romanischen Sprachen geblieben. Einzig das Französische steht für sich. Wiederum würde auf einer Karte der Romania das Französische als Fleck sich von der ganzen übrigen Romania abheben. Und auch hier geht die Grenze zwischen der alten, suffigierenden und der neuen, präfigierenden Konjugation mitten durch Frankreich: die *Langue d'oc* hat den lateinischen Typus beibehalten. Die Sonderstellung des Französischen in diesem die Sprache von Grund auf beherrschenden Gestaltungszug ist das Ergebnis erst einer recht späten Entwicklung, gleich wie wir das für die Endbetonung (Oxytonierung) gesehen haben.

Ein ähnliches Bild ergibt die Pluralbildung, wenn wir sie in die Vergangenheit zurückverfolgen. Das Altfranzösische vertraute die Bildung der Mehrzahl, gleich wie heute Italienisch und Spanisch, zwei Elementen an, dem Artikel und der Endung. Diese Endungen sind aber dann, wie die der Konjugation, durch das Schwinden der Auslaute eingeebnet worden, so daß allein der Artikel noch übrig blieb. Die romanischen Sprachen sind hier also auf einer Front marschiert bis ins 13. Jahrh., indem sie durch die Schaffung des bestimmten Artikels ein Element schufen, das, ebenso wie die Endung des Substantivs, die Mehrzahl erkennen ließ. Dann hat das Französische allein eine weitere Entwicklung durchgemacht, welche die Last der Pluralbildung fast ganz auf den Artikel abwälzte. Die Ursache dieser Sonderentwicklung ist dort zu suchen, wo auch die Umgestaltung der Konjugation ihren Ausgangspunkt genommen hat, bei der Schwächung und dem Schwund der auslautenden Konsonanten. Auch hier wird das Determinierende dem Determinierten vorangestellt.

Das Französische hat also eine unverkennbare Neigung, den Satzteil, auf dem das Hauptgewicht der Aufmerksamkeit liegt, an den Schluß zu stellen: in Silbe, Wort, Wortgruppe, Satz. Es hat diese zielstrebige, klare, lineare Struktur im Phonetischen wie im Morphologischen und im Syntaktischen, eine Struktur, die mit dieser Folgerichtigkeit in keiner andern abendländischen Sprache besteht. Nun können aber hieraus ernstliche Konflikte entstehen. Wenn der Sprechende die Aufmerksamkeit auf das Subjekt lenken will, so gerät die Sprache in Widerstreit mit dem Gesetz, das will, daß das Subjekt vor dem Verbum steht. In diesem Falle zerlegt das Französische den Satz in einen Hauptsatz und einen Relativsatz: die Wendung *c'est . . . qui* ermöglicht es, dem Stellungsgesetz Genüge zu tun und doch das Subjekt am Ende eines Satzes zu haben. Diese Formel *c'est . . . qui* ist also das notwendige Korrelat zu jenem aufs Ende hinzielenden Rhythmus der französischen Rede. In der Tat, auch hier steht das Französische allein; keine andere Sprache hat diese Formel zur Norm erhoben. Die Geschichte belehrt uns darüber, daß nicht nur heute funktionell dieser Zusammenhang besteht, sondern daß sie auch genetisch zusammenhängen: in dem Maße, wie die Wortstellung starr wird, erscheint in den Texten häufiger *c'est . . . qui*. Vor dem 16. Jahrh. war diese Formel unbekannt oder hatte einen emphatischen Charakter, der heute durch die Einfügung ins normale Sprachgut geschwächt ist.

Einer der hervorstechendsten Charakterzüge des Französischen ist seine strenge Wortfolge. Mit Recht wird sie von vielen als ein Triumph der Logik gefeiert, und Bally nennt sie eine lineare Konstruktion, im Gegensatz zu der mehr kreisförmigen etwa des Deutschen [1]. Es ist im Französischen eine Notwendigkeit zu sagen *Le chasseur tua le loup*; keine Möglichkeit besteht, sich anders auszudrücken. Die strenge Wortfolge ist ja das einzige Mittel, Subjekt und Objekt zu unterscheiden. Der Zusammenfall von Nominativ und Akkusativ bedingt zweifellos die Wortstellung in diesem Satz. Der historische Nachweis scheint nicht schwer zu führen: im Altfranzösischen unterschied man noch den Nominativ vom Akkusativ, und zwar meist durch ein *-s* (Nom. *lous* „der Wolf", Akk. *loup*). Deswegen war im Altfranzösischen die Wortfolge frei: man konnte auch *le loup* vor das Verbum stellen, *le chasseur* (im Altfranzösischen lautet der Nominativ *li chaciere*) nachher, ohne daß dadurch auch der Sinn des Satzes umgekehrt worden wäre. Auf den ersten Blick scheint es also, die straffe Struktur des heutigen französischen Satzes sei mehr nur ein Nebenergebnis der lautlich-morphologischen Entwicklung, das Französische habe gewissermaßen aus der Not eine Tugend gemacht. Ein solcher Schluß aber wäre übereilt. Diese Auffassung läßt sich leicht widerlegen durch einen Blick in Texte des 16. und beginnenden 17. Jahrh. Damals waren Nominativ und Akkusativ längst gleichlautend geworden. Die neufranzösische Wortfolge wird aber nur in den Sätzen strikte beobachtet, wo infolge der lautlichen Identität von Nominativ und Akkusativ Verwechslungen und Unklarheiten entstehen konnten. Man sagte damals auch schon *le chasseur tua le loup* und nicht umgekehrt. Aber man liest in den Prosatexten jener Zeit Sätze wie *son*

---

[1] Vgl. Ch. Bally, Linguistique, § 313ff. Eine Kritik dieser Auffassung findet sich in L. C. Harmer, The French Language Today, London 1954, Kap. IV und V.

nid fait l'oiseau, weil hier über den Sinn kein Zweifel bestehen kann; *un autre parlament assembla ce duc; toutes choses prenait en bonne partie; cette charge accepta volentiers Philippe.* Philippe de Commynes schreibt: *peu d'esperance doivent avoir les pouvres et menuz gens* (Bd. 2, S. 82); *et semblable testament firent les premiers venans après eulx* (S. 103); *et plus grant plaisir ne luy pouvaient ils faire* (S. 110); *le dit cappitayne long temps tint prisonnier.* Das gilt besonders für Sätze, wo kein Akkusativobjekt vorhanden ist, also *et lui succéda le roi présent; avec grande attention écoutait le jeune homme; riait le roi.* Die Stellung bleibt also frei. wo Verwechslungen ausgeschlossen sind. Diese Sätze wären nun auch heute noch an sich vollkommen klar. Warum hat denn das Französische diese Freiheit aufgegeben; warum gestattet es nur noch *ce duc assembla le parlement; le roi riait?* Es ist offenbar, daß hier die Entwicklung der Sprache weit über das vom äußern Zwang gesetzte Ziel hinausgegangen ist. Der Grund hierzu liegt in dem zum Teil ganz bewußten Streben des 17. Jahrh. nach Vereinheitlichung der sprachlichen Formen. Was von der alten Freiheit geblieben war, ist also im 17. Jahrh. von den maßgebenden Kreisen der Gesellschaft mit Absicht dem allgemeinen Bedürfnis nach klaren, eindeutigen und gleichmäßigen, nach klassischen Satzformen zum Opfer gebracht worden.

Ganz anders verlaufen die Dinge im Italienischen. Fast ein volles Jahrtausend vor Frankreich sind hier Nominativ und Akkusativ zusammengefallen. Die Notwendigkeit einer rein syntaktischen Unterscheidung von Nominativ und Akkusativ besteht dort also schon viel länger. Und doch hat das Italienische die lineare Konstruktion nicht zur alleinigen Richtschnur gemacht. Es kann heute noch sehr wohl sagen: *Lo disse il rè*; und es wird sich so ausdrücken, wenn es auf *rè* einen besondern Nachdruck legt.

So zeigt ein Vergleich mit dem Italienischen, mit welcher Konsequenz das Französische alle seine Tendenzen geradlinig durchgeführt hat, unbekümmert um den Verlust an Ausdrucksmöglichkeiten, der so entstehen konnte. Das Italienische erscheint demgegenüber als eine Sprache, die alle ihr von ihrem Wesen und von ihrer Entwicklungsgeschichte gewährten Freiheiten bis zum Rande ausnützt, um Mannigfaltigkeit, individuelle Gestaltung zu erreichen. Der Ausgangspunkt zu der heutigen Ausschließlichkeit des Französischen liegt zweifellos beim Zusammenfall von Nominativ und Akkusativ; aber ohne die Neigung zur Vereinheitlichung der sprachlichen Ausdrucksmittel, die bei den Franzosen sich allmählich herausbildet, wäre dieser Satztyp nicht zur alleinigen Norm geworden.

Wir sehen, wie die lautliche Reduktion das Französische automatisch auf den Weg einer möglichst konsequenten Straffung des Ausdrucks gewiesen hat. Kaum eine andere Sprache ist dem grammatikalischen Pleonasmus so abhold wie das Französische, während das Deutsche hier am Gegenpol steht. Da auch für das Verbum artikulierte Endungen fehlen, ist oft der Plural des Verbums nur durch den Artikel oder das Pronomen ausgedrückt, das zum vorangehenden Subjekt gehört. In dem Satz *ces belles plantes alpestres couvrent tout le rocher* ist der Gegensatz zwischen *ces* und dessen Einzahl *cette* der einzige Träger der Pluralbedeutung für den ganzen Satz. In dem entsprechenden deutschen Satz wird dieser Gegensatz nicht weniger als fünfmal zum Ausdruck gebracht, viermal durch nominale, einmal durch verbale Flexion. Das eine *ces* steht am Eingang des französischen Satzes und erleuchtet ihn bis zum Schluß. Diese Knappheit des Ausdruckes ist einzig die Wirkung des Zerfalls der Endungen. Allerdings hat nun das Französische seit dem Ende des Mittelalters auch außerhalb dieses zwangsläufigen Vorgangs einen ausgesprochenen Hang zur Knappheit des Ausdrucks entwickelt, die eine besondere Eleganz bedeutet. Das Französische bedient sich des Konjunktivs nach einem Superlativ. In dem Satze *c'est une des plus grandes œuvres que la littérature française ait produite* bringt der Konjunktiv die Subjektivität des Urteils zum Ausdruck; zugleich verstärkt er aber auch den Superlativ. Dieser ist so zweimal zum Ausdruck gebracht: durch *des plus* und durch den Konjunktiv des Nebensatzes. Eine solche Doppelung der Darstellung nutzt nun das Französische gerne aus, indem es den normalen Superlativ des Adjektivs durch den Positiv ersetzt. *C'est une des grandes œuvres que la littérature française ait produite* ist knapper und eleganter. Allerdings ändert sich auch der Akzent etwas: der zweite Satz wird stets mit einem emotionalen Akzent auf *grandes* gesprochen, während dieser im ersten Satz wohl möglich, aber nicht unbedingt notwendig ist.

Nicht weniger singulär als in Lauten und Formen ist das Französische im Aufbau seines Wortschatzes. Auf das Problem des inneren Zusammenhangs der Wörter untereinander ist schon oben S. 133ff. hingewiesen worden. Ihre begrifflich-semantische Nähe kann mit dem durch die äußere Form gegebenen Zusammenhang auch sinnlich zum Ausdruck gebracht werden. Etwa wenn im Deutschen das Substantiv *Reiter* sich zum Verbum *reiten* fügt, während im Französischen *cavalier* akustisch mit *aller à cheval* oder mit *monter* nichts zu tun hat. Diese äußere Form schließt durch die Wortbildungsmittel der Ableitung und der Zusammensetzung Wörter zusammen, die auch semantisch sich aufeinander beziehen, also z. B. *Haus*: *Haushalt*, *Schaf* : *Schäfer*. Der lautliche Zusammenhang ist gewissermaßen der sinnliche Ausdruck der inneren, bedeutungsmäßigen Zusammengehörigkeit der beiden Wörter. Im Falle *Schaf* : *Schäfer* stützt der akustische Eindruck die semantische, intellektuelle Beziehung. Ersetzt man *Schäfer* durch *Hirt*, so bleibt nur die intellektuelle Beziehung; das sinnliche Element ist weggefallen.

Es hält natürlich schwer, die Sprachen untereinander mit Bezug auf ihre Bilderkraft zu vergleichen. Man müßte schon einmal ein vollständiges

Inventar für jede einzelne Sprache von diesem Gesichtspunkt aus aufstellen; dies ist nicht geschehen. Aber allen Kennern des Französischen, die sich intensiv auch mit andern Sprachen befaßt haben, ist aufgefallen, daß im Französischen die Wörter viel weniger in unmittelbar faßbarer Weise in Familien geordnet sind. Um Beispiele dafür aus dem Französischen zu geben: *dire* und *bénir* haben nichts mehr gemeinsam; niemand sieht in dem zweiten Wort eine Zusammensetzung des ersten. Sie gehören heute wohl über den Begriff zusammen, nicht aber durch die Lautgestalt. Das gleiche gilt für *brebis* und *berger*. Ein Wort wie *maturité* erinnert durch seine Laute nicht spontan an *mûr*; zwischen *eau* und *aqueux* gähnt ein Abgrund; *aveugle* und *cécité* haben nichts miteinander zu tun, ebensowenig *cœur* und *cardiaque*, *poitrine* und *pectoral*. – Zu *père* lautet das Adjektiv *paternel*, zu *évêque épiscopal*, zu *cheval équestre*; die Reitkunst, *équitation*, hat ihre Bezeichnung weder vom Tier noch von der Tätigkeit des Reitens her erhalten. Neben *manger* steht das Adjektiv *comestible*, neben *brûler combustible*, neben *épuiser* in ganz spezieller Bedeutung *exhaustif*. Zum Adjektiv *aveugle* gehört das Substantiv *aveuglement*. Aber dieses hat nur noch seine figürliche Bedeutung bewahrt, die physische Blindheit heißt *cécité*. Das Verbum *s'agenouiller* hat neben sich das Substantiv *génuflexion*. Zum Verbum *boiter* hat das Französische richtig das Substantiv *boiterie* gebildet; doch bleibt dies semantisch beschränkt auf die Haustiere; spricht man von Menschen, so hat man sich des Substantivs *claudication* zu bedienen. Das, woran nicht gezweifelt werden kann (*douter*), ist *indubitable*. Ja, manche Wörter stehen überhaupt in der französischen Sprache drin ohne jede Beziehungsmöglichkeit, so etwa Adjektive wie *inexpugnable* oder *inexorable*, die als einzige aus einer größeren lateinischen Familie übernommen worden sind und von denen nun eigentlich bloß das Präfix *in-* aus französischem Wortmaterial verständlich ist.

Im Italienischen und Spanischen sind die Wortgruppen viel weniger aufgelöst als im Französischen. Um nur einige der genannten Beispiele wieder aufzunehmen: *maduro* und *madurez*, *maturo* und *maturità* sind beisammen geblieben; *aguajoso* weist auf *agua*, *acquoso* auf *acqua* hin. Bald leiten das Italienische und das Spanische den Ausdruck für den zugeordneten Begriff vom ererbten Wort ab: sie bilden zu *vescovo vescovile*, zu *obispo obispal*, zu *zoppicare zoppicamento*, zu span. *cojo* „hinkend“ das Verbum *cojear* und das Substantiv *cojera*. Bald haben diese beiden Sprachen ein Wort lateinischen Ursprungs erhalten, das im Französischen verloren gegangen ist: dem Französischen *aveugle* entsprechen im Italienischen und Spanischen *cieco* und *ciego*, so daß die Substantive *cecità* und *ceguera* „Blindheit“ mit ihrem Adjektiv verbunden bleiben. So hebt sich das Französische auch hier von den andern romanischen Sprachen durch seine weit mehr intellektualisierte Durchgestaltung des Wortschatzes ab.

Legen wir nun unsern Querschnitt durch das Altfranzösische, so finden wir einen Zustand, der zwar dem des Italienischen und des Spanischen nicht voll entspricht, aber doch bedeutend näher steht: *brebis* und *berger*, *dire* und *bénir* sind zwar bereits im Altfranzösischen getrennt, aber das Substantiv zu *mûr* lautet *mûrison* oder *mûreté*, das zu *aveugle aveugleté*, *aveuglerie*, *aveuglece*. Das Adjektiv zu *eve* „Wasser" lautet *eveux*. Wer einen literarischen Text aus dem 12. Jahrh. liest, dem springt der Unterschied in der Zusammensetzung und im Aufbau des Vokabulars unmittelbar in die Augen. Die Auszählung einer Anzahl von Seiten von Benoit de Sainte Maure hat ergeben, daß mehr als 500 echt französischen Vokabeln nur 26 gelehrte Wörter gegenüberstanden. Wie gründlich hat sich dieses Verhältnis heute gewandelt!

Wir sehen also, daß die Zersplitterung der Wortfamilien und die damit zusammenhängende Zerstörung des Gefühls für den inneren Zusammenhang der Wörter in zwei Etappen vor sich gegangen ist. In einer ersten, vorliterarischen Periode sind *dire* und *bénir*, *brebis* und *berger* auseinandergefallen. Der Grund ist hier ein rein lautlicher gewesen: es ist derselbe, den wir bei der Umgestaltung des phonologischen Charakters des Französischen mit am Werke sahen, der übermächtige Akzent. Überall dort, wo alte Ableitungen den Akzent auf einer andern Silbe hatten, als das Grundwort, verkümmerte der Tonvokal des Grundworts: *dicere* wurde zu *dire*, seine späte Zusammensetzung aber zu *bénir*, *vervex* zu *brebis*, *vervecarius* aber zu *berger*. Ganz besonders springt diese Auflösung in die Augen bei Ortsbezeichnungen, die sich aufeinander beziehen: der Name des gallischen Stammes der *Bitúriges* lebt weiter im Namen der Stadt *Bourges*; das zugehörige Gebiet heißt *Berry*, aus *Biturígicus*, nämlich *pagus*. Aber heute besteht zwischen den beiden Namen keine weitere Beziehung mehr als etwa zwischen *Lausanne* und *Vaud*, d. h. die beiden Namen weisen nicht mehr durch den Klang aufeinander hin, sondern nur durch die geographische Beziehung, die zwischen ihnen besteht. Ebenso gehören heute für das durchschnittliche Sprachempfinden die zwei Namen *Grenoble* und *Le Grésivaudan* (dies ist die Gegend um Grenoble) nicht mehr sprachlich zusammen, und doch entspringen sie derselben Grundform: *Grenoble* ist *Gratianópolis*, *Grésivaudan* aber *Gratianopolitánus* (*pagus*).

Die Zahl der durch diese Lautentwicklung im 6. bis 8. Jahrh. gesprengten Wortfamilien ist aber nicht besonders groß. Der Gegensatz zwischen Latein und Altfranzösisch ist in diesem Punkt sehr viel geringer als der zwischen Altfranzösisch und der modernen Sprache. Wir stehen daher vor der Frage: was hat sich denn zwischen dem Altfranzösischen und der modernen Zeit ereignet? Wiederum ist es jenes ausgehende Mittelalter, das die französische Sprache auf weite Strecken umgewandelt hat. Aber diesmal ist nicht, wie in der Welt der Formen, ein lautlicher Vorgang schuld. Vielmehr läßt sich der Umbau unmittelbar verfolgen. Die letzten zwei Jahrhunderte des Mittelalters sind eine Zeit von stark wissenschaftlichem Gepräge: die Universitäten werden gegründet und ausgebaut, und es wächst zugleich das Bedürfnis, die großen Philosophen des Altertums einem weiteren Publikum zugänglich zu machen; man übersetzt sie ins Französische. Man empfand also immer stärker die Notwendigkeit, philosophische, religiöse, wissenschaftliche Begriffe in französischer Rede auszudrücken. Man gab sich dabei keine Mühe, die Bezeichnungen für die neuen Begriffe aus dem schon vorhandenen volkssprachlichen Wortmaterial zu schöpfen. Das Latein erschien als die bequemste Quelle für neue Wortelemente. Diese Ausdrücke hatten zuerst nur einen kleinen Platz als *termini technici* der Philosophie. Sie sind dann aber allmählich aus dem Gebiet der Wissenschaften, das ihnen ursprünglich zugewiesen war, herausgetreten. Sie haben die alten, mit volkstümlichem Material gebildeten Wörter verdrängt. So bedeutet *maturité* zuerst nur die geistige Reife: von *maturité de conseil et de jugement* ist an der ersten Stelle die Rede, während es noch lange *mûrté* oder *mûrison* heißt, wenn man von den Früchten der Erde spricht. Aber von Montaigne an setzt sich *maturité* auch im Bereich der Natur durch. Im Gegensatz zu lautlichen und morphologischen Veränderungen, die anonym vor sich gehen, können wir hier zum Teil die Persönlichkeiten namhaft machen, die am Umbau des Wortschatzes beteiligt sind. Keine von ihnen hat eine so mächtige Wirkung ausgeübt wie Maistre Nicole Oresme, der erste Aristotelesübersetzer. Oresme hatte vom Mittelalter her die Sitte behalten, einen Begriff durch zwei Synonyma auszudrücken: *traîner ou traire, achoper ou heurter son pied* schreibt er. Statt nun zwei französische Wörter zu nehmen, setzt er häufig ein französisches und ein lateinisches nebeneinander: das Altfranzösische sagte für Schnelligkeit *hastiveté*. Oresme schreibt *velocité et hastiveté* und setzt damit den Latinismus *vélocité* in Kurs. Ähnliches geschieht durch Verkuppelungen wie *la puissance auditive ou la puissance de ouir, déprécatif ou depriant*. Oresmes Autorität hat dann dem Latinismus bei den folgenden Generationen zum Siege über sein französisches Synonym verholfen. Manchmal sind auch beide Wörter geblieben, aber mit differenzierter Bedeutung: *se dilater et extendre* schreibt Oresme, *persister et demeurer*. Diese beiden Latinismen haben nur einen kleinen Bedeutungsbezirk des französischen Wortes erobert. Im Altfranzösischen bedeutet *confiance* sowohl das Gefühl des Vertrauens als auch die einzelne vertrauliche Mitteilung. Oresme sagt *confidence ou confiance* und legt damit den Grund zu der bekannten verfeinerten Differenzierung der beiden Bedeutungen.

Die beiden andern großen romanischen Sprachen haben diese Entwicklung nur zum Teil mitgemacht; außerdem sind sie, besonders das

Italienische, lautlich so wenig verändert, daß sich Neuentlehnungen leicht und organisch einfügen und die Einheit der Wortfamilien nicht zersprengen.

Das Pittoreske, farbig Schillernde, Vielgestaltige, Unverbindliche des altfranzösischen Wortschatzes steht überhaupt in schärfstem Gegensatz zu der straffen Durchorganisierung der modernen Sprache. Da ist vor allem der Reichtum an Ausdrücken für Begriffe, die dem mittelalterlichen Gemüt besonders lieb und vertraut sind und die man damals mit größter Feinheit und Eindringlichkeit beobachtete. Darunter treffen wir die gesamte Sphäre des Kriegerischen. Aber auch für Seelenleben, Gemütsempfindungen, Beobachtung der menschlichen Charaktereigenschaften hat der redefreudige mittelalterliche Mensch einen offenen Sinn; daher hat auch in diesen Gebieten das Altfranzösische eine seither nie mehr erreichte Fülle von Bildern und Nuancierungsmöglichkeiten geschaffen. Um seinen lexikalischen Reichtum gerade in diesen Gebieten zu ermessen, darf man natürlich nicht die altfranzösischen Wörterbücher ausschreiben, da dort Texte aus mehreren Jahrhunderten und verschiedenen Gegenden herangezogen werden. Aber bei dem Dichter Benoit de Sainte-Maure allein finden sich nicht weniger als 7 Wörter für wahnsinnig (*fou*; *folet*; *musart*, mehr nach der Seite der Torheit; *desvé*; *desfaé*, mehr gegen das Verbrecherische hin; *bricon*; dazu *eissir del sen* „verrückt werden", *desver* usw.), 8 für Wunsch (*desir*; *desirier*; *corage*, mehr nach der Seite der Sehnsucht; *cuer*; *coveitié*, mit der Nuance der Begier; *entencion*, mit Betonung der Absicht; *faim*, als kräftiger Ausdruck; *talent*), 9 für Kummer (*dolor*; *duel*; *martire*; *peis*; *marriment*; *deshait*; *deshaitement*; *desconfort*; *mortel glaive*), 8 für erinnern (*sovenir*; *resovenir*; *membrer*; *sei amembrer*; *remembrer*; *recorder*; *retenir* „im Gedächtnis behalten"; *amenteivre* „faire souvenir"), 9 für erzählen (*conter*; *aconter*; *reconter*; *traitier de*; *retraitier*; *retraire*; *faire desfiance de*; *continuer* „in der Fortsetzung erzählen"; *deviser*), 13 für besiegen (*veintre*; *reveintre*; *tolir le champ a*; *rompre del champ*; *geter del champ*; *sormonter*; *desavancir*; *desconfire*; *desbarater*; *desreier*; *sei estrener de*; *estre al desus*; *aveir le meillor*), 18 für „angreifen" (*acoillir*; *envaïr*, dazu *sei entrenvaïr* „sich gegenseitig angreifen"; *sei entretrover*, dasselbe; *requerre*, *sei entrerequerre*; *guenchir contre*; *joindre*; *sei mesler a*; *poindre*; *saillir*; *rasaillir*; *rassembler a*; *rasener*; *recovrer*; *venir a*; *faire ensemble o*; *essaier*, *sei entressaier*; *entreprendre*), 17 für kämpfen, 12 für zerbrechen (*rompre*; *derompre*; *quasser*; *dequasser*; *brisier*; *debrisier*; *esclicier*; *fraindre*; *froissier*; *peceier*; *resfondrer*; *croissir*), 36 für Kampf (*assemblee*; *assemblement*; *assembler*; *barat*; *barate*; *bataille*; *batestal*; *bosoing*; *cembel* „Einzelkampf"; *champ*; *champal*; *chaple*, besonders mit Betonung des Gemetzels; *chapleïson*, *chapleïz*, *chaplerece*; *tueïson*; *contenz*; *contençon*; *deableïs* „verzweifelter Kampf"; *destruiement* „Massaker"; *devore* id.; *essart* id.; *escremie*; *fais d'armes*; *feire*; *jornal*; *joste*; *maisel*; *martire*; *meslee*; *ovraigne*; *plait*; *poigneiz*; *tornei*; *torneiement*; *uevre*)! Unter diesen Wörtern befinden sich manchmal mehrere Substantiva des gleichen Stammes. So heißt es für Verspätung *demore, demoree, demorier, demorance*, für Wahnsinn *folie, folage, folison, folor, foleté*. Die Suffixe sind in hohem Maße austauschbar, sitzen also viel lockerer am Stamm als heute. Diese intellektuell nicht verwertbare Vielgestaltigkeit liebt das Neufranzösische nicht; es hat Unnützes ausgemerzt. Aus den 5 Abstrakta von *fou* hat die Sprache eben eines ausgewählt: *folie*. Doch gab es noch drastischere Reduktionen. So besaß das Altfranzösische ein Dutzend abstrakter Substantive, die sich von *fin* oder vom Verbum *finir* ableiteten: *finage, finail, finaille, fine, finee, finement, finie, finiment, finison, finissement, finité, finitive*. Von diesem verwirrenden Reichtum hat das moderne Französisch nichts bewahrt[1].

Das Altfranzösische steht also in der Wesensart seines Wortschatzes dem Italienischen, Spanischen, Provenzalischen noch ganz nahe; das Neufranzösische hat sich von diesem Typus entfernt; es hat seinen Wortschatz durch Beschränkung der Auswahlmöglichkeit vereinheitlicht, gestrafft, entfärbt, intellektualisiert.

Die wenigen Erscheinungen, die hier besprochen worden sind, lassen deutlich hervortreten, daß es vor allem drei Perioden sind, in denen die Struktur des Französischen tief umgebildet worden ist: vom Ende des 5. bis gegen das 8. Jahrh. wird, unter dem Einfluß der eingewanderten Franken, das einfache Vokalsystem des Lateins, das im Munde der Galloromanen bereits eine gewisse Erweiterung erfahren hatte, zu einem vielgliedrigen System umgebaut; die meisten Auslautvokale fallen und infolgedessen überwiegt nun bei weitem der oxytone Typus. Die Umwälzung vollzieht sich vor allem im Lautlichen. Die darauffolgende Zeit, etwa vom 9. bis 13. Jahrh., brachte relativ wenig strukturelle Veränderungen[2]. Dann aber, von etwa 1250 bis 1450, brachen Veränderungen herein, die das gesamte System tief umformten und den Graben zwischen dem Französischen und den andern romanischen Sprachen gewaltig vertieften. Der Verlust der Laute am Wort-

---

[1] Andererseits mußte man auf aus anderen Wurzeln stammende Wörter zurückgreifen, um gewisse Einzelaspekte des Begriffes „fin" bezeichnen zu können. Während *terme* und *terminaison* auf das Altfranzösische zurückgehen, datieren *cessation* und *désinence* aus dem XIV., *aboutissement* aus dem XV. und *terminus* aus dem XIX. Jh., ohne von den modernen Ableitungen von *fin*, wie dem Italianismus *finale* und dem Latinismus *finalité* sprechen zu wollen.

[2] Die lautliche Revolution der vorangegangenen Zeit zittert noch etwas nach; als einzige von unserm Gesichtspunkt aus wichtige Veränderung ist etwa der Schwund der aus intervokalischem *t* stammenden *đ* zu nennen, wodurch in manchen Wörtern das Zusammentreffen der Vokale und ihre spätere Kontraktion vorbereitet wird. Es ist also höchstens ein schwacher Nachklang vorangehender und eine Einleitung kommender Umbauten, was diese Periode charakterisiert.

ende führte zu einer radikalen Oxytonie und revolutionierte in seinen Folgeerscheinungen Konjugation und Deklination, die einen präfixalen, resp. einen gemischt präfixal-suffixalen Charakter erhielten. Das ganze französische System, das im Gesamten der Romania schon etwas abseits stand, entfernte sich in dieser Zeit mit einem gewaltigen Ruck vom Typus der andern romanischen Sprachen[1]. Ein Jahrhundert später einsetzend, aber sich zeitlich mit der vorerwähnten Bewegung überschneidend vollzieht sich im Wortschatz eine tiefgreifende Umwandlung durch den mächtig wachsenden Einfluß der gelehrten Bildung, dem ein massenhafter Einbruch des gelehrten Vokabulars parallel geht. Damit lösen sich im französischen Wortschatz weithin die Zusammenhänge zwischen Wörtern des gleichen Bedeutungskreises vom lautlichen los; sie sind nicht mehr sinnfällig, sondern allein auf den Intellekt gestellt. Diese Vorgänge geben dem französischen Wortschatz seinen besonderen, zerspaltenen, intellektuellen Charakter, der ihn von dem der andern romanischen Sprachen unterscheidet. Diese Periode führt also eine lautliche Verschiebung durch, die an und für sich bei weitem nicht so umwälzend ist, wie die ersten Perioden, die sich aber besonders an den flexionell wichtigen Elementen vollzieht und daher den Charakter der französischen Flexion von Grund auf ändert. Zugleich wird damit die syntaktische Ungebundenheit stark eingeschränkt. Das Lexikon wird von Grund auf umgebildet. In der dritten Periode endlich, im 17. Jahrh., auferlegt sich das Französische eine außergewöhnliche, in ihrer Art einzig dastehende Disziplin. Sie opfert fast alles, was dem Ideal der einheitlichen Ausdrucksweise widerspricht. Ihre strukturelle Auswirkung liegt vor allem auf dem Gebiete der Syntax. Daneben leistet sie, was hier nicht herangezogen worden ist, auch eine sehr ins einzelne greifende Arbeit an genauen Bedeutungsabgrenzungen, schaltet so viele durch die vorangehende Zeit geschaffene Unklarheiten aus und stabilisiert die Ordnung im Wortschatz.

In dieser kurzen Übersicht hat die deskriptive Grammatik in jeder der verschiedenen Epochen den Bau des Französischen zu erfassen versucht. Der Vergleich mit andern romanischen Sprachen zeigt, daß diese, insbesondere Italienisch, Provenzalisch, Spanisch, nahe beisammen bleiben. Das Französische sondert sich ab; es ist, das Rumänische ausgenommen, zur unromanischsten aller romanischen Sprachen geworden. Die parallelen Querschnitte durch Phasen der Vergangenheit haben das stufenweise Entstehen des modernen Sprachbaus gezeigt. Durch ihren Vergleich und durch die Betrachtung des Geschehens in den dazwischen liegenden Zeiträumen hat sich uns erst das Verständnis für die Gesamtzusammenhänge eröffnet.

---

[1] Ob diese sprachliche Umwälzung im Zusammenhang stand mit den großen sozialen Umschichtungen, die sich in dieser Zeit vollzogen, müssen wir hier dahingestellt lassen.

IV. Sprache und Rede

Unsere Überlegungen haben uns gezeigt, daß diachronische und synchronische Sprachbetrachtung nicht, wie das Saussure gemeint hatte, voneinander unabhängig sind, daß im Gegenteil zwischen dem Zustand, dem Sein der Sprache in einem bestimmten Augenblick und dem Werden in der Zeit vor und nach diesem Punkt ein engster Zusammenhang besteht. Die Kluft, die Saussure gesehen hatte, hat sich im Lichte unserer konkreten Beispiele als Selbsttäuschung des großen Sprachforschers erwiesen.

Unsere Gedankengänge und die wesentlichen Modifizierungen, die sie an der klärenden Saussureschen Begriffsbestimmung vorgenommen haben, können nicht ohne Rückwirkung sein auf eine andere grundlegende Unterscheidung, die wir ihm, wenigstens in der von ihm formulierten Schärfe, verdanken, der Gegenüberstellung von Sprache und Rede. Wir haben ihr zu Eingang dieses Buches (S. 4 ff.) eine vorläufige Formulierung gegeben: jetzt müssen wir, von den gesammelten Erfahrungen her, nochmals darauf zurückkommen. Sprache ist das gesamte Ausdruckssystem, das innerhalb einer gewissen Gemeinschaft von Menschen als Verständigungsmittel dient. Sie ist ein System von Zeichen, in denen Begriff und akustisches Bild zu einem Ganzen vereinigt sind. Sie ist ein soziales Gut oder, besser gesagt, eine allen Angehörigen einer Sprachgemeinschaft eigene und gemeinsame Disposition. Rede aber ist der Gebrauch, den ein jeder Angehörige der Sprachgemeinschaft von diesem Ausdruckssystem macht. Das Verhältnis von Sein und Werden in der Sprache und dasjenige von Sprache und Rede stehen in engster Beziehung und Wechselverhältnis zueinander. Rede hat zwei sehr verschiedene Seiten: Rede ist allerdings der Gebrauch der Sprache in einer bestimmten Situation, Benutzung der sprachlichen Mittel, um etwas mitzuteilen. Die Rede geht vor sich nach den Regeln der Sprache[1]. Aber

[1] Dieses Verhältnis ist wichtig für das Erfassen der Sprache. Nur durch das Medium der Rede können wir ihr näherkommen. Sie tritt immer nur in Teilstücken in Erscheinung. Es ist gewissermaßen so, daß das Gesamte der Sprache dauernd in Dunkel gehüllt ist, daß aber jeweils der Teil von ihr konkret wird, der

dieser Abhängigkeit steht gegenüber, daß die Rede aus einem umfassenderen Impuls hervorgeht. Ihr liegt zugrunde der Trieb des Menschen zur Äußerung überhaupt. Im Touristen, der sich im Gebirge verirrt hat und nun durch Feuerzeichen oder Rufe die Aufmerksamkeit auf sich zu lenken versucht, wirkt die gleiche Kraft wie in demjenigen, der eine Mitteilung in Worte kleidet. Es gibt in der Rede etwas, was man ein prägrammatikalisches Element nennen könnte. Der Impuls zur Rede ist außersprachlich. Die Sprache ist nur eines der Mittel, deren sich dieser Impuls bedienen kann und bedient, um sich auszuwirken. Sechehaye, der diesen Fragen einen längeren Aufsatz gewidmet hat[1], unterscheidet zwischen „Parole proprement dite" (Ausdrucksimpuls überhaupt) und der „Parole organisée" (Ausdruck mit sprachlichen Mitteln). Dieser letztere Ausdruck meint die Rede, die sich in sprachlicher Form vollzieht, die also zu ihrer Verwirklichung in jene Formen hineinschlüpft, welche als sprachliche Ausdrucksmöglichkeiten und -mittel bereitliegen. Sechehaye stellt so die Sprache in einen größeren Rahmen. Er stellt ein Schema auf, das, mit einigen Korrekturen[2], folgendermaßen aussieht:

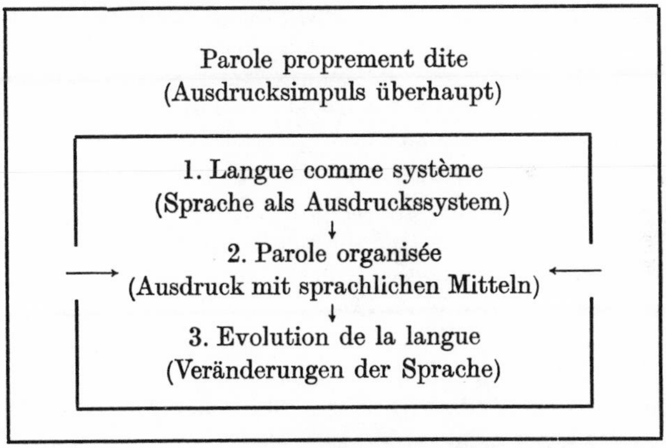

Parole proprement dite
(Ausdrucksimpuls überhaupt)

1. Langue comme système
(Sprache als Ausdruckssystem)
↓
→ 2. Parole organisée ←
(Ausdruck mit sprachlichen Mitteln)
↓
3. Evolution de la langue
(Veränderungen der Sprache)

durch den Lichtkegel der Rede herausgehoben wird. In diesem Sinne löst sich die Meinungsverschiedenheit über den konkreten oder abstrakten Charakter der Sprache.

[1] Les trois linguistiques saussuriennes, Vox Rom. 5 (1940), 1–48. Zur Kritik dieses Aufsatzes siehe K. Rogger, Z 62 (1942), 98–106.

[2] Sechehaye setzt bei 1 Linguistique statique, bei 2 Parole organisée, bei 3 Linguistique évolutive, er setzt also bald den zu studierenden Gegenstand, bald die diesen Gegenstand behandelnde Wissenschaft ein. Es zeigt sich hier, wie an verschiedenen Stellen seines in manchen Beziehungen zur Klärung beitragenden Aufsatzes, daß er, genau wie andere Schüler Saussures, Gedanken über die Sprache mit der Sprache selber zu verwechseln geneigt ist (vgl. Mélanges Bally, Genf 1939, S. 4f.).

Wenn also der Ausdrucksimpuls den Menschen drängt, sich der sprachlichen Mittel zu bedienen, die dank seiner Zugehörigkeit zu einer bestimmten Sprachgemeinschaft in ihm liegen, so entsteht aus diesem Vorgang die „Parole organisée". Die Parole organisée ist es also, in der alle die Verschiebungen und Veränderungen erzeugt werden, die sich in der Sprache ereignen. Neuerungen wie *testa* „Kopf" sind bildkräftige Ausdrücke, die ihre Kraft gerade daraus erhalten, daß sie nicht dem normalen Wortschatz angehören. Ein Ersatz wie derjenige von *mulgere* durch *traire* erklärt sich durch das Unbehagen, das der Sprechende im Augenblick, da er seinen Satz bildet, empfindet, über die Unklarheit, die daraus entsteht, daß ihm das sprachliche System einen mißverständlichen Ausdruck darbietet. Er schiebt den eigentlichen Ausdruck beiseite und nimmt die Ungenauigkeit dieser Begriffsbestimmung lieber in Kauf als die Verwechslung, der er sich sonst aussetzen würde. Das gleiche gilt natürlich für die Syntax. Der Fragesatz mit *est-ce* hatte noch im 15. Jahrh. eine besondere affektische Nuance. Im Roman Jean le Bel ruft der Herzog der Normandie dem König Jean, der einen andern Monarchen erschlagen will, zu: „*Ha, cher Sire, qu'est-ce que vous voulez faire?*" Dieser Satz drückt den Schrecken des Sprechenden aus. *ce* hat noch seine volle Kraft; es ist betontes Pronomen. Der Satz bedeutet: *was ist denn dàs?* (mit betontem *das*). Später hat diese Frageform ihre affektive Kraft mehr und mehr verloren, und seit Vaugelas ist sie einfach eine Parallelform zu *que voulez-vous faire?*[1]

So wandelt sich durch das, was von der Rede an neuen Ausdrucksmitteln geschaffen wird, die Sprache allmählich um. Die Rede ist also eine bewegende, die Sprache vorwärtstreibende Kraft. Sechehaye nimmt offenbar an, sie sei die einzige, und sein Schema, auch nachdem wir es korrigiert haben, läßt vermuten, daß er der Ansicht ist, alle in der Sprache vor sich gehenden Veränderungen ergeben sich aus dem Kampf des Individuums um die Möglichkeit, sich durch das Medium der Sprache zum Ausdruck zu bringen. Das ist insofern richtig, als man unter Abwandlung eines berühmten Satzes sagen kann: nichts ist in der Sprache, was nicht vorher in der Rede dagewesen ist[2].

---

[1] Siehe dazu L. Foulet, Comment ont évolué les formes de l'interrogation, Romania 47 (1921), 243–348 (speziell 253ff.).

[2] Allerdings darf man diesen Satz nicht auf einen beliebig fernen Zeitpunkt in der Vergangenheit anwenden, denn sonst würde man die für unsere linguistische Forschung unlösbare Frage nach dem Ursprung der Sprache präjudizieren, und zwar im Sinne eines rein menschlichen Ursprungs durch fortlaufende Entwicklung. Wir können aber nicht genug betonen, daß alles was wir durch empirische Forschung über die Sprache aussagen können, immer einen bereits vorhandenen Bestand von sprachlichen Ausdrucksmitteln zur Voraussetzung hat, und daß wir über Entstehung und Herkunft dieses ursprünglichsten Bestandes nichts

So müssen alle Umwandlungen der Sprache durch das Medium der Rede gehen. Aber das will nicht besagen, daß auch der Grund zu den Umwandlungen stets in ihr liege. Es ist das wohl der Fall für die soeben gegebenen Beispiele *testa*, *traire*, *est-ce que*. Aber z. B. die großen lautlichen Umwälzungen, wie die germanische und die hochdeutsche Lautverschiebung oder die Diphthongierung im Französischen (s. oben S. 36) gehen sehr wahrscheinlich auf Gründe zurück, die nicht in der Rede liegen. Nicht der Ausdruckswille Einzelner hat hier sich ausgewirkt, sondern überindividuelle Kräfte und große historische Ereignisse, wie die Mischung der Völker.

Darum entspricht das von Sechehaye vorgeschlagene Schema, auch nachdem wir seine Terminologie richtiggestellt haben, nur einem gewissen Teil der Wirklichkeit. Es erfaßt nicht die Gesamtheit der Beziehungen, in denen die zeitlich aufeinanderfolgenden Zustände des sprachlichen Ausdruckssystems zueinander stehen. Das Wechselverhältnis von Sprache und Rede, wenn wir Rede als die ganz individuelle Gestaltung des sprachlichen Ausdrucks fassen, vermag nicht das Ganze der Metamorphosierungsprozesse zu erklären. Besonders was in den Abschnitten über Lautentwicklung und Morphologie gesagt worden ist, ist nicht oder nur zum Teil durch dieses Wechselverhältnis zwischen Sprache und Rede bedingt.

Das Verhältnis von Sprache und Rede offenbart sich ganz besonders auch in der Art, wie die Sprache weitergegeben wird[1]. Die Sprache ist das objektive geistige Erbgut der Menschengruppe, innerhalb welcher das Kind aufwächst. Im Gegensatz zu den physischen und zum Teil auch den sonstigen Anlagen, die ein Kind von seinen Eltern und ganz allgemein von seinen Vorfahren ererbt, übernimmt es die Sprache von seiner Umgebung, so wie diese Umgebung sie geformt hat. Das Kind eines chinesischen Elternpaares, das gleich nach der Geburt von seinen Eltern getrennt worden ist und in Amerika aufwächst, wird sein ganzes Leben hindurch unverlierbar die leiblichen Merkmale seiner Rasse tragen. Es wird sogar in vielen Fällen auch im Charakter manches beibehalten, was als chinesisch empfunden werden kann. Aber sprachlich wird es den Charakter der Umgebung aufweisen. Es wird also die englische Sprache gleich erwerben, wie ein amerikanisches Kind, und zwar sowohl in der Lautgebung als auch in den For-

---

wissen. Dem Irrtum, vor dem wir hier warnen, ist auch Sechehaye zum Opfer gefallen (Les trois linguistiques, S. 9f.). Er beteuert zwar, er wolle nicht in jene fernen Regionen der Menschheitsgeschichte hinaufsteigen (sans vouloir percer le mystère des origines du langage); aber implicite enthalten seine Ausführungen doch diese Ansicht. Der Satz trifft also bloß zu für die Summe der seit dem ältesten uns durch Zeugnisse oder Rückschlüsse erreichbaren Zustand der einzelnen Sprachen eingetretenen Veränderungen, nicht aber für den Fonds von Ausdrucksmitteln, mit dem sie zum erstenmal in unser Gesichtsfeld treten.

[1] Siehe noch zu diesem Abschnitt N. Hartmann, Das Problem cit., S. 182ff.

men, der Syntax, dem lexikalischen Aufbau[1]. Die Sprache ist also unabhängig von den physischen Anlagen. Sogar die Artikulationsbasis bildet und verfestigt sich erst allmählich im Verlauf der Spracherlernung. Mitgegeben wird dem Kind nur die Fähigkeit, in eine Sprache hineinzuwachsen, nicht aber eine bestimmte Sprache. Die Erlernung geht so vor sich, daß so wie in dieser Sprache die Erfahrungen durch die jahrhundertlange Kette der Generationen zu sprachlichen Begriffen geformt worden sind, sie dem Kind auch in die Seele gesenkt werden. Es übernimmt sie naiv, ohne sich im geringsten damit auseinanderzusetzen, ohne auf den Gedanken zu kommen, daß die Begriffe auch andere Umrisse haben könnten, daß andere Benennungen möglich wären.

Der Geist, wie er in Form der Sprache von Generation zu Generation weitergegeben wird, bewirkt durch diese seine Wanderung, daß jeder neue Mensch, jede neue Generation in ihn als bestehende geistige Sphäre hineinwächst. Dieses Hineinwachsen besteht in einem Erlernen und Erwerben. Auf diesem Wege wird dem Individuum nichts geschenkt; es kann ihm nichts geschenkt werden. Gleich wie das Wissen, das durch die Schule vermittelt wird, muß auch die Sprache erlernt werden, wenn auch die zu leistende Arbeit zum Teil weniger bewußt ist, weil sie eben in einem früheren Lebensstadium beginnt. Allerdings geschieht das Erlernen wohl nicht mit allen Teilen der Sprache gleich. Die Wörter und ihre semantische Umgrenzung erlernt das Kind recht langsam, entsprechend dem geringen Umfang seines Erfahrungshorizontes. Es braucht lange Jahre, bis der Wortschatz sich so geweitet hat, daß der junge Mensch ganz in der Gemeinschaft drinnen steht. Hier ist die zu leistende Arbeit vor allem intellektueller Natur. Ganz anders verhält es sich mit der Lautgebung. Wenn man von einigen schwieriger zu artikulierenden Lauten, wie *r*, absieht, so geschieht die Aneignung des Lautsystems in einem sehr frühen Stadium und durch eine im Unbewußten vor sich gehende Übertragung von den umgebenden Personen auf das Kind. Ebenso gehen die Formen rascher als

[1] Eine Einschränkung muß wohl gemacht werden mit Bezug auf den Wortschatz. Soweit sich zwar der Wortschatz mit der konkreten Welt befaßt, wird die andere rassische Herkunft gleichgültig sein. Die Erfahrungen, die das Kind in seiner sprachlichen und sachlichen Umwelt macht, werden allein für die Gestaltung und Gliederung seines Wortschatzes maßgebend sein. Wo es sich aber um ethische, ästhetische, geistige Wertungen handelt, ist die Fähigkeit zur Erfassung der in den Wörtern sprachliche Prägung erlangenden Werte und Begriffe in jedem Einzelfalle weitgehend vom Charakter und der Begabung des Individuums abhängig. Und da in diesem Sinne das Individuum zum großen Teil von seiner rassischen Herkunft bestimmt ist, vermag in diesem Teil der sprachlichen Gesamtstruktur die Umgebung, in der ein solches Kind aufwächst, dieses nur bis zu einem gewissen Grad, wohl nur selten völlig zu assimilieren.

das Vokabular in den Besitz des Kindes über, wenn auch langsamer als die Laute. So wird der objektive Geist, wie er in der Sprache niedergelegt ist, allmählich Besitz des jungen Menschen. Allerdings müßte man sich eigentlich anders ausdrücken: es ist ja vielmehr so, daß die betreffende Sprache mit der ganzen in ihr präformierten Denkart von dem jungen Menschen Besitz ergriffen, in ihm ein neues Gefäß für sich gefunden hat. Er ist von ihr in seinem Denken durchformt; sie ist über sein Denken mächtig geworden. Wir sprechen von „eine Sprache beherrschen", aber in Wirklichkeit ist man von ihr beherrscht. Während im Organischen das Leben kontinuierlich und individuell weitergegeben wird und Leben an Leben anschließt, erstehen Seelenleben, Bewußtsein, geistige Formung bei jedem Individuum neu. Das Geistesleben, wie es sich besonders in der Sprache zum Ausdruck bringt, hat ein überindividuelles Kontinuum, das offen zutage liegt.

So formt in jedem neuen, einzelnen Menschenleben der in der Sprache lebende objektive Geist das Individuum heran; er bringt es in langsamem Wachstum bis an das Niveau des sprachlichen Standes der Nation. Allerdings hat der Einzelne am objektiven, in der Sprache sich selbst gestaltenden Geist nur insoweit Anteil, als er bis in die Tiefen der Sprache gedrungen ist, und insofern als er ihren Umfang in sich zu fassen vermag. Mangelnde geistige Fähigkeit mag den Einzelnen hindern, den vollen Inhalt der Wörter zu ermessen, die er verwendet. Es ist ja geradezu so, daß man an der Art, wie der Einzelne den ihm von der Sprache seines Volkes anvertrauten Wortschatz verwendet, seinen Bildungsgrad, sein geistiges Niveau, seine Gesinnung ablesen kann. Im einzelnen werden die Kräfte wach, welche der Sprache innewohnen: die geistigen Gehalte, aber auch die Gefühlswerte, die den Elementen der Sprache innewohnen, die Stimmungen, die sie begleiten.

Ist einmal der einzelne Mensch an den sprachlichen Zustand seiner Gemeinschaft herangewachsen, so genießt er von da aus allerdings eine gewisse Freiheit eigener Initiative. Es wird ihm jetzt möglich, nicht nur sich auszudrücken, sondern auch sich innerhalb gewisser Grenzen auf individuelle Art auszudrücken, nicht nur das zu geben, was ihm die Sprache bereitlegt, sondern auch sich selber zur Darstellung zu bringen. Die konkrete Rede vermag es, der Sprache individuelle Aspekte abzuringen. Allerdings ist das, was der Einzelne hinzufügt, minimal. Auch große Sprachschöpfer bereichern die Sprache nur um eine beschränkte Zahl von Ausdrucksmöglichkeiten; im Vergleich zu den sprachlichen Gütern, die wir täglich und stündlich unverändert reproduzieren, ist das Neue in unserer individuellen Rede gering, und außerdem verhallen weitaus die meisten unter diesen Neuschöpfungen unbeachtet und wirkungslos. Das Wechselverhältnis zwischen individuellem und objektivem Geist, das auch in andern

Lebensgebieten, wie Technik, Sitte, Moral usw. beobachtet werden kann, ist in der Sprache ganz besonders offenkundig: Die Individuen sind die lebenden, aber wechselnden Träger des gemeinsamen Geistes; ihr schöpferischer Einsatz bewegt ihn, treibt ihn vorwärts, aber die Bewegung ist als einheitlich fortlaufende nur die des objektiven Geistes, nicht die der Träger. Und umgekehrt ist der gemeinsame Geist das tragende Element der individuellen Spontaneität und Schöpferkraft.

V. Sprache und Stil

Die im letzten Kapitel dargelegten Grundbegriffe führen zu einem weiteren, der sich an jene eng anschließt, jedoch noch schwieriger zu definieren ist. Es handelt sich dabei um den oft diskutierten Begriff des Stils.

Um dieses zerfließende und oft mehrdeutige Phänomen genauer zu umschreiben, sollen zunächst einige Stilisten zu Worte kommen. Diese scheinen zwei verschiedene Gruppen zu bilden. Für die einen ist der Stil die Fähigkeit, die Ausdrucksmittel der Sprache so zu gebrauchen, daß unser Gedanke mit einem Höchstmaß an Eindrücklichkeit formuliert wird. Nach Stendhal besteht das Wesen des Stils in folgendem: „ajouter à une pensée donnée toutes les circonstances propres à produire tout l'effet que doit produire cette pensée." In bildhafter Gestalt findet sich diese Auffassung in den Briefen Flauberts wieder: „Je conçois un style qui nous entrerait dans l'idée comme un coup de stylet." Von den gleichen Prinzipien ausgehend stellte Paul Valéry in seiner *Introduction à la poétique* folgende Wegleitung hin: „la recherche des effets proprement littéraires du langage, l'examen des inventions expressives et suggestives qui ont été faites pour accroître le pouvoir et la pénétration de la parole"[1], während Gide gegen Ende seines Lebens feststellte: „L'emploi des mots les mieux expressifs, leur meilleure place dans la phrase, l'allure de celle-ci, son nombre, son rhythme, son harmonie – oui, tout cela fait partie du ‚bien écrire' (et rien ne vaut si tout cela n'est pas naturel)"[2].

Legten die genannten Dichter vor allem Gewicht auf die Ausdruckskraft, die dem Stil eigen ist, so sehen andere in ihm im Anschluß an die bekannte Äußerung von Buffon einen Ausdruck der Persönlichkeit. So ist für Schopenhauer der Stil die Physiognomie der Seele und für Flaubert „une manière absolue de voir les choses". Auch Proust hatte diese vom Individuum bzw. von dessen Temperament bedingte Seite des Phänomens im Auge, als er in *Le Temps retrouvé* erklärte: „Le style, pour l'écrivain

[1] Zitiert nach R. A. Sayce, Style in French Prose, Oxford 1953, S. 7.

[2] Feuillets d'automne, Paris 1949, S. 236.

aussi bien que pour le peintre, est une question non de technique mais de vision."

Dieselben Gesichtspunkte stehen sich in der modernen Stilistik gegenüber, die als selbständiger Zweig der Sprachwissenschaft zu Beginn unseres Jahrhunderts entstand. Von Anfang an haben die stilistischen Forschungen zwei verschiedene Wege eingeschlagen. Die von Charles Bally begründete Schule, die vom Strukturalismus Saussures ausgeht, stellt sich zur Aufgabe, die Ausdrucksmittel einer bestimmten Sprache zu untersuchen, insofern diese im phonologischen System, in der Grammatik und im Wortschatz dieser Sprache liegen. Neben dieser „Stilistik der Sprache" gibt es das, was man eine „Stilistik des Individuums" genannt hat; sie befaßt sich mit den psychologischen und ästhetischen Problemen, vor die uns der einem Dichter eigene Stil stellt [1]. Diese zweite Richtung, die aus den Lehren eines Croce und Vossler hervorgegangen ist, hat ihren hervorragendsten Vertreter in Leo Spitzer.

Da man in einer Einführung in die allgemeine Sprachwissenschaft naturgemäß nur einige der Probleme aufgreifen kann, die die heutige Stilistik beschäftigen, soll im folgenden vor allem von der „Stilistik der Sprache" die Rede sein. Dagegen werden wir uns bei der „Stilistik des Individuums", die bereits über die Sprachwissenschaft hinausführt und sich der literarischen Kritik nähert, auf einige allgemeine Hinweise beschränken [2].

[1] Siehe P. Guiraud, La Stylistique, Paris 1954, S. 41ff., dem wir auch den Ausdruck „Stilistik des Individuums" („stylistique de l'individu") verdanken.

[2] Über den Gesamtkomplex der Stilstudien aus dem Bereich der Romania besitzen wir die wertvollen Bibliographien von H. Hatzfeld, A Critical Bibliography of the New Stylistics Applied to the Romance Literature, 1900–1952, Chapel Hill 1953 und deren spanische Ausgabe (Madrid 1955); ders., A Critical Bibliography..., 1953–1965, Chapel Hill 1966; H. Hatzfeld–Y. Le Hir, Essai de Bibliographie critique de Stylistique française et romane (1955–1960), Paris 1961. Ferner: G. Antoine, La Stylistique française, sa définition, ses buts, ses méthodes, Revue de l'Enseignement supérieur 1959, 1, 42–60; Ch. Bruneau, La Stylistique, Romance Philology 5 (1951), 1–14; P. Delbouille, Définition du fait de style, Cahiers d'analyse textuelle 2 (1960), 94–104; M. Riffaterre, Criteria for Style Analysis, Word 15 (1959), 154–174; S. Ullmann, Psychologie et stylistique, Journal de Psychologie 46 (1953), 133–156; id., Style in the French Novel, Cambridge 1957, Einführung. Unter den Werken von größerer Tragweite machen wir aufmerksam auf R. Fernandez Retamar, Idea de la estilística, Habana 1958; W. Kayser, Das sprachliche Kunstwerk, Bern 1948; H. Seidler, Allgemeine Stilistik, Göttingen 1953. Ferner: L. Spitzer, Les études de style et les différents pays, in: Langue et littérature, Actes du VIIIe Congrès de la Fédération des Langues et Littératures modernes, Paris 1961, S. 23–39.

Erwähnen wir noch eine dritte Definition der Stilistik, wonach deren Haupt-

1. Stilistik der Sprache

a) Auswahl und Ausdrucksmöglichkeit

Die Stilistik der Sprache[1] beruht, wie wir bereits sahen, auf dem Begriff der Expressivität (Ausdruckswert), den wir zunächst zu erklären haben. Man könnte in Vereinfachung des Problems sagen, daß die Expressivität all das umfaßt, was nicht zum objektiven bzw. intellektuellen Bereich der Sprache gehört, mit andern Worten nicht der bloßen Mitteilung von Tatsachen und Ideen dient. Demnach gehören Faktoren wie die Hervorhebung, die Euphonie, der Rhythmus, die Tonalität der Aussage, die affektiven und evozierenden Elemente des Stils (in der literarischen, gehobenen, familiären, volkstümlichen, vulgären Sprechweise oder gar in der des Argots) in den Bereich der Expressivität.

So aufgefaßt steht der Begriff der Expressivität in enger Beziehung zu einem weiteren, sehr wichtigen Begriff, nämlich dem der Auswahl. In der Tat kann man nur dann von einem Stil sprechen, wenn man die Wahl zwischen zwei oder mehr Möglichkeiten hat, die dasselbe bedeuten, aber zugleich von Fall zu Fall verschiedenartige expressive Nuancen hinzufügen. Guiraud bringt dies sehr gut zum Ausdruck, wenn er sagt: „la notion de valeur stylistique postule l'existence de plusieurs moyens d'expression pour une même idée; ce qu'on appelle des variantes stylistiques dont chacune constitue une manière particulière d'exprimer une même notion."[2]

Der folgende Satz, der von Proust stammt, soll als Beispiel dienen, um den Vorgang von Wortwahl und Ausdruckswert zu erläutern: „Au fur et à mesure que la saison s'avança, *changea le tableau* que je trou-

---

ziel in der Untersuchung der charakteristischen Züge einer Sprache besteht („Idiomatologie", nach einem Ausdruck von H. Hatzfeld). Von dieser Auffassung geht z. B. aus A. Malblanc, Pour une stylistique comparée du français et de l'allemand, Paris 1944; J.-P. Vinay – J. Darbelnet, Stylistique comparée du français et de l'anglais, Paris-Montréal 1958, wo diese Methode auf die Probleme der Übersetzung angewendet wird.

[1] Begründet von Charles Bally (Traité de stylistique française, 2 Bde, 3. Aufl., Genève-Paris 1951; Le Langage et la vie, 3. durchgesehene Aufl., Genève-Lille 1952), ist die Stilistik der Sprache weiterentwickelt worden in den bekannten Büchern von M. Cressot, Le Style et ses techniques, Paris 1947, und von J. Marouzeau, Précis de stylistique française, 3. Aufl., Paris 1950. Siehe noch G. Devoto, Studi di stilistica, Firenze 1950, und R. A. Sayce, Style cit.

[2] La Stylistique, S. 47. Vgl. zu diesen Fragen noch S. Ullmann, Choix et expressivité, IX. Congreso internacional de linguística románica, Actas II, Lisboa 1961, S. 217–226.

vais à la fenêtre.“ Es wird aufgefallen sein, daß im Hauptsatz eine Inversion des Subjekts vorliegt. Nun hätte Proust unter Wahrung der üblichen Reihenfolge der Satzglieder (Subjekt – Prädikat) aber auch schreiben können: „Au fur et à mesure que la saison s'avança, *le tableau* que je trouvais à la fenêtre *changea*.“ Grammatikalisch sind beide Fassungen korrekt und auch semantisch bedeuten sie genau das gleiche. Man fragt sich also, warum der Schriftsteller der ersten Fassung den Vorzug gegeben hat. Er muß sie – bewußt oder unbewußt – gewählt haben, weil sie ihm mehrere Vorteile bot:

a) Prousts Satz ist ausgewogener als die Variante, in der das Verb *changea* dadurch, daß es ans Satzende verbannt ist und einem längeren Nebensatz folgt, den unangenehmen Eindruck einer Anti-Klimax erzeugt. Letzteres nennt man eine „kleine Kadenz“, während das Französische die „große Kadenz“ bevorzugt, in der die Satzglieder so angeordnet sind, daß ihr Umfang immer mehr anschwillt. M. Cressot schreibt (*Le Style,* S. 168): „Mettre un mot court après une masse d'une certaine importance, c'est l'exposer à passer inaperçu, ce qui peut nuire à la clarté; c'est bouleverser désagréablement la continuité de la phrase, à moins qu'on n'attende un effet de cette place inattendue.“

b) Prousts Fassung hat auch den Vorteil, den Innenreim zu vermeiden, jene wenig glückliche Assonanz der Verbformen *s'avança – changea* am Ende zweier symmetrischer Sätze.

c) Prousts Satz ist zudem fester gefügt, weil Subjekt und Prädikat, wenn auch in der Inversion stehend, sich unmittelbar berühren, während in der angenommenen Variante beide Satzglieder durch einen Nebensatz voneinander getrennt sind.

d) Prousts Satz hat auch eine originellere Struktur. Die Reihenfolge Subjekt – Prädikat in der ersten Satzhälfte ist in der zweiten umgekehrt, so daß man eine Gegenüberstellung von Subjekt – Prädikat : Prädikat – Subjekt erhält, die in der Rhetorik in Anlehnung an die Form des griechischen Buchstaben chi (χ) als Chiasmus bezeichnet wird.

e) Durch das unmittelbare Nebeneinander der beiden Verbalformen *s'avança – changea* unterstreicht Proust die Parallelität der beiden Vorgänge: Das Fortschreiten der Jahreszeit vollzieht sich gleichzeitig mit den Veränderungen des Bildes, das man vom Fenster aus sieht.

Das Verfahren, das sich uns an Hand dieses Beispiels offenbart hat, gibt zu einigen Bemerkungen Anlaß:

1. Bewußte oder unbewußte Auswahl. – Einige Sprachwissenschafter messen dieser Unterscheidung große Bedeutung bei; so möchte etwa Guiraud einen Unterschied zwischen „impressiven“ und „expressiven“ Stilwerten machen, die ersteren – mehr oder weniger unbewußt – stellen eine Art „Sozial-Psycho-Physiologie“ des sprachlichen Ausdruckes dar, während

die expressiven Elemente bewußt bzw. beabsichtigt sind und „eine Ästhetik, eine Ethik, eine Didaktik" des Ausdrucks bilden (op. cit. S. 47). Zweifellos ist diese Unterscheidung von größter Bedeutung; leider ist aber ihre Anwendung in der Praxis mit großen Schwierigkeiten verbunden. Gewiß finden sich gelegentlich Anzeichen dafür, daß der Schriftsteller ganz bewußt seine Auswahl getroffen hat, so etwa in Form von ausdrücklichen Bemerkungen, in den Varianten des Textes (man denke an Flaubert!), aber auch durch die wiederholte Verwendung des gleichen Stilmittels sowie durch deren „Konvergenz"[1] usw. In der Mehrzahl der Fälle ist jedoch nicht eindeutig zu entscheiden, ob die Auswahl bewußt oder unbewußt oder gar halb bewußt geschehen ist. Im übrigen berühren wir damit bereits eine Frage, mit der sich eher die Stilistik des Individuums als die der Sprache zu beschäftigen hat.

2. Der Bereich der Auswahl. – Die Anzahl der Möglichkeiten, unter denen man wählen kann, hängt von der Struktur der Sprache ab. In gewissen Fällen gibt es nur zwei Möglichkeiten: Inversion oder Nichtinversion des Subjekts, Voranstellung oder Nachstellung des Adjektivs (*une affaire intéressante – une intéressante affaire*), die Wahl zwischen *je peux* und *je puis, je sais* und *je sache* usw. In diesen Fällen könnte man von einer „binären" Auswahl sprechen. Daneben gibt es eine „ternäre" Auswahl (*parler de la politique – parler de politique – parler politique*), eine „quaternäre" Auswahl („*Quand arrivera ton père?*" – „*Quand ton père arrivera-t-il?*" – „*Quand est-ce que ton père arrivera?*" – „*Ton père arrivera quand?*") oder eine Auswahl unter einer noch größeren Zahl von Möglichkeiten. Innerhalb der Grammatik ist die Anzahl der möglichen Varianten in jedem Falle begrenzt. Der Wortschatz bietet dagegen mehr Spielraum. Wie weiter oben (S. 193) gezeigt wurde, standen Benoît de Sainte-Maure über 30 mehr oder weniger synonyme Ausdrücke für den Begriff „Kampf" zur Verfügung, was vielleicht sogar eine gewisse Unsicherheit bei der Auswahl verursachen konnte. Aber selbst hier setzt die Sprache der Auswahl des Sprachangehörigen Grenzen. Nur im Bereich der bildhaften Sprache, also der Metaphern und Vergleiche, sind der Auswahl praktisch keine Grenzen gesetzt. Man kann in der Tat ein beliebiges Ding mit jedem andern beliebigen Ding vergleichen, vorausgesetzt es besteht ein Mindestmaß an Ähnlichkeit zwischen ihnen. Je gewagter der Vergleich ist, desto stärker ist seine Ausdruckskraft; diese Ansicht vertreten wenigstens einige moderne Dichter, so auch André Breton, wenn er sagt: „comparer deux objets aussi éloignés que possible l'un de l'autre, ou, par toute autre méthode, les mettre en présence d'une manière brusque et saisissante, demeure la tâche la plus haute à laquelle

[1] Zu diesem Begriff siehe M. Riffaterre, Criteria cit., und Y. Louria, La Convergence stylistique chez Proust, Genève–Paris 1957.

la poésie puisse prétendre"[1]. Wie dem auch sei, das Spiel der Analogien bietet dem Schriftsteller zahllose Möglichkeiten, und gerade die Auswahl, die er unter diesen trifft, wird uns über sein Temperament sowie über seine ästhetischen Absichten Aufschluß verschaffen.

3. Die Folgen der Auswahl. – Die Analyse der Inversion in einem Satz von Proust hat uns einige Effekte, die man mit diesem Verfahren erzielen kann, vor Augen geführt. Andere, komplexere Effekte lassen sich jedoch nur auf Grund einer eingehenden Untersuchung des Zusammenhanges feststellen. An Hand von einigen Beispielen aus modernen Autoren soll im folgenden gezeigt werden, welche Wirkung ein wirklicher Meister des Wortes mit der einfachen, binären Auswahl, die die Inversion bietet, erzielen kann[2].

a) Einer der Vorteile der Inversion besteht, wie wir gesehen haben, darin, die große Kadenz und das Gleichgewicht des Satzes sicherzustellen. Es kann aber vorkommen, daß ein Autor bewußt eine unausgeglichene Syntax sucht, in der die Aussage unvermittelt mit einer kleinen Kadenz abschließt. Nehmen wir etwa den folgenden Satz von Proust: „Legrandin se rapprochait de la duchesse, s'estimant de céder à cet attrait de l'esprit et de la vertu qu'ignorent les infâmes *snobs*." Die ganze Verachtung, die diese Gestalt dem Snobismus gegenüber hegt, kommt in dem einen Wort *snob* zum Ausdruck, wobei die ungewöhnliche Stellung des Wortes am Satzende noch dessen rein lautliche Ausdruckskraft sowie dessen evozierende Macht erhöht. Erwähnen wir noch, daß Legrandin, obwohl er gegen den Snobismus zu Felde zieht, selbst einer der schlimmsten Snobs ist, die bei Proust zu finden sind, wodurch der zitierte Satz zugleich noch einen ironischen Ton bekommt.

b) Dank der Inversion kann der Autor den Leser im Ungewissen lassen, während dieser mit wachsender Ungeduld darauf wartet, daß man ihm endlich das Subjekt des Satzes nenne. Dem Sonett „Soir de bataille" von Heredia liegt ein solcher Crescendo-Effekt zugrunde:

C'est alors qu'apparut, tout hérissé de flèches,
Rouge du flux vermeil de ses blessures fraîches,

[1] Les Vases communicants, Paris 1955, S. 148. Zu diesen Fragen vgl. auch S. Ullmann, L'image littéraire, Quelques questions de méthode, Actes du VIIIe Congrès de la Fédération Internationale des Langues et Littératures Modernes cit., S. 41-60.

[2] Zum Gebrauch der Inversion des Subjekts als Stilmittel siehe R. Le Bidois, L'inversion du sujet dans la prose contemporaine (1900–1950) étudiée plus spécialement dans l'œuvre de Marcel Proust, Paris 1952. Um zu verstehen, in welchem Rahmen und mit welchen Einschränkungen die Resultate dieses Buches Geltung haben, lese man noch K. Rogger, Zur Inversion des Subjekts im heutigen Französisch, Z 72 (1956), 219–282. Siehe außerdem S. Ullmann, Style in the French Novel cit., Kap. 4.

Sous la pourpre flottante et l'airain rutilant,
Au fracas des buccins qui sonnaient leur fanfare,
Superbe, maîtrisant son cheval qui s'effare,
Sur le ciel enflammé, *l'Imperator sanglant.*

Was soll man aber vom folgenden, oft zitierten Satz von Proust halten, in dem die Zurückstellung des Subjekts durch keine pathetische Absicht motiviert ist und zu einer besonders gewundenen Satzsyntax Anlaß gibt: „Peu à peu son esprit n'eut pas d'autre occupation que de chercher à deviner ce qu'à chaque moment pouvait faire, et chercher à lui cacher, Françoise?" Um alle expressiven Nuancen dieses Satzes erfassen zu können, müssen wir ihn in den Zusammenhang des ganzen Werkes zurückversetzen. Die Rede ist hier von der kränklichen Tante Léonie, die an ihre Zimmer in jenem alten Haus in Combray gefesselt ist und mißtrauisch alle Bewegungen ihres Dienstmädchens Françoise verfolgt. Die Windungen des Satzes stellen so gewissermaßen ein Versteckspiel dar, das die heimlichen Gewohnheiten des Dienstmädchens veranschaulichen soll, so wie sie sich ihre Herrin in ihrer krankhaften Einbildungskraft vorstellt.

c) Die Inversion des Subjekts kann auch zur Erreichung des sogenannten stilistischen Impressionismus verwendet werden. Anstatt die Eindrücke zu analysieren, gibt der Autor sie im Rohzustand wieder, d. h. in der Reihenfolge, in der sie im Bewußtsein der betreffenden Person aufeinanderfolgen. Hierzu ein Satz aus der *Education sentimentale*, in dem Flaubert von einem nächtlichen Spaziergang zwischen den Barrikaden während der Februar-Revolution spricht: „Au milieu de cette ombre, par endroits, brillaient des *blancheurs de baïonnettes.*" Dieser Satz bringt sehr gut das Tasten der Wahrnehmungskraft zum Ausdruck: so sieht Frédéric zuerst ein helles Aufblitzen in der Dunkelheit, erst dann wird ihm bewußt, daß die dort einen Widerschein werfenden Dinge Bajonette sind. Die Richtigkeit dieser Interpretation wird bestätigt durch die Verwendung eines anderen impressionistischen Stilmittels im gleichen Satz, nämlich „des blancheurs de baïonnettes" anstelle von „des baïonnettes blanches". Das Adjektiv ist also von seinem Nomen gelöst und geht ihm in seiner substantivierten Form voran. Die Erscheinungsform hat den Vorrang vor der Sache selbst wie auf den Bildern der Impressionisten. Diese Nominalkonstruktion wurde wie manche andere von den Gebrüdern Goncourt zu einer Mode gemacht[1].

---

[1] Siehe ibid., Kap. 3, und A. Lombard, Les Constructions nominales dans le français moderne, Upsal-Stockholm 1930. Zum sprachlichen Impressionismus vgl. Ch. Bally–E. Richter–A. Alonso–R. Lida, El Impresionismo en el lenguaje, Buenos Aires 1936.

d) Abgesehen von einigen Ausnahmen ist jedoch die Inversion eine literarische Wendung, die der gesprochenen Sprache wenig ansteht. Indessen läßt Proust doch den geistreichen Legrandin sagen: „Aux cœurs blessés comme l'est le mien, un romancier que vous lirez plus tard prétend que conviennent seulement l'ombre et le silence." Dieser Konstruktion ist ein ausgeprägt evozierender Wert eigen. Sie trägt zum sprachlichen Porträt der Gestalt bei, deren gepflegter, poetischer, aber zugleich auch gezierter, an ein Buch erinnernder Stil – sollte es etwa eine Art Selbstkarikierung sein? – uns an gewisse stilistische Eigenheiten Prousts erinnert.

Diese wenigen Beispiele zeigen schon die Bedeutung des Textzusammenhangs für die Stilanalyse, und zwar nicht nur die der unmittelbaren Umgebung des Satzes, sondern auch die des Baues des ganzen Werkes, zu dem der Stil mit gleichem Recht wie die Handlung, die Komposition und die Charaktere als integrierender Bestandteil gehört[1].

Die Herausbildung einer Stilistik der Sprache wirft eine Anzahl methodischer Fragen auf, von denen jedoch nur drei in diesem Rahmen behandelt werden können. Es leuchtet ein, daß die Stilistik nicht eigentlich ein Zweig der Sprachwissenschaft, sondern eine Parallelwissenschaft ist, die dieselben Probleme, aber von einem andern Gesichtspunkt aus, betrachtet. Daraus folgt, daß die Stilistik dieselben Unterteilungen kennen muß wie die Sprachwissenschaft. Im übrigen kann man entsprechend dem jeweiligen Gegenstand der Analyse folgende Sparten unterscheiden: Lautstilistik („Phono-Stilistik")[2], Wortstilistik und Stilistik des Satzes und noch größerer Einheiten, denen dieser eingegliedert ist.

Es stellt sich auch die Frage, ob die Stilanalyse – um den Worten von Gérald Antoine zu folgen – „vom Wort zum Gedanken" oder „vom Gedanken zum Wort" ihren Weg suchen soll. Man kann, wie wir es soeben am Beispiel der Inversion aufgezeigt haben, von einem bestimmten sprachlichen Element ausgehen, um dann die verschiedenen stilistischen Effekte, die dieses hervorruft, zu untersuchen. Man kann aber andererseits auch von den Effekten ausgehen und sodann die sprachlichen Mittel zusammenstellen, die jene zu erzeugen die Kraft haben. Rein theoretisch haben beide Verfahrensweisen ihre Berechtigung. In der Praxis erweist sich jedoch die erste als brauchbarer, und zwar vor allem deshalb, weil die stilistischen Effekte, sobald diese von den sie tragenden sprachlichen Elementen getrennt werden, zu wenig faßbar sind, als daß man sie noch zum Gegenstand einer systematischen Analyse machen könnte. Aber das soll nicht besagen, daß dieses zweite Verfahren überhaupt undurchführbar sei. Es gibt durch-

---

[1] Siehe dazu insbesondere den Artikel von M. Riffaterre, Stylistic Context, Word 16 (1960), 207–218.

[2] Siehe Troubetzkoy, Grundzüge cit., S. 17–29.

aus genau umschriebene Stileffekte, die den Ausgangspunkt für aufschlußreiche Untersuchungen bilden können. So hat man beispielsweise die Stilmittel untersucht, über die das Französische des 17. Jahrh. und das heutige Französisch verfügen, um einem Gedanken plastischen Ausdruck zu verleihen [1].

Die Stilistik der Sprache ist, so wie wir sie definiert haben, eine synchronische Wissenschaft. Sie untersucht die Ausdrucksmittel, die eine Sprache zu einem bestimmten Zeitpunkt ihrer Entwicklung besitzt. Es gibt jedoch auch eine diachronische Stilistik, die sich mit der Entstehung und Entwicklung der einzelnen Stilmittel beschäftigt. So kann man schon jetzt die Entwicklung de Inversion als Stilmittel wenigstens in ihren Umrissen erkennen: zunächst die uneingeschränkte Möglichkeit der Inversion im klassischen Latein, welche zu jener *mixtura verborum* führen konnte, die Quintilian an Vergil tadelte; dann die schon eingeschränkte, aber immer noch beträchtliche Freiheit der Wortstellung im Altfranzösischen; sodann ein allmähliches Schwinden der Möglichkeiten, das sich bereits im Mittelfranzösischen anbahnt, aber erst (nach einem „Rückfall" im 16. Jahrh.) im 17. Jahrh. sich durchsetzt; dann eine Wiederbelebung der Inversion durch die Romantik und vor allem durch den Symbolismus; schließlich ihre Beliebtheit bei vielen modernen Autoren, eine Erscheinung, die paradoxerweise gleichzeitig auftritt wie das Verschwinden des gleichen Stilmittels aus der gesprochenen Sprache [2].

Die diachronische Stilistik beruht also darauf, daß wir uns ein Bild machen von den expressiven und evozierenden Nuancen, die ein gegebenes sprachliches Element zu verschiedenen Zeiten gehabt hat. Nur eine eingehende Untersuchung des jeweiligen normalen Sprachgebrauchs ermöglicht es uns, die stilistischen Effekte zu erfassen, die auf Grund dieses Sprachgebrauchs in den einzelnen Perioden erreicht wurden. Dabei sind vor allem zwei Fehler zu vermeiden: der eine besteht darin, die alten Texte auf Grund unserer eigenen Vorstellungen zu beurteilen, der andere, einstige Stilnuancen, die sich schon längst verloren haben, unbeachtet zu lassen. Zwei Beispiele aus der Verbalsyntax des 17. Jahrh. sollen uns zeigen, wie eine oberflächliche Stilanalyse Gefahr laufen kann, in den einen oder in den anderen Fehler zu verfallen [3].

---

[1] M.-L. Müller-Hauser, La mise en relief d'une idée en français moderne, Genève 1943; M. Mangold, Etudes sur la mise en relief dans le français de l'époque classique, Mulhouse 1950 (Diss. Basel).

[2] Vgl. hierzu die Seite 208 Anm. 2 genannten Werke.

[3] Siehe zu diesen Ausdrücken M. Riffaterre, Word 15 (1959), 166 ff. Vgl. auch S. Ullmann, Un problème de reconstruction stylistique, Atti dell' VIII° Congresso Internazionale die Studi Romanzi, Bd. 2, S. 465–469.

Schon oft ist eine Interpretation der folgenden Verse des Oronte aus der Sonett-Szene des *Misanthrope* versucht worden:

> Je voudrois bien, pour voir, que de votre manière,
> Vous en *composassiez* sur la même manière.

Der moderne Leser, für den das Imperfekt des Konjunktivs etwas Schwerfälliges und Pedantisches an sich hat, glaubt, daß dessen Verwendung hier zur Charakterisierung des albernen, eingebildeten Oronte beitragen soll. Aber ist es sicher, daß diese Verbalform im 17. Jahrh. schon den gleichen Eindruck hervorrief wie heute, vor allem wenn sie im Versdrama verwendet wurde? Andererseits ist wahrscheinlich, daß dieselbe Verbalform im Prosaschauspiel, das ja von jeher der Umgangssprache näher stand, bereits zu jener Zeit einen starken evozierenden Gehalt hatte. Als Beweis dafür möge die folgende Stelle aus den *Précieuses ridicules* dienen, in welcher der Zusammenhang (der sich als Marquis ausgebende Mascarille spricht) und das Nebeneinander von zwei Verbalformen auf *-asse* kaum einen Zweifel an den Absichten des Autors zulassen: „Voudriez-vous, faquins, que j'*exposasse* l'embonpoint de mes plumes aux inclémences de la saison pluvieuse, et que j'*allasse* imprimer mes souliers en boue?" (8. Szene). Ganz anders verhält es sich jedoch mit der stilisierten Sprache des Versdramas. In der folgenden Stelle aus Racines *Mithridate*, einer der pathetischsten des ganzen Stückes, ist dieselbe Verbalform frei von jeder komischen oder ironischen Nuance:

> Et qu'il n'est point de rois, s'ils sont dignes de l'être,
> Qui, sur le trône assis, n'enviassent peut-être
> Au-dessus de leur gloire un naufrage élevé
> Que Rome et quarante ans ont à peine achevés.
>
> (2. Akt, 4. Szene)

Wir haben also allen Grund, daran zu zweifeln, daß die genannten Verse des Oronte aus dem *Misanthrope* die gleiche Wirkung bei einem Publikum des 17. Jahrh. erzeugt haben, wie bei einem Leser von heute.

Hier nun ein Beispiel für die zweite Art von Fehler, der darin besteht, einstige Stilnuancen unbeachtet zu lassen. Bekanntlich wurde im Französischen die lange währende Rivalität zwischen dem historischen Perfekt und dem zusammengesetzten Perfekt dank der von Henri Estienne aufgestellten „règle des vingt-quatre heures" vorübergehend beigelegt. Diese Regel setzte fest, daß alle Handlungen, die seit der letzten Nacht stattgefunden haben, durch das zusammengesetzte Perfekt wiederzugeben sind, während alle anderen, die zeitlich vorher liegen, ins historische Perfekt zu setzen sind: „Il m'*a parlé* ce matin – Il me *parla* hier." Corneille setzte sich scharfer Kritik aus, weil er im *Cid* diese Regel nicht genügend beachtet hatte. Eine Durchsicht des Racineschen Theaters hat dagegen ergeben, daß dieser die

Regel der 24 Stunden fast durchweg sorgfältig beachtet hat, auch wenn sich bei ihm eine geringe Anzahl von Fällen findet, die dem zu widersprechen scheint[1]. Einer der interessantesten Belege hierzu begegnet wiederum im *Mithridate*. Um die Situation zu charakterisieren, sei folgendes vorausgeschickt: In einer früheren Szene hatte der alte König vorgegeben, auf Monime zugunsten seines Sohnes Xipharès verzichten zu wollen. Das war jedoch nur eine List, um die wahren Gefühle der Prinzessin zu erfahren. Nachdem er nunmehr seine Absicht erreicht hat, läßt er die Maske fallen, ohne daß es ihm einfiele, Monime eine Erklärung für sein Vorgehen zu geben:

Mithridate: Venez, et qu'à l'autel ma promesse accomplie
Par des nœuds éternels l'un à l'autre nous lie.
Monime: Nous, seigneur?
Mithridate: Quoi, madame, osez-vous balancer?
Monime: Et ne m'avez-vouz pas défendu d'y penser?
Mithridate: J'*eus* mes raisons alors; oublions-les, madame.
Ne songez maintenant qu'à répondre à ma flamme.
(4. Akt, 4. Szene)

„J'*eus* mes raisons alors" ist im Grunde ein Verstoß gegen die 24-Stunden-Regel; die Rede ist nämlich hier von jenem Gespräch, das erst wenige Stunden vorher stattgefunden hat. Doch diese Abweichung von der Norm unterstreicht nachdrücklich die Brutalität, mit der Mithridates seine Haltung in ihr Gegenteil wendet. Mit der Willkür eines orientalischen Despoten setzt er sich über seine eben erst getroffenen Anordnungen hinweg. Was gewesen ist, hat nicht mehr die geringste Gültigkeit für ihn: „J'eus mes raisons alors; oublions-les, madame." Es liegt also ein radikaler Bruch zwischen der Gegenwart und der jüngsten Vergangenheit vor. Erwähnen wir noch, daß für Monime die gerade erst erhaltenen Weisungen noch Gültigkeit haben. Deshalb werden sie auch in der üblichen Weise, nämlich im zusammengesetzten Perfekt, ausgedrückt: „Et ne m'*avez-vous pas défendu* d'y penser?" Diese feinen, aber doch bezeichnenden Nuancen läßt uns aber nur eine eingehende Untersuchung des Zusammenhanges sowie des normalen zeitgenössischen Gebrauches entdecken.

2. Stilistik des Individuums

In der Psychologie ist die Ansicht ziemlich verbreitet, daß der Stil der Ausdruck der Persönlichkeit ist, daß er eine Art „Fingerabdruck"

[1] Cf. id., The Vitality of the Past Definite in Racine, French Studies 2 (1948),

des Individuums darstellt[1]; man hat sogar statistische („stil-metrische") Verfahren entwickelt, um diese Beziehungen zu messen, ja sogar um einen „Aktionsquotienten" festzustellen, der die Beziehung zwischen dem Verhältnis Verb : Adjektiv einerseits und der emotionellen Stabilität des Subjekts anderseits ermittelt. In der Stilistik sind verschiedene Methoden vorgeschlagen worden, um die Beziehungen zwischen dem Stil eines Autors und seiner Persönlichkeit zu untersuchen. Von diesen muß an erster Stelle der philologische Zirkel von Leo Spitzer genannt werden, den er in einer ganzen Reihe von Einzelstudien – von der *Peregrinatio Aetheriae* bis zur modernen Reklame – entwickelt hat[2].

Im Band *Linguistics and Literary History* hat Spitzer eine klare Zusammenfassung seiner Methode gegeben. Demnach ist der philologische Zirkel ein Verfahren, das drei verschiedene Phasen umfaßt. In der ersten liest der Kritiker den Text so oft, bis ihm die Wiederkehr eines spezifischen Zuges aufgefallen ist: ein bestimmter Rhythmus, eine Wort- oder Bildgruppe, eine besondere Art der Suffigierung, eine grammatikalische Form, eine syntaktische Konstruktion usw. In der zweiten Phase bemüht er sich, den psychischen Faktor zu finden, der geeignet ist, diese sprachliche Idiosynkrasie zu erklären. In der letzten Phase schließlich beschreitet er den umgekehrten Weg, um im Text andere Äußerungen des gleichen geistigen Faktors festzustellen. Diese Methode soll durch ein Beispiel veranschaulicht werden, das Spitzer selbst in dem bereits genannten Band gibt. Bei der Lektüre von Diderot war Spitzer die Häufigkeit aufgefallen, mit der ein bestimmter Rhythmus in den verschiedensten literarischen Genres wiederkehrte, ein stürmisches Crescendo, „das vermuten ließ, daß der Schreibende von einer überbordenden Leidenschaft erfaßt war"[3]. Nachdem Spitzer diesen Rhythmus erkannt hatte, fand er dafür die psychologische Motivierung in Diderots erregbarem Temperament. Um den Kreis zu schließen, suchte Spitzer daraufhin weitere Anzeichen für das gleiche Temperament, die er dann auch vor allem in Diderots Philosophie und in dessen Lehre von der Beweglichkeit und der freien Entfaltung des Geistes

---

35–53, und H. Saunders, Obsolescence of the Past Definite and the Time-perspective of French Classical Drama, Archivum Linguisticum 7 (1955), 96–122.

[1] Siehe T. A. Sebeok (ed.), Style in Language, Cambridge (Mass.) – New York–London 1960, S. 379. Vgl. hierzu auch die im Journal de Psychologie 46 (1953), 149ff. genannten Werke.

[2] Siehe hierzu vor allem die folgenden Arbeiten: Aufsätze zur romanischen Syntax und Stilistik, 1918; Stilstudien, 2 Bde., 1928; Romanische Stil- und Literaturstudien, 2 Bde., 1931; Linguistics and Literary History, Essays in Stylistics, 1948; A Method of Interpreting Literature, 1949; Romanische Literaturstudien, 1959.

[3] Cf. Style in the French Novel cit., S. 28.

fand. Auf Grund des philologischen Zirkels kann man also eine enge Beziehung zwischen dem Temperament, der Philosophie und der Stilistik herstellen.

Spitzers Methode hat Anlaß zu zum Teil scharfen Polemiken gegeben. Man hat ihm vorgeworfen, sein Verfahren sei vorwiegend intuitiv und impressionistisch und beruhe zudem eher auf einigen wenigen Stellen, die ihm bei der Lektüre aufgefallen waren, als auf einer alle Texte umfassenden, erschöpfenden Untersuchung. Man hat auch eingewendet, daß die stilistischen Idiosynkrasien nicht notwendigerweise den symptomatischen Wert haben müssen, den ihnen Spitzer zuschreibt; nur zu oft handle es sich nämlich um manieristische Stilgewohnheiten[1]. Andere Kritiker zweifelten daran, daß die Reihenfolge der einzelnen Vorgänge im philologischen Zirkel richtig sei. Sie fragten sich, ob es immer möglich sei, alles auf die Seite zu schieben, was man schon von einem Dichter weiß, und ob diese Vorkenntnisse nicht in gewissem Maße bei der Wahl der stilistischen Kriterien mitbestimmend seien. Aber all das kann letzten Endes nicht die Bedeutung der Methode Spitzers beiseite schieben. Ihr kommt das Verdienst zu, der isolierten Betrachtungsweise von Stilfragen ein Ende bereitet zu haben, indem sie diese in größere Zusammenhänge stellte, in denen sie mit anderen Erscheinungen zusammen um eine psychische Eigenheit des Schriftstellers gruppiert werden, deren Ausfluß sie alle sind. Diese Konzeption hat Spitzers Methode mit der sogenannten *Gestaltspsychologie* gemeinsam, die sich auch mehr mit Ausdrucksformen der psychischen Eigenart als mit isolierten Erscheinungen befaßt.

Neuerdings sind auch statistische Methoden in die Stilistik eingeführt worden. Diese Methoden haben zweifellos ihre Vorteile, sie bergen jedoch auch ernste Gefahren in sich. Ein reines Aufzählen läuft in der Tat Gefahr, nuancierte Unterschiede zu übergehen und die Rolle des Zusammenhanges zu vernachlässigen, die, wie wir bereits sahen, von größter Bedeutung für eine Stiluntersuchung ist. Andererseits trifft es zu, daß die Häufigkeit und die Verteilung eines Stilmittels bisweilen interessante Probleme aufdecken und als Ausgangspunkt für eingehendere Untersuchungen dienen können. Aber auch in speziellen Fragen kann die stil-statistische Methode nutzbringend angewendet werden, so bei der Ermittlung des Autors eines anonymen Textes bzw. der Chronologie der Werke ein und des-

---

[1] „Le goût du tic est tellement développé, pris pour le style, pour l'expression dans les milieux littéraires, qu'on n'y estime que l'écrivain qui accuse ses tics jusqu' à la grimace. Une longue grimace donne vite des rides" (Jean Cocteau, in Le Rappel à l'ordre). Vgl. F. Jones, La Langue et le style dans la poésie de Jean Cocteau, Leeds 1961 (Diss., Maschinenschrift), S. 49.

selben Autors, bei Untersuchungen zur Frage, ob ein Werk von einem einzigen Autor sei usw. Aber auch hier muß man mit Umsicht vorgehen, um leichtfertige Schlüsse, die sich allein auf Zahlenangaben stützen, zu vermeiden. In diesem Zusammenhang sei nachdrücklich auf folgende bemerkenswerte Äußerung hingewiesen: „Analyse historique, analyse stilistique, analyse statistique, ces trois démarches doivent aller de pair. On combinera ces trois méthodes dans un mouvement dialectique qui, sans les confondre, ira de l'une à l'autre, en ne demandant à chacune que ce qu'elle peut donner.“ [1]

Auf andere Arten der Stilanalyse kann hier nur kurz hingewiesen werden. Einige Stilkritiker haben versucht, die Eigenart eines Autors zu erfassen, indem sie die Quellen untersuchten, aus denen er seine Bilder geschöpft hat [2], oder die Schlagwörter, die sich in seinen Werken öfters wiederholen [3]. Andere begnügen sich damit, ein ins einzelne gehendes Inventar des Sprachschatzes und des Stils eines Autors oder eines seiner Werke aufzustellen. Diese Methode, die vielfach in Dissertationen zur Anwendung gelangt, hat uns ausgezeichnete Monographien über so verschiedenartige Autoren wie Montaigne und Mallarmé, Lamennais und Huysmans, Gobineau und Jules Renard geschenkt [4]. Sie hat aber den Nachteil, daß dieselben Kategorien ständig wiederkehren, wenn auch unter mehr oder weniger veränderter Form, wodurch diese Studien eher mechanistisch wirken. Deshalb ziehen es auch einige Forscher vor, sich auf die Untersuchung eines einzigen Stilmittels in einem Gesamtwerk zu beschränken. Diese Methode hat den Vorzug, die Rolle zu beleuchten, die das fragliche Element in der inneren Struktur des literarischen Werkes spielt [5].

Die Individualstilistik beschränkt sich aber nicht immer auf die Untersuchung eines einzigen Autors. So läßt sich ihr Forschungsgebiet vor allem in zwei Richtungen erweitern. Einmal kann man über das Individuum hinausgehend die stilistischen Eigenarten einer literarischen Schule oder Bewegung, ja sogar einer ganzen Epoche untersuchen. Sodann kann man auch die verschiedenen Stilarten vergleichen mit dem Ziel, die großen

[1] R.-L. Wagner–P. Guiraud, La Méthode statistique en lexicologie, Revue de l'Enseignement supérieur 1 (1959), 154–159. Zur „Stilstatistik“ vgl. S. Ullmann, Style in the French Novel cit., S. 29ff.

[2] Siehe ibid. S. 31ff.

[3] Cf. O. Nadal, De quelques mots de la langue cornélienne, Paris 1948.

[4] F. Gray, Le Style de Montaigne, Paris 1958; J. Scherer, L'Expression littéraire dans l'œuvre de Mallarmé, Paris 1947; Y. Le Hir, Lamennais écrivain, Paris 1948; M. Cressot, La Phrase et le vocabulaire de J.-K. Huysmans, Paris 1938; M. Riffaterre, Le Style des „Pléiades“ de Gobineau, Paris 1957; P. Nardin, La langue et le style de Jules Renard, Paris 1942, usw.

[5] Cf. G. Antoine, La stylistique cit., S. 59ff., und S. Ullmann, Style in the French Novel, S. 37ff.

Linien einer stilistischen Typenkunde aufzuzeigen[1]. Z. B. unterscheidet in etwas summarischer Weise Charles Bruneau zwei Typen von Autoren nach der Natur der von ihnen verwendeten Bilder: die „chimistes", welche intellektuelle Metaphern vorziehen, und die „inspirés", die das irrationale, visionäre oder primitive Bild pflegen. Dichter wie Mallarmé und Valéry gehören zum ersten Typus, während Rimbaud, Apollinaire, Paul Eluard unter den „inspirés" eingereiht werden[2]. Nuancierter ist die Einteilung von Dámaso Alonso, der sechs Haupttypen nach dem Vorhandensein der drei Bestandteile des Stils: Affektivität, Phantasie und Intelligenz unterscheidet[3]. Den anspruchsvollsten Versuch in dieser Hinsicht stellt wohl das von Henri Morier neuerdings vorgeschlagene System dar; dieser kennt nicht weniger als 70 Stilarten in 8 verschiedenen Kategorien, denen ihrerseits bestimmte Charaktere zugrunde liegen: schwache, empfindsame, ausgeglichene, positivistische, starke, zwiespältige, feinfühlige und unaufrichtige[4]. Wie interessant auch solche Konstruktionen sein mögen, so haben sie doch immer etwas Willkürliches und Gekünsteltes an sich, woraus sich zwangsläufig ergibt, daß sich die einzelnen Kategorien überschneiden.

Die Stilistik, die in gewisser Hinsicht das Erbe der antiken bzw. mittelalterlichen Rhetorik angetreten hat, ist gegenwärtig einer der aktivsten und kräftigsten Zweige der Sprachwissenschaft. Wenn auch noch eine gewisse Unsicherheit hinsichtlich der Ziele, der Methoden und der Terminologie dieser noch jungen Wissenschaft besteht, so kann man doch jetzt schon vorhersehen, daß ihre Forschungen einen nutzbringenden Einfluß sowohl auf die literarische Kritik als auch auf die Linguistik ausüben werden: auf die erstere, weil sie ihr eindeutige, objektive Kriterien liefern; auf die zweite, weil sie ihren humanistischen Gehalt gerade in dem Augenblick verstärken, wo gewisse Kreise die Sprachwissenschaft in Richtung auf einen fruchtlosen Formalismus orientieren möchten. Vor allem ist jedoch zu hoffen, daß es der Stilistik eines Tages gelingen wird, den Graben zu überbrücken, der gegenwärtig innerhalb der Geisteswissenschaften die Linguistik von der Literaturwissenschaft trennt.

---

[1] Siehe P. Guiraud, La Stylistique cit., S. 109ff.

[2] Ch. Bruneau, L'Image dans notre langue littéraire, Mélanges Dauzat, Paris 1951, S. 55-67.

[3] D. Alonso, Poesía española, Ensayo de métodos y límites estilísticos, Madrid 1950.

[4] H. Morier, La Psychologie des styles, Genève 1959.

VI. Sprache und Volk

Jeder Mensch wird durch sein persönliches Schicksal in eine ganz bestimmte Sprache hineingeboren, die ihm für die Dauer seines Lebens die Möglichkeit schenkt, seinen Gedanken und Gefühlen eine Form zu geben, und zwar eine Form, durch die er sich bei einer gewissen Gruppe von anderen Menschen verständlich machen kann. Diese Menschen, zu denen ihm so der Zugang geöffnet wird, sind alle Individuen, welche die gleiche Sprache sprechen; es ist seine Sprachgemeinschaft. Mit ihm sind sie alle verbunden dadurch, daß sie die gleichen Ausdrucksmöglichkeiten haben, daß sie seinem Worte ebenso offen gegenüberstehen, wie er den ihrigen. Jeder Satz, den er ausspricht oder den er aufnimmt, läßt das Eingegliedertsein in diese Gemeinschaft wirksam werden. Diese Sprache umfängt ihn, die Einzelfälle von Auswanderung ausgenommen, bis an sein Ende. Und auch der Auswanderer bleibt meist mit der ursprünglichen Sprachgemeinschaft verbunden, trotzdem er sich in eine neue hineinlebt.

Sprache und Sprachgemeinschaft (man könnte auch sagen: Sprachvolk) bedingen sich also gegenseitig. Eine Sprache ist unvorstellbar ohne eine sie tragende Sprachgemeinschaft, genau so wie diese nur kraft einer sie formenden und umfassenden Sprache besteht. Von Anfang an, da eine Sprache besteht, gibt es auch eine Sprachgemeinschaft. Zwischen beiden können wir eine gegenseitige Abhängigkeit feststellen. Die Sprachgemeinschaft ist eine der wichtigsten, wohl die wichtigste Grundform aller umfassenden Gemeinschaften; sie vermittelt den Zugang zu den Bereichen des Geistes, der Kultur. Alles was an objektiviertem geistigem Gut in den Werken sprachlicher Form niedergelegt ist, wird uns damit eröffnet; und wir werden eingeladen, unseren Teil dazu beizutragen.

Worauf beruht nun, wie entsteht eine Sprachgemeinschaft? Die oberflächlichste Besinnung schon bringt uns darauf, daß eine Sprachgemeinschaft nicht eine konstante Größe ist, daß auch sie, wie alles Lebende, sich entwickelt, sich dehnt oder schrumpft, entsteht und untergeht. Es ist sehr viel darüber geschrieben worden; die Klärung wurde nur dadurch erschwert, daß die gleichen Wörter von verschiedenen Wissenschaften gebraucht worden sind. So z. B. der Ausdruck „germanisch“. Es ist evident, daß, wer von einer germanischen Rasse spricht oder vielmehr sprach, dieses Adjektiv in einem ganz anderen Sinn verwendete, als wer von germanischen Sprachen redet. Das ergibt sich schon aus den Erwägungen, die wir früher angestellt haben. Wir haben gesehen, daß das Leben und die Sprache auf ganz verschiedene Weise von Generation zu Generation weitergegeben werden, das Leben direkt, von Individuum zu Individuum, mit dem ganzen Erbgut das damit verbunden ist; die Sprache aber auf geistigem Wege, durch die Wirkung der gesamten Umgebung auf den heranwachsenden Menschen. Daher können Menschen von ganz anderer Herkunft in eine Sprachgemeinschaft aufgenommen werden und werden es auch tatsächlich.

Die Beispiele liegen zahllos zur Hand; man denke etwa an die romanischen Völker, die blutmäßig nur zum geringen Teil von den Römern abstammen, an Nordamerika, wo so ziemlich alle Völker der Erde in der einen, englischen Sprache sich zusammenfinden. Die beiden Begriffe Rasse und Sprache gehören zwei verschiedenen Bereichen an: die Rasseeigenschaften fließen der Generationenfolge nach; Rasse ist ein naturwissenschaftlicher Begriff. Die Sprache wird auf geistige Weise weitergegeben; sie ist eine Erscheinung der Kultur. Alle Versuche, Sprache und Rasse in ursächlichen Zusammenhang zu bringen, waren von vornherein zum Scheitern verurteilt und sind dann auch tatsächlich gescheitert[1]. Etwas ganz anderes ist es, wenn beim Zusammentreffen zweier Völker und zweier Sprachen das eine Volk seine Sprache zugunsten der anderen aufgibt, aber gewisse Gewohnheiten aus jener in diese hinüberrettet. Das ist wiederum ein sprachlich-geistiger Vorgang, nicht ein blutmäßiger. Nicht Vererbung ist hier im Spiel, sondern direkte Übertragung.

Es ist also eine geistige Gemeinschaft, was eine Sprache trägt. Diese Gemeinschaft ist durch die Herausarbeitung der betreffenden Sprache zusammengeschlossen worden. Soweit uns die Geschichte Dokumente schenkt, sehen wir allerdings immer nur neue Sprachformen sich aus älteren entwickeln; wir sehen Sprachgemeinschaften infolge des Schwundes des inneren Zusammenhangs, infolge mangelnden Verkehrs usw. auseinanderbrechen und sich neuen Verhältnissen entsprechend neu gruppieren. Aber eine primär sich bildende Sprache und Sprachgemeinschaft zu beobachten, ist uns nicht gegeben. Höchstens können wir sagen, daß Entstehung der oder einer Sprache, Entstehung der sie tragenden Gemeinschaft, Erwerb des Geistes, Menschwerdung genetisch zusammengehören.

Nun gibt es ja noch andere menschliche Gemeinschaftsformen als die Sprachgemeinschaften. Die politischen Gemeinschaften z. B. stimmen nur selten restlos mit der sprachlichen überein. Religiöse Gemeinschaften schon

---

[1] Siehe L. Weisgerber, Wörter und Sachen 16 (1934), 172ff.

gar sind nicht an dieses oder jenes Sprechvolk gebunden. In primitiven oder urtümlichen Verhältnissen allerdings (z. B. bei Negerstämmen oder im alten Juda usw.) bestand, resp. besteht, weitgehend Übereinstimmung all dieser Gemeinschaften Gegenüber den anderen Formen von Zusammenwachsen menschlicher Individuen zu einer Einheit hat aber die Sprachgemeinschaft eine Sonderstellung: da alles geistige Leben, alles im eigentlichen Sinne des Wortes menschliche Leben erst mit der Sprache erwachen kann, muß die Sprachgemeinschaft die ursprünglichste, erste und älteste aller Gemeinschaften sein. Gunther Ipsen sagt (*Sprache und Gemeinschaft,* Bericht über den 12. Kongreß der deutschen Gesellschaft für Psychologie, Hamburg 1931, S. 187 ff.): „Sprache ist der sich zur Welt entfaltende, sich als Welt begegnende und erkennende wirkliche Geist der Gemeinschaft; Gemeinschaft ist das Wir, das sich in der Sprache seiner selbst bewußt wird und mitteilt." Es ist seltsam, daß bislang in der Geschichtsschreibung die hohe Bedeutung dieser Gemeinschaftsform, ihre ausschlaggebende Wirkungskraft bei der Gestaltung des geschichtlichen menschlichen Lebens wenig beachtet wurde. Wir wissen zwar, daß z. B. die Griechen sich durch den gemeinsamen sprachlichen Besitz gegenüber den Nichtgriechen verbunden fühlten. Wie aus Sprachgemeinschaften heraus neue Völker und Staaten erwachsen können, dafür bieten uns die romanischen Völker das eindrucksvollste Beispiel[1].

Wie verschieden aber die Wege sein können, auf denen Sprachgemeinschaften entstehen, sich verfestigen und auswachsen, das möge ein Vergleich zwischen dem Werden der drei größten Sprachen unseres Kontinents zeigen.

Mit ihrem Reich hatten die Römer eine umfassende politische Einheit geschaffen, in der die Völker verschiedensten Ursprungs durch ein wirkliches Bewußtsein der Zusammengehörigkeit verbunden waren. Sprachlich freilich blieb diese Einheit eine Zweiheit: Latein beherrschte den Westen, während der Osten beim Griechischen verblieb. Rom hatte das große Werk vollbracht, den ganzen Okzident einer Sprache untertan zu machen. Von der Mündung des Tajo bis zur Mündung der Donau, von Karthago bis in die heutigen Niederlande sprach man ein und dieselbe Sprache. An der Schnittlinie der beiden Sprachen zerfiel das Reich, als es innen immer morscher wurde. Und auch die lateinische Einheit zerbrach am Ausgang des Altertums, teils aus innerer Zersetzung, teils durch den Einbruch der Germanen.

Der Westen Europas wurde nun germanisch-romanisch. Diese neue Welt, an der Germanen und Romanen in ununterbrochener Wechselwirkung gemeinsam bauten und bauen, nennen wir das Abendland. Diese Lande nach

[1] Vgl. W. von Wartburg, Die Entstehung der romanischen Völker, Halle a. S. 1939.

dem römischen Vorbild und in dessen Erneuerung in eine große Einheit wieder zusammenzuschmelzen, war das Wunschbild vieler germanischer Stämme[1]. Wirklichkeit werden konnte dieser große Traum nur von dort aus, wo romanisches und germanisches Wesen sich am meisten die Waage hielten, sich am innigsten als Gleichberechtigte miteinander vermählten. Dieses Land war der Norden Galliens, in dem, wie durch die Forschung mit Sicherheit festgestellt worden ist, 200 bis 300 Jahre Germanen und Romanen zusammenlebten. Die Vollendung der Einigung des Abendlandes war das Werk Karls des Großen. Und doch sollte dieses große, allumfassende Reich nur eine flüchtige Durchgangsform sein: schon 29 Jahre nach Karls Tod zerfiel es in drei Teile.

Aber wie den Völkern die Erinnerung an das Römische Reich geblieben war, so hielten sie auch an der Idee der sprachlichen Einheit fest, wenigstens in der Schrift. Die Wiederaufrichtung und Erneuerung des römischen Gedankens hatte Karl auch im Sprachlichen versucht. Bis auf seine Tage war das geschriebene Latein in einem gewissen Maße der Entwicklung der gesprochenen Sprache gefolgt, hatte sich also von der klassischen Norm weit entfernt. Die karolingische Renaissance wollte auch in der Sprache das Rom der Blütezeit zu neuem Leben erwecken. So drängte sie bewußt die zahlreichen Vulgarismen, die sich in den lateinischen Texten der Zeit fanden, aus dem schriftlichen Gebrauch der Sprache heraus. Doch nicht weniger lagen dem großen Kaiser die inneren Rechte der deutschen Volkssprache am Herzen, auch in ihr sah er die ursprüngliche Formgebung eines geistigen Lebens, dessen Pflege heilige Aufgabe seiner Kulturpolitik war.

Durch die Wiederherstellung seiner klassischen Reinheit wurde das Latein vollends zur Sprache der Gebildeten, unerreichbar dem gewöhnlichen Volke. Daß damit die Frage gestellt war, wie der Verkehr mit den des Latein Unkundigen sich weiterhin vollziehen mochte, war den führenden Persönlichkeiten wohl klar. Wie sollten vor allem in dieser Form die Fragen des Heils vom gemeinen Manne verstanden werden? Dieses Problem war am Ende der Regierungszeit Karls so brennend geworden, daß es auf die Tagesordnung des großen Konzils von Tours gesetzt wurde, zu dem sich die Bischöfe des gewaltigen Reichs 813 versammelten. Ihr Beschluß schrieb den Priestern vor, das Wort Gottes in der Sprache des Volkes zu erklären: „*transferre in rusticam romanam linguam, aut in theotiscam, quo facilius cuncti possint intellegere quae dicuntur*", damit alle verstehen können, was gesprochen wird. Es ist dies das erstemal, daß der Sprache des Volkes gegenüber dem Latein ein kleiner Platz im öffentlichen Gebrauch eingeräumt wird. Dieses Beschlußprotokoll ist so etwas wie die Geburts-

[1] Siehe W. von Wartburg, Umfang und Bedeutung der germanischen Siedlung in Nordgallien im 5. und 6. Jahrhundert im Spiegel der Sprache und Ortsnamen, Berlin 1950 (Dt. Akad. d. W., Vorträge und Schriften, 36).

urkunde der europäischen Nationalsprachen. Es ist der erste Schritt am Anfang einer jahrhundertelangen Entwicklung. Als deren Abschluß kann man die berühmte Ordonnanz ansehen, die Franz I. 1539 in Villers-Cotterets erließ, um die Justiz seines Landes zu ordnen. Die beiden Artikel 110 und 111 dieser Ordonnanz setzten fest, daß in Zukunft alle Gerichtsurteile französisch auszufertigen seien. Das ist der Endpunkt des Kampfes; von diesem Zeitpunkt an ist das Latein endgültig aus dem öffentlichen Gebrauch verbannt, es ist nur noch Schul- und Gelehrtensprache und dient beim Lesen der Messe. 813 bis 1539! Mehr als sieben Jahrhunderte hat also das Französische gebraucht, um das gesamte öffentliche Leben der Nation zu erobern.

Die gewaltige Entwicklung, welche in dieser Zeitspanne zu durchlaufen war, können wir erst ermessen, wenn wir die beiden Erlasse von Tours und von Villers-Cotterets miteinander vergleichen. Wenn wir das tun, sehen wir, daß Villers-Cotterets einen doppelten Sieg bedeutet, daß zwischen 813 und 1539 nach zwei Seiten gekämpft werden mußte. 813 wird den Priestern aufgetragen, in der Sprache des Volkes zu interpretieren, was bedeutete, daß jeder sich der lokalen Mundart zu bedienen hatte. Ein Wort etwa wie der Ausdruck für „beladen" war demnach in Arras als *carguier*, in Paris als *chargier*, in Lyon als *tzardzier*, in Limoges als *charjar*, in Narbonne als *cargar* auszusprechen. Eine allgemeingültige Vulgärform gab es damals noch nicht. 813 bringt also nur die erste Einschränkung des Latein. 1539 aber wird nicht nur der Gebrauch des Lateinischen verpönt, sondern auch der Gebrauch der lokalen Mundarten. Für „beladen" darf nur noch *charger*, die Form von Paris, gebraucht werden. 1539 bedeutet den Abschluß des Kampfes gegen das mittelalterliche Latein, zugleich aber auch den endgültigen Sieg der Mundart von Paris über die Provinz. Um zur Sprache der ganzen Nation zu werden, mußte das Idiom von Paris sowohl das Latein in seine Schranken zurückweisen als auch sich selber allmählich über die Idiome der anderen Landschaften erheben.

Die frühe und gemeinsame Reife des Deutschen und Französischen verstehen wir nur aus der Geschichte der Länder zwischen Rhein und Loire im frühen Mittelalter. Unter den germanischen Stämmen, die ins gealterte Römische Reich einbrachen, erwiesen sich die Franken als die einzigen, die fähig waren, dem Abendland wieder eine Form zu geben. Die Westgoten in Spanien lebten abgeschieden dahin. Die Langobarden in Italien waren zu spät gekommen, vermochten den byzantinischen Widerstand nicht ganz zu brechen, und ihre Nationalpolitik zerschellte schließlich am Gegensatz zum Papsttum. So wurde das Siedlungsgebiet der Franken, Nordgallien und die anschließenden Länder am Rhein, zum Schicksalsland des Okzidents. Hier verband sich dasjenige, was von der Antike lebendig weiterwirkte, am innigsten mit der neuen germanischen Kraft. Zwischen Loire,

Schelde und Rhein lag die politische und kulturelle Hauptkraft des Merowingerstaates. Und als die Mauren Spanien eroberten, da verlagerte sich vollends der Schwerpunkt der Weltgeschichte nach Nordgallien.

Diese germanisch-romanische Durchdringung sollte nun auch sprachlich von größter Bedeutung werden. Das Romanische erhielt unter dem Einfluß der Franken eine ganz besondere Lautform. Der starke Gegensatz, in dem das Französische zu den übrigen romanischen Sprachen steht, geht auf den fränkischen Einschlag zurück. Diese Sonderform des Französischen wirkte nun aber auch ihrerseits auf das benachbarte Germanische zurück. Gewisse wesentliche Züge des Althochdeutschen, wie z. B. die Diphthongierung von *e* und *o*, sind durch die Einwirkung des Romanischen entstanden, die eben bei der Symbiose der beiden Völker sich einstellen mußte. So wirken die Kräfte in jener Frühzeit hin und her: ältestes Französisch und Althochdeutsch sind durch gemeinsame Entwicklungstendenzen, durch ein intensives Geben und Nehmen, von Anfang an miteinander verbunden. Sie sind im gleichen politischen Raum erwachsen. Und als die Sprachen dieses führenden Frankenreiches gehen sie gemeinsam den Völkern des Kontinents voran.

Diese beiden Frankenidiome, das romanische und das germanische, stellen sich durch die Herausbildung einer besonderen Form in scharfen Gegensatz zu den nächsten Verwandten: das Französische Nordgalliens scheidet sich vom Provenzalischen des Südens, das Hochdeutsche in Süddeutschland südlich des Mains scheidet sich vom Niederdeutschen, dessen Gebiet ja bis zu Karl dem Großen größtenteils außerhalb des Reiches bleibt. So verstehen wir auch, wie diese Sprachen zuerst zu eigenem Bewußtsein erwachen. Jener Erlaß von Tours hat sich gleicherweise auf das Deutsche und auf das Romanische bezogen. Und gemeinsam ist ihnen auch das älteste erhaltene Dokument, die berühmten Straßburger Eide von 842, durch die sich Herrscher und Volk der beiden national empfindenden Reichsteile, des Ostens und des Westens, gegen das Mittelreich Lothars verbündeten.

Und nun beginnen unmittelbar, noch im 9. Jahrh., in beiden Ländern die Menschen auch in der Sprache des Volkes und der Mutter zu dichten: in Frankreich ist diese Literatur, wenigstens soweit wir heute erkennen können, religiösen Inhalts, in Deutschland ist sie vorwiegend religiös. Daneben erklingt allerdings hier auch schon das Heldenlied, das sich an den großen Gestalten der Völkerwanderungszeit oder an bedeutenden Taten der Gegenwart entzündet (Hildebrandslied, Ludwigslied).

Doch im 10. Jahrh. schlägt auf einmal Deutschland einen anderen Weg ein. Während Frankreich bei der Idee des Nationalstaates verharrt, stellt sich Deutschland in den Dienst der Reichsidee. Im Zusammenhang mit der Übernahme des Kaisertums steigt hier zur gleichen Zeit das Ansehen der lateinischen Sprache gewaltig. Gleichwie Deutschland die Last des alten Römischen Reiches auf sich lädt und politisch dessen Erbschaft übernimmt, so gibt es dem Latein allein die Ehre und vernachlässigt die Muttersprache. In der zweiten Hälfte des 10. und im 11. Jahrh., in der Blütezeit des deutschen Reiches unter den Ottonen, weicht so das Deutsche vor dem Latein. Es schien dem deutschen Menschen jener Zeit, daß eine wirklich kunstvolle Literatur nur in der allen Ländern gemeinsamen, aber volksfremden Sprache des Mittelalters möglich sei. Damit war das Volk von der Anteilnahme an der höheren Literatur ausgeschlossen. Es öffnete sich in der deutschen Nation eine Kluft zwischen denen, die an der höheren Bildung Anteil hatten, und den breiteren Volksschichten, denen der Zugang versagt war. So ist aus einem Zeitraum von anderthalb Jahrhunderten, der Zeit der sächsischen Kaiser und der ersten Salier, kein Gedicht in deutscher Sprache erhalten. Sicher ist die deutsche Poesie in dieser Zeit nicht völlig erstorben. Aber sie lebt nur mündlich weiter und wird der Aufzeichnung nicht für würdig erachtet. Ehedem hatten die Sänger an den Höfen angesehene Stellungen inne. Jetzt gelten sie als bloße Spielleute (*jongleurs*), sie gehören dem fahrenden Volke an.

Der Anstoß zur Befreiung von der lateinischen Vormundschaft kam aus dem Westen. Weder in Frankreich noch in Deutschland war die religiöse Literatur je unterbrochen worden. Wenn auch die Quellen spärlich fließen, so sind uns doch in beiden Ländern aus allen Jahrhunderten seit dem neunten vulgärsprachliche Texte erhalten, welche die großen Wahrheiten des Christentums dem Volke in poetisch verklärter Form nahebringen. Aber diese engen Dämme religiöser Erbauungsliteratur wurden in Frankreich in der zweiten Hälfte des 11. Jahrh. weggerissen. Der große Augenblick ist die Schöpfung des Rolandsliedes. Zweifellos hatte die Erinnerung an die Helden der großen karolingischen Epoche im Volke weitergelebt; das Bewußtsein einer großen Sendung des Frankenreiches war auch in den Zeiten des Zerfalls nie ganz geschwunden. Und Kleriker verliehen ihm Ausdruck in lateinischen Gedichten und zugleich nährten sie es damit. Im Verlauf des 11. Jahrhunderts wuchs das französische Volk in die Aufgabe hinein, Vorkämpfer des Christentums zu sein. Die Kriege gegen das Heidentum, angefangen mit den Einzeltaten weniger normannischer Ritter in Unteritalien und fortgeführt durch eigentliche Feldzüge gegen die Muselmanen in Spanien, dazu die von den neugegründeten französischen Orden ausgehende Erneuerung und Vertiefung des geistlichen Lebens, hatten allmählich das Bewußtsein einer religiösen Sendung geschaffen, die dem französischen Volk geworden sei. Hatte Deutschland das politische Erbe Karls des Großen auf sich genommen, so fühlte sich Frankreich mehr vom religiösen Aspekt seiner allumfassenden Idee und des darauf gegründeten Strebens ergriffen. Dies aber ist, im Gegensatz zur politischen Reichsidee, wohl vereinbar mit einem erstarkenden nationalen Bewußtsein. Dieses Bewußtsein nationalisierte in steigendem Maße auch jene großen Gestalten der Vergangenheit: Karl den Großen und die um ihn gelebt hatten. Das Frankenreich der großen Vorzeit wird ihnen mehr oder weniger identisch mit ihrem Frankreich. Was an Erinnerungen an jenes noch weitergelebt hatte, wird umgeschmolzen. Nationales und religiöses Empfinden verbinden und steigern sich gegenseitig mächtig. Und endlich faßt, vielleicht um 1080, ein sprachgewaltiger Dichter, der mit hellem Bewußtsein erfaßt, was die Massen um ihn empfinden, alles zusammen, und verleiht dem christlich-nationalen Fühlen seines Volkes einen kristallklaren Ausdruck. Und ungefähr zur selben Zeit, da in französischer Sprache das Epos mit ursprünglicher Gewalt sich kundgibt, öffnet sich in der romanischen Sprache Südfrankreichs die zarte Blüte des Minnesangs. Sie fügt zum nationalen Erwachen die dichterische Selbsterfassung des Individuums und seines persönlichen Erlebens.

Doch der Dichter des Rolandsliedes hat durch die poetische Kraft seiner Sprache nicht nur seinen eigenen Landsleuten, sondern auch den deutschen Nachbarn die Zunge gelöst. Beide Dichtungen, die epische in französischer Sprache und die lyrische in provenzalischer, wirken mächtig auf die Deutschen ein: auch in Deutschland wendet sich nun das dichterische Genie befreit der Sprache des Volkes zu. Die beiden ersten großen Epen behandeln Stoffe, die vom Westen kommen. Es sind die Geschichte Alexanders des Großen, vom Pfaffen Lambrecht dem Epos des Alberich von Besançon nachgedichtet, und des Pfaffen Konrad Rolandslied (wohl um 1135). Ihnen schließen sich an die Bearbeitungen der Aeneis nach französischer Vorlage. In raschem Aufstieg erreicht nun die deutsche Dichtung die stolze Höhe ihrer mittelalterlichen Blütezeit. Mit Hartmann, Gottfried, Wolfram, Walther erreicht die mittelhochdeutsche Sprache jene staunenswerte Formvollendung, die wir in den Epen der Genannnten, in den Nibelungen usw., in den Liebesgedichten des deutschen Minnesanges bewundern. Der Anstoß zur Befreiung des deutschen Geistes aus den Fesseln einer fremden und toten Sprache war aus dem Westen gekommen; er hatte die deutsche Sprache zum Selbstbewußtsein erweckt.

In den Betrachtungen über den Aufstieg der nationalen Sprachen pflegte man lange Zeit nur deren Verwendung zu literarischen Zwecken zu verfolgen. Mit Unrecht. Der Gebrauch der Sprache zur schriftlichen Fixierung geschäftlicher, politischer, administrativer Abmachungen ist im ganzen des Sprachlebens nicht von so untergeordneter Bedeutung, wie manche meinen. Es scheint an sich natürlich, daß diese Dokumente, deren Abmachungen und Bestimmungen von jedem verstanden werden müssen, in der Volkssprache verfaßt werden. Von wo ist der Anstoß zum Gebrauch der Volkssprache auf diesem Gebiet gekommen? Wenn man die verschiedenen europäischen Länder unter diesem Gesichtspunkt vergleicht, stellt man mit Staunen fest, daß hier die zeitlichen Unterschiede sehr groß sind. Allen voran geht Südfrankreich, und zwar um mehr als ein Jahrhundert. Aus dem Jahre 1102 ist die erste Urkunde provenzalischer Sprache datiert. Allerdings setzt die Bewegung nicht überall zugleich ein. Es sind besonders die Gegend von Toulouse, das Albigeois, Quercy, Rouergue und Gévaudan, die so früh provenzalisch urkunden. Es sind deutlich die Gebiete, die auch am meisten politischen Unabhängigkeitsgeist, am meisten Selbstbewußtsein gegenüber dem französischen König zeigen sollten und gegen die sich später vornehmlich der Albigenserkreuzzug richtete. Die andern Gegenden des Südens folgten nur zögernd. Im Norden, im französischen Sprachgebiet, schlug der Drang zur vollen Anerkennung der Volkssprache in den Urkunden bezeichnenderweise zuerst bei den Städten des äußersten Nordens durch: Tournai urkundet in der Volkssprache seit 1235, Lüttich seit 1233, Arras und die andern stolzen Städte der Pikardie ebenfalls seit etwa 1230. Etwas von dem Unabhängigkeitsgeist dieser Bürgerschaften drückt sich darin aus. Einige Jahrzehnte später folgen dann Paris, die Champagne, die Bourgogne usw. Am sprödesten zeigen sich die dem Grafen von Savoien gehörigen Gebiete (wie etwa die Bresse nördlich von Lyon), die bis Ende des 16. Jahrh. lateinisch urkunden.

Etwas später noch als Nordfrankreich folgt Deutschland nach. Auch hier sind es Ursachen sozialer Natur, die mit elementarer Gewalt die Vorherrschaft des Latein in Verwaltung und Politik brechen. Es ist in Deutschland die Zeit, wo der niedere Adel aufsteigt und die Vorherrschaft des höheren Adels sinkt. Der niedere Adel hatte keine Kanzleien und Kapläne; so wurde die deutsch geschriebene Urkunde für ihn zur Notwendigkeit. Und ähnlich wie in Flandern strebten auch in Deutschland, besonders im Südwesten, die freien Städte mächtig empor. Wieweit diese internen Ursachen maßgebend waren, wieweit das französische Beispiel den Ausschlag gab, ist schwer zu sagen: Tatsache ist, daß die Frankreich zugekehrten Gebiete am Rhein sich zuerst der Muttersprache zuwandten: ungefähr vier Fünftel der deutsch geschriebenen Urkunden vor 1300 stammen von dort. Allen voran verkehrten die Städte, die in der heutigen Schweiz liegen, schon um 1250 miteinander auf Deutsch.

Das 13. Jahrh., das Jahrhundert, in dem das Volk, besonders die städtische Bürgerschaft, überall nach Teilnahme an der Leitung der öffentlichen Angelegenheiten drängt, gibt also auch den Nationalsprachen, wenigstens dem Französischen und dem Deutschen, die volle Selbständigkeit. Davon künden auch die Wandlungen in der äußeren Form der literarischen Werke. Im 12. Jahrh. fehlen, mit Ausnahme einiger wörtlicher Übertragungen von Teilen der Bibel, alle Prosatexte. Nur in Versform gelangen vulgärsprachliche Texte zur Aufzeichnung. Sogar die Chronisten dieser Zeit müssen ihre historischen Werke in Verse zwängen. Jetzt aber, zu Beginn des 13. Jahrh., ersteht die Prosa. Um 1210 schreibt Geoffroy de Villehardouin, einer der Führer des vierten Kreuzzuges, anschaulich und sachlich klar, in flüssiger Prosa, seine *Conqueste de Constantinople*. Er bricht damit der französischen Geschichtsschreibung die Bahn. Ihm folgen in kurzem Abstand mehrere bedeutende Darstellungen. 1213 tritt durch die *Fet des Romains* eine Kompilation aus Sueton, Sallust u. a., die antike Geschichte in die Vulgärliteratur herein. Auch außerhalb der Geschichte erkennt man nun die Möglichkeit, wissenschaftliche Erkenntnis in französischer Prosa darzustellen. Die berühmtesten Beispiele sind merkwürdigerweise die Werke zweier Italiener: der um 1265 geschriebene Trésor des Florentiners Brunetto Latini und die große Reisebeschreibung des Marco Polo. Aber auch in der schönen Literatur bringt der Beginn des 13. Jahrh. eine bedeutsame Wandlung: man fängt an, die Versromane, besonders aus dem höfischen Kreis, aufzulösen und in Prosa umzugießen. Das erste Beispiel ist der Perlesvaus.

Was wir bis jetzt in großen Umrissen geschildert haben, ist der langsame Aufstieg der Volkssprache im Kampf gegen das mittelalterliche Latein. Es bleibt uns noch der andere Teil des Kampfes zu zeigen: wie die Mundart gerade einer bestimmten Gegend über alle diejenigen des ganzen Landes emporgestiegen ist. Hier stehen sich die beiden Sprachen, die aus dem Frankenreich hervorgegangen sind, diametral gegenüber.

Das Land, das man in der ersten Hälfte des Mittelalters und noch lange darüber hinaus France nannte, war Gallien nördlich der Loire. Bis an die Loire hatten ja die Franken kolonisiert. Dieses Land besitzt einen natürlichen Mittelpunkt: Paris. In und um Paris vereinigen sich alle die großen Flußläufe Nordgalliens: die Seine, die Marne mit der Yonne, die Oise mit der Aisne. Hier hatten schon die Merowingerkönige das ideelle Zentrum ihres Reiches gehabt, und nach der mehr östlich tendierenden Zeit der ersten Karolinger kehrte es wieder an diesen Punkt zurück. Seit 987 war die neue Königsdynastie schon durch die Lage ihres Familienbesitzes an diese Gegend gebunden. Und wenn auch die politisch-militärische Macht der neuen Könige aus dem Hause Capet noch für lange Zeit gering war, so wurde sie doch in ihrem ideellen Wert gewaltig gestützt durch die Verbindung mit der Kirche. Die Abtei St. Denis war der geistliche und politische Schwerpunkt des Landes. Der Klerus tat sein möglichstes, um den König mit einem religiösen Nimbus zu umgeben. Deswegen war der König auch beim einfachen Volk der Gegenstand besonderer Verehrung und Liebe. Im gleichen Sinn wie diese politisch-geographischen Tatsachen wirkten auch die rein sprachlichen Zustände. Die Mundart von Paris konnte wie eine mittlere Norm gegenüber den peripheren Dialekten erscheinen. Die Mundarten der Normandie und der Pikardie hatten durch ihre Lautentwicklung etwas stark Exzentrisches erhalten. Dem fr. *chasser* z. B. entsprach dort lautgerecht die Form *cacher*. So war schon von Anfang des 12. Jahrh. an die Sprache der Isle-de-France maßgebend für den literarischen Gebrauch. Dichter wie Chrétien de Troyes lassen deutlich erkennen, wie sie in späteren Werken die Dialektform vermeiden, die sie in jüngeren Jahren noch gebrauchten. Im 13. Jahrh. verlagert sich allerdings das kulturelle Gewicht der Nation stark nach dem Norden: die aufstrebenden pikardischen und flandrischen Städte und Landschaften bringen in dieser Zeit eine überaus große Zahl von Dichtern hervor. Das hat seine Folgen auch für die Sprache. Eine Reihe pikardischer Eigenheiten drängt sich vor, so z. B. wird die ältere Endung *-iée*, die in Paris bleibt, im Pikardischen zu *-ie*, und diese Form wird gelegentlich auch von nichtpikardischen Dichtern gebraucht. Aber diese Gefahr der Pikardisierung, während einiger Jahrzehnte eine wirkliche Gefahr, ging mit dem Jahrhundert wieder zu Ende und die Mundart der Isle-de-France wurde wieder allein maßgebend. Nur in Spuren läßt sich jene Epoche des pikardischen Übergewichts noch erkennen. Man sagt heute nicht *araignie* wie im Pikardischen, das Französische ist bei der Pariser Form *araignée* stehengeblieben. Wohl hat sich aber die pikardische Entsprechung von *feuillée* im Französischen eingebürgert. Afr. *feuillée*, Ableitung von *feuille*, bedeutete eine Laubhütte, sodann ein fröhliches, ausgelassenes Volksfest, das in einer Laubhütte gefeiert wird. Die pikardische Form hierfür ist *folie*, und dieses Wort liegt z. B. vor im Namen der Folies Bergères, die erst sekundär durch Volksetymologie aus „der Schäferin Laubhütte“ zu „der Schäferin Tollheiten“ umgedeutet worden sind. So beugte sich im Laufe des 14. Jahrh. auch die Provinz restlos der von Paris kommenden Literatursprache. Es ist seltsam zu sehen, wie die Reihe der Autoren, die der heimischen Mundart treu bleiben, am Ende dieses Jahrhunderts in einem der Größten gipfelt und dann plötzlich abbricht. Froissart ist der letzte Vertreter einer großen Tradition, die sich außerhalb des Königreichs Frankreich erhalten hatte. Froissart schreibt sein großes Geschichtswerk in einem Französisch, in dem auf jeder Zeile die Mundart seiner flandrischen Heimat durchscheint. Aber schon die großen flandrischen Chronisten des 15. Jahrh., die im Auftrag Philipps, Karls des Kühnen, Marias von Burgund, ja der eigentlichen Habsburger schreiben, bemühen sich, trotzdem sie politisch zu den Gegnern des Königreichs gehören, dessen Sprache, das Französische, möglichst gut zu schreiben. So ist der Aufstieg der Mundart von Paris zur allgemein anerkannten Schriftsprache erstaunlich gradlinig. Es wohnt dem Französischen offenkundig von Anfang an ein stärkerer Drang zur Zentralisation inne als den Sprachen anderer Völker.

Das wird ganz besonders deutlich bei einem Vergleich mit Deutschland [1].

[1] Vgl. vor allem W. Ebert–Th. Frings–K. Gleißner–R. Kötzschke–G. Streit-

Ich hebe hier nur heraus, was für die Gegenüberstellung zu Frankreich wesentlich ist. In Deutschland hat sich im Mittelalter nie eine eigentliche Schriftsprache durchzusetzen vermocht. Die Unstetigkeit der kaiserlichen Residenz ließ kein Zentrum groß werden. Zwar ist es deutlich, daß die Dichter die ausgesprochensten Eigenheiten ihrer heimatlichen Mundart nicht mitmachen. So schreiben auch die Alemannen, deren Texte unverkennbar lokal gefärbt sind, gemeindeutsch, z. B. *güete* statt des eigenen *güeti*. Auch die ausgleichende Wirkung, die von den damaligen Kulturträgern, dem Rittertum, ausging, genügte nicht, um eine eigentliche Dichtungssprache erstehen zu lassen. Die einzelnen kleinen Räume, aus denen Deutschland besteht, streben auch geographisch so sehr auseinander, daß nirgends ein geographisches Zentrum sich mit der Selbstverständlichkeit bilden konnte, mit der Paris in Frankreich dasteht. Und ein jeder dieser kleinen Räume hielt hartnäckig an seiner Tradition fest. Erst die große deutsche Wanderung des 11., 12. und 13. Jahrh. schuf die Voraussetzungen zum Erwachen einer Schriftsprache. Diese Wanderung nach Osten führte

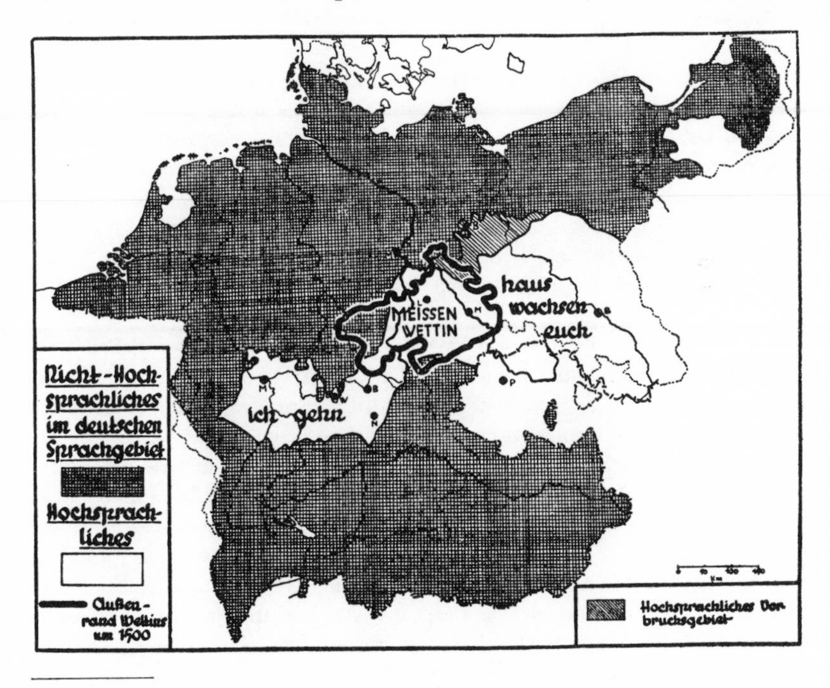

berg, Kulturräume und Kulturströmungen im mitteldeutschen Osten, 2 Bde., Halle a.S. 1936. Ferner: W. Henzen, Schriftsprache und Mundarten, Zürich-Leipzig 1938.

zahlreiche Deutsche aus dem Mittelgebirge – Harz, Thüringer Wald, Fichtelgebirge – nach der Ebene östlich Saale und Elbe. Die vorstehende, aus dem in der Anmerkung zitierten Werk übernommene Karte beruht auf der Vereinigung von fünf für die heutige deutsche Schriftsprache charakteristischen Formen (*wachsen* statt *wassen*, *euch* gegen bayrisch *enk* usw.). Jede dieser Formen hat im deutschen Sprachgebiet ihre eigene, von derjenigen der andern abweichende Verbreitung. Einzig das weißgelassene Gebiet vereinigt alle fünf Formen. Dieses Gebiet hat auf altem deutschem Boden die Form eines schmalen, oft sich sehr verengenden Schlauches, im Neuland aber weitet es sich wie der Horizont der weiten Ebene nördlich des Erzgebirges. Hier bildete sich eine eigentliche koloniale Durchschnittssprache, doch mit starkem Überwiegen der mainfränkischen Züge. Auch in Deutschland war es also, wie in Frankreich, der Stamm der Franken, der dem nationalen Idiom die charakteristische Prägung gab. Das stete Wachsen des Wettinerstaates: nach Schlesien zu, ins alte Reich zurück, durch die Angliederung Thüringens, gab der Kanzleisprache Meißens eine Weite des Geltungsbereiches, die kein anderes mitteldeutsches Land hätte bieten können.

Dieser sächsischen Kanzleisprache tritt im 15. Jahrh. die Kanzleisprache des habsburgischen Österreich zur Seite. Unter Friedrich III. und Maximilian I. war Wien ein bedeutendes Zentrum geworden, das auch sprachlich eine große Autorität besaß. Vielleicht hätte es über Sachsen siegen können. Aber nach dem Tode Maximilians verlegte Karl, der der deutschen Sprache abgeneigt war, die Reichskanzlei nach Mainz. Wien war sprachlich durch seine eigenen Herren entthront.

Und dann stehen wir bei Luther, dessen Wort die Sprache des Wettinerstaates in alle deutschen Gaue trägt.

Noch bleibt aber ein weiterer, letzter und wichtigster Schritt zur sprachlichen Einigung der beiden Länder zu tun. Wir erinnern uns, wie das Französische und das Hochdeutsche aus dem Frankreich der Merowinger hervorgegangen sind, ungefähr auf der gleichen geographischen Breite. Das Französische hat damit den Süden Galliens abgestoßen, das Hochdeutsche aber den Norden Deutschlands. Diese Zertrennung der beiden Länder blieb unangetastet, bis innerhalb der reduzierten Gebiete die Vorherrschaft der einen Mundart entschieden war. Von diesem Zeitpunkt an mußte aber die siegende Mundart auch das früher ausgeschiedene Gebiet in ihren Bannkreis ziehen. In Frankreich, wo Paris von Anfang an herrscht, tritt dieses Ereignis schon im 13. Jahrh. ein. 1208 brechen die Horden des gegen die Albigenser geführten Kreuzheeres in den Süden ein, alles verwüstend und mordend. Dieser Feldzug, einer der barbarischsten, den die Geschichte kennt, hat auch die Blüte der provenzalischen Dichtung gebrochen. Von da an hat die Literatur in der Sprache des Südens nur noch regionale Bedeutung. Nie mehr hat sie sich von diesem Schlag zu erholen vermocht. Die sprachliche Einigung Frankreichs, die Überwindung der ums Jahr 500 entstandenen Sprachgrenze quer durch Frankreich, war durch diesen Krieg entschieden.

Auch das Niederdeutsche war zu einer eigenen Schriftsprache geworden mit einer ansehnlichen Literatur. Zur Zeit der Blüte der Hansa war es sogar die Handels- und Verkehrssprache des gesamten europäischen Nordens. Aber der Niedergang der Hansa und das Fehlen eines wirklichen dichterischen Genies verhindern es, daß diese Sprache eine größere Strahlungskraft entwickelt. Und durch die Reformation gerät sie ganz in den Schatten des Hochdeutschen. Zwar ganz gegen den Willen der Reformation selber, die ja wollte, daß jeder in seiner eigenen Sprache zu den großen Gütern des christlichen Glaubens geführt werde. Es ist rührend zu sehen, wie Luther das Niederdeutsche gegen seine eigene Schwäche zu schützen sucht. Er sorgt sogar dafür, daß die Bibel auch ins Niederdeutsche übersetzt wird. Aber die gesamte theologische Literatur der Reformation ist hochdeutsch. So gewöhnt sich die Geistlichkeit daran, ihre Dispute und Auseinandersetzungen hochdeutsch zu führen. Ihr folgt das übrige Bürgertum und damit ist das Niederdeutsche zur Sprache des unteren Volkes geworden; als vollwertige Schriftsprache fällt es aus.

Als letztes von allen romanischen Ländern besinnt sich Italien auf seine Volkssprache. Mehr als drei Jahrhunderte später als Frankreich, ein Jahrhundert nach Spanien. Als endlich, zu Beginn des 13. Jahrh., auch hier das Idiom des Landes in der Schrift auftritt, scheint die Lage hoffnungslos verworren. In keinem romanischen Land gehen die Mundarten so weit auseinander, in keinem sind sie so in kleine Räume aufgeteilt wie hier. Daher greift zuerst jede Landschaft zum eigenen Idiom: Oberitalien ist geteilt zwischen seinen Stadtmundarten und dem Provenzalischen. An den Höfen der großen Adligen, wie z. B. der Markgrafen von Monferrat, wird der provenzalische Minnesang gepflegt. Provenzalisch steht ja dem Piemontesischen viel näher als Toskanisch. Zu gleicher Zeit beginnen die Bürger der lombardischen Städte ihre Lebenserfahrungen und moralischen Grundsätze in holprige Verse zu kleiden und greifen dafür zur eigenen Mundart. In umbrischer Mundart dichtet der heilige Franz seinen Sonnengesang. Auch in der Toskana erscheint in dieser Zeit das erste Vulgärdokument. Es ist das Rechnungsbuch eines Bankiers.

Die erste eigentliche Dichterschule erblüht am Hofe Friedrichs II. in Sizilien. Sie bedient sich der sizilianischen Mundart. Zwar kommt sie nicht über eine Nachahmung der provenzalischen Lyrik hinaus, und alle die Motive, die bei den späten Provenzalen durch ihre Schablone ermüden, kehren hier getreu wieder. Aber es ist eben doch das erste Mal, daß eine ganze Gruppe von Persönlichkeiten ihre Empfindungen in italienische Verse kleidet und der Glanz des Hofes gibt ihr ein besonderes Prestige. Besonders die Bürger der blühenden toskanischen Städte zeigen sich für den Reiz dieser neuen Kunst empfänglich. Ein Zeichen dafür ist, daß fast alle Gedichte der Sizilianer nur in Handschriften toskanischer Herkunft und in stark toskanisierten Sprachformen erhalten sind. Der Untergang der Staufen brach auch die literarische Blüte des Südens, und statt der Verse der Sizilianer hörte man nun im Hofe des Castel Nuovo zu Neapel das Schäferspiel von Robin et Marion des Franzosen Adam de la Hale an.

Durch diesen plötzlichen Wegfall des gesamten Südens verlagerte sich das kulturelle Schwergewicht des italienischen Raumes wieder gegen Norden. In Bologna, der Stadt der Studien, erhob Guido Guinizelli seine Stimme zu wirklich echtem, persönlich empfundenem und gedanklich vertieftem Liebesgesang. Aber er schreibt nun schon nicht mehr die reine Mundart seiner Vaterstadt, sondern eine Sprache, die mit toskanischen Elementen durchsetzt ist. Diesen Vorrang hatte sich die Toskana errungen durch die sorgsame Pflege des sizilianischen Erbes. Und als der eine Guido durch den andern abgelöst wurde, als in Florenz in den achtziger Jahren die Dichtergruppe des dolce stil nuovo um Guido Cavalcanti sich bildete, da wurden heimische Mundart und Dichtersprache eins. Daß die Sprache von Florenz mit einem Schlag und unwidersprochen durch die ganze Halbinsel als Sprache der politisch so zerrissenen Nation anerkannt wurde, das ist nicht Cavalcantis Wirkung. Einer der Jüngsten in seinem Kreise, der zuerst schüchtern und unbeholfen um Zutritt gebeten hatte, zwang durch sein Genie nach kurzer Zeit ganz Italien in den Bann seiner Sprache. Dante hat seinem Land in einem Menschenleben gegeben, was die andern Länder sich in jahrhundertelangen, z. T. blutigen Auseinandersetzungen erkämpfen mußten: die unbestrittene und nie mehr in Frage gestellte Einigung in der gemeinsamen, nationalen Schriftsprache.

Es ist ein Glücksfall sondergleichen für die vielgeprüfte italienische Nation, daß Dante gerade in Florenz geboren wurde. In dem tausendfältig auseinanderstrebenden Mundartengewirr Italiens war das Toskanische das einzige Idiom, das für alle zugänglich blieb. Alle andern hatten sich nicht nur sehr weit vom Lateinischen entfernt, sondern auch gegenseitig voneinander abgekehrt.

Einige wenige Beispiele, ausgewählt unter Dutzenden, mögen diese besondere Stellung des Toskanischen beleuchten[1]. Die Po-Ebene setzt zum großen Teil noch gallische Entwicklungstendenzen fort; so ist dort, wie in Frankreich, das lt. *u* zu *ü* geworden (*mur*). Der Süden hat noch aus der vorlateinischen Zeit seltsame, dem alten mediterranen Substrat eigene

[1] Vgl. dazu W. von Wartburg, La posizione della lingua italiana cit. Siehe jetzt auch die einschlägigen Kapitel bei B. Migliorini, Storia della lingua italiana, Florenz 1961.

Laute erhalten, so das kakuminale *l*. Fast im ganzen Süden sind gewisse Eigenheiten des Oskischen bis auf den heutigen Tag erhalten. Die Osker hatten das alte *nd* zu *nn* gewandelt (*upsannam* = *operandam*). Und so sagt noch heute der Süden *venne* für it. *vende*. Ja, in den Zeiten des Niederganges der Urbs hat dieses oskische Phänomen sogar Rom erobert: die stadtrömische Mundart nennt noch heute das Pantheon *la ritonna*. In fast ganz Italien hat der Umlaut sich gewaltig ausgewirkt (*verola* „Witwe", *virulu* „Witwer"; *temo*. 2. Pers. *timi*; *mese*, Plur. *misi* usw.). Formen, die an und für sich zusammengehören, werden weit auseinandergeführt. Auch hier wird die Toskana, aber nur sie und ein Teil Umbriens, ausgespart. Die Toskana bewahrt über 15 Jahrhunderte hinweg die Form, die das Latein gegen Ende des Römischen Reiches angenommen hatte, mit einer Treue, die in der Geschichte der menschlichen Sprache vielleicht einzig ist. Von den lautlichen Veränderungen, die zwischen Vergil und dem heutigen Italienischen vor sich gegangen sind, fallen drei Viertel in die noch lateinische Zeit vor 500. Und innerhalb der Toskana gebührt Florenz der Vortritt, ist Florenz der römischen Tradition am nächsten geblieben. Ein Beispiel: vor gutturalem *n* (*ng*) hatte das Latein ein altes *e* zu *i* gesteigert: gr. *τέγγω*, lt. *tingo*. Dieses *i* war kurz und im 3. Jahrh. hat das gesprochene Latein alle kurzen *i* zu *e* werden lassen, daher it. *fede* aus *fĭdem*, *sete* aus *sĭtim*. So wird auch lt. *tĭngere* in ganz Italien zu *tegnere*. Einzig das mittlere Arnobecken (Florenz) sagt *tingere* und bleibt damit jener altrömischen Steigerungstendenz *eng* zu *ing* treu. Rom selber wird also in den letzten Jahrhunderten des Reiches sprachlich überfremdet und oskische Tendenzen überwuchern das Latein der Urbs. Florenz aber, wo das lateinische Reis auf einen etruskischen Stamm aufgepfropft wurde, hält das klar und einheitlich aufgebaute Lautsystem des Latein und die subtilsten Nuancen der lateinischen Entwicklung fest bis auf den heutigen Tag.

Die Mundart der Toskana war die, die den Menschen aller Regionen verständlich blieb. Nur sie war so beschaffen, daß sie allen Bewohnern der Halbinsel als Ausdruck ihres Fühlens und Denkens lieb und vertraut werden konnte, nur sie war von diesem Wohlklang erfüllt, mit diesem Formenreichtum ausgestattet, die die italienische Sprache auszeichnen. Viele Jahrhunderte hindurch verband nur die italienische Sprache einend alle Glieder des italienischen Volkes. Die Schöpfung Dantes und seiner Vorläufer hatte der Nation für alle die dunkeln Zeiten, die kommen sollten, den geistigen Zusammenhalt gegeben.

So schaffen sich die drei Länder auf ganz verschiedenen Wegen ihre nationale Schriftsprache.

Italien, die Heimat der *lingua romana*, geht ganz eigene Wege. Eine beispiellose Zerrissenheit nach Landschaften, Tälern, Tälchen, Dörfchen, die ungünstige topographische Gestalt, das späte Erwachen eines sich vom

Latein distanzierenden sprachlichen Bewußtseins, alles scheint dem Aufstieg einer nationalen Schriftsprache ungünstig. Aber in der einen Landschaft, die das Erbe Roms getreu durch die Jahrhunderte bewahrt hatte, wird der Mann geboren, dessen Sprachgewalt mit einem Male der Nation das Selbstbewußtsein schafft. Dank diesem Geschenk des Schicksals verläßt Italien rasch den anfänglichen Zickzackweg und holt die andern Länder im Aufstieg der Nationalsprachen ein, ja überholt sie.

Frankreichs sprachlicher Weg ist klar. Der Kern ist unverrückbar die Isle-de-France, Paris weist die Richtung. In Deutschland ist die Literatursprache überall und nirgends zu Hause, und erst später findet sie, auf dem neuen Kolonialboden, ihre Heimat.

Aber in ihren Ursprüngen sind Französisch und Deutsch miteinander verknüpft, sie stellen die romanische und die germanische Sprachform dar, die auf dem Boden erwachsen sind, in dem der merowingische Frankenstaat sein Kräftezentrum hatte. So wirkt die gewaltige Kolonisation und Staatengründung der Franken am Scheidepunkt zwischen Mittelalter und Altertum nicht nur politisch im kontinentalen Dualismus Frankreich–Deutschland noch nach, sondern auch in der Gemeinsamkeit und in der Gegensätzlichkeit ihrer sprachlichen Geschichte, in den neuen, sprachlichen und literarischen Impulsen, die immer wieder über die Sprachgrenze hin- und hergingen, ja sogar in der Form, welche die Rede dieser beiden großen Völker angenommen hat.

Eines der auffälligsten Beispiele für die Wechselwirkung von Sprache und politischer Entwicklung sind die Niederlande. Was wir heute Niederlande nennen, ist bewohnt von den Angehörigen dreier verschiedener westgermanischer Stämme: im Süden und Westen Franken, im Norden Friesen, im Osten Sachsen. Jeder dieser drei Stämme setzt seinen Siedlungsboden nach Deutschland hinein fort. Die Stammesgrenzen verlaufen also nicht an der Landesgrenze, sondern mitten durchs Land. Enger zusammengeschlossen wurden diese Gebiete durch die politische Entwicklung des späteren Mittelalters, besonders durch die dynastischen Zusammenhänge, dann, im 16. Jahrh., durch den gemeinsamen Widerstand gegen Spanien. Die Sprache der reichen und gewerbefleißigen Städte des Westens wurde schon seit dem 13. Jahrh. geschrieben. Die errungene politische Unabhängigkeit ließ dieses Idiom zur Reichssprache werden, und die Reformation in der Form des Calvinismus entrückte es dem Einfluß des hochdeutschen Luthers. Diese niederländische Reichssprache, auf dem Niederfränkischen beruhend, wird überall als die landeseigene Literatursprache empfunden, auch von den Sachsen in Drenthe oder den Friesen an der Küste.

Sprachgemeinschaften sind von viel längerer Lebensdauer als die meisten anderen Formen der Gemeinschaft. Wenn sich manche dessen wenig bewußt sind, so kommt das von der Selbstverständlichkeit her, mit der jeder in der seinigen wurzelt. Die Schweizer sind stolz darauf, daß ihr Staatswesen eines der ältesten Europas ist, jedenfalls seine älteste Republik. Aber zur deutschen Sprachgemeinschaft haben die Deutschschweizer gehört mehr als ein halbes Jahrtausend bevor die Grundsteine ihres Staatswesens gelegt wurden. Es gibt Sprachgemeinschaften, die sich mit der Zeit im Medium einer anderen, übermächtig sie von allen Seiten umfangenden Sprachgemeinschaft auflösen. Die Geschichte Europas bietet zahlreiche Beispiele dafür. So gab es noch im 18. Jahrh. in der Umgebung Leipzigs Dörfer, in denen slavisch gesprochen wurde. Heute sind alle Nachkommen dieser Leute deutscher Sprache. Etwas weiter östlich allerdings, im Spreewald zwischen Bautzen und Cottbus, sprechen die etwa 100 000 Wenden heute noch ihre slavische Mundart. Doch sind sie alle zweisprachig und empfinden sich ebensogut als Angehörige des deutschen Stammes, wie ihre rein deutschen Nachbarn. Anders steht es mit der tschechischen Sprachgemeinschaft. Was nach dem Verlust der böhmischen Sonderrechte dieses Volk zusammenhalten konnte, war nur das Bewußtsein der gemeinsamen Sprache. Dieses Bewußtsein war um 1800 schon etwas erlahmt, aber es hat durch die Romantik mit ihrer Forderung nach liebevoller Pflege von völkischer und individueller Eigenart neuen Auftrieb erhalten. Darauf beruht das Wiedererwachen des tschechischen Nationalgefühls. Wie sehr dieses als einziges Kennzeichen sich an der Sprache orientierte, welche Kampfstellung das schuf, welche Übergriffe und Vergewaltigungen das verursachte, ist ja zur Genüge bekannt. Hier, wie im ganzen Osten, ist die Sprache in einem Maße zur politischen Richtlinie geworden, wie es sich der Angehörige einer westlichen Nation kaum genügend vorstellen kann.

Solche Zeiten hatte auch das Deutsche gekannt. Als im Laufe des Dreißigjährigen Krieges jede Hoffnung entschwand, je wieder eine politische Macht in Deutschland erwachsen zu sehen, als jeder Gemeinschaftsgedanke völlig zu ersticken drohte, da klammerten sich viele der Besten in Deutschland an die angestammte gemeinsame Sprache. Gerade damals entstanden die Sprachgesellschaften, und ein Mann wie Schottel schrieb seine Lobreden auf die deutsche Sprache (Teutsche Sprachkunst, 1641!). So schrieb er u. a.: „Das einzige Band menschlicher Einigkeit, das Mittel zum Guten, zur Tugend und zur Seligkeit, und die höchste Zier des vernünftlichen Menschen sind die Sprachen. Nachdem nun aber die eine vor der andern reich, voll, künstlich, dringend und füglich ist, darnach kann sie auch ihre Wirkungen dem Menschen austeilen, und desto höheren Stand der Vortrefflichkeit einnehmen.“ „Kirchen und Schulen, Recht und Gerechtigkeit, Krieg und Friede, Handel und Wandel, Tun und Lassen wird bei uns erhalten, geführt und fortgepflanzt durch unsere deutsche Sprache; wir treten dadurch zu Gott und in den Himmel, ja, wir erhalten dadurch Leib und Seele.“ In jener dunklen Zeit war die Sprachgemeinschaft die letzte und einzige Zufluchtsstätte des Gedankens deutscher Gemeinschaft, und die kleinen, geschlossenen Kreise, die sich um die Sprache bemühten, waren die Keimzellen des Nationalgefühls, das später neu erwachen sollte. – Etwas Ähnliches wiederholt sich während jener anderen Zeit politischer Ohnmacht zu Anfang des 19. Jahrh. Alles hatte versagt: Staat, Herrschaft, Bildung, Gesellschaft. „Da stießen Wille und Gedanke auf das Volkstum als den ursprünglichen Kern und die gründende Macht des gemeinsamen Daseins. Allein das Volkstum hatte Bestand. Auf seine Einheit, auf seine Bindekräfte wagte man zu bauen."[1] Und Arndt schrieb: „Ich sage, die einzige gültigste Naturgrenze eines Volkes macht die Sprache." Diesem ganzen Ursprung nach hat das Wort „Volk" in dieser deutschen Bewegung nicht einen politischen Sinn, wie das Wort Nation. Der Begriff Nation ist im westeuropäischen Denken gewachsen und ist vorwiegend politisch; Volk hat bei dem deutschen Denken einen metaphysischen, fast religiösen Klang.

Es lohnt sich vielleicht, eine kurze Abschweifung zu machen, um zu verstehen, wie dieser Begriff „Volk" im Deutschen zu fassen ist. Die deutsche Romantik und die idealistische Philosophie haben ihn zunächst geformt. Er „wird (von diesen beiden geistigen Bewegungen) begriffen als der schöpferische Urgrund alles gestalteten Geistes. Wie Sprache, Sitte und Glaube, so sind auch diejenigen geistigen Gebilde, die der flache Verstand dem Wirken einzelner Menschen zuzurechnen gewohnt ist, in Wahrheit dem konkreten Leben des Volkes eingebettet und ziehen ihre Lebenskraft aus den Wurzeln des Volkstums ... Hier im Volksgeist ist allein der lebendige Grund, aus dem geistige Gebilde wachsen können ... Das Volk ist zuerst nicht eine soziale Ordnung, sondern es ist ihnen zutiefst ein Kraftfonds und eine sittliche Individualität, ein Wesen von natürlicher Eigenart ..." (H. Freyer). Und im gleichen Sinn sagt Jakob Grimm: „Ein Volk ist der Inbegriff von Menschen, welche dieselbe Sprache reden. Das ist für uns Deutsche die unschuldigste und zugleich stolzeste Erklärung." Und am Schluß seiner Vorrede zum Deutschen Wörterbuch schreibt Jakob Grimm: „Deutsche geliebte Landsleute, welches Reichs, welches Glaubens ihr seiet, tretet ein in die euch allen aufgethane Halle eurer angestammten, uralten Sprache, lernet und heiliget sie und haltet an ihr, eure Volkskraft und Dauer hängt in ihr." Der Begriff der Sprache ist also geradezu das Kernstück dieser Philosophie des Volkstums. Doch dieser Begriff und seine konsequente Weiterentwicklung wurde in Deutschland abgebogen durch die folgenden politischen Ereignisse. Das volkliche Wollen der Generation der Freiheitskriege wurde zurückgedrängt durch die Reaktion und die Art, wie die deutsche Einigung verlief. Bis zum Weltkrieg blieb diese Begriffsbestim-

---

[1] Siehe G. Ipsen, Das deutsche Volkstum im Zeitalter Napoleons, Blätter für deutsche Philosophie 5 (1931–32), 47–65.

mung und ihre Bindung an die Sprache ohne ausschlaggebende politisch belebende Wirkung: der Dualismus Deutschland–Österreich war einer Betonung des Begriffs nicht günstig, und die große Stellung beider Mächte in der Welt machte eine Besinnung auf den Begriff überflüssig. Das änderte sich mit einem Male durch den für Deutschland ungünstigen Ausgang des Weltkrieges. Nach dem Pariser Vorortfrieden, die den vom österreichischen Volk geforderten Anschluß ans Reich verboten und weitere 10 Millionen Deutschsprechende zu Bürgern zweiten Ranges von Staaten machten, die dem Reich feindlich gegenüberstanden, war die Sprachgemeinschaft wieder das einzige, wenigstens das stärkste Band für alle, die sich als deutsch fühlten und bekannten. Die Gedanken der Zeit um 1800 wurden wieder aufgenommen und durch die schweren Erlebnisse der Zeit vertieft und erweitert. D. h. der Begriff „Volk“ wurde nun wieder, und zwar ganz bewußt und mit wachsender Konsequenz, von der Sprache her verstanden: waren z. B. die Deutschen der Ostseeländer treueste Untertanen des Zarenreiches gewesen, so blieb ihnen jetzt als höheres Band, als innerlich verpflichtende Einheit nur die Zugehörigkeit zum deutschen Sprachvolk. Dadurch, daß für alle jene deutschsprachigen Siedlergruppen, in der Tschechoslowakei, in Polen, in den von Rußland abgetrennten Randstaaten usw., die alte Bindung an die durch die Jahrhunderte gewachsenen politischen Gebilde zerriß, verschwanden jene Triebkräfte, die bisher dem Bewußtsein des Deutschtums hemmend im Wege gestanden hatten. Und der schwere Druck, der fast allenthalben auf diese Deutschsprachigen ausgeübt wurde, verstärkte die Bindung an diese deutsche Einheit. Die Jahre seit dem Weltkrieg haben notwendigerweise diese von allen Seiten angefochtene deutsche Einheit auch ins politische Bewußtsein erhoben, weil die Gegner dieser Einheit sie mit politischen Mitteln bekämpften. Wie ernst diese nun zum ersten Mal aufs Politische ausgedehnte Bindung genommen wurde und wird, hat man bei den Umsiedlungsaktionen während des zweiten Weltkrieges gesehen, wo die Deutschen aus dem Baltikum und viele der doch so tief heimatverbundenen Tiroler für Verpflanzung in ferne Gebiete optierten. Und der verzweifelte Kampf, den die Südtiroler ohne politischen Hintergrund seit dem Schluß des zweiten Weltkrieges um die Erhaltung ihrer nun allein aufs Sprachliche begründeten Volkskultur führen, ist ein neuer Beweis der Stärke des inneren Zusammenhanges des deutschen Sprachvolkes.

Diese metaphysische Begründung der Begriffe von Volk und Volkstum, stammend aus der Zeit des deutschen Idealismus, und diese ihre Erweiterung ins Politische in den Jahren nach dem Weltkrieg unter dem Druck von außen muß man sich wohl vor Augen halten, um zu verstehen, wie rätselhaft die Existenz einer Volksgemeinschaft wie der schweizerischen weitesten Kreisen unter den heutigen Volksgemeinschaften Europas erscheint. Noch für die Generation Grimms war die Lage eine völlig andere. In der Fortsetzung zu der oben zitierten Stelle schreibt J. Grimm: „Noch reicht sie (= die deutsche Sprache) über den Rhein in das Elsaß bis nach Lothringen, über die Eider tief in Schleswigholstein, am Ostseegestade hin nach Riga und Reval, jenseits der Karpathen in Siebenbürgens altdakisches Gebiet.“ Es ist kein Zufall, wenn von der Ausdehnung nach den schweizerischen Kantonen und nach Österreich nicht gesprochen wird: diese sind ihm deutsche Staaten und gehören mit der gleichen Selbstverständlichkeit zu der in der Sprache begründeten deutschen Gemeinschaft, wie etwa Bayern oder Sachsen. Dieser Begriff der Sprachgemeinschaft oder des Sprachvolkes, wie ihn noch Jakob Grimm gefaßt und erfühlt hat, mußte durch die Entwicklung der letzten Jahrzehnte einen Sinn erhalten, demgegenüber staatliche Sonderstellung, bei sprachlicher Zugehörigkeit, auf den ersten Blick wie ein Anachronismus erscheint. Nur aus einem geschichtlich begründeten Verständnis für die Eigenstaatlichkeit der Schweiz kann die Antinomie zwischen ihrer auch in romanisches Gebiet hineingewachsenen Gemeinschaft und der deutschen Gemeinschaft aufgehoben werden [1].

---

[1] Eine kurzgefaßte Darstellung der Kräfte, aus denen die schweizerische Gemeinschaft erwachsen ist, und des Weges, den diese durchlaufen hat, bietet W. von Wartburg, Entstehung und Wesen der mehrsprachigen Schweiz, Schweizer Monatshefte 20 (1940), 8–17 (bzw. in: Von Sprache und Mensch, S. 11–22).

Register

Register der behandelten Laute, Formen und Wörter (dabei sind die Wörter, die nur als Beispiele für eine lautliche Entwicklung u. ä. dienen, nicht berücksichtigt)

Autoren

Begriffe

Bibliographie

Die nachstehend verzeichneten Titel vermitteln einen Überblick über die Allgemeine Sprachwissenschaft unter dem Gesichtspunkt der neueren Entwicklung. Betont formalisierende Ansätze sind nicht berücksichtigt. Die knappe Auswahl beschränkt sich auf repräsentative Veröffentlichungen in Buchform. Die Aufzählung erfolgt in chronologisch geordneten Gruppen. Die Reihenfolge läßt sich folgendermaßen umschreiben: Orientierende Problemgeschichte (zur Einführung); Darstellungen mit verschiedenem Ansatz; Saussure'sche Linguistik mit den sog. Schulen von Genf, Kopenhagen, Prag (europäischer Strukturalismus); Sapir-Whorf'sche Linguistik; Amerikanischer Deskriptivismus (Bloomfield und Post-Bloomfield'sche Linguistik); Theorie der generativen Grammatik; Terminologie; Geschichte des Faches.

1965 *Milka Ivić,* Trends in Linguistics. Den Haag. – Aus dem Serbo-Kroatischen von Muriel Heppell.

1966 *Bertil Malmberg,* Les nouvelles tendances de la linguistique. Paris, [2]1968. – Aus dem Schwedischen von Jacques Gengoux.

1967 *Robert H. Robins,* A Short History of Linguistics. London.

1967 *Francis P. Dinneen,* An Introduction to General Linguistics. New York – Chicago – San Francisco – Toronto – London.

1963 *Joseph H. Greenberg* (ed.), Universals of Language. Cambridge (Mass.), [2]1966. – Report of a Conference held at Dobbs Ferry, New York, 1961 (Casagrande, Cowgill, Ferguson, Greenberg, Hockett, Hoenigswald, Jakobson, Jenkins, Osgord, Saporta, Ullmann, Weinreich).

1966 *Emile Benveniste,* Problèmes de linguistique générale. Paris.

1966 *Emile Benveniste, Noam Chomsky, Roman Jakobson, André Martinet, Jerzy Kuryłowicz, Ivan Fónagy, Emmon Bach, Sebastian K. Šaumjan, Adam Schaff, Maurice Leroy, Alf Sommerfelt, Govind C. Pande,* Problèmes du langage. Paris. – Italienische Übersetzung (von Luigi del Grosso Destrieri), Mailand 1968.

1966 *Thomas A. Sebeok* (ed.), Currents Trends in Linguistics, vol. III: Theoretical Foundations. Den Haag.

1966 Zeichen und System der Sprache, Bd. III. Berlin (Akademie-Verlag). –

Veröffentlichung des II. internationalen Symposions „Zeichen und System der Sprache“, 1964 in Magdeburg.

1968 *Rudolf Růžička* (ed.), Probleme der strukturellen Grammatik und Semantik. Leipzig.

1968 *John Lyons,* Introduction to Theoretical Linguistics. Cambridge, ²1969

1916 *Ferdinand de Saussure,* Cours de linguistique générale. Paris, ²1922 (und Nachdrucke). – Vgl. die kritische Ausgabe von Rudolf Engler, Bd. 1, Wiesbaden 1968.

²1944 *Charles Bally,* Linguistique générale et linguistique française. Bern ¹1932. – Die 2. Auflage gilt als definitive Fassung; ⁴1965 (éd. revue et corrigée par Sigfried Heinimann). Italienische Übersetzung (von Giovanni Caravaggi) mit Anhang von Cesare Segre, Mailand 1963.

1961 *Louis Hjelmslev,* Prolegomena to a Theory of Language. Madison, ²1963. – Aus dem Dänischen von Francis J. Whitfield. (Omkring sprogteoriens grundlaeggelse, 1943). Vgl. A. Martinet, Bull. Soc. Ling. Paris XLII (1942–45), 19–42.

1939 *N.S. Trubetzkoy,* Grundzüge der Phonologie. Prag (Travaux du Cercle Linguistique de Prague, 7). Göttingen ²1958, ³1962. – Französische Übersetzung: Principes de Phonologie, traduits par J. Cantineau, Paris 1949.

1952 *Roman Jakobson, C. Gunnar, M. Fant, Morris Halle,* Preliminaries to Speech Analysis, The Distinctive Features and their Correlates. Cambridge (Mass.), ⁷1967.

1955 *André Martinet,* Economie des changements phonétiques, Traité de phonologie diachronique. Bern, ²1964.

1960 *André Martinet,* Elements de linguistique générale. Paris. – Mangelhafte deutsche Übersetzung (von Anna Fuchs, unter Mitarbeit von Hans-Heinrich Lieb): Grundzüge der Allgemeinen Sprachwissenschaft, Stuttgart 1963. Englische Übersetzung (von Elisabeth Palmer), Chicago 1964. Italienische Übersetzung (von Giulio Lepschy), Bari 1966.

1962 *Eugenio Coseriu,* Teoría del lenguaje y lingüística general, Cinco estudios. Madrid, ²1967.

1962 *Roman Jakobson,* Selected Writings, I: Phonological Studies. Den Haag.

1966 *Eric P. Hamp, Fred W. Housholder, Robert Austerlitz* (edd.), Readings in Linguistics II. Chicago.

1968 *B. Uspensky,* Principles of Structural Typology. Den Haag. – Russische Fassung, Moskau 1962.

1968 *André Martinet* (ed.), Le langage. Paris.

1953 *Uriel Weinreich,* Languages in Contact, Findings and Problems. New York. Den Haag, ^{4}1966.

1921 *Edward Sapir,* Language. New York. – Deutsche Übersetzung; für den deutschen Leser bearbeitet von Conrad P. Homberger: Die Sprache, Eine Einführung in das Wesen der Sprache, München 1961. Französische Übersetzung: Le langage, Paris 1963.
1956 *John B. Carroll* (ed.), Language, Thought, & Reality; Selected Writings of Benjamin Lee Whorf. Cambridge (Mass.), ^{5}1962, Paperback ^{2}1966. – Deutsche Übersetzung (von Peter Krausser): Sprache, Denken, Wirklichkeit; Beiträge zur Metalinguistik und Sprachphilosophie. Hamburg 1963.

1933 *Leonard Bloomfield,* Language. New York. London 1935 (und Nachdrucke).
1951 *Zellig S. Harris,* Structural Linguistics. Chicago, ^{7}1966. – Älterer Titel: Methods in Structural Linguistics.
1955 *H. A. Gleason,* Introduction to Descriptive Linguistics. New York, ^{2}1961. – Französische Übersetzung (von Françoise Dubois-Charlier): Introduction à la linguistique. Paris 1969.
1958 *Charles F. Hockett,* A Course in Modern Linguistics. New York, ^{10}1966.

1964 *Emmon Bach,* An Introduction to Transformational Grammars. New York–Chicago–San Francisco.
1964 *Jerry A. Fodor, Jerrold J. Katz* (edd.), The Structure of Language, Readings in the Philosophy of Language. Englewood Cliffs (N. J.), ^{3}1965.
1965 *Noam Chomsky,* Aspects of the Theory of Syntax. Cambridge (Mass.), ^{3}1966. – Deutsche Übersetzung, Frankfurt–Berlin (Akademie-Verlag) 1969.
1966 *Jerrold J. Katz,* The Philosophy of Language. New York–London. – Deutsche Übersetzung (von Richard Kruse), Frankfurt 1969.
1968 *Nicolas Ruwet,* Introduction à la grammaire générative. Paris, ^{2}1968.
1968 *Noam Chomsky, Morris Halle,* The Sound Pattern of English. New York–Evanston–London.

1951 *J. Marouzeau,* Lexique de la terminologie linguistique, Français, allemand, anglais, italien. Paris, ^{3}1961.
1953 *Fernando Lázaro Carreter,* Diccionario de términos filologicos. Madrid, ^{3}1968.
1966 *Mario Pei,* Glossary of Linguistic Terminology. New York–London.

1961 *Christine Mohrmann, Alf Sommerfelt, Joshua Whatmough* (edd.), Trends in European and American Linguistics 1930–1960. Utrecht–Antwerpen, ^{3}1966. – 9. Internationaler Linguistenkongreß, Cambridge (Mass.) 1962.

1962 *Iorgu Iordan,* Einführung in die Geschichte und Methoden der romanischen Sprachwissenschaft. Berlin (Akademie-Verlag). – Aus dem Rumänischen; deutsche Bearbeitung von Werner Bahner. Spanische Fassung von Manuel Alvar, Madrid 1967.

1965 *Tristano Bolelli,* Per una storia della ricerca linguistica, Testi e note introduttive. Napoli.

1966 *Thomas A.Sebeok* (ed.), Portraits of Linguists, A Biographical Source Book for the History of Western Linguists, 1746–1963. 2 Bde., Bloomington–London.